어쩌다 성범죄자

성폭력 성희롱 예방과 대응을 위한

어쩌다 성범죄자

책 쓰는 변호사 노인수 지음

머리말

"나는 아내가 아닌 여성과 단둘이 밥을 먹지 않습니다. 그리고 부인이 동석하지 않으면 술자리에 가지 않습니다. 술을 마시고 취기가 오르면 그곳에서 가장 매력 있는 갈색머리를 한 미녀에게 다가가고 싶거든요."

미국의 전 부통령 펜스(Pence)의 말이다. 하필 발음이 '펜스'여서 'fence(울타리)'를 연상시키는 덕분에 펜스 룰(Pence Rule)이 입에서 입으로 퍼진 것 같다. 사태를 모르면 일단 거리를 두고 경계하자! 그러나 경계의 울타리를 치기도 전에 뜻하지 않게 성범죄에 연루되는 경우가 적지 않은 것 같다. 성 관련 사건이 부쩍 의뢰가 늘었다. 사건을 맡아서 의뢰인을 돕다 보니 많은 게 달라져 있다. 범죄를 바라보는 법률의 시선이 이렇게 극적으로 변한 게 또 있을까? 피고인의 삶이 이렇게 달라지는 경우가 또 있을까? 성범죄 혐의를 받는 순간부터 세상에는 내 편이 하나도 없게 된다. 불과 하루 전까지 같이 웃고 떠들던 공동체에 그의 자리는 없다. 벌금이나 감방살이보다 무서운 일이 벌어진다. 형량이 작아도 소용없다. 사회적 생명줄이 툭 끊어지는 심정은 겪지 않으면 모를 것 같다. 그들과 함께 사건을 진행하다 보니 형량을 줄이고, 심지어 무죄를 이끌어내더라도 때로는 이미 망가져버린 사회적 평판 때문에 재기에 실패하는 분들도 봤다. 도대체 어떻게 해야 이 문제를 해결할 수 있을까? 그 '죄인'들을 도울 방법이 무엇인지 해법을 찾아보기로 했다.

불과 몇 년 사이 성 관련 범죄를 둘러싼 법의 가지가 너무 무성하게 자라서 상식 수준을 넘어섰다. 웬만한 상식으로는 알기 힘든 시절이 되었다. 평생을 법률 밥만 먹고 산 사람도 그럴 정도니 일반인이야 오죽하랴. 물론 예방책만 생각한다면 이게 성범죄인지 아닌지 쉽게 구분하는 요령이 있다. 그러나 사건이 벌어진 직후라면 이 책에만 의존하지 말고, 법률 조력자를 구해야 한다.

이 책은 보통 사람, 특히 남자들 그리고 그러한 그물에 걸리거나 걸릴 수 있는 모든 사람들을 염두에 두고 집필했다. 특히나 잘못을 한 순간 혹은 직후 어떻게 행동하고 처신해야 하는지 같이 고민하고 답을 찾아볼 것이다. 물론 잘못을 저지른 그들을 두둔하려는 것이 아니라 피해자들이 입은 피해의 심각성을 전제로 대책을 세워보자는 것이다. 단, 이 책에 담은 것이 모두 정답은 아니다. 성범죄를 둘러싼 판단 기준이 급격히 변하고 있는 만큼 흐름을 놓치지 않고 빠르게 대처하는 자에게 길이 보이겠다. 이 책에서 그 길을 찾길 바란다.

2022년 1월
서초동 우거에서
노 인 수

목차

머리말 · 4

1장 | 성범죄로 잃게 되는 것들
− 다른 범죄보다 무서운 이유

1. 직장을 잃는다 · 14
2. 취업을 못한다 · 17
3. 전자발찌를 찬다 · 18
4. 성범죄자라는 꼬리표가 붙는다 · 21
5. 아예 성기능을 잃을 수도 있다 · 27
6. 처벌을 더 받는다 · 28
7. 합의도, 돈도 문제다 · 33
8. 목숨도 장담 못한다 · 41

2장 | 성범죄·성희롱 자주 묻는 사례와 궁금증, 그리고 빠른 답변
− 언제 죄가 될까, 취업 제한에 걸리지 않을까, 어떻게 대처해야 할까?

1. 모르는 여성이지만 동의하에 성관계를 가졌는데 강간이라고? · 46
2. 아는 여성과 성관계 중 갑자기 남자가 들어왔다 · 51
3. 고소 취하해줄 테니 돈 내놓으라는 여자 · 55
   * 무고를 반격할 수 있을까? · 57
4. 술을 마셔서 기억이 없는데 성폭력이라고? · 78
5. 술에 취해 모르는 여자에게 키스하려다가 못했는데 · 82
6. 고소 접수만 하고 아직 조사를 받지 않았는데 · 84
   * 성폭력(성폭행), 성추행, 성희롱의 차이 · 85

7. 하려다 못했는데 · 87
8. 말로 하진 않았지만 동의했다고 생각하는데 · 89
9. 속임수(위계)가 동반된 성폭행 · 92
    * '위계'의 의미를 확대한 최근의 대법원 판례 · 95
10. 몰카를 찍다가 걸렸는데 어떻게 해야 할까요? · 99
11. 어떤 몰카가 죄가 될까? · 103
    * 양형 참작 요소 · 108
12. 예전 일인데 지금 와서 고소한다고? · 110
13. 알고 보니 고등학생 · 114
14. 미성년자인 줄 모르고 성매매 · 118
    * 미성년자인 줄 몰랐다면 VS 미성년자인 줄 몰라도 · 122
    * 어디까지 동의한 것인가? · 132
    * 돈이든 뭐든 주었다면, 미성년 성매매 · 142
15. 동의하고 찍은 영상이라도 인터넷에 올렸다면 · 152
16. 카톡으로 야한 동영상을 보냈다면 · 154
17. 썸 타는 여자에게 자신의 누드 사진을 보냈다 · 156
18. 온라인 게임 도중 성희롱 · 158
19. 트위터 디엠으로 보낸 성희롱 · 160
    * 통신매체로 성적인 욕을 한 건 맞지만 성적 목적은 없었는데 · 161
20. 딥페이크에 대해 궁금합니다 · 167
21. 남자끼리 장난친 것도 성폭행? · 169
22. 몰래 녹음한 통화 자료를 증거로 쓸 수 있을까? · 172
23. 합의금은 어느 정도? · 175
    * 합의를 대신할 수 있는 방법은 없을까? · 181
24. 기소유예를 받을 수 있는 방법은? · 188
25. 경찰 조사 때 거짓말을 했는데 · 190
26. 외국인이라면 처벌 후 추방 · 192
27. 신상정보가 공개될까요? · 194
28. 성범죄와 취업 일문일답 · 198
29. 회식 중 성희롱을 한 팀장 · 208
30. 성희롱의 기준 · 210
31. 가슴 사이즈를 물어본 직장 동료 · 214
32. 성희롱을 당한 피해자, 어떻게 대처할까? · 216
33. 회사를 그만둔 성희롱 피해자 · 220

3장 | 나는 아니라고 생각했는데 성범죄라니?

– 어쩌다 성범죄자를 피하기 위한 대응 방안

1. 이게 성범죄라고? · 230
   * 어제까지는 괜찮았던 일도 오늘 안 괜찮으면 성범죄 · 231
2. 관점의 차이를 이해하기 위한 사건 하나 : 강간 사건 · 237
3. 관점의 차이를 이해하기 위한 사건 둘 : 무단 사진 촬영 사건 · 247
4. 어디서부터 잘못되었을까? · 257
5. 진짜 잘못은? · 262
6. 함부로 미안하다고 말하지 않기 · 269
   * 실제 옆구리 만진 사건 · 272
7. 잘못을 인정하는 게 도리어 좋을 때가 있다 · 280
8. 짧은 시간 안에 내가 이걸 다 옳게 판단할 수 있을까? · 284
   * 변호사 관련 궁금증 · 287

4장 | 사건 발생 직후부터 재판 끝날 때까지, 전 과정 생중계

– 앞으로 벌어질 일 미리 알아보기

1. 조사는 어떻게 시작될까? · 292
   - 신고 · 292
   - 고소 · 292
   - 인지 · 298
   * 성범죄를 경험한 피해자의 심리 · 298
   * 합의를 위해 피해자를 만날 때 · 304

2. 경찰 조사는 어떻게 이루어질까? · 309
   - 조사는 무조건 경찰로부터 시작된다 · 309
   - 수사의 개시(입건) · 309
   - 고소장을 받지 않는 경우 · 310

- 수사 전 조사 : 내사 · 311
  - 성범죄 신고 접수는? · 312
  - 출석 요구 · 314
  - 만나기 전 준비 사항 · 316
  - 증거 1. 동영상, 녹음, 사진 · 316
  - 증거 2. CCTV, 블랙박스 · 319
  - 증거 3. 통화내역, 결제내역 · 320
  - 증거 4. 메시지 · 320
  - 증거 5. 일기, 편지 등 기록 · 321
  - 증거 6. 디지털 포렌식 검사 · 323
  - 증거 7. 진술분석가의 활용 · 326
  - 증거 8. 거짓말탐지기 검사 · 329
  * 피해자 측에서 쓸 만한 증거 · 330
  - 경찰이 수사를 마치면 · 333
  * 체포와 구속 · 337

3. 검사에게 사건이 넘어갔다면 · 341
  - 검사의 사건 검토 · 341
  - 검사의 선택지 · 342
  - 이때 가해자는 무얼 할 수 있을까? · 344
  - 어떤 경우에 기소유예가 떨어질까? · 345
  - 검사가 앞장서서 합의 · 346

4. 판사의 시간 · 348
  - 재판 순서(1심 기준) · 348
  * 피해자도 재판에 참석할까? · 352
  * 법관의 생각 엿보기 · 354
  - 재판이 진행되는 동안 할 수 있는 일은? · 358
  - 집행유예를 받으려면 · 359
  * 국민참여재판, 과연 유리할까? · 362

5장 | 피해자의 목소리, 진짜 증거일까?

1. 이게 말이 돼? · 372
2. 피해자 진술을 함부로 배척하면 안 된다 · 375
3. 함부로 배척해선 안 된다면, 그럼 다 믿어준다는 얘긴가? · 382
4. 그럼, 어떻게 해야 할까? · 385
   * 관련 판례 자료 1. 위협을 받고 있는 상태를 감안하여 · 392
     피해자 진술의 일부 오류를 무시하고 유죄를 판결한 사건
   * 관련 판례 자료 2. 의문점이 많은 피해자 진술 · 420
   * 관련 판례 자료 3. 피해자가 중대한 진술을 번복했으나 유죄가 나온 사건 · 446

6장 | 어디서부터 성희롱인가?

1. 성희롱과 성추행은 별개의 것 · 458
2. 실제는 판단이 어렵다 : 대학 강사 성희롱 사건 · 461
   - 사건 개요 · 462
   - 피해자들의 주장 · 463
   - 법원의 판단 · 465
   - 이 사건의 교훈 · 482
3. 직장 내 성희롱, 회사와 피해자 사이의 민사 법정 다툼 · 487
   - 성희롱 사건 개요 · 488
   - 성희롱 피해자와 회사의 대결 · 491
   - 왜 회사는 패소했을까? | 첫째, 사용자책임 문제 · 493
   - 왜 회사는 패소했을까? | 둘째, 회사 자체의 불법행위책임 · 507
   - 왜 회사는 패소했을까? | 셋째, 또 다른 사용자책임 문제 · 515
   - 최종심의 판단 · 518
   * 성희롱 사건에서 사업주 책임 관련 법령 · 535

7장 | 어떤 경우에 추행이 되나

1. 대법원에서 말하는 강제추행의 의미 · 546
2. 만지는 데도 가만히 있었다면 강제추행이 아닌 것 같은데 · 550
3. 직접 만진 적이 없어도 강제추행이 될까? : N-번방 사건 · 559
4. 피해자가 성적 수치심을 느끼지 않았는데도 강제추행이 될까? · 564
   * 성적 수치심이나 혐오감에 대한 해석 · 566
5. 성희롱인 동시에 추행인 경우 · 579

후기 · 582
저자약력 · 586
참고문헌 · 588

비슷한 죄질의 일반적인 범죄라도, 물론 징역을 살고 벌금을 문다고 일상 복귀가 수월한 건 아니다. 그런데 성범죄는 그 정도가 더 심하다. 사회적 낙인이 찍히는 것도 문제려니와 취업제한이나 보안처분 등의 추가적인 조치를 감수해야 한다. 성범죄로 잃게 되는 건 생각보다 많다.

1장

성범죄로 잃게 되는 것들
- 다른 범죄보다 무서운 이유 -

1. 직장을 잃는다

당신이 공무원이거나 교사인 경우 성폭력, 성희롱, 성매매로 최대 파면을 비롯하여 해임, 강등, 정직 등 중징계를 받을 수 있다(국가공무원법, 공무원징계령, 공무원징계령 시행규칙 [별표1] [별표1의4] 참고).

공무원 징계령 시행규칙 [별표 1] 〈개정 2021. 8. 27.〉

징계기준(제2조제1항 관련)

비위의 유형 \ 비위의 정도 및 과실 여부	비위의 정도가 심하고 고의가 있는 경우	비위의 정도가 심하고 중과실이거나, 비위의 정도가 약하고 고의가 있는 경우	비위의 정도가 심하고 경과실이거나, 비위의 정도가 약하고 중과실인 경우	비위의 정도가 약하고 경과실인 경우
1. 성실의무 위반				
카. 성 관련 비위 또는 「공무원 행동강령」 제13조의3에 따른 부당한 행위를 은폐하거나 필요한 조치를 하지 않은 경우	파면	파면–해임	강등–정직	감봉–견책
타. 성 관련 비위 피해자 등에게 2차 피해를 입힌 경우	파면	파면–해임	강등–정직	감봉–견책
7. 품위 유지의 의무 위반				
가. 성 관련 비위	별표 1의4와 같음			

공무원 징계령 시행규칙 [별표 1의4] <신설 2021. 8. 27.>

성 관련 비위 징계기준(제2조제1항 관련)

비위의 유형	비위의 정도 및 과실 여부 비위의 정도가 심하고 고의가 있는 경우	비위의 정도가 심하고 중과실이거나, 비위의 정도가 약하고 고의가 있는 경우	비위의 정도가 심하고 경과실이거나, 비위의 정도가 약하고 중과실인 경우	비위의 정도가 약하고 경과실인 경우
1. 성폭력범죄				
가. 미성년자 또는 장애인 대상 성폭력범죄	파면	파면–해임	해임–강등	강등
나. 업무상 위력 등에 의한 성폭력범죄	파면	파면–해임	해임–강등	강등–정직
다. 공연(公然)음란행위	파면	파면–해임	강등–정직	감봉
라. 통신매체를 이용한 음란행위	파면	파면–해임	강등–정직	감봉
마. 카메라 등을 이용한 촬영 등 행위	파면	파면–해임	강등–정직	감봉
바. 가목부터 마목까지 외의 성폭력범죄	파면	파면–해임	강등–정직	감봉–견책
2. 「양성평등기본법」 제3조제2호에 따른 성희롱	파면	파면–해임	강등–정직	감봉–견책
3. 「성매매알선 등 행위의 처벌에 관한 법률」 제2조제1항제1호에 따른 성매매	파면–해임	해임–강등	정직–감봉	견책

※ 비고
1. 제1호에서 "성폭력범죄"란 「성폭력범죄의 처벌 등에 관한 특례법」 제2조에 따른 성폭력범죄를 말한다.
2. 제1호나목에서 "업무상 위력 등"이란 업무, 고용이나 그 밖의 관계로 인하여 자기의 보호 또는 감독을 받는 사람에 대하여 위계 또는 위력을 행사한 경우를 말한다.
3. 제1호라목에서 "통신매체를 이용한 음란행위"란 「성폭력범죄의 처벌 등에 관한 특례법」 제13조에 따른 범죄에 해당하는 행위를 말한다.
4. 제1호마목에서 "카메라 등을 이용한 촬영 등 행위"란 「성폭력범죄의 처벌 등에 관한 특례법」 제14조에 따른 범죄에 해당하는 행위를 말한다.

: 술에 취해 택시기사의 가슴을 만졌다가 해임된 교감 선생의 사례 :

대법원 2019.12.24.선고 2019두48684 해임처분취소 판결

특히 구 징계양정 규칙 제4조 제2항 제4호 가목은 성폭력범죄의 처벌 등에 관한 특례법 제2조에 따른 성폭력범죄 행위로 징계의 대상이 된 경우에는 징계를 감경할 수 없다고 규정하고 있는데, 이 사건 비위

행위와 같이 적어도 '고의가 있는 경우'에 관하여는 앞서 본 바와 같은 맥락에서 객관적 합리성을 결여하였다고 보기 어렵고, 이에 따라 위 규정은 구 징계양정 규칙 제2조 제1항 [별표]와 더불어 징계양정 기준으로 작용하게 된다. 따라서 징계권자가 구 징계양정 규칙 제2조 제1항 [별표]에 따른 징계양정 기준을 적용하여 한 이 사건 처분에 대하여 사회통념상 현저하게 타당성을 잃어 징계권자에게 맡겨진 재량권을 남용하였다고 섣불리 판단하여서는 아니 된다.

라. 이 사건에 관하여 보건대, 이 사건 비위행위는 원고가 심야에 피해자의 택시에 승객으로 탑승하여 운전 중이던 피해자의 성적으로 민감한 신체 부위를 기습적으로 만지는 방법으로 강제추행한 것으로서, 당시 피해자는 상당한 정신적 충격과 성적 수치심을 느낀 나머지 택시운행을 중지하고 원고에게 즉시 하차를 요구하였던 것으로 보인다. 이러한 비위행위의 내용 및 경위 등에 비추어 보면, 피해자가 사회경험이 풍부하다거나 상대적으로 고령인 점 등을 내세워 사안이 경미하다거나 비위의 정도가 중하지 않다고 가볍게 단정 지을 것은 아니다. 비록 원고가 이 사건 비위행위가 밝혀진 이후 자신의 책임을 모두 인정하고 잘못을 뉘우치는 태도를 보이고 있기는 하다. 그러나 원고는 교원으로서 학생들이 인격적으로 바르게 성장할 수 있도록 성실히 지도하고 올바른 성 윤리와 가치관을 확립할 수 있도록 교육하여야 할 책무가 있었음에도 불구하고 이 사건 비위행위를 저질러 원고 본인은 물론 교원사회 전체에 대한 국민의 신뢰를 실추시켰다. 이처럼 스스

로 교원으로서의 신뢰를 실추시킨 원고가 교단에 복귀하여 종전과 다름없이 학생들을 지도한다고 하였을 때, 이 모습을 교육현장에서 마주하게 될 학생들이 과연 헌법 제31조 제1항이 정하는 국민의 교육을 받을 기본적 권리를 누리는 데에 아무런 지장도 초래되지 않을 것인지 등을 원고의 정상참작 사유와 비교 형량하여 보면, 원고가 이 사건 처분으로 인해 입게 되는 불이익의 정도가 이 사건 처분으로 인해 달성되는 공익상 필요보다 크다거나, 원고가 품위유지의무를 위반한 내용 및 그 정도에 비해 지나치게 가혹하여 객관적인 합리성을 결여함으로써 사회통념상 현저하게 타당성을 상실하였다고 볼 수 없다.

2. 취업을 못한다

여러 법조항을 살펴보면 성범죄를 저지른 사람에게 일정 기간 아동·청소년 관련 기관, 노인 관련 기관, 장애인복지시설 등의 운영 및 취업을 금지하는 명령을 내리도록 되어 있다(《아동·청소년의 성보호에 관한 법률 제56조》, 〈아동복지법제29조의3〉, 〈노인복지법제39조의17〉, 〈장애인복지법제59조의3〉). 이때의 성범죄는 아동·청소년을 대상으로 한 성범죄뿐 아니라 성인을 대상으로 한 성범죄도 포함된다. 정식 재판 없이 약식명령만 떨어져도 취업 제한 명령을 내릴 수 있다. 성범죄는 일반적으로 재범률이 높다고 알려져 있기 때문에 취업을 제한하는 등의 후속 조치가 따른다. 다만 판사가 보기에 재범 위험성이 낮다거나(피고인이 열심히 증명해야 한다.) 특별한 사정이 있는 경우에는 명령을 내리지 않을 수 있다.

취업이 제한되는 곳

유치원, 어린이집을 비롯한 위탁교육기관, 학교, 학원, 방문학습교사, 과외교사, 대학, 특수교육지원센터, 사회복지관, 노래연습장, 수영장, 당구장, 골프장, PC방, 연예기획사, 아파트 등 경비원(경비업무에 종사했던 사람에 한하여), 의료기관(의료인에 한하여) 등 헤아릴 수 없이 많다. 성범죄자가 취업하려면 미리 성범죄 법률 전문가 등에게 취업가능한 곳을 상담하여 확인할 필요가 있다.

3. 전자발찌를 찬다

〈전자장치 부착 등에 관한 법률(약칭, 전자장치부착법)〉에 따르면 성범죄자에게 '위치추적 전자장치'를 차게 하여 현재 어디 있는지, 어디로 향하는지 탐지하게 된다. 전자발찌 착용 여부는 검사가 요청하고 판사가 결정하게 된다. 검사는 다음처럼 1. 징역형 성범죄자의 10년 내 재범일 때, 2. 전자발찌를 찬 적이 있는 사람이 재범일 때, 3. 두 번 이상 성범죄를 저질러 '이거 못 고치는구나.' 싶을 때, 4. 미성년이나 장애인에게 성범죄를 저질렀을 때, 이럴 때 재범 위험성이 있다고 판단하고 〈전자장치부착명령청구〉를 하게 된다.

언제 전자발찌를 청구할까?

전자장치 부착 등에 관한 법률 제5조

1. 성폭력범죄로 징역형의 실형을 선고받은 사람이 그 집행을 종료한 후 또는 집행이 면제된 후 10년 이내에 성폭력범죄를 저지른 때
2. 성폭력범죄로 이 법에 따른 전자장치를 부착받은 전력이 있는 사람이 다시 성폭력범죄를 저지른 때
3. 성폭력범죄를 2회 이상 범하여(유죄의 확정판결을 받은 경우를 포함한다) 그 습벽이 인정된 때
4. 19세 미만의 사람에 대하여 성폭력범죄를 저지른 때
5. 신체적 또는 정신적 장애가 있는 사람에 대하여 성폭력범죄를 저지른 때

전자발찌 얼마나 차야 할까?

재판관은 검사의 청구가 충분히 이유 있다고 판단하면 다음처럼 기간을 정해서 전자발찌 차라고 판결을 내린다.

전자장치 부착 등에 관한 법률 제9조

1. 법정형의 상한이 사형 또는 무기징역인 특정범죄 : 10년 이상 30년 이하
2. 법정형 중 징역형의 하한이 3년 이상의 유기징역인 특정범죄(제1호에 해당하는 특정범죄는 제외한다) : 3년 이상 20년 이하
3. 법정형 중 징역형의 하한이 3년 미만의 유기징역인 특정범죄(제1호 또는 제2호에 해당하는 특정범죄는 제외한다) : 1년 이상 10년 이하
   * 단, 19세 미만에게 성범죄를 저지른 경우 부착기간 하한을 2배로 늘린

다(즉 10년 이상 30년 이하의 경우, 하한인 10년을 20년까지로 늘린다.).

* 저지른 성범죄가 여러 가지이고 동시에 부착명령을 선고할 때는 법정형이 가장 무거운 죄의 부착기간 상한의 2분의 1까지 가중한다(즉 10년 이상 30년 이하의 경우 15년까지 더한다.).
* 그러나 무조건 가중할 수 있는 건 아니고, 각 죄의 부착기간의 상한을 합한 기간을 초과할 수 없다(즉 1번과 2번의 상한을 합한 값인 30년 + 20년 = 50년을 넘을 수 없다.).
* 또한 범죄는 여럿이나 실제로 했던 행위는 하나인 경우에는 가장 무거운 죄의 부착기간으로 기간을 정한다.
* 부착명령을 선고받은 사람은 부착기간 동안 「보호관찰 등에 관한 법률」에 따른 보호관찰을 받는다.

특정 시간, 특정 장소에 외출 금지

전자발찌를 채우는 건 재범의 우려 때문인데 이 때문에 추가적인 제한 조치가 취해질 수 있다. 판사는 부착명령을 내릴 때 다음 중 하나 이상의 준수 사항을 명령할 수 있다((전자장치 부착 등에 관한 법률 제9조의2)).

1. 야간, 아동·청소년의 통학시간 등 특정 시간대의 외출제한
2. 어린이 보호구역 등 특정지역·장소에의 출입금지 및 접근금지

2의 2. 주거지역의 제한

3. 피해자 등 특정인에의 접근금지

4. 특정범죄 치료 프로그램의 이수(500시간 이내)

5. 마약 등 중독성 있는 물질의 사용금지

6. 그 밖에 부착명령을 선고받는 사람의 재범방지와 성행교정을 위하여 필요한 사항

* 19세 미만을 대상으로 성범죄를 저지르면 1번과 3번은 필수적으로 부과된다. 다만 1번은 아주 특별한 사정이 있을 때는 예외다.

언제부터 찰까?

징역을 다 살고 사회로 복귀하려는 순간, 전자발찌를 차게 된다.

4. 성범죄자라는 꼬리표가 붙는다

이름, 나이, 주소, 키, 몸무게 등 당신을 알아볼 수 있는 여러 정보가 있다. 일명 '신상정보'다. 성범죄자가 되면 신상정보를 1) 등록해야 할 수 있고, 2) 경우에 따라 동네에 공개해야 한다(등록을 한다고 무조건 공개하는 건 아니다. 반면 공개를 하게 되면 등록은 자동이다.). 신상정보 등록 및 공개는 판결이 나면 의무 사항으로, 지키지 않으면 처벌된다.

어떤 죄일 때 등록할까?

신상정보 등록은 거의 모든 성범죄에 해당한다고 보면 크게 틀리지 않다. 단, 다음처럼 벌금형을 선고받는 등의 경우는 사건이 경미하다

고 보고 예외로 둔다.

- 1) 성적 목적을 위해 목욕탕이나 화장실 등 공공장소를 침입하여 2) 벌금형을 선고받은 사람(1과 2 조건 모두 충족할 때)
- 1) 카톡이나 이메일 등으로 음란물이나 음란한 말을 보내 통신매체이용음란죄를 저지른 경우로, 2) 벌금형을 선고받은 사람
- 1) 청소년성착취물을 배포·제공, 전시·상영, 소지하여 2) 벌금형을 선고받은 사람

신상정보 등록 기한

유죄판결(약식명령 포함)이 떨어지면 1) 판결이 확정된 날을 기준으로 30일 이내에 2) 자신의 주소지를 관할하는 경찰서에 신상정보를 제출한다. 만일 현재 교도소 등에 있다면 그곳의 장에게 제출하면 된다.

신상정보 업데이트 의무

한 번 제출하면 끝이 아니다. 만일 신상정보가 변경되면 1) 바뀐 날로부터 20일 안에 2) 왜 바뀌었는지, 어떻게 바뀌었는지 적어서 제출해야 한다.

1년에 한 번 경찰서 출석 의무

매년 12월 31일까지 1년에 한 번, 주소지 관할 경찰서에 출석해서 사진을 찍어야 한다.

무시무시한 신상정보 공개

사실, 등록 의무까지는 귀찮고 복잡하기는 해도 그럭저럭 할 만하다. 그런데 공개는 다르다. 살던 동네뿐 아니라 이사 가는 동네까지 이름, 사진, 나이, 주소 등이 적힌 우편물이 다 뿌려진다. 성범죄자라는 낙인과 함께.

어떤 경우에 공개명령을 내릴까?

〈성폭력범죄의 처벌 등에 관한 특례법 제49조〉에 따르면 다음과 같은 경우에 공개명령을 내릴 수 있다.

1. 아동·청소년대상 성범죄를 저지른 자
2. 「성폭력범죄의 처벌 등에 관한 특례법」제2조제1항제3호·제4호, 같은 조 제2항(제1항제3호·제4호에 한정한다), 제3조부터 제15조까지의 범죄를 저지른 자
3. 제1호 또는 제2호의 죄를 범하였으나 「형법」제10조제1항에 따라 처벌할 수 없는 자로서 제1호 또는 제2호의 죄를 다시 범할 위험성이 있다고 인정되는 자
   (단, 피고인이 아동·청소년인 경우나 혹은 그 밖에 신상정보를 공개하면 안 되는 특별한 사정이 있다고 판단하는 경우에는 예외다.)

법조문을 찾아보면 강간, 유사강간, 강제추행, 준강간, 준강제추행, 미수범, 강간 등 상해와 치상, 강간 등 살인과 치사, 미성년자등에 대한 간음, 업무상위력등에 의한 간음, 미성년자에 대한 간음, 추행, 강도강간 및 미수범 등으로 일반적으로 우리가 '성범죄'라고 알고 있는 대

다수 범죄가 여기에 속한다.

공개되는 정보는?

1. 성명
2. 나이
3. 주소 및 실제거주지
4. 신체정보(키와 몸무게)
5. 사진
6. 등록대상 성범죄 요지(판결일자, 죄명, 선고형량 포함)
7. 성폭력범죄 전과사실(죄명 및 횟수)
8. 〈전자장치 부착 등에 관한 법률〉에 따른 전자장치 부착 여부

공개하지 않는 특수한 경우

대법원 2012. 1. 27. 선고 2011도14676 판결 [강제추행상해]

아동·청소년의 성보호에 관한 법률(이하 '법'이라 한다)은 제38조 제1항 본문에서 법원은 아동·청소년 대상 성폭력범죄를 저지른 자 등 그 각 호의 공개대상자에 대하여 같은 조 제3항에 기재된 성명, 나이, 주소 등 공개정보를 등록기간 동안 정보통신망을 이용하여 공개하도록 하는 명령(이하 '공개명령'이라 한다)을 아동·청소년 대상 성범죄 사건의 판결과 동시에 선고하여야 한다고 규정하고, 제38조의2 제1항 본문에

서 법원은 아동·청소년 대상 성폭력범죄를 저지른 자 등 그 각 호의 고지대상자에 대하여 위 공개명령기간 동안 제3항에 따른 공개정보나 전출정보 등의 고지정보를 고지대상자가 거주하는 읍·면·동의 지역주민에게 고지하도록 하는 명령(이하 '고지명령'이라 한다)을 아동·청소년 대상 성범죄 사건의 판결과 동시에 선고하여야 한다고 규정하면서, 위 각 조문의 단서는 공개명령이나 고지명령을 선고하여야 하는 경우의 예외로서 '아동·청소년 대상 성범죄 사건에 대하여 벌금형을 선고하거나 피고인이 아동·청소년인 경우, 그 밖에 신상정보를 공개하여서는 아니 될 특별한 사정이 있다고 판단하는 경우'를 규정하고 있다.

여기에서, 공개명령과 고지명령의 예외사유의 하나로 규정된 '그 밖에 신상정보를 공개하여서는 아니 될 특별한 사정이 있다고 판단되는 경우'에 해당하는지 여부는 피고인의 연령, 직업, 재범위험성 등 행위자의 특성, 당해 범행의 종류, 동기, 범행과정, 결과 및 그 죄의 경중 등 범행의 특성, 공개명령 또는 고지명령으로 인하여 피고인이 입는 불이익의 정도와 예상되는 부작용, 그로 인해 달성할 수 있는 아동·청소년 대상 성범죄의 예방 효과 및 성범죄로부터의 아동·청소년 보호 효과 등을 종합적으로 고려하여 판단하여야 한다.

원심은, 피고인이 청소년을 대상으로 한 이 사건 강제추행상해의 성폭력범죄를 저지른 사실은 인정되나, 1) 피고인이 아무런 전과도 없는 24세의 학생으로서 초범인 점, 2) 피고인이 이 사건 범행 직전 피해자에게 자신의 전화번호를 피해자의 휴대전화에 입력해 주기까지 한 사정에 비추어 볼 때

이 사건 범행은 주취 중 우발적으로 범해진 것으로 보여 피고인에게 성폭행의 습벽이 있다고 인정하기 어려운 점, 3) 피고인의 사회적 유대관계가 분명하고 피고인이 깊이 반성하고 있어 피고인에게 재범의 위험성이 있다고 보기 어려워 공개·고지명령이라는 보안처분을 부과할 필요성이 크지 않은 점, 4) 이 사건 범행에 있어 추행의 정도가 중하지 아니하고 피해자도 피고인의 처벌이나 피고인의 신상정보가 공개·고지되는 것을 원하지 아니하고 있는 점 등을 종합해 보면, 피고인에게 '신상정보를 공개하여서는 아니 될 특별한 사정'이 있다고 보아야 한다는 이유로 법이 정하고 있는 공개명령과 고지명령을 선고하지 아니하였다. 위 법리와 기록에 비추어 살펴보면, 위와 같은 원심의 판단은 정당하다고 수긍이 되고, 거기에 상고이유로 주장하는 바와 같은 법 제38조 제1항의 공개명령과 법 제38조의2 제1항의 고지명령에 관한 법리오해 등의 위법이 없다.

해외 갈 때 신고해야 한다

신상정보 등록과 유사한 의무가 하나 더 있다. 해외 가려고 비행기 탈 때 신고해야 하는 의무다. 물론 모든 해외 방문에 무조건 신고하는 건 아니다. 〈성폭력범죄의처벌등에 관한 법률제43조의 2(출입국 시 신고의무 등)〉에 보면 1) 6개월 이상 국외에 체류하기 위해 출국하는 경우라고 조건이 규정되어 있다. 만일 이 조건에 부합하면 미리 관할 경찰서에 체류국가 및 체류기간 등을 신고해야 한다. 신고 후 출국했다가 입국하면 14일 이내에 관할 경찰서에 입국 사실을 신고해야 한다(특별한 사정이 있을 때는 기간 조정이 가능). 한편, 원래는 6개월 이상 나갈 생각이 아니었다가 부득이하게 6개월 이상 머무를 수 있다. 그때는 귀국 후 신고를 해야 한다. 외국인의 경우, 한국에 입국하여 성범죄를 범한 경우에 설령 기소유예를 받았을지라도 영구 입국금지가 된다(《출입국관리법 제11조》, 법무부의 〈입국규제 업무처리등에 관한 지침〉 등).

5. 아예 성기능을 잃을 수도 있다

사실, 여기까지 오면 달리 방법이 없는 사람이겠다. 일상 복귀는 언감생심, 일단 자신을 환자라고 보고 치료에 집중해야 할 때다. 그래도 소개한다. 다섯 번째로 잃는 것은 성기능 자체일 수도 있다. 일명 화학적 거세다.

화학적 거세란 약물로 성충동을 억제하는 조치를 말한다. 정식 명칭은 〈성폭력범죄자의 성충동 약물치료에 관한 법률〉상 '성폭력범죄자의 성충동 약물치료'다. 이 치료를 청구하기 위해서는 성도착증 환자로 인정되어야 하며, 당연히도 재범 우려가 높아야 한다. 또한 19세 이상인 성인에게만 화학적 거세를 명령할 수 있다. 청구의 주체는 검사이며 판사가 최종 결정한다. 판사가 보기에도 검사의 청구가 충분히 이유가 있는 경우, 15년 이내로 치료기간을 정하여 명령을 내리게 된다. 치료를 받는 동안 보호관찰도 자동으로 받게 된다. 치료명령을 받은 자는 다음 3가지 의무를 짊어지게 된다.

1. 보호관찰관의 지시에 따라 성실히 약물치료에 응할 것
2. 보호관찰관의 지시에 따라 정기적으로 호르몬 수치 검사를 받을 것
3. 보호관찰관의 지시에 따라 인지행동 치료 등 심리치료 프로그램을 성실히 이수할 것

6. 처벌을 더 받는다

지금까지 살펴본 것은 형량 외에 추가적으로 받아야 하는 조치들이었다. 그럼, 형량 등 성범죄를 둘러싼 법조항에는 변동이 없을까? 있다. 아주 많다. 단기간으로 보면 별 차이를 못 느낄 수 있지만 긴 시간을 통해 보면 성범죄 형량이 점차 강화되고 있다는 사실을 체감할 수 있다.

예컨대 강간죄의 경우, 1953년에는 "형법 제297조 (강간) 폭행 또는 협박으로 부녀를 강간한 자는 3년 이상의 유기징역에 처한다."고 규정하고 있다. 이 당시, 성범죄는 친고죄(피해자가 직접 고소하지 않으면 수사할 수 없는 범죄)였고, 보호대상이 '부녀'였고, 형량은 '3년 이상의 유기징역'이었다. 이후 어떻게 바뀌었을까?

첫째 변화 : 청소년 양형 강화

2008년 시행된 〈청소년의 성보호에 관한 법률〉 제7조의 내용을 보면 양형을 최소 "5년 이상의 유기징역"으로 상향했고, 이후 계속 5년

이상이다[(아동·청소년에 대한 강간·강제추행 등) ① 여자 아동·청소년에 대하여 「형법」 제297조의 죄를 범한 자는 5년 이상의 유기징역에 처한다. 다만, 현재는 〈아동·청소년에 대한 아동·청소년의 성보호에 관한 법률〉이 되었다.]. 이때 5년으로 상향된 것은 이후 시행된 〈성폭력범죄의 처벌 및 피해자보호 등에 관한 법률〉, 〈성폭력범죄의 처벌 등에 관한 법률〉에서도 그대로 적용되었다.

둘째 변화 : 친고죄 폐지

2006년 〈청소년의 성보호에 관한 법률〉이 만들어지며 친고죄 고소기간에 변화가 생긴다. 원래 친고죄였을 때는 고소기간이 6개월이었는데 이때 1년으로 연장된 것이다. 그러다 다시 2년으로 늘었고, 헌법재판소(2009. 11. 26. 2008헌바58결정)에서 친고죄가 위헌이라고 결정을 내리면서 2013년 이후 모든 성범죄에 친고죄 꼬리표가 떨어졌다. 친고죄가 폐지되었다는 말은, 피해자만이 아니라 누구나 고발할 수 있다는 말이다.

셋째 변화 : 보호대상 확대

2012년이 되면 보호대상이 '부녀'에서 '사람'으로 변경된다. 남자도 대상이 된다는 말이다.

넷째 변화 : 공소시효 확대

2007년 형사 소송법이 개정되면서 전체적으로 공소시효가 연장된다. 2010년 제정된 〈성폭력범 처벌등에 관한 법률〉 제20조에서는 많은 변화가 있었다. 제1항에서는 성폭력범죄의 피해자가 미성년자인 경우 공소시효는 피해자가 성년이 되는 날부터 진행하도록 바뀌었고, 제2항에서는 DNA증거 등 그 죄를 증명할 수 있는 과학적인 증거가 있을 때는 공소시효를 10년간 연장할 수 있도록 했으며, 제3항에서는 성폭력범죄의 피해자가 만 13세미만 또는 장애인인 경우 강간죄와 준강간죄 등에 대하여는 공소시효를 없앴다. 그리고 2013년 〈성폭력범 처벌 등에 관한 법률〉 제21조 제4항에서는 모든 피해자에 대한 〈강간 등 살인·치사 등 죄〉에 대해서는 공소시효를 완전히 없앴다.

다섯째 변화 : 특수강간 수시 양형 강화

2020년에는 특수강간의 양형이 7년 이상으로 상향된다[제4조(특수강간 등) ① 흉기나 그 밖의 위험한 물건을 지닌 채 또는 2명 이상이 합동하여 「형법」 제297조(강간)의 죄를 범한 사람은 무기징역 또는 7년 이상의 징역에 처한다.].

여섯째 변화 : 성범죄 세분

같은 시기, 과거에는 추행으로 처리하던 것을 강간보다는 가볍고, 추행보다는 무거운 '유사 강간죄' 등을 신설한다. 강간이 되려면 '성기의 결합'이 있어야 하는데 구강성교나 항문성교 등 '성기끼리의 결합'은 아니나 그에 준하는 행위도 있기 마련. 이들 행위를 더 무겁게 처벌하기 위해 만든 것이므로 당연히 형량도 강화되었다.

: 피해자는 무료로 국선변호사의 도움을 받을 수 있다 :

- 일반적인 형사사건이라면 피해자(또는 고소인, 신고인)가 변호사를 선임하는 경우는 드물다. 그런데 성범죄 사건에서는 피해자가 국선변호사의 도움을 받을 수 있도록 되어 있다(〈성폭력범죄의 처벌등에 관한 특례법 제27조〉).
- 시점 : 고소가 이루어진 뒤, 피해자가 경찰에 요청하면 경찰관이 검사를 통해 국선변호사를 선정한다. 다시 강조하면 고소나 신고하는 과정에서는 도움을 받을 수 없다.
- 요청 : 주로 대학교 병원에 설치되어 있는 해바라기센터 혹은 각 경찰서 성범죄 담당 경찰관(주로 아동청소년과)에 연락하면 담당경찰관들이 검사를 통한 국선변호사 선임 등을 안내해 준다(서울 : 02-3672-0365).
- 조사 : 변호사는 피해자 조사 때 입회할 권한도 있고 의견을 진술할 수 있다.

성폭력범죄의 처벌등에 관한 특례법
- **제27조**(성폭력범죄 피해자에 대한 변호사 선임의 특례)
① 성폭력범죄의 피해자 및 그 법정대리인(이하 "피해자등"이라 한다)은 형사절차상 입을 수 있는 피해를 방어하고 법률적 조력을 보장하기 위하여 변호사를 선임할 수 있다.

② 제1항에 따른 변호사는 검사 또는 사법경찰관의 피해자등에 대한 조사에 참여하여 의견을 진술할 수 있다. 다만, 조사 도중에는 검사 또는 사법경찰관의 승인을 받아 의견을 진술할 수 있다.

③ 제1항에 따른 변호사는 피의자에 대한 구속 전 피의자심문, 증거보전절차, 공판준비기일 및 공판절차에 출석하여 의견을 진술할 수 있다. 이 경우 필요한 절차에 관한 구체적 사항은 대법원규칙으로 정한다.

④ 제1항에 따른 변호사는 증거보전 후 관계 서류나 증거물, 소송계속 중의 관계 서류나 증거물을 열람하거나 등사할 수 있다.

⑤ 제1항에 따른 변호사는 형사절차에서 피해자등의 대리가 허용될 수 있는 모든 소송행위에 대한 포괄적인 대리권을 가진다.

⑥ 검사는 피해자에게 변호사가 없는 경우 국선변호사를 선정하여 형사절차에서 피해자의 권익을 보호할 수 있다.

성폭력범죄의 수사 및 피해자 보호에 관한 규칙

- 제19조(변호사 선임의 특례)

① 경찰관은 성폭력범죄의 피해자등에게 변호사를 선임할 수 있고 국선변호사 선정을 요청할 수 있음을 고지하여야 한다.

② 경찰관은 피해자등이 국선변호사 선정을 요청한 때에는 검사에게 통보하여야 한다.

③ 경찰관은 성폭력범죄의 피해자가 변호사를 선임하거나 검사가 국선변호사를 선정한 경우 변호사가 조사과정에 참여하게 하여야 한다.

④ 경찰관은 조사 중에 변호사가 의견 진술을 요청할 경우, 조사를 방해하는 등의 특별한 사정이 없는 한 승인하여야 한다.

− [시행 2021. 1. 1.] [경찰청훈령 제996호]

7. 합의도, 돈도 문제다

재산 관련 범죄는 성범죄에 비하면 상대적으로 합의가 쉬운 편이다. 설령 합의가 어려워도 피해 금액과 비슷한 수준으로 '공탁'이라는 걸 하면 판사가 나름 정상을 참작하여 형을 무겁게 매기지 않을 수 있다. 그래도 피고인(가해자)이 피해 회복에 노력한다는 점을 감안해주는 것이다.

그런데 성범죄로 가면 아무리 돈이 많아도 합의 자체가 잘 안 될 수 있다. 일단 성폭력 피해자의 피해 여부를 돈으로 환산하는 게 어렵고, 피해자와 가해자 간에 합의금을 바라보는 방식도 얼마든지 다를 수 있다(재산 범죄라면 피해액이 분명하니까 훨씬 쉽다.).

그래도 합의를 위해 만날 수 있기만 해도 어쩌면 행운일 수도 있다. 합의를 위해 만남을 제안하는 것 자체가 '2차 가해'가 될 수 있기 때문이다(이건 피해자 입장에서 생각해 봐야 하는데 가해자에 대한 두려움, 혐오감 등의 감정이 겹치며 보기 싫어지는 건 너무 자연스런 태도다. 실제로도 가해자가 직접 피해자 연락처를 아는 방법이 생각보다 많이 제한되어 있다.).

아무튼 판사가 가해자의 행위를 2차 가해라고 판단하면 벌을 더 무겁게 준다. 대법원 양형위원회는 성범죄에 대한 양형기준을 제시하며 "합의 시도 중 피해 야기(피해자 등에 대한 강요죄가 성립하는 경우는 제외)"를 가중요소라고 설명한다.

합의 도중 선을 넘어 단순 2차 가해에서 끝나지 않고 강요죄로 죄목이 추가되는 경우도 있다. 일반 성인은 해당 사항이 없으나 상대적으로 약자의 위치에 있는 아동·청소년 피해자의 경우 합의 강요라고 판단되면 7년 이하의 징역에 처하도록 되어 있다.

: 관련 법령과 판례 :

아동·청소년의 성보호에 관한 법률
제16조(피해자 등에 대한 강요행위) 폭행이나 협박으로 아동·청소년대상 성범죄의 피해자 또는 「아동복지법」 제3조제3호에 따른 보호자를 상대로 합의를 강요한 자는 7년 이하의 유기징역에 처한다.

● 대법원 2010. 4. 29. 선고 2007도7064 판결
"강요죄의 수단인 협박은 일반적으로 사람으로 하여금 공포심을 일으키게 하는 정도의 해악을 고지하는 것으로 그 방법은 통상 언어에 의하는 것이나 경우에 따라서 한마디 말도 없이 거동에 의하여서도 할 수 있는데, 그 행위가 있었는지는 행위의 외형뿐 아니라 그 행위에 이

> 르게 된 경위, 피해자와의 관계 등 주위상황을 종합적으로 고려하여 판단해야 하는 것이며, 강요죄에서 협박당하는 사람으로 하여금 공포심을 일으키게 하는 정도의 해악의 고지인지는 그 행위 당사자 쌍방의 직무, 사회적 지위, 강요된 권리, 의무에 관련된 상호관계 등 관련 사정을 고려하여 판단되어야 할 것이다(대법원 2004. 1. 15. 선고 2003도5394 판결 등 참조).

직원이 성범죄 피해자인 경우, 사장에게 불똥이 튈 수 있다

회사 직원이 성범죄의 피해자인 경우가 있을 수 있다. 이때 사장이 피해자에게 불이익을 끼치는 행위를 하면 사장이 처벌을 받을 수 있다.

1) 성폭력 피해자의 경우

〈성폭력방지 및 피해자보호 등에 관한 법률〉

제8조(피해자에 대한 불이익조치의 금지)
누구든지 피해자를 고용하고 있는 자는 성폭력과 관련하여 피해자에게 다음 각 호의 어느 하나에 해당하는 불이익조치를 하여서는 아니 된다. 〈개정 2020.10.20〉
 1. 파면, 해임, 해고, 그 밖에 신분상실에 해당하는 불이익조치
 2. 징계, 정직, 감봉, 강등, 승진 제한, 그 밖의 부당한 인사조치
 3. 전보, 전근, 직무 미부여, 직무 재배치, 그 밖에 본인의 의사에 반하

는 인사조치

4. 성과평가 또는 동료평가 등에서의 차별이나 그에 따른 임금 또는 상여금 등의 차별 지급

5. 직업능력 개발 및 향상을 위한 교육훈련 기회의 제한, 예산 또는 인력 등 가용자원의 제한 또는 제거, 보안정보 또는 비밀정보 사용의 정지 또는 취급자격의 취소, 그 밖에 근무조건 등에 부정적 영향을 미치는 차별 또는 조치

6. 주의 대상자 명단 작성 또는 그 명단의 공개, 집단 따돌림, 폭행 또는 폭언 등 정신적·신체적 손상을 가져오는 행위 또는 그 행위의 발생을 방치하는 행위

7. 직무에 대한 부당한 감사 또는 조사나 그 결과의 공개

8. 그 밖에 피해자의 의사에 반하는 불이익조치

[제목개정 2020.10.20]

제36조(벌칙)

① 제8조를 위반하여 피해자에게 불이익조치를 한 자는 3년 이하의 징역 또는 3천만원 이하의 벌금에 처한다. 〈신설 2012.2.1, 2020.10.20〉

2) 성희롱 피해자의 경우

〈남녀고용평등과 일·가정 양립 지원에 관한 법률〉

제14조(직장 내 성희롱 발생 시 조치)

① 누구든지 직장 내 성희롱 발생 사실을 알게 된 경우 그 사실을 해당 사업주에게 신고할 수 있다.

② 사업주는 제1항에 따른 신고를 받거나 직장 내 성희롱 발생 사실을 알게 된 경우에는 지체 없이 그 사실 확인을 위한 조사를 하여야 한다. 이 경우 사업주는 직장 내 성희롱과 관련하여 피해를 입은 근로자 또는 피해를 입었다고 주장하는 근로자(이하 "피해근로자등"이라 한다)가 조사 과정에서 성적 수치심 등을 느끼지 아니하도록 하여야 한다.

③ 사업주는 제2항에 따른 조사 기간 동안 피해근로자등을 보호하기 위하여 필요한 경우 해당 피해근로자등에 대하여 근무장소의 변경, 유급휴가 명령 등 적절한 조치를 하여야 한다. 이 경우 사업주는 피해근로자등의 의사에 반하는 조치를 하여서는 아니 된다.

④ 사업주는 제2항에 따른 조사 결과 직장 내 성희롱 발생 사실이 확인된 때에는 피해근로자가 요청하면 근무장소의 변경, 배치전환, 유급휴가 명령 등 적절한 조치를 하여야 한다.

⑤ 사업주는 제2항에 따른 조사 결과 직장 내 성희롱 발생 사실이 확인된 때에는 지체 없이 직장 내 성희롱 행위를 한 사람에 대하여 징계, 근무장소의 변경 등 필요한 조치를 하여야 한다. 이 경우 사업주는 징계 등의 조치를 하기 전에 그 조치에 대하여 직장 내 성희롱 피해를 입은 근로자의 의견을 들어야 한다.

⑥ 사업주는 성희롱 발생 사실을 신고한 근로자 및 피해근로자등에게 다음 각 호의 어느 하나에 해당하는 불리한 처우를 하여서는 아니 된다.

1. 파면, 해임, 해고, 그 밖에 신분상실에 해당하는 불이익 조치
2. 징계, 정직, 감봉, 강등, 승진 제한 등 부당한 인사조치
3. 직무 미부여, 직무 재배치, 그 밖에 본인의 의사에 반하는 인사조치
4. 성과평가 또는 동료평가 등에서 차별이나 그에 따른 임금 또는 상여금 등의 차별 지급
5. 직업능력 개발 및 향상을 위한 교육훈련 기회의 제한
6. 집단 따돌림, 폭행 또는 폭언 등 정신적·신체적 손상을 가져오는 행위를 하거나 그 행위의 발생을 방치하는 행위
7. 그 밖에 신고를 한 근로자 및 피해근로자등의 의사에 반하는 불리한 처우

⑦ 제2항에 따라 직장 내 성희롱 발생 사실을 조사한 사람, 조사 내용을 보고 받은 사람 또는 그 밖에 조사 과정에 참여한 사람은 해당 조사 과정에서 알게 된 비밀을 피해근로자등의 의사에 반하여 다른 사람에게 누설하여서는 아니 된다. 다만, 조사와 관련된 내용을 사업주에게 보고하거나 관계 기관의 요청에 따라 필요한 정보를 제공하는 경우는 제외한다.

[전문개정 2017.11.28]

제14조의2(고객 등에 의한 성희롱 방지)

① 사업주는 고객 등 업무와 밀접한 관련이 있는 사람이 업무수행 과정에서 성적인 언동 등을 통하여 근로자에게 성적 굴욕감 또는 혐오감 등을 느끼게 하여 해당 근로자가 그로 인한 고충 해소를 요청할 경우 근무 장소 변경, 배치전환, 유급휴가의 명령 등 적절한 조치를 하여야 한다. 〈개정 2017.11.28, 2020.5.26〉

② 사업주는 근로자가 제1항에 따른 피해를 주장하거나 고객 등으로부터의 성적 요구 등에 따르지 아니하였다는 것을 이유로 해고나 그 밖의 불이익한 조치를 하여서는 아니 된다. 〈개정 2020.5.26〉

[본조신설 2007.12.21]

제37조(벌칙)

② 사업주가 다음 각 호의 어느 하나에 해당하는 위반행위를 한 경우에는 3년 이하의 징역 또는 3천만원 이하의 벌금에 처한다. 〈개정 2012.2.1, 2017.11.28, 2019.8.27, 2020.9.8〉

2. 제14조제6항을 위반하여 직장 내 성희롱 발생 사실을 신고한 근로자 및 피해근로자등에게 불리한 처우를 한 경우

제39조(과태료)

② 사업주가 다음 각 호의 어느 하나에 해당하는 위반행위를 한 경우에는 500만원 이하의 과태료를 부과한다. 〈개정 2012.2.1,

2017.11.28, 2019.8.27, 2020.5.26, 2020.9.8〉

1의 4. 제14조제2항 전단을 위반하여 직장 내 성희롱 발생 사실 확인을 위한 조사를 하지 아니한 경우

1의 5. 제14조제4항을 위반하여 근무장소의 변경 등 적절한 조치를 하지 아니한 경우

1의 6. 제14조제5항 전단을 위반하여 징계, 근무장소의 변경 등 필요한 조치를 하지 아니한 경우

1의 7. 제14조제7항을 위반하여 직장 내 성희롱 발생 사실 조사 과정에서 알게 된 비밀을 다른 사람에게 누설한 경우

2. 제14조의2제2항을 위반하여 근로자가 고객 등에 의한 성희롱 피해를 주장하거나 고객 등으로부터의 성적 요구 등에 따르지 아니하였다는 이유로 해고나 그 밖의 불이익한 조치를 한 경우

③ 다음 각 호의 어느 하나에 해당하는 자에게는 300만원 이하의 과태료를 부과한다. 〈개정 2017.11.28〉

1의 2. 제14조의2제1항을 위반하여 근무 장소 변경, 배치전환, 유급휴가의 명령 등 적절한 조치를 하지 아니한 경우

(출처 : 남녀고용평등과 일·가정 양립 지원에 관한 법률 일부개정 2020. 12. 8. [법률 제17602호, 시행 2020. 12. 8.] 고용노동부 〉 종합법률정보 법령)

8. 목숨도 장담 못한다

어쩌면 지금까지 언급한 것은 너무 작은 잃어버림인지 모른다. 경우에 따라 한 개인이 잃을 수 있는 최대치의 것, 즉 목숨을 잃는 경우도 있다. 그 목숨은 남의 목숨, 나의 목숨 가리지 않는다. 최근 뉴스를 보자. 극단적 선택을 한 피해자들 사건이다.

[연합뉴스 2021년 6월 26일]

성추행을 당한 공군 이모 중사의 극단적 선택 : 이 중사는 3월 2일 선임 부사관인 장모 중사로부터 성추행을 당하고 이튿날 바로 보고했으나 회유와 압박 등 2차 피해 뒤 지난달 22일 숨진 채 발견됐다.

[매일신문 2021년 6월 13일]

행복했던 한 주부의 삶…취업하면서 무참히 깨져 : 경북 포항시 한 중소기업에 다니는 여직원이 지속적인 직장 내 괴롭힘과 성추행 등을 견디다 못해 극단적 선택을 하는 사건이 발생했다.

[디스패치 2021년 6월 2일]

'클린어벤져스' 3화 의뢰인 성추행 피해로 극단적 선택 "개탄스럽고 눈물 나" : '클린어벤져스' 3화에 출연했던 의뢰인이 성추행 피해로 극단적 선택을 한 것으로 알려졌습니다.

[청주일보 2021년 5월 17일]

청주 오창 성폭력, 아동학대 피해 중학생 2명 극단 선택 "검찰 사죄하고 가해자 구속 촉구" : 청주시민단체는 지난 12일 청주시 오창읍 한 아파트 22층 옥상에서 뛰어내려 극단적 선택을 한 15세 여중생에 대한 가해자 구속을 촉구하고 현행 법 제도를 규탄하는 기자회견을 17일 청주지방검찰청 앞에서 청주시민단체 합동으로 집회를 가졌다.

[한국일보 2018년 3월 4일]

전북서 성폭력 피해 30대 부부 극단적 선택 : 4일 무주경찰서에 따르면 지난 3일 오전 0시 28분쯤 전북 무주군의 한 캠핑장에서 부부인 A(34·여)씨와 남편 B(37)씨가 쓰러져 있는 것을 경찰과 펜션 주인이 발견해 병원으로 옮겼지만 A씨는 숨졌다. 중태에 빠진 남편 B씨도 다음날 오전 병원에서 치료를 받던 중 숨졌다. 현장에서는 타다 남은 번개탄과 소주병, 유서 등이 발견됐다. (* 이 사건은 가해자로 지목된 사람의 성폭행 혐의에 대해서는 1심 무죄가 선고되었고, 폭행에 대해서만 유죄가 인정되었다. 이들 부부는 2심 진행 중 극단적 선택을 했다.)

반면 가해자의 극단적 선택도 뉴스에 종종 소개된다.

[뉴스1 2021년 6월 29일]

성 비위 관련 감찰조사 받던 육군 간부 양주서 숨진 채 발견 : 군 감찰 조사를 받다 연락이 두절된 육군 간부가 경기 양주시에서 숨진 채 발견됐다. 지난 19일 실종 신고가 접수된 지 열흘 만이다. A씨는 성희롱 관련 비위 및 방역지침

위반 의혹 등으로 군 감찰 조사를 받았던 것으로 전해졌다.

[연합뉴스 2021년 5월 26일]
'후배 성폭행 혐의' 로펌 변호사 사무실서 숨진 채 발견 : 같은 로펌에 근무하던 후배 변호사를 성폭행한 혐의로 경찰 수사를 받던 변호사가 사망했다. 26일 서울 서초경찰서에 따르면 40대 변호사 A씨는 이날 오전 4시 7분께 서초구 서초동 자신의 사무실에서 숨진 채 발견됐다. A씨는 지난해 같은 로펌에 근무한 후배 변호사를 수차례 성폭행하고 추행한 혐의(업무상 위력에 의한 간음 등)로 경찰 수사를 받아 왔다. 후배 변호사는 A씨가 상사의 지위를 이용해 성폭력을 가했다며 지난해 12월 경찰에 고소장을 냈다.

이건 누구도 원하는 결과가 아니다. 조심하고 또 조심할 일이다.

2장의 목적은 성범죄와 관련된 기초 지식을 아는 데 있음을 밝힌다.
개별 사건에서는 사안마다 접근이 달라질 수 있다.

성범죄·성희롱 자주 묻는 사례와 궁금증, 그리고 빠른 답변

- 언제 죄가 될까, 취업 제한에 걸리지 않을까, 어떻게 대처해야 할까? -

- 1 -
모르는 여성이지만 동의하에 성관계를 가졌는데 강간이라고?

[사건]

자고 있는 여성을 강간했다며 경찰서에서 출석을 요구해 다녀왔습니다. 신고한 사람은 나이트클럽에서 만난 20대 후반으로 짐작되는 여성입니다. 클럽에서 우연히 2대2로 만나 같이 술을 마셨고, 그 여성과 같이 모텔에 갔습니다. 모텔 도착 후 바로 1회 성관계를 가졌는데 이후 저는 샤워를 했고, 그 여성은 바로 잠들었습니다. 그리고 아무 일 없이 헤어졌습니다. 그런데 며칠 뒤 그 여성이 강간을 당했다며 신고를 했습니다. 신고 내용을 보니 그 여성은 제가 잠들었을 때 강간했다고 주장하고 있었고, 가자마자 관계를 맺은 것은 조사 때 말하지 않은 것으로 알고 있습니다.

[질문1] 무죄를 밝힐 방법이 있을까요?

성인지 감수성이 널리 퍼지고 있다. 피해자의 진술은 그 자체로 중요한 증거로 받아들여진다. 모 방송사에서는 '피해자의 목소리가 증거입니다.'라는 자막으로 성인지 감수성이 시대적 흐름임을 알렸다(그게 옳은지 그른지는 우리가 성범죄 사건에 대응하는 데 별 도움이 안 될 것 같고, 이 책의 목적도 아니다.).

성인지 감수성이 부상한 데에는 몇 가지 이유가 있다. 하나는 '강간을 당했다고 알리는 게 여성으로서 전혀 좋을 게 없는데 굳이 그렇게 말했다면 일단 그 말에 귀를 기울여보자고 생각하게 되었다는 사실이다. 일부러 거짓말을 할 이유가 없다는 얘기다. 피해 주장이 진짜인지 아닌지는 물론 피해자의 피해 진술만으로 판가름하지는 않는다. 전후 사정을 두루 살펴서 모순됨이 없는지 따지게 된다. 그럼에도 피해자의 진술이 말뿐이라는 이유만으로 무조건 배척하지 않게 된 게 시대적 흐름이다.

또 하나는 피해자에게 피해자다움을 요구해서는 안 된다는 생각 때문이다. 과거에는 성관계 당시 저항을 해야 강간이라고 인정했다. 회피할 수 있는 상황이었다면 어떻게든 회피해야 한다, 소리를 질러야 한다, 온몸으로 거부했어야 한다. 그래야 강간이었다. 그런데 이게 바뀐다. '내 말을 듣지 않으면 너희 가족을 죽일 거야.'라는 말로 이웃집 소녀를 겁주어 강간한 이야기가 외국 소설에 등장한다. 이 소녀는 벌벌 떤다. 남자는 그 말 외에는 아무런 강제 수단도 동원하지 않았고, 소녀는 싫다는 말조차 못한 채 남자가 시키는 대로 한다. 이건 일상적인 성관계일까, 강간일까? 만일 이 남자를 고소하면 과연 강간죄로 처벌을 받도록 할 수 있을까? 과거라면 불가능했으나 이제는 다르다. '왜 저항하지 않았니? 왜 소리 지르지 않았니?' 하고 물으며 '그렇다면 그건 강간이 아니야.'라고 단정지어 말할 수 없게 되었다.

그게 '피해자의 목소리가 증거입니다.'라는 말의 진짜 의미다. 그런데 이것도 기억하자. 성범죄에서만 피해자의 목소리(진술)를 중시하는 건 아니다. 다른 범죄에서도 피해자 진술은 문제만 없다면 주요한 증거로 얼마든지 받아들여진다. 단, 피해자 진술만으로 유죄를 판결하는 경우는 성범죄 사건 외에는 드물기는 하다.

아무튼, 그럼 어떻게 해야 할까? '강간당했다'는 피해자의 말(진술) 외에 다른 증거가 없는 경우, 조사관이나 판사는 결국 그 말이 진짜인지 아닌지 살피게 된다. 따라서 무죄를 주장하려면 상대방의 말에 의심스런 점이 있다는 것을 밝히면 된다(반대로 내 말이 맞다는 것을 증명해도 좋다. 그게 자연스럽게 상대 진술이 거짓임을 증명하는 방법이니까.).

다만 이때 상대방의 주장을 의심스러운 것으로 만들기 위해서는 단지 '그 말이 거짓일 수도 있지 않습니까?' 하고 반론하는 정도로 그쳐서는 안 된다. 충분히 의심이 들 정도가 되어야 한다. 판례에서는 이렇게 표현한다.

'합리적 의심이 들 정도'

마찬가지로 강간죄가 증명되려면 합리적인 의심이 없는 정도의 증명에 이르려야 한다(형사소송법 제307조). 만일 합리적인 의심이 든다면 그건 증명된 게 아니다("여기에서 합리적인 의심이라 함은 모든 의문, 불신을 포함하는 것이 아니라 논리와 경험칙에 기하여 요증사실과 양립할 수 없는 사실의 개연성에 대한 합리성 있는 의문을 의미한다."고 대법원은 판시하고 있다. 대법원 1997. 7. 25. 선고 97도974 판결 참조).

합리적인 의심, 증명…… 아직은 현실적으로 별 도움이 안 되는 말인 줄 안다. 그러나 이 원칙을 모르면 다음을 진행하기 어렵다. 합리적인 의심이나 증명은 이 책의 곳곳에서 충분히 다루게 될 것이다.

[질문2] 죄가 인정될 수밖에 없다면 기소유예를 받을 방법이 있을까요?

일단 상대 진술을 탄핵(거짓임을 증명하는 것)하는 데 힘을 쓸 것이지만 만일 합리적인 의심을 갖도록 하는 게 힘들다면 우리는 다음 상황을 가정해야 한다. 즉 검사가 보기에 이건 강간이 맞다고 생각되는 경우, 우리는 기소유예를 기대하고 거기에 주력해야 한다는 말이다.

우선 기소유예란, 죄는 있어 보이나 재판에 넘기지는 않겠다는 검사의 판단이다(불기소처분). 검사는 무얼 보고 기소를 할지 유예를 시킬지 결정할까?

만일 1) 무거운 범죄라면 기소유예는 힘들다. 2) 또 피해자와 합의가 되지 않으면 기소유예는 힘들다(합의서에는 대개 '가해자의 처벌을 원치 않는다'는 내용을 넣기 마련이다. 즉 합의가 되지 않았다는 말은 피해자가 가해자의 처벌을 원한다는 얘기다.). 3) 범행동기를 보는데 만일 범행이 실수가 아니라 고의적이라면 기소유예는 힘들다.

이런 걸 따져보니 중범죄도 아니고, 합의도 했고, 범행도 고의적이 아니라면 마지막으로 아래 〈형법 제51조 각호〉를 참고하여 최종적으로 기소유예 여부를 결정한다(검찰사건사무규칙제115조제3항제1호).

형법 제51조 각호

1. 범인의 연령, 성행, 지능과 환경

2. 피해자에 대한 관계

3. 범행의 동기, 수단과 결과

4. 범행 후의 정황

* 이 내용은 판사가 형량을 결정할 때 참고하는 것들이기도 하다.

이런 관점에서 이 사건을 보자. 1번 중범죄 여부에서부터 걸린다. 만일 피해자의 주장처럼 피해자가 잠들었을 때 강간한 것이 사실이라면 이는 준강간죄가 된다. 준강간죄란 "사람의 심신상실 또는 항거불능의 상태를 이용하여 강간"한 경우로 법정형은 "3년 이상의 유기징역"에 해당된다(형법 제299조, 제297조). 심신상실이란 잠이 들었을 때, 술에 취했을 때 등을 말한다. 상대가 저항할 수 없는 조건일 때 강간을 하면 '준강간'이 된다. '준'은 그런 의미다. 비록 '준'이라는 단어가 붙지만 형량을 보면 준강간은 중죄다. 중죄는 기소유예를 기대하기 어렵다.

- 2 -
아는 여성과 성관계 중
갑자기 남자가 들어왔다

[사건]

평소 알고 지내던 여성을 만나 술을 마셨습니다. 술집에서 나와서 헤어지려는데 여성이 집까지 데려다 달라고 해서 여자의 집에 갔다가 성관계 요구를 받아 관계를 하던 중, 갑자기 남자가 들어왔습니다. 그때까지는 아무 저항도 없이 저와 성관계를 갖던 여성이 갑자기 성폭행을 당했다며 돌변했습니다. 졸지에 성폭행범이 되었습니다.

[질문1] 이게 성폭력이 되나요?

범죄가 되려면 '구성요건'이 있어야 한다고 법률은 말한다. 쉽게 말해 성범죄를 각 구성요건으로 나누면 성 + 범죄가 되어야 한다는 말이다.

이때 '성'이란 성적 행위를 말하고, '범죄'란 폭행이나 협박 등을 의미한다. 법률에서는 성행위를 '간음'이라는 말로 표현하는데 '간음' 자체는 죄가 될 수 없고, 여기에 범죄에 해당하는 요건, 즉 강제력이 동원되어야 한다. 이처럼 강제력과 성행위가 결합되면 그때 〈형법제297조〉에서 말하는 '강간'이 완성된다.

이 사건의 경우, 여자와 관계를 한 건 사실이니까 '간음'은 있었고, 그렇다면 남은 건 '폭행 또는 협박' 여부다. 그런 사실이 있었는지, 그 사실을 뒷받침하는 증거가 있었는지에 따라 사건은 그저 '간음'에 그칠 수도 있고, '강간'으로 바뀔 수도 있다.

그런데 사태는 어떤가? 갑자기 나타난 남자가 여자의 남편인지 동거남인지는 모르지만 아무튼 그 남자의 출현으로 여자가 태도를 바꾸어 당신에게 성폭행을 당했다고 진술한다면 문제가 쉽지 않다. 만일 여자가 '거짓말이었다'라고 하지 않는 이상, 당시 정황과 증거를 놓고 무엇이 진실인지 다투어야 한다.

[질문2] 무고죄로 고소할 수는 없나요?

없는 말을 만들어서 고소를 했다면 이를 무고라고 한다(〈형법제156조〉 타인으로 하여금 형사처분 또는 징계처분을 받게 할 목적으로 공무소 또는 공무원에 대하여 허위의 사실을 신고).

그런데 우리가 일상적으로 생각하는 '무고'와 법률에서 말하는 '무고'에는 중대한 차이가 있다. 일반인은 무죄를 받으면 다 무고죄가 될 것으로 여기는 경향이 있다. 그런데 실제는 어떤가? 경찰에서 불송치(혐의없음) 결정을 받거나 검찰에서 '혐의없음'이라는 불기소처분을 받거나, 법원에서 무죄 판결을 받더라도 무조건 무고죄로 보는 건 아니다.

그럼, 어떤 경우에 '무고죄'를 인정할까? 고의적으로 없는 말을 만들었다는 게 증명되어야 한다. '고의'라는 말이 매우 중요하다. 아래 판례에서도 '고의'를 매우 엄격하게 해석한다(《대법원 1996. 3. 26. 선고 95도2998 판결》).

"진실한 객관적인 사실들에 근거하여 고소인이 피고소인의 주관적인 의사에 관하여 갖게 된 의심을 고소장에 기재하였을 경우에 법률 전문가 아닌 일반인의 입장에서 볼 때 그와 같은 의심을 갖는 것이 충분히 합리적인 근거가 있다고 볼 수 있다면, 비록 그 의심이 나중에 진실하지 않는 것으로 밝혀졌다고 하여 곧바로 고소인에게 무고의 미필적 고의가 있었다고 단정하여서는 안 된다."

"허위사실의 신고라 함은 신고사실이 객관적 사실에 반한다는 것을 확정적이거나 미필적으로 인식하고 신고하는 것을 말하는 것이니, 가사 고소사실이 객관적 사실에 반하는 허위의 것이라 할지라도 그 허위성에 대한 인식이 없을 때에는 무고에 대한 고의가 없다."

일반인 수준에서 의심스러워 고소할 수 있으며, 그런 경우는 무고죄가 아니라는 얘기다. 무고죄가 되려면 자기의 주장이 분명 가짜임을 알고 해야 한다는 얘기인데 이게 입증이 안 되면 무고죄로 고소해도 원하는 결과를 얻기는 힘들다.

[질문3] 성폭력 신고를 당하면 무조건 재판을 받아야 하나요?

신고 후 진행되는 과정은 이렇다.

1) 입건

2) 수사

3) 재판

피해자가 고소(가해자가 죄를 저질렀으니 벌 주세요)나 신고(누가 죄를 저질렀어요)를 하거나 혹은 경찰이 사건의 발생을 알아차리면(인지) 그때 사건이 접수되는데 이를 '입건'이라고 한다. 입건이 되어야 비로소 경찰이나 검찰에서 수사를 진행한다. 수사 과정에서 혐의가 인정되면 검사가 법원에 기소한다. 즉 신고했다고 무조건 재판으로 넘어가는 게 아니라 '수사 과정에서 혐의가 인정된다'는 판단이 서야 다음 단계인 재판으로 가게 된다. 물론 혐의가 인정된다고 해도 100% 다 재판으로 가는 건 아니고, 검찰이 '죄는 있어 보이지만 초범이고 범죄가 가벼워서 용서해주는' 기소유예도 있다.

결론적으로, 신고가 되더라도 1) 혐의가 없거나 2) 기소유예 등 불기소처분을 받거나 기소중지(피의자를 못 찾을 때)가 되면 재판을 받지 않는다.

– 3 –
고소 취하해줄 테니
돈 내놓으라는 여자

— [사건]

저를 준강간죄로 신고했던 여자가 고소를 취하해 주겠다며 합의금을 요구합니다. 저는 꽃뱀이라고 확신이 듭니다. 그 여자가 헛소문을 내는 바람에 직장
— 도 옮겼습니다.

[질문1] 무고죄로 고소할 수 있을까요?

이 사건의 경우, 두 가지 범죄가 성립한다.

첫째, 무고죄다. 허위사실로 신고한 것이 분명하다는 증거가 있으면 〈형법제156조(무고)〉에 따라 고소할 수 있다. 무고죄의 법정형은 10년 이하의 징역 또는 1,500만 원 이하의 벌금이다.

둘째, 명예훼손죄다. 공공연하게 헛소문을 내어 명예를 훼손했다면

〈형법제307조(명예훼손)제2항〉에 따라 처벌을 받을 수 있다. 명예훼손죄의 법정형은 5년 이하의 징역, 10년 이하의 자격정지 또는 1천만 원 이하의 벌금이다.

단, 앞서 보았듯 현실적으로 무고죄로 인정받기란 대단히 어렵다. 성범죄 관련 무고죄를 다룬 판례를 보면 여성 피해자의 진술에 사소한 모순 등이 있더라도 큰 틀에서 신빙성이 깨졌다고 보지 않는 경향이 있다. 또한 재판에서 성범죄 피의자가 무죄를 받거나 경찰, 검찰 단계에서 무혐의가 났다고 해도 바로 무고가 되는 것도 아니다.

[질문2] 그럼, 어떻게 해야 될까요?

법률 전문가의 조언을 듣길 바란다. 조언 없이 무고를 확신하고 덤비면 곤란하다. 무고죄 유죄를 이끌어내기가 힘들다고 했지 완전히 불가능한 건 아니므로 더더욱 조언이 필요하겠다. 만일 무고가 맞고 헛소문을 내고 다닌다면 명예훼손죄도 같이 고소한다. 무고가 맞다는 전제 아래 상대 여성이 계속 헛소문을 낼 것으로 예상될 때는 민사소송을 통해 재산을 가압류하면서 불법행위로 인한 손해배상을 청구하는 방법도 있겠다. 만일 그게 아니다 싶으면 전문가와 상담하여 이 일을 어떻게 해야 할지 답을 찾자.

무고를 반격할 수 있을까?

'무고죄를 조금 더 폭넓게 인정해야 한다.', '무고죄 형벌을 더욱 높여야 한다.' 현재 무고죄를 둘러싼 논란들이다. 한 사람을 파멸에 몰아넣을 만큼 중대한 잘못을 저질렀는데 왜 무고죄 판결은 적고, 또 형량은 그것밖에 안 되는 걸까? 이에 대한 답은 쉽지 않고, 특히 이 책의 주제를 넘어선 내용이다. 대신 법원이 무고 사건을 바라보는 시선이 어떤지를 설명하고 넘어가려고 한다.

가장 먼저 살펴야 할 것은 '성인지 감수성'을 설명하는 다음 판례다(이 판례의 내용은 앞으로도 계속 만나게 될 것이다.).

● **대법원 2018도2614**

나. 한편 성폭행이나 성희롱 사건의 피해자가 피해사실을 알리고 문제를 삼는 과정에서 오히려 피해자가 부정적인 여론이나 불이익한 처우 및 신분 노출의 피해 등을 입기도 하여 온 점 등에 비추어 보면, <u>성폭행 피해자의 대처 양상은 피해자의 성정이나 가해자와의 관계 및 구체적인 상황에 따라 다르게 나타날 수밖에 없다.</u> 따라서 개별적, 구체적인 사건에서 성폭행 등의 피해자가 처하여 있는 특별한 사정을 충분히 고려하지 않은 채 피해자 진술의 증명력을 가볍게 배척하는 것은 정의와 형평의 이념에 입각하여 논리와 경험의 법칙에 따른 증거판단이라고 볼 수 없다(대법원 2018. 4. 12. 선고

2017두74702 판결, 대법원 2018. 10. 25. 선고 2018도7709 판결 참조).

피해자가 보이는 행동이 상황에 따라 다르다는 얘기가 그렇게 중요한 걸까? 중요하다. 왜냐? 과거에는 성폭행 사건의 전형적인 스토리가 정해져 있다고 생각했고, 그에 부합할 때만 피해 사실을 인정했기 때문이다. 예를 들어 피해자는 사건 이전부터 상대에 대해 호감을 갖고 있으면 안 되고, 사건 당시에는 강한 거부감을 표시하거나 주변에 도움을 요청하거나 반발하는 등의 행동을 취해야 하고, 사건 직후에는 바로 경찰이든 주위든 도움을 청해야 한다는 식의 스토리다. 이 스토리에서 벗어나는 행동이 발견되면 지금도 가해자의 변호사들은 그 지점을 공략하며 '피해자의 주장에 모순이 있다', '피해자답지 않다'고 지적한다. 그런데 피해자의 대처 방식은 우리가 알고 있는 게 전부가 아닐 수 있다. 예를 들어 인질 경험이 있는 피해자라면 당연히 인질범에 대해서 매우 부정적인 반응을 보여야 할 것이라고 생각되기 마련이다. 그런데 스톡홀름의 한 은행에서 벌어진 인질극 사건 때, 풀려난 인질들이 도리어 범인에 동조하는 기이한 심리 현상을 보였다. 죽음의 문턱에서 살아 돌아왔다면 가해자가 미치도록 미울 텐데 왜 그들은 가해자를 이해할 수 있다는 식으로 옹호한 것일까? 흔히 '스톡홀름 증후군'으로 불리는 이 현상은, 남편에게 맞고 사는 아내나 부모의 폭력에 노출된 자녀에게서도 쉽게 찾아볼 수 있다. 이처럼 상황에 따라 성폭행 피해자들도 다른 행동 양상을 보일 수 있으므로, 그 특별한 사정을 헤아려서 피해자의 행동을 평가해야 한다는 게 지금 재판부의 시각이다.

그렇다면 이런 시각과 무고죄는 무슨 관계일까? 위의 판례는, 이어서 무고를 바라볼 때도 이런 관점을 적용해야 한다고 말한다.

위와 같은 법리는, 피해자임을 주장하는 자가 성폭행 등의 피해를 입었다고 신고한 사실에 대하여 증거불충분 등을 이유로 불기소처분되거나 무죄판결이 선고된 경우 반대로 이러한 신고내용이 객관적 사실에 반하여 무고죄가 성립하는지 여부를 판단할 때에도 마찬가지로 고려되어야 한다.

그리고 법조인 사이에서는 너무도 당연한 상식처럼 알려진 내용이 등장한다. '무죄 = 무고죄'가 아니라는 내용이 등장한다. 피해자가 왜 신고했는지 개별적인 사정을 충분히 고려한 뒤 무고 여부를 판단하라는 얘기다.

따라서 성폭행 등의 피해를 입었다는 신고사실에 관하여 불기소처분 내지 무죄판결이 내려졌다고 하여, 그 자체를 무고를 하였다는 적극적인 근거로 삼아 신고내용을 허위라고 단정하여서는 아니 됨은 물론, 개별적, 구체적인 사건에서 피해자임을 주장하는 자가 처하였던 특별한 사정을 충분히 고려하지 아니한 채 진정한 피해자라면 마땅히 이렇게 하였을 것이라는 기준을 내세워 성폭행 등의 피해를 입었다는 점 및 신고에 이르게 된 경위 등에 관한 변소를 쉽게 배척하여서는 아니 된다.

한편, 피해자 입장에서도 한번 생각해 볼 거리가 있다. 일반적으로 성폭력에 대한 편견이 강한 사회에서 2차 피해 가능성이 커진다고 알려져 있다. 성폭행 사건 이후 이를 수사하는 과정이나 재판 과정에서 피해자에게 '그때 왜 도망치지 않았느냐', '진짜 성폭행을 당한 게 맞느냐'처럼 피해자의 말을 의심하는 듯한 질문 등으로 피해자에게 다시 한 번 피해를 입힐 수 있다. 또한 옷차림이 그러니까 그런 일을 당했다는 식으로 피해자 잘못으로 몰고 갈 수도 있다. 이 모든 게 피해자다움을 요구하는 편견들이다. 그리고 실제로 '진짜 내가 잘못했나 봐.' 하고 생각하면서 피해자들은 피해 사실을 숨기게 되고, 이 때문에 신고가 더욱 어려워지는 경향이 있다. 재판부는 아직 우리 사회가 2차 피해 가능성이 큰 사회라고 여기고 있으며, 그래서 피해자의 신고에 대해서 조금 더 관대하게 바라보려고 하는 것이다.

실제 무고 사건 1.

아래는 실제 무고 사건의 공소장 내용이다. 검찰은 다음과 같은 내용으로 피고인이 무고를 했다며 기소했다(여기서의 피고인은, 성폭행을 신고하며 자신이 피해자라고 주장했던 사람).

서울남부지방법원 2017고합 229

피고인은 2014.4.경부터 2014.8.경까지 D에 파견되어 회계 등 행정업무를 담당했던 자이고, C는 B 촬영기사이다.

피고인은 2014.6.2.경 서울마포경찰서 여성청소년과 여성보호계 성폭력 피해자 원스톱지원센터 사무실에서 C로 하여금 형사처분을 받게 할 목적으로 ① C가 2014.5.26.19:00경 서울 마포구 D에 있는 'E'라는 술집에서 피고인의 옆에 앉아 팔로 피고인의 허리를 감싸 안는 방법으로 추행하고 ② 같은 날 22:30경 술집에서 나와 피고인과 함께 걸어가며 강제로 손을 잡는 방법으로 추행하고 ③ 소파에 앉았다가 일어나려는 순간 피고인의 팔을 잡고 끌어 앉히더니 강제로 피고인의 목덜미에 팔을 두르고는 피고인의 입에 강제로 입을 맞추고 자신의 혀를 피고인의 입에 넣으려고 하는 등 추행을 하였다는 내용의 고소장을 작성하여 제출하였다.
그러나 사실 C는 피고인을 위와 같이 추행한 사실이 없었는바, 피고인을 허위 내용을 고소함으로서 C를 무고하였다.

주요인물은 피고인과 C다. 피고인이 C를 강제추행으로 신고했는데 위에 적힌 내용 가운데 3번이 문제의 내용이다. 나머지 1, 2번은 신고내용에 없다. 아무튼 검찰은 1, 2번까지 포함하여 무고했다는 취지로 기소했다. 피고인은 어떻게 항변했을까? '설사 신고내용에 일부 객관적 진실이 반하는 내용이 포함되었더라도 신고 사실의 과장에 불과하여 허위의 고소라고 볼 수 없다.' 쉽게 말해, 신고한 내용이 일부 사실과 다른 게 있더라도 과장한 정도지 거짓이라고 보기 힘들다고 주장했다.

관련 판례 : 대법원 2015.10.15. 선고 2014도13516 판결

객관적 사실관계를 그대로 신고한 이상 객관적 사실관계를 토대로 한 나름대로의 주관적 법률 평가를 잘못하고 이를 신고하였다고 하여 그 사실만 가지고 허위의 사실을 신고한 것에 해당한다고 할 수는 없다.

이 사건은 국민참여재판으로 진행되었고, 배심원평결에서 7명 가운데 6명이 무죄 유죄 평결을 내렸다(국민참여재판의 배심원 판단을 '평결'이라고 한다. 단, 판사는 배심원과 다른 판단을 얼마든지 내릴 수 있다.). 1심 재판부 역시 유죄 판단을 내리고, 피고인을 징역 8월에 2년 집행유예, 그리고 40시간의 사회봉사를 명한다.

2심은 어떻게 보았을까? 1심의 판단을 그대로 유지하는데 아래 판례를 보면 알겠지만 '전형적인 성폭행 스토리'를 가져와서 피해자의 행동이 그에 부합하지 않는다는 얘기를 진행하고 있음을 확인할 수 있다.

2심의 판단 : 서울고등법원2017노2773

뿐만 아니라 원심이 적법하게 채택하여 조사한 증거들의 의하여 인정되는 다음과 같은 사정들에 비추어 보면 C의 수사기관 및 원심 법정에서의 진술은 신빙성이 있다고 판단되고, 달리 C의 진술의 신빙성 유무에 대한 원심의 판단이 명백히 잘못되었다고 볼 만한 특별한 사정이나 그 판단을 그대로 유지하는 것이 현저히 부당하다고 볼 만한 사정도 찾아볼 수 없다. 피고인의 주장은 이유 없다.

1) 앞서 본 바와 같이 C는 수사기관에서 무혐의처분을 받았고, 피고인이 제기한 재정신청마저 기각되었다.

2) 피고인과 C와 단둘이서 4시간 동안이나 함께 술을 마시고 그 후 상당한 시간동안 산책을 하기도 했는데, 그 과정에서 피고인이 성적 수치심을 느꼈다고 볼 만한 사정을 찾아 볼 수 없고 오히려 피고인은 C에 대하여 호의적인 태도를 가졌던 것으로 보인다.

3) 피고인과 C가 술집에서 나온 뒤의 상황이 촬영된 CCTV 영상에는 C가 피고인을 추행하였다고 볼 만한 장면을 찾아 볼 수 없고, 오히려 피고인과 C가 자연스럽게 신체적인 접촉을 하는 듯한 장면이 다수 나타난다(피고인이 C의 신체적 접촉을 저지하려는 모습이나 그에게 거부감을 표현하는 모습을 찾아 볼 수 없다.).

4) 피고인의 고소 내용 자체에 의하더라도 C가 당시 피고인에게 어떤 유형력을 행사하거나 협박성 발언을 한 것이 아니다.

5) 만약 피고인이 갑작스러운 C의 행위로 인해 실제 두려움을 느꼈던 것이라면 근처 편의점 직원에게 도움을 요청하거나 근처에서 자신을 기다리고 있던 남자친구에게 연락을 하여 도와 달라고 하였을 것으로 봄이 상당한데 그와 같이 대처하지 아니하고 C가 뒤따라오는 상황에서 단순히 택시를 탔다는 것은 쉽사리 납득하기 어렵다(심지어 피고인은 자신이 탄 택시에 C가 따라 타자 택시기사에게 도움을 요청하지 않고 그대로 하차하여 다른 택시를 탔고, 그 택시기사에게도 별다른 도움을 요청하지 않았다.)

6) 한편 피고인은 이 사건 고소에 이르게 된 동기에 대하여 단지 C가 무고 대상 사건 범행에 대하여 자신에게 진심으로 사과하지 않았기 때문이라고 일관되게 주장하고 있으나, 무고 대상 사건 범행 다음날인 2014.5.27.경 피고인과 피고인의 남자친구(H), C, C의 직장상사(I) 등이 모인 자리에서 C가 H로부터 치욕적인 말을 들으면서 무릎 꿇고 사과한 점으로 보이는 점에 비추어 보면 고소 동기에 대한 피고인의 주장도 쉽사리 납득하기 어렵다.

3심의 판단은 달랐다. 이 사건에서 무고라고 말하는 그 행위는, 만일 죄가 된다면 강제추행 중 하나인 기습추행인데, 갑작스런 성추행이다. 이런 추행의 경우, 직전의 과정과 기습추행 사건 사이에 연관성을 따지는 게 별로 의미가 없다는 내용부터 지적한다.

3심의 판단 : 대법원 2018도2614

원심이 유죄 인정의 근거로 밝힌 사정들은 피고인의 고소내용이 객관적으로 허위임을 뒷받침하는 논거로 삼기에 적절하다고 보기 어렵다. 피고인이 입맞춤 등을 당하기 이전에 공소외인과 사이에 손을 잡는 등 다른 신체접촉이 있었다거나 공소외인의 유형력 행사나 협박성 발언이 있었는지, 피고인이 강제추행을 당한 직후 공포감을 느끼어 주변에 도움을 요청하였는지 등은 피고인이 공소외인으로부터 일순간에 기습추행을 당하였는지 여부와 직접적인 관련이 없기 때문이다.

또 한 가지 지적하는 건 방금 전까지도 성적인 신체접촉에 동의했던 사람이라도 모든 행위를 다 용인한 게 아니며, 방금 전의 동의를 번복할 수 있는 자유가 있음을 지적한다. 이른바 '성적 자기결정권'이다. 이 말은, 따라서 이전까지 몸을 만졌다는 사정만으로 이후의 모든 신체접촉이 동의된 것은 아니라고 보는 게 옳다는 내용이다.

라. 나아가 설령 피고인이 이 사건 당일에 일정 수준의 신체접촉을 용인한 측면이 있다 하더라도, 피고인은 신체의 자유와 자기결정권을 갖는 주체로서 언제든 그 동의를 번복할 수 있을 뿐 아니라 자신이 예상하거나 동의한 범위를 넘어서는 신체접촉에 대해서는 이를 거부할 자유를 가지므로, 피고인이 주장하는 기습추행이 있기 전까지 공소외인과 사이에 어느 정도의 신체접촉이 있었다고 하여, 입맞춤 등의 행위에 대해서까지 피고인이 동의하거나 승인을 하였다고 인정하기는 어렵다.

2심의 시각과 많이 다르다. 따라서 3심이 주목하는 내용 역시 달라진다. 아래는 3심이 주목하는 이 사건의 사실들이다.

3심의 판단 : 대법원 2018도2614

가. 기록에 의하면 다음과 같은 사실을 알 수 있다.

1) 피고인이 2014. 6. 2.경 수사기관에 제출한 고소장에는, 이 사건 공소사실에 적시된 바와 달리 "5월 26일 오후 10시 30분~11시 10

분 사이에 서울 ○○구 ○○동 골목길 부근에서 공소외인이 저를 강제로 손을 잡고 포옹하고 입을 맞추었습니다. 피고소인에 대한 처벌을 원합니다."라고만 적혀 있었다.

2) 피고인은 위 고소장이 제출된 날의 다음 날인 2014. 6. 3. 서울 ○○경찰서 서부권 성폭력피해자 원스톱센터에 출석하여, 피해당한 장소를 '지하철 상수역에서 강변북로 방향으로 가기 전 중간에 편의점을 끼고 뒤쪽으로 돌아가면 나오는 주택가 골목'으로 특정하면서, 피해 장소에 가게 된 경위를 '공소외인이 회식이라면서 피고인을 불러냈는데 나가 보니 단둘이 만나는 자리임을 알았고 3, 4시간 정도 있다가 집에 가려고 나왔는데 골목길에 버려진 소파에 앉게 되었다'고 진술하였다.

피고인은 이어서 피해 경위를 묻는 경찰관의 질문에, '술집에서 밤 10시 30분쯤 같이 나와서 택시를 잡으려고 걷다가 골목길에 버려진 소파가 보였는데 갑자기 공소외인이 거기에 앉더니 피고인에게도 앉으라고 하였고, 이에 피고인이 소파 끝자락에 앉았다가 일어서려는 순간 공소외인은 피고인의 팔을 잡아 앉히더니 포옹을 하고 입을 맞추었다. 이에 공소외인을 밀쳐 내고 집에 가려고 일어섰는데 택시를 타는 곳까지 공소외인이 뒤쫓아 왔다'고 진술하였다.

3) 이후 공소외인에 대한 강제추행 수사는, 공소외인이 2014. 5. 26.경 피고인과 함께 편의점을 나와 각자 택시를 타고 헤어지기 전까지의 시간 동안, 골목길에 있던 소파에 잠시 앉았을 때 피고인에게 입을 맞추는 등의 강제추행을 하였는지 여부에 초점을 두고 이

루어졌다.

공소외인에 대하여 2015. 2. 23.경 혐의 없음의 불기소처분이 내려질 당시 그 불기소결정서상의 피의사실도 '공소외인이 2014. 5. 26. 피고인의 목덜미를 껴안고 입에 뽀뽀하고 입속에 혀를 집어넣어 강제추행'한 것으로만 기재되었다.

4) 한편 공소외인은 이 사건 당일에 피고인과 헤어진 직후인 2014. 5. 27. 00:01경 '모든 것이 예상되지만 어쨌든 잘 들어가고 다시 내일 보자. 걱정되지만 일단 안녕'이라는 내용의 문자메시지를 피고인에게 보냈다.

5) 공소외인의 고소대리인은 피고인을 무고죄로 고소할 당시 공소외인과 피고인이 편의점에서 나온 시점과 각자 택시를 타고 헤어진 시점 사이에 골목길 소파에 잠시라도 앉을 수 있는 시간적 간극이 전혀 없었다는 취지로 피고인의 강제추행 고소내용이 허위라고 주장하였다.

그러나 공소외인은 이 사건의 제1심 법정에서 편의점에서 나와 택시를 타기까지 약 10분 정도의 시간이 있었던 것 같고, 편의점에 들른 시점보다 앞인지 뒤인지는 정확히 기억나지 않으나 택시를 타기 이전에 피고인과 잠시 근처의 벤치에 앉았던 적은 있었다는 취지로 증언하였다.

6) 또한 공소외인의 고소대리인은 피고인을 무고죄로 고소할 당시 피고인이 강제추행을 당하였다고 주장하는 시점(이 사건 당일인 2014. 5. 26. 23:45경 편의점에서 나와 택시를 타고 헤어지기 전까지) 이전

에도 서로 감정에 이끌려 3차례나 입맞춤을 하였다는 취지로 주장하였다.

그러나 공소외인은 이 사건의 제1심 법정에서 피고인이 강제추행이 있었다고 주장하는 시점 이전에 피고인과 언제, 어디에서, 그리고 몇 번이나 입을 맞추었는지 등에 관하여 자신의 기억이 분명치 않다거나 고소대리인이 한 종전의 주장내용과 사뭇 다른 취지로 증언하였다.

나. 앞서 본 바에 의하면, 이 사건 공소사실 중 공소외인이 2014. 5. 26. 19:00경 술집에서 피고인의 옆에 앉아 팔로 피고인의 허리를 감싸 안는 방법으로 추행하였다거나 같은 날 22:30경 술집에서 나와 피고인과 함께 걸어가며 강제로 손을 잡는 방법으로 추행하였다는 내용은, 피고인이 수사기관의 추문에 따라 강제추행 피해경위를 설명하는 과정에서 비자발적으로 언급되거나 신고사실의 정황을 과장하는 수준에 불과하다고 볼 여지가 많다.

그러므로 피고인이 당시 직장 선배인 공소외인으로부터 강제추행을 당하였다는 고소내용은, 피고인이 이 사건 당일 저녁에 공소외인과 만나 함께 음주를 한 후 23:00경 술집을 나와 주변을 함께 걸었는데, 그 후 편의점에 들렀다가 각자 택시를 타고 헤어지기 전까지의 시간 동안 골목길에 버려진 소파를 발견하고 거기에 잠시 앉았을 때 공소외인이 갑자기 피고인을 껴안고 입을 맞추는 등으로 피고인을 강제추행하였다는 것에 한정된다고 보아야 한다.

이 사건은 결국 3심에서 뒤집어졌다. 도리어 무고 피해자를 주장하는 사람에게 강제추행 혐의가 있다는 내용까지 추가되었다.

실제 무고 사건 2.

사건 하나를 더 보자. 이 사건은 필자가 담당했던 것으로, 재판까지는 가지 않았고, 검찰 단계에서 불기소처분으로 끝이 났다. 따라서 판례는 없고, 불기소처분(혐의없음)을 주장하는 의견서가 있다.

무고 혐의로 조사를 받고 있던 사람은 무역회사 사무원으로 종사하는 여자였다. 그날, 이 피의자는 친구들과 만나 저녁부터 술자리를 옮겨가며 마시고 놀다가, 나이트클럽과 유사한 업소에서 한 남자를 알게 되었고, 전화번호를 교환했다. 평소 주량은 소주 1병인데, 그날 맥주 1000cc, 청하 4병가량 마신 상태로 상당히 취해 있었다. 자정을 넘긴 시간이었다. 친구들과 같이 업소 근처 음식점에 들렀는데 마침 그 남자에게 전화가 와서 둘이 따로 만났다. 그런데 그 남자와 만나 인사를 나눌 즈음부터 기억이 나지 않았다. 아침에 정신을 차렸는데 모텔 침대에 누워 있었고, 옷을 모두 벗은 채였다. 남자는 침대 모서리에 앉아 있었다. 남자가 성관계를 요구하자 두렵고 살고 보자는 생각에 성관계를 하고 옷가지를 챙겨 핑계를 대고 집으로 돌아 왔다. 집에 와서 모친의 추궁에 기억나는 부분에 대해서만 이야기했다. 모친은 신고하라고 권유했고, 피의자는 경찰의 원스톱 센터로 가서 그 남자를 강간죄로 고소하고 조사를 받았다. 상대 남자도 조사를 받았다. 남자 측에 따르면 모텔에서 머문 시간은 7시간가량이었다. 반면 피의자는 마지막 한 시간가량 침대에서 있었던 것만 기억이 나고, 나머지는 생각나지 않았다. 그 남자는 모텔에 온 순간부터 녹취를 한 자료를 갖고 있었다. 조사를 마친 뒤 검찰은 성폭력에 대하여 불기소처분(혐의없음)을 내렸다. 그러자 남자는 피의자를 무고로 고소했다.

결론부터 이야기하면 무고 사건은 불기소처분으로 끝이 났다.

블랙아웃

이 사건에서 한 가지 주목할 만한 부분이 있다. 기억과 관련된 내용이다. 고소를 하는 입장이든, 조사를 받는 입장이든 어떤 식으로든 법적인 효력이 있는 진술을 할 때는 '기억의 범위 내'에서만 해야 한다는 사실이다. 기억하지 못하는 상황에 대해서 고소하면 무고죄가 될 수 있고, 재판이 열리면 법정에 서서 증언을 해야 하는데 위증죄가 될 수 있기 때문이다. 그래서 진술도 기억의 범위 내에서만 해야 하고, 실제로 조서에 적힌 자신의 진술이 기억난 대로 기재되었는지 정확히 살펴보고 사실과 다르면 정정하거나 정정을 요구해야 한다.

이 사건 피의자는 자신의 사라진 기억을 복원하기 위해 최면술 센터를 방문해서 기억 복원을 시도했으나 실패했다. 피의자는 기억과 관련된 내용으로 아래처럼 의사에게 상담을 받기도 했다. 내용을 보면 알겠지만 블랙아웃으로 사라진 기억은 되살릴 방법이 없다.

가. 위와 같이 수 시간 동안의 기억이 전혀 없을 수도 있는가요?
– 술 마신 후 이러한 단기기억상실이 올 수 있습니다. 그 기간에는 목적이 있는, 자발적인 행위들(예를 들면 타인을 공격하는 것, 돈을

함부로 쓰는 것, 성적인 활동, 다투거나 싸움, 기물 파손, 음주운전 등)을 수행할 수는 있으나 단지 기억을 하지 못할 뿐이며 음주 직전 습득한 정보나 그 이전부터 가지고 있던 장기 기억에는 문제를 보이지 않고, 다만 음주 중 입력된 내용들은 시간이 지난 후에 기억해내기가 어렵습니다.

나. 위와 같이 기억이 전혀 나지 않는 병적 증세는 의학적으로 무엇이라 설명할 수 있는가요?
– 의학용어로 '블랙아웃(blackout)'이라 하며, 음주량과 관련이 있고 특히 혈중 알코올 농도가 급격하게 올라가는 시기에 발생합니다. 그 기전은 기억이 영구적으로 새겨지기 전에 해마에서 임시로 머무르다가 뇌세포들 사이의 전기신호를 타고 외피층인 신피질에 옮겨져 저장되어야 하는데, 알코올에 의해 세포와 세포사이의 신호전달의 메커니즘이 억제되어 기억이 저장되지 않는 것입니다.

다. 기억이 부분적으로 끊겨 있는 상태와 일정 기간 동안의 기억이 전혀 없는 상태는 의학적 견지에서 볼 때 어떻게 다른가요?
– 음주 이후 일정기간 중 부분적으로 기억을 하는 부분적 블랙아웃과 음주 이후의 일정 기간을 전혀 기억 못하는 총괄적 블랙아웃이 있는데, 혈중 알코올 농도의 차이로 인하여 발생하며, 부분적인 경우 기억을 공유한 사람의 도움에 의해 기억을 회상해낼 수

도 있으나, 총괄적인 경우는 기억을 되살리지 못합니다.

라. 위와 같이 기억이 나지 않는 동안의 사건을 회복 내지 재생시킬 수 있는 방법이 있는가요?
- 총괄적 블랙아웃의 경우 기억의 저장(장기기억화)이 되지 않은 상태이므로 재생시킬 수 있는 방법이 없다고 합니다.

마. 위와 같은 기억 상실 증상은 어떻게 치료하여야 하는가요?
- 치료보다는 예방이 필요하며, 블랙아웃은 술 마시는 양과 속도에 비례해 발생하므로 근본적인 해결을 위해서는 술 마시는 횟수와 양을 줄여야 하고 알코올이 뇌에 영향을 미치기 전에 간에서 충분히 분해될 수 있는 범위 내에서 마셔야 합니다.

어쩌면 이 사건의 상대 남성이 현명한 방식으로 사건을 대비했다고 보아야 하겠다. 남녀 간 성관계 상황에서 상대 남자는 모텔에 도착한 순간부터 떠날 때까지 모두 녹음을 했다. 이 녹취가 없었다면 남성은 설령 최종적으로 무죄를 받더라도 한동안 고생을 했을 것 같다. 특히 성폭력이 과거에는 항거불능한 폭행이나 협박이 있어야 범죄가 되었으나 이제는 성적 의사 결정의 자유를 중시하여 마지막 순간에 상대방이 거절을 하면 더 이상 성관계를 시도해서는 안 되고, 그 선을 넘으면 범죄가 되기 때문이다.

무고 항변, 어떻게 했을까?

변호사를 끼고 한다면 너무 당연한 것인데 한 가지만으로 주장하지 않는다. 2안, 3안까지 생각해서 모두 주장하게 된다. 이건 검사들도 기소할 때 쓰는 방법으로, 무기는 많을수록 좋다. 가장 먼저 무고죄가 아닌 경우는 어떤 경우인지 기존 판례를 짚어보고 있다. 일반적으로, 이런 판례는 법조인이라면 다 알고 있을 것으로 생각하기 쉽지만 법조인이라도 간혹 모르는 경우가 있을 수 있으니 기존 재판부가 이런 종류의 사건을 어떻게 보고 있는지, 내게 유리한 판례 중심으로 인용하는 게 좋다.

(1) 무고죄의 구성요건

형법 제156조 소정의 무고죄는 ① 타인으로 하여금 형사처분 또는 징계처분을 받게 할 목적으로, ② 공무소 또는 공무원에 대하여, ③ 허위의 사실을, ④ 신고하고, ⑤ 행위자에게 무고의 고의가 있어야 성립한다.

한편, "허위의 사실이라 함은 <u>그 신고된 사실로 인하여 상대방이 형사처분이나 징계처분 등을 받게 될 위험이 있는 것이어야 하고, 비록 신고내용에 일부 객관적 진실에 반하는 내용이 포함되었다 하더라도 그것이 독립하여 형사처분 등의 대상이 되지 아니하고 단지 신고사실의 정황을 과장하는 데 불과하거나 허위의 일부 사실의 존부가 전체적으로 보아 범죄사실의 성립여부에 직접 영향을 줄 정도에 이르지 아니하는 내용에 관계되는 것이라면 무고죄가 성립하지</u>

아니한다(대법원 1996. 5. 31. 선고 96도771 판결)."는 것이 판례의 태도이고

또한 판례는 "신고자가 그 신고내용을 허위라고 믿었다 하더라도 그것이 객관적으로 진실한 사실에 부합할 때에는 허위사실의 신고에 해당하지 않아 무고죄는 성립하지 않는 것(대법원 1991. 10. 11. 선고 91도1950 판결 등)"이며, "신고한 사실이 객관적 사실에 반하는 허위사실이라는 요건은 적극적인 증명이 있어야 하며, 신고사실의 진실성을 인정할 수 없다는 소극적 증명만으로 곧 그 신고사실이 객관적 진실에 반하는 허위사실이라고 단정하여 무고죄의 성립을 인정할 수는 없다(대법원 2006. 5. 25. 선고 2005도4642 판결 등)"는 점을 명확히 밝히고 있다.

다음은, 피의자의 고소 내용과 무고 사건의 혐의점이 다르다는 점을 지적하고 있다. 앞 사건에서도 3심 재판부는 무고죄 공소사실과 이전 사건의 고소 사실이 다른 점을 들면서 무죄 판단을 위한 한 가지 근거로 들고 있다. 내가 성폭행으로 고소한 내용에 대해서만 무고가 적용될 수 있는 것이지, 내가 고소하지도 않은 내용으로 무고를 따질 수는 없다.

(2) 의뢰인이 고소내용과 이 사건 혐의사실이 상이하다.

의뢰인이 00 08:00경 경찰원스톱지원센터에서 고소한 내용은 불기소결정서상 혐의사실과 발생시간이 다르고, 범행방법도 상이

하다.

의뢰인은 옷을 전부 다 벗고 있는 상태로 침대에서 눈을 뜬 이후 그 남자와의 성관계를 가질 때의 사실을 신고한 것이고, 그 이전에 술에 만취한 상태에서 모텔로 들어가 성관계를 갖게 되기까지의 과정에 관하여는 신고한 바가 없다. 의뢰인은 원스톱지원센터에서 상담을 할 당시에도 '모텔까지 간 경로', '옷이 벗겨지게 된 과정'에 대하여 모두 기억나지 않는다고 하였고, 의뢰인의 기억이 있기 전에 그 남자와 성관계를 가졌는지 여부에 대하여는 당시에도 지금도 기억하지 못하고 있다(증제2호증 진술조서 - 수사기록 10면).

그런데 증제3호증 불기소이유통지 중 '3. 범죄사실'을 보면 "그 남자는 00 02:32경 모텔 내 호수불상의 방에서 술에 만취하여 정신을 차리지 못하는 그 남자가 옷을 벗기고, 불상의 방법으로 위력을 행사하여 의뢰인으로 하여금 두려움을 갖게 한 후에 강간하였다."는 것으로 기재되어 있어 <u>의뢰인이 고소한 사실과 전혀 다른 사실을 대상으로 하여 수사가 이뤄졌음</u>을 알 수 있다.

마지막으로 앞에서 인용한 판례 가운데 하나를 이 사건에 대입해서 주장한다. 사실, 다음 내용은 '혹시나' 하는 마음에서 넣은 것인데 그렇더라도 사건 당사자가 되고 보면 지푸라기라도 잡고 싶어지기 마련이다.

(3) 설령 의뢰인이 허위의 사실을 신고한 것이라 하더라도, 의뢰인이 고소한 사실만으로는 범죄를 구성하지 않아 무고죄가 성립하지 않는다.

대법원은 "타인에게 형사처분을 받게 할 목적으로 허위의 사실을 신고한 행위가 무고죄를 구성하기 위하여는 신고된 사실 자체가 형사처분의 원인이 될 수 있어야 할 것이어서, 가령 허위의 사실을 신고하였다 하더라도 그 사실 자체가 형사범죄로 구성되지 아니한다면 무고죄는 성립하지 아니한다(대법원 2002. 11. 8. 2002도3738 판결 등)"는 입장을 일관되게 설시해왔다.

의뢰인은 2014. 3. 3. 02:32경부터 06:20경 사이의 사건에 대하여는 진술한 바도 처벌의사를 밝힌 바도 없고, 06:20경 이후 그 남자와 성관계를 가진 부분에 대하여만 진술하고 형사처벌의사를 밝혔다. 의뢰인은 성관계 당시 의뢰인이 폭행이나 협박 등 강압적인 행동을 한 적이 없다고 답하였고(증제2호증 진술조서 - 수사기록 12, 16면), 그 뒤에도 의뢰인이 흉기 등 위험한 물건을 소지한 것도 아니라고 하였으며(증제2호증 진술조서 - 수사기록 16면), 성관계 당시 의뢰인이 반항하지도 않았다고 진술했다(증제2호증 진술조서 - 수사기록 11, 13면). 또한 의뢰인은 다친 곳도 없다고 하였고, 당시 그 남자의 특이한 행동이나 언행도 없었다고 하였다(증제2호증 진술조서 - 수사기록 15면). 즉, 의뢰인의 고소내용 자체만으로도 이미 강간죄의 구성요건 중 "폭행 또는 협박"이 존재하지 않아 그 남자에게 강간죄가 성립할 여지가 없다.

아무튼 사건은 불기소처분으로 끝이 났다. 무고의 고의가 없었다는 점이 평가를 받은 것으로 보인다.

- 4 -
술을 마셔서 기억이 없는데 성폭력이라고?

— [사건]

지인들과 만나서 필름이 끊길 때까지 술을 마셨습니다. 그날 어떤 일이 있었는지 전혀 기억이 없습니다. 그런데 상대방 여성이 저를 성폭력으로 신고했습니다. 전후 사정을 따져보니 아마 모텔에 같이 들어갔고, 옷을 벗었던 건
— 맞는 것 같은데 기억이 가물가물합니다.

[질문1] 이럴 때는 어떻게 대응해야 하나요?

신고를 당했는데 기억이 없다면 큰일이다. 우선 정신부터 차리고 사태 파악에 나서야 한다. 만일 어떤 일이 벌어졌는지 확인이 불가능하다면 일단 입단속을 해야 한다. 경찰이 묻는 질문에 막연히 그런 것 같다는 생각으로 답하면 그 말이 부메랑이 되어 당신의 심장을 노릴

수 있다. 가능하면 변호사 등 관련 분야 전문가를 만나 자문을 구하라. 섣불리 피해자에게 연락을 취하지도 마라.

[질문2] 피해자 주장만으로도 죄가 될 수 있나요?

피해자 주장은 그 자체로 증거가 된다. 많이들 착각하는 내용이다. 이건 성범죄라서 그런 것도 아니다. 다만 경찰이든 검사든 판사든 모두 피해자 주장이 믿을 만한지 따져서 송치(경찰에서 검찰로 사건 이송)하거나 기소(검찰이 재판에 넘기는 일)하거나 유죄판결(판사의 사건 최종 판단)을 내리거나 한다. 다만, 성범죄가 조금 다른 것이라면 '성인지 감수성'으로 전보다 피해자 주장을 쉽게 무시하지 않게 되었다는 사실이다. 즉 피해자 주장에 사소한 모순이 있다거나 약간의 과장 혹은 거짓이 있더라도 그게 피해자 주장 전부를 뒤집지 못한다는 얘기다.

[질문3] 솔직히 관계를 가진 것 같지 않은데 술에 취해 기억은 없고, 어떻게 DNA 검사 등으로 혐의를 벗을 수 있을까요?

관계를 했다면 흔적이 남았을 테니 수사관에게 DNA 검사를 촉구할 수는 있겠다. 그러나 검사할지 말지 결정하는 건 수사관이고, 수사관이 필요하다고 느낄 때 검사가 진행될 수 있겠다. 그렇다면 해야 할 일은 수사관이 필요성을 느낄 수 있도록 주장과 증거를 제출하는 것이 되겠다. 그 주장과 증거는 피해자 진술을 의심할 만한 수준이 되어야 한다.

[질문4] 성범죄를 부인하면 처벌수위는 얼마나 되는가요?

만일 피해자의 주장대로 강간이라면 피해자와 합의가 되지 않았다는 가정 아래 실형을 피하기 힘들다. 강간의 경우, 법정형이 징역 3년 이상의 유기징역으로, 최소 징역 1년 6개월 이상의 실형을 받을 가능성이 커 보인다.

그러나 처벌수위는 여러 가지에 영향을 받는다. 가해자의 태도도 중요한 요소 가운데 하나다. 예를 들어 '나는 성범죄를 저지른 적이 없다'고 답하는 것이 '부인'인데 같은 부인이어도 이유 없이 부인하는 경우도 있고(처벌 수위가 높아질 것으로 보인다. 반성의 기미가 전혀 없기 때문), '이러저러한 이유로 나는 범죄를 저지른 적이 없다'고 부인하는 경우도 있을 것 같다. 같은 '부인'이라도 경우에 따라 처벌수위는 달라지기 마련이다. 다만, 유죄는 피할 수 없고, 양형만을 생각한다면 '진지한 반성'이 중요한 요소가 된다는 점도 기억하자. 판사는 가해자가 진심 어린 반성을 했는지 살펴서 처벌수위를 결정하게 된다. 따라서 1) 범행을 부인하는 데 충분한 근거가 없고, 2) 유죄가 예상된다면 설령 처음에는 부인했더라도 최종 변론에서는 자백을 하는 것도 한 가지 방법이다.

[질문5] 기소유예 등 선처는 어려울까요?

일반적인 경우라면 선처는 어려워 보인다. 강간죄는 징역 3년 이상의 유기징역에 처할 만큼 중범죄로 보기 때문이다. 다만 가해자(재판 중이면 피고인)에게 참작할 만한 중대 사유가 있는 경우에는 검사가 자기 선에서 기소유예를 하는 경우도 있을 수는 있겠다. 이를 위해서는 피해자와의 합의는 기본 중 기본이다.

[질문6] 술을 마셔서 기억이 없는데 이를 감안해주지는 않나요?

과거에는 음주를 심신미약 내지 심실 상실의 한 유형으로 보아 형의 감경사유가 되었다(형법 제10조). 그러나 성폭력은 예외가 되었다. 〈성폭력법 제20조〉에 보면 "음주 또는 약물로 인한 심신장애 상태에서 성폭력범죄를 범할 때는 형법상 감경규정을 적용하지 아니할 수 있다."고 말하고 있다. 성범죄에서는 음주라고 봐주지 않는다.

- 5 -
술에 취해 모르는 여자에게 키스하려다가 못했는데

— [사건]

당시 일은 술에 취해 기억이 나지 않습니다. 일행에 따르면 제가 지나가는 여자에게 다가가 키스를 시도했으나 하지 못하고, 주변에 있는 남자에게 얻어맞았다고 합니다. 저는 술에 취해 맞는 기억밖에 없고, 상해진단서까지 발급받은 상태입니다. 여자가 저를 고소하려고 한다고 합니다.

[질문1] 저도 고소를 하려고 하는데 좋은 방법일까요?

서로가 지은 죄를 비교하는 게 먼저겠다. 실패했으나 키스를 시도한 건 강제추행 미수죄가 된다(《형법 제298조, 제300조》). 법정형은 10년 이하의 징역 또는 1,500만 원 이하의 벌금이다. 신상등록 대상이 되고 취업제한 명령을 받을 수도 있다.

폭행은 어떨까? 만일 상대 남자의 행위가 1) 범행을 방지하기 위해 2) 사회상규에 위반되지 않는 수준에서 한 것이라면 '정당행위'가 되어 처벌받지 않을 수도 있다. 설령 처벌받더라도 상해죄(《형법 제257조》)가 적용되는데 법정형이 '7년 이하의 징역, 10년 이하의 자격정지 또는 1천만 원 이하의 벌금'이다. 누가 더 무거운 죄인가? 강제추행 미수죄가 더 무겁다. 설령 상대보다 더 가벼운 죄라고 하더라도 성범죄에는 보안처분 등이 따라서 법정형만으로 어떤 죄가 더 무거운지 따지는 데 한계가 있다. 따라서 복수하고 싶은 마음, 화가 나는 마음을 꾹 누르는 게 본인을 위한 처사다. 상대를 고소하는 데 힘을 쏟을 게 아니라 성범죄로 고소 당하지 않도록 최선을 다해야 한다. 그래도 어쩔 수 없이 고소하겠다면 최악의 결과를 예상하고 대응해야 한다.

[질문2] 그럼, 어떻게 사건을 처리해야 할까요?

당사자들이 느끼는 감정을 내려놓고, 제3자 입장에서 본다면 매우 불리한 상태다. 일단은 변호사 등의 자문을 받아 1) 사태를 보다 객관적으로 분석한 뒤, 2) 본인을 때린 사람보다는 피해자와의 관계에 더 집중하여 우선 고소되지 않도록 합의 등에 더 힘을 쏟아야 한다. 아마도 이를 위해서는 상대 남자를 상해죄로 함부로 고소하는 건 위험해 보인다. 그리고 누누이 이야기하지만 피해 여성과 합의를 할 때 2차 가해를 주의하자.

- 6 -
고소 접수만 하고
아직 조사를 받지 않았는데

— **[사건]**

같이 술을 마시던 여자가 성추행 당했다고 저를 고소했고, 저는 그 여자에게 뺨을 맞아서 폭행으로 고소했습니다. 모두 고소만 접수하고 사건 조사를 받
— 지 않은 상태입니다.

[질문1] 조사 전에 서로 원만히 합의하여 '서로 처벌을 원하지 않는다. 성폭행이나 폭행을 당한 적이 없다.'고 조사를 받으면 사건을 종결시킬 수 있을까요?

누구를 조사하지 않은 것인지 불분명하지만 만일 피해자 조사 전이라면 얼마든지 가능하다. 조사 자체를 아예 받지 않으면 되기 때문이다. 반면, 피해자 조사는 마쳤고, 가해자 조사가 남은 상태라면 얘기

는 달라질 수 있겠다. 일단, 두 개의 범죄를 비교해 보자. 성추행은 친고죄가 아니다. 경찰에서 사건을 인지하면 조사가 진행될 수밖에 없다. 반면 폭행은 반의사불벌죄로 피해자가 처벌을 원치 않으면 사건이 종료된다. 따라서 폭행에 대해서는 피해자의 의사 표시(처벌을 원치 않는다)만으로 사건이 끝나지만 성추행은 피해자 조사가 끝났다면 가해자 조사를 피할 길이 없다. 단, 합의를 통해 피해자가 가해자의 처벌을 원치 않는다고 의사 표시를 하거나 혹은 각하 조건을 갖추면 불송치 결정을 내리도록 되어 있다. 불송치란 검찰에게 보내지 않고 경찰 손에서 사건을 종료한다는 얘기다. 한편, 가해자 조사를 받게 된다면 사실대로 말을 해야지 적당히 넘기자는 생각에 거짓을 섞어 말하면 모순되는 정황 증거로 의심을 살 수 있으며 사태를 악화시킬 수 있다. 각 단계에 따라 취할 수 있는 조치가 다를 수 있으므로 변호사 등 전문가의 자문을 구하자.

: **성폭력**(성폭행), **성추행**, **성희롱의 차이** :

상대가 원치 않는 성적 행위를 할 때 성범죄가 된다. 이때 강제로 간음(성기 결합)을 하면 성폭력(성폭행)이 되고, 강제로 추행을 하면 성추행이 된다(추행 : 간음을 제외한 거의 모든 성적 행위. 만지고, 비비는 행위들로 성적 부위가 아니어도 추행이 된다.). 이 두 가지는 형사처벌의 대상으로 형사소송을 걸 수 있으며 유죄 판결이 나오면 징역, 벌금 등 처벌을 받는다. 또한 형사소송 외에 민사소송을 당할 수도 있는데 형사재판에서 유죄가 나오면 대개 민사에서도 패소하여 배상액을 지불하는 경우가 일반적이다. 반면 성희롱은 상사와 부하 관계처럼 보호할 처지에 있는 사람이 보호받을 사람에게 성적 굴욕감이나 혐오감을 느끼게 하는 경우, 혹은 성적 요구 따위를 따르지 않았다는 이유로 고용상에 불이익을 줄 때 성립한다(상사 부하 관계라도 단순히 희롱하는 말 외에 성폭력이나 성추행이 있다면 당연히 성폭력이나 성추행이 적용된다.). 형법에는 성희롱이 규정되어 있지 않아서 형사처벌의 대상이 아니다. 그러나 성희롱이 벌어진 회사의 사장은 행정처벌로 과태료를 물게 된다. 한편 성희롱이 형사처벌의 대상이 아니어도 불법행위인 것은 분명하므로 민사소송은 가능하다.

성폭력 vs 성추행 vs 성희롱

구분	성폭력(성폭행)	성추행	성희롱
근거	형법제297조(강간)	형법제298조(강제추행)	남녀고용평등과 일 가정 양립지원에 관한 법률제12조(직장내 성희롱의금지) 제14조의2(고객 등에 의한 성희롱 방지)
구성요건	폭행 또는 협박으로 강간	폭행 또는 협박으로 사람에 대하여 추행	사업주, 상급자 또는 근로자, 고객 등 업무와 밀접한 관련이 있는 사람이 성희롱을 하여서는 아니 된다.
처벌	3년 이상 유기징역	10년 이하의 징역 또는 1,500만 원 이하 벌금	- 성희롱 가해자에 대한 형사처벌 없음 - 단, 사업주의 경우 1천 만 원 이하의 과태료 - 민사손해배상은 가능

- 7 -
하려다 못했는데

[사건]

저와 친구, 그리고 친구의 여사친이 함께 술을 마셨습니다. 우리 셋은 다 취했고, 친구가 여사친을 모텔로 데려다 주기로 했으나 친구가 너무 취해서 제가 대신 그 여자를 모텔에 데려다 주었습니다. 여자는 술에 취했고, 모텔에서 자라고 데려간 건데 좀 정신을 차린 것 같더니 다시 잠이 든 듯 보였습니다. 제가 못 참고 몰래 잠자리를 가지려다가 깬 것 같아 그만두었습니다. 잠시 후에 해도 되느냐고 물었더니 여자가 싫다고 해서 그만두었습니다.

[질문1] 제가 뭘 잘했다는 건 아니지만 아무튼 하지 않았는데 이게 죄가 될까요?

1) 상대가 술에 취해 심실상실 내지 항거불능 상태에 있을 때, 2) 상

대와 성적인 교제에 대해 합의된 적이 없을 때, 그럴 때 만일 상대의 몸에 손을 댔다면 이는 강제추행죄나 혹은 간음을 시도하다가 중지한 것, 즉 준강간미수죄가 된다[《형법제299조(준강간, 준강제추행)》에 따르면 사람의 심신상실 또는 항거불능의 상태를 이용하여 간음 또는 추행을 한 자는 강간죄나 강제추행죄와 동일하게 처벌하게 되어 있다. 특히 그 미수범도 처벌한다(《형법제300조》).].

- 8 -
말로 하진 않았지만 동의했다고 생각하는데

[사건]

채팅 어플리케이션으로 만난 여성과 호감을 갖고 만났습니다. 저녁 식사 후 가볍게 한잔 하려고 그 여자 집으로 갔습니다. 오붓한 가운데 맥주를 마시다가 관계를 가졌습니다. 상대방이 거부하지 않았습니다. 물론 성관계를 하고 싶다고 말로 직접적으로 표현하지는 않았지만 묵시적 동의를 했다고 생각했습니다. 그런데 그 여자가 저를 성폭력으로 고소하겠다고 합니다.

[질문1] 저는 처벌받을까요?

보다 구체적인 상황이 어떤지에 따라 달라질 것으로 보인다. 다만, 일반론에 근거하여 말하자면 이렇다. 1) 가해자의 행동에 성폭력으로 인정할 만한 요소가 있는지 확인하여 2) 그런 요소가 있다면 피해자의 진술만으로 처벌될 수 있다. 이때 무엇이 성폭력으로 인정할 만한 요소인지가 문제가 된다. 과거에는 성폭력(강간)이 되려면 '항거불능'의 폭행이나 협박이 있어야 했는데 이게 점차 달라져서 현재는 피해자의 성적 의사 결정권을 침해할 정도인지, 즉 동의가 있었는지 여부에 따라 성폭력인지 아닌지를 구분하게 되었다. 설령 가해자는 폭행이나 협박이라고 의식하지 않았는데 피해자가 그렇게 받아들이고 강간을 당했다고 주장하는 경우도 있는데 이때도 피해자의 성적 의사 결정권을 침해한 것으로 보는 경향이 커졌다. 이처럼 성인지 감수성이 대두됨에 따라 피해자의 진술에 사소한 진술 잘못이나 실수가 있더라도 줄기가 되는 주장, 즉 성폭행이 있었다는 사실 자체를 의심하면 안 된다는 경향이 있다.

[질문2] 묵시적으로 동의했다고 생각했는데 아닐까요?

묵시적 동의라고 주장하는 것만으로는 물론 안 된다. 이걸 인정을 받으려면 당시 정황을 모두 모아서 판단을 해야 한다. 그런데 가만히 생각해 보면, 어떤 징후, 어떤 사정을 '묵시적 동의'가 있었던 것으로 볼 것인가? 정말 애매하다. 사정이 이런데 피해자가 '동의한 적 없다'라고 계속 주장하면 더더욱 그렇겠다. 이와 관련된 내용을 찾으려면 '성적 자유'에 대한 판례를 찾아보면 도움이 되겠다. 아래 판례는 '성적 자유'가 무엇인지 정의해 놓은 것으로, 판례에 보면 '성적 자유란 소극적으로 원치 않는 성행위를 하지 않을 자유'라고 정의하고 있다.

관련 판례 : 대법원 2019. 6. 13. 선고 2019도3341 판결

형법은 제2편 제32장에서 '강간과 추행의 죄'를 규정하고 있는데, 이 장에 규정된 죄는 모두 개인의 성적 자유 또는 성적 자기결정권을 침해하는 것을 내용으로 한다. 여기에서 '성적 자유'는 적극적으로 성행위를 할 수 있는 자유가 아니라 소극적으로 원치 않는 성행위를 하지 않을 자유를 말하고, '성적 자기결정권'은 성행위를 할 것인가 여부, 성행위를 할 때 상대방을 누구로 할 것인가 여부, 성행위의 방법 등을 스스로 결정할 수 있는 권리를 의미한다.

- 9 -
속임수(위계)가 동반된 성폭행

■ [사건 - 피해자 입장에서]

인스타를 통해 남자를 만났습니다. 서울 사는 사람이 지방까지 내려온다고 하여 내키지는 않았지만 나가서 만났습니다. 예상대로 외모도 형편없고 행동거지가 수준이 떨어져 처음에는 싫었지만 저의 억울하고 황당한 전 남친 사연에 귀를 잘 기울여주어 얼마 동안 대화를 했습니다. 그러다 제가 감정이 격해져 울게 되었고 목이 잠겼습니다. 남자가 시원하게 맥주를 들이켜라고 따라주었는데 술이 약한 저는 맥주 2잔에 머리가 핑 돌고 구토가 나왔습니다. 너무 힘들고 눕고 싶다는 생각밖에 들지 않았습니다. 그러자 그 남자가 안 되겠다며 자신이 잡아 놓은 호텔이 바로 앞에 있으니 가서 좀 쉬자고 하여 따라가서 일단 누었습니다. 그때 성폭행이 일어났습니다. 이 남자는 잘못했다면서 속죄의 의미로 저와 원수 진 전 남친에게 복수해주겠다고 약속했습니다.

저는 가족이 알까 봐 신고도 못하고 그 남자의 제의를 받아들였습니다. 그런데 두 달 후 약속을 지키겠다면서 약속을 지키려면 자기 말을 들어야 한다고 호텔로 데리고 갔고 그 자리에서 성관계가 있었으며 그 후 한 번 더 만나 성관계를 하고 연락을 끊어 버렸습니다.

[질문1] 그 남자를 성폭력으로 처벌받게 할 수 있을까요?

성폭력은 정의상 '폭행이나 협박이 동반된 간음'이다. 그럼, 이 사건도 폭행이나 협박이 동반된 간음이 될까? 일단 폭행은 없다. 그럼, 협박은? 협박도 찾아보기 힘들다. 이 사건에서 '간음에 이르게 된 과정을 보면 '약속'이 있고, '약속을 지키지 않은 게' 있다. 약속했으나 지키지 않았으므로 이를 속임수(위계)라고 한다. 위계에 의한 간음은, 그러나 처벌 대상이 아니다. 특별한 조건이 없는 한 말이다. 위계에 의한 간음이 죄가 되려면 이런 조건이 필요하다. 1) 이 사건처럼 피해자가 성인인 경우에는 2) 업무, 고용 기타 관계로 인하여 자기의 보호 또는 감독을 받는 부녀여야 한다.

성폭력범죄의 처벌등에 관한 특례법 제10조(업무상 위력 등에 의한 추행)
① 업무, 고용이나 그 밖의 관계로 인하여 자기의 보호, 감독을 받는 사람에 대하여 위계 또는 위력으로 추행한 사람은 3년 이하의 징역 또는 1천500만 원 이하의 벌금에 처한다.

반면 이 사건과 달리 피해자가 미성년자인 경우에는 위와 같은 업무, 고용 등의 관계가 없더라도 처벌받도록 되어 있다(《아동 청소년의 성보호에 관한 법률 제7조 제5항》). 따라서 이 사건은 처벌이 불가능하다.

[질문2] 전 남친을 고소하여 수사를 받던 도중 거짓말 탐지기 조사를 받았는데 제가 부정맥이 있어서 그랬는지 거짓반응으로 나와 전 남친이 처벌받지 않았습니다. 이번에도 거짓말 탐지기를 하자고 하면 어떻게 해야 될까요?

앞서 설명한 대로 이 사건은 죄가 될 것으로 보이지 않는다. 그러나 조사를 받는다는 전제 아래 설명을 붙인다. 거짓말 탐지기 조사를 받을지 말지는 철저히 선택의 문제가 된다. 질문자가 고려할 건 두 가지다. 첫째, 거짓반응이 나올 때 어떤 일이 벌어질까? 둘째, 거짓말 탐지기 검사를 거부할 때 어떤 일이 벌어질까? 무슨 말인가 하면 거짓반응이 나온 거짓말 탐지기 조사에 대해서는 탄핵을 할 수 있는 기회가 있다. 달리 말해, 거짓말 탐지기에서는 거짓반응이 나왔지만 그건 거짓말 탐지기 조사를 믿기 힘들기 때문이라고 말할 여지가 있다는 얘기다. 거짓말 탐지기 조사의 결과를 증거로 쓰려면 아래 판례에서 말하듯이 엄격한 조건을 달성해야 한다. 이런 이유로 현실적으로 거짓말 탐지기의 조사 결과는 증거로 쓰이지 못한다. 즉 거짓반응이 나오더라도 아직 기회는 있다. 그런데 조사 자체를 거부하면? 고소한 사람이 거짓말 탐지기 조사를 거부한다면 조사관이 어떻게 여길까? 고소한 사람을 의심하기 시작하지 않을까? 종합적으로 판단하여 결정할 일이다.

관련 판례 : 대법원 2005. 5. 26. 선고 2005도130 판결

거짓말탐지기의 검사 결과에 대하여 사실적 관련성을 가진 증거로서 증거능력을 인정할 수 있으려면, 첫째로 거짓말을 하면 반드시 일정한 심리상태의 변동이 일어나고, 둘째로 그 심리상태의 변동은 반드시 일정한 생리적 반응을 일으키며, 셋째로 그 생리적 반응에 의하여 피검사자의 말이 거짓인지 아닌지가 정확히 판정될 수 있다는 세 가지 전제요건이 충족되어야 할 것이며, 특히 마지막 생리적 반응에 대한 거짓 여부 판정은 거짓말탐지기가 검사에 동의한 피검사자의 생리적 반응을 정확히 측정할 수 있는 장치이어야 하고, 질문사항의 작성과 검사의 기술 및 방법이 합리적이어야 하며, 검사자가 탐지기의 측정내용을 객관성 있고 정확하게 판독할 능력을 갖춘 경우라야만 그 정확성을 확보할 수 있는 것이므로, 이상과 같은 여러 가지 요건이 충족되지 않는 한 거짓말탐지기 검사 결과에 대하여 형사소송법상 증거능력을 부여할 수는 없다.

: '위계'의 의미를 확대한 최근의 대법원 판례 :

과거에는, 예컨대 아무개가 '이건 치료행위야'라고 말하고 치료를 빙자해 간음을 하는 경우에만 위계의 의한 간음으로 보았다(피해자는 그 말에 속아서 성행위라는 생각 없이 성행위를 하게 되는 것이다.). 그러나 대법원 2020. 8. 27. 선고 2015도9436 판결에서 '위계'에 대한 해석이 넓어진다. 즉 '나하고 성관계를 가지면 병이 나을 수 있어'라고 말하는 것, 즉 피해자가 성행위임을 알고 성행위를 했더라도 성행위에 이르게 된 동기에서 속임수가 있을 때도 '위계'로 보아야 한다는 내용이다. 아래는 이 사건에 대한 대법원의 설명과 판결문이다.

피고인은 자신을 고등학교 2학년으로 가장하여 14세의 피해자와 온라인으로 교제하던 중, 교제를 지속하고 스토킹하는 여자를 떼어내려면 자신의 선배와 성관계를 하여야 한다는 취지로 피해자에게 거짓말을 하고, 이에 응한 피해자를 그 선배로 가장하여 간음함으로써 위계로 아동·청소년인 피해자를 간음하였다는 것입니다. 원심은 종전 대법원 판례에 따라 이 사건 공소사실을 무죄로 판단하였습니다. 그러나 피해자는 피고인에게 속아 피고인과 성관계를 한 것이고, 피해자가 오인한 상황은 간음행위를 결심하게 된 중요한 동기가 된 것으로, 이를 자발적이고 진지한 성적 자기결정권의 행사에 따른 것이라고 보기 어렵습니다. 따라서 피고인은 간음의 목적으로 피해자에게 오인, 착각, 부지를 일으키고 피해자의 그러한 심적 상태를 이용하여 피해자와 간음행위를 한 것이므로 이러한 피고인의 간음행위는 위계에 의한 것이라고 평가할 수 있습니다. 결국 원심의 판단에는 위계에 의한 간음죄에 관한 법리를 오해하여 판결에 영향을 미친 잘못이 있습니다.

● 대법원 2020. 8. 27. 선고 2015도9436 전원합의체 판결

가. '위계'라 함은 행위자의 행위목적을 달성하기 위하여 피해자에게 오인, 착각, 부지를 일으키게 하여 이를 이용하는 것을 말한다. 이러한 위계의 개념 및 앞서 본 바와 같이 성폭력범행에 특히 취약한 사람을 보호하고 행위자를 강력하게 처벌하려는 입법 태도, 피해자의 인지적·심리적·관계적 특성으로 온전한 성적 자기결정권 행사를 기대하기 어려운 사정 등을 종합하면, 행위자가 간음의 목적으로 피해자에게 오인, 착각, 부지를 일으키고 피해자의 그러한 심적 상태를 이용하여 간음의 목적을 달성하였다면 위계와 간음행위 사이의 인과관계를 인정할 수 있고, 따라서 위계에 의한 간음죄가 성립한다. 왜곡된 성적 결정에 기초하여 성행위를 하였다면 왜곡이 발생한 지점이 성행위 그 자체인지 성행위에 이르게 된 동기인지는 성적 자기결정권에 대한 침해가 발생한 것은 마찬가지라는 점에서 핵심적인 부분이라고 하기 어렵다. 피해자가 오인, 착각, 부지에 빠지게 되는 대상은 간음행위 자체일 수도 있고, 간음행위에 이르게 된 동기이거나 간음행위와 결부된 금전적·비금전적 대가와 같은 요소일 수도 있다.

나. 다만 행위자의 위계적 언동이 존재하였다는 사정만으로 위계에 의한 간음죄가 성립하는 것은 아니므로 위계적 언동의 내용 중에 피해자가 성행위를 결심하게 된 중요한 동기를 이룰 만한 사정이 포함되어 있어 피해자의 자발적인 성적 자기결정권의 행사가 없었다고 평가할 수 있어야 한다. 이와 같은 인과관계를 판단함에 있

어서는 피해자의 연령 및 행위자와의 관계, 범행에 이르게 된 경위, 범행 당시와 전후의 상황 등 여러 사정을 종합적으로 고려하여야 한다.

다. 한편 위계에 의한 간음죄가 보호대상으로 삼는 아동·청소년, 미성년자, 심신미약자, 피보호자·피감독자, 장애인 등의 성적 자기결정 능력은 그 나이, 성장과정, 환경, 지능 내지 정신기능 장애의 정도 등에 따라 개인별로 차이가 있으므로 간음행위와 인과관계가 있는 위계에 해당하는지 여부를 판단함에 있어서는 구체적인 범행 상황에 놓인 피해자의 입장과 관점이 충분히 고려되어야 하고, 일반적·평균적 판단능력을 갖춘 성인 또는 충분한 보호와 교육을 받은 또래의 시각에서 인과관계를 쉽사리 부정하여서는 안 된다.

라. 이와 달리 위계에 의한 간음죄에서 행위자가 간음의 목적으로 상대방에게 일으킨 오인, 착각, 부지는 간음행위 자체에 대한 오인, 착각, 부지를 말하는 것이지 간음행위와 불가분적 관련성이 인정되지 않는 다른 조건에 관한 오인, 착각, 부지를 가리키는 것은 아니라는 취지의 종전 판례인 대법원 2001. 12. 24. 선고 2001도5074 판결, 대법원 2002. 7. 12. 선고 2002도2029 판결, 대법원 2007. 9. 21. 선고 2007도6190 판결, 대법원 2012. 9. 27. 선고 2012도9119 판결, 대법원 2014. 9. 4. 선고 2014도8423, 2014전도151 판결 등은 이 판결과 배치되는 부분이 있으므로 그 범위에서 이를 변경하기로 한다.

- 10 -
몰카를 찍다가 걸렸는데 어떻게 해야 할까요?

[사건]

아르바이트를 하는 회사에서 여자 직원이 탈의하는 장면을 몰카로 찍다가 걸렸습니다. 피해 여성은 저를 혼내겠다고 단단히 벼르고 있습니다.

[질문1] 경찰까지 가지 않고 조용히 끝내고 싶은데 방법이 없을까요?

먼저, 사건이 처리되는 과정부터 알아보자. 1) 사건이 발생하고, 2) 피해자나 제3자가 수사기관이나 법원에 문제를 제기하고, 3) 수사가 끝나면 4) 불기소되어 끝나거나 5) 기소되고 재판을 받게 된다.

'조용하게 끝내고 싶다'는 것은 1) 피해자(혹은 제3자)가 수사기관이나 법원에 문제를 제기하지 못하도록 하거나 2) 제기하더라도 문제를 제기하지 않는 것처럼 하면 된다. 달리 말하면 경찰이 모르게 하거나 (고소나 인지를 못하도록 하거나) 혹은 고소장 각하 혹은 소 각하 처분을 받으면 된다. 그게 '조용하게 끝내고 싶다'는 말의 실무적인 의미겠다.

이 과정을 보면 우리는 각 단계별로 '사람이 있다'는 사실을 알 수 있다. 고소를 한다면 사건 피해자가 있다는 얘기고, 고발을 했다면 사건을 목격한 증인이나 제3자가 있다는 말이다. 그리고 신고나 고소, 고발 혹은 인지가 되었다는 말은 경찰 등 수사기관이 있다는 얘기다. 즉 이 사람들이 문제를 삼지 않도록 하거나 문제를 삼기 전에 사건을 사실상 사라지도록 하면 '조용하게 끝내는 게' 가능해진다.

이제 쉬운 말로 돌아와서, 피해자의 고소나 제3자의 고발을 막는 방법이 있고, 만일 고소, 고발을 막지 못했다면 경찰이 정식 수사를 진행하지 않도록 '각하'가 되도록 만든다. 피해자가 고소하지 않도록 하려면 어떻게 해야 할까? 피해자의 요구에 귀를 기울여야 하고, 화해 등 합의에 이르는 게 핵심이겠다. 설령 고소고발이 되더라도 각하의 요건을 갖출 수 있다면 사건은 수사기관에서 자체로 종결될 수 있다(각하). 어떤 경우일까?

경찰 수사규칙 제108조(불송치결정) 제1항 제4호

4. 각하 : 고소·고발로 수리한 사건에서 다음 각 목의 어느 하나에 해당하는 사유가 있는 경우

가. 고소인 또는 고발인의 진술이나 고소장 또는 고발장에 따라 제1호부터 제3호까지의 규정에 따른 사유에 해당함이 명백하여 더 이상 수

사를 진행할 필요가 없다고 판단되는 경우(* 1~3호란 혐의없음, 죄가안됨, 공소권없음 이 세 가지로 모두 검찰에 송치하지 않고 경찰 선에서 끝내는 것을 말한다.)

나. 동일사건에 대하여 사법경찰관의 불송치 또는 검사의 불기소가 있었던 사실을 발견한 경우에 새로운 증거 등이 없어 다시 수사해도 동일하게 결정될 것이 명백하다고 판단되는 경우

다. 고소인·고발인이 출석요구에 응하지 않거나 소재불명이 되어 고소인·고발인에 대한 진술을 청취할 수 없고, 제출된 증거 및 관련자 등의 진술에 의해서도 수사를 진행할 필요성이 없다고 판단되는 경우

라. 고발이 진위 여부가 불분명한 언론 보도나 인터넷 등 정보통신망의 게시물, 익명의 제보, 고발 내용과 직접적인 관련이 없는 제3자로부터의 전문(傳聞)이나 풍문 또는 고발인의 추측만을 근거로 한 경우 등으로서 수사를 개시할 만한 구체적인 사유나 정황이 충분하지 않은 경우

[질문2] 지금 무엇부터 해야 할까요?

진행 과정에 따라 다르겠다. 수사가 개시되기 전이라면 피해자나 기타 이해관계자와 "합의"를 하여 더 이상 문제 삼지 않도록 하는 게 핵심이겠다. 설령 고소고발이 된 경우라도 아직 고소인이나 고발인이 조사를 받지 않은 상태라면 서둘러 합의 등을 이끌어내 더 이상 문제를 삼지 않도록 한다. 위에 적은 〈경찰 수사규칙 제108조(불송치결정)〉 "다" 항을 보면 고소인이나 고발인이 출석요구에 응하지 않을 때는 각하한다고 되어 있다. 그걸 노리는 것이다.

그러나 무엇보다 철저한 대비만이 살 길이다. 사건과 관련하여, 1) 내가 어떤 일을 했는지 사실을 정리하고(스스로 시간별 일지를 적어본다.), 2) 증거를 모으고(나의 행적을 증명할 수 있는 모든 걸 찾는다.), 3) 법적 판단을 한다(1, 2번도 쉽진 않지만 3번이 가장 어렵다. 조언이든 도움이든 필요하다.). 왜 이 3가지가 중요한가 하면, 이게 먼저 이루어진 뒤에 비로소 대책이란 걸 세울 수 있기 때문이다.

- 11 -
어떤 몰카가 죄가 될까?

— [사건]

몰래 카메라로 어느 여성의 발목과 종아리를 촬영하다가 잡혔습니다. 이게 죄가 될까요?

[질문1] 죄가 되는 몰카는 어떤 경우인가요?

몰카를 규정한 법률이 있다. 〈성폭력범죄의 처벌에 관한 법률 제14조 (카메라 등을 이용한 촬영)〉이다. 물론 '몰카'만을 규정한 것은 아니고, '카메라 등'으로 '성적 욕망 또는 수치심을 유발할 수 있는 사람의 신체'를 찍으면 죄가 된다는 법조항이다. 그런데 '사람의 신체'가 다소 모호하다. 어떤 부위가 이 법률에서 말하는 찍으면 죄가 되는 부위가 될까? 엉덩이 부위라면 그럴 수 있겠다고 생각된다. 그런데 손도 그런가? 등은 어떨까? 과연 등도 '성적 욕망 또는 수치심을 유발할 수 있는 사람의 신체'가 될까? 이 문제에 고민하지 말자. 지금 현실은 어떤 신체 부위인지를 따지지 않고, 상대가 사진 찍혀서 기분이 나쁘다고 하면 다 이 법조항에 걸리는 경향이 있다고 보는 게 안전하다. 과거에는 그저 초상권 침해 정도로 그치던 신체 부위가 이제는 상대의 동의를 구하지 않은 거의 모든 경우에 '카메라 등을 이용한 촬영'에 해당될 수 있다는 사실을 기억해야 한다. 자세한 법률은 아래와 같다. 단순히 '촬영'만 처벌하는 게 아니고, 퍼뜨리거나 팔거나 게시하는 행동도 같이 처벌한다는 내용이 담겨 있다.

제14조(카메라 등을 이용한 촬영)

① 카메라나 그 밖에 이와 유사한 기능을 갖춘 기계장치를 이용하여 성적 욕망 또는 수치심을 유발할 수 있는 사람의 신체를 촬영대상자의 의사에 반하여 촬영한 자는 7년 이하의 징역 또는 5천만원 이하의 벌금에 처한다. 〈개정 2018. 12. 18., 2020. 5. 19.〉

② 제1항에 따른 촬영물 또는 복제물(복제물의 복제물을 포함한다. 이하 이 조에서 같다)을 반포·판매·임대·제공 또는 공공연하게 전시·상영(이하 "반포등"이라 한다)한 자 또는 제1항의 촬영이 촬영 당시에는 촬영대상자의 의사에 반하지 아니한 경우(자신의 신체를 직접 촬영한 경우를 포함한다)에도 사후에 그 촬영물 또는 복제물을 촬영대상자의 의사에 반하여 반포등을 한 자는 7년 이하의 징역 또는 5천만원 이하의 벌금에 처한다. 〈개정 2018. 12. 18., 2020. 5. 19.〉

③ 영리를 목적으로 촬영대상자의 의사에 반하여 「정보통신망 이용촉진 및 정보보호 등에 관한 법률」 제2조제1항제1호의 정보통신망(이하 "정보통신망"이라 한다)을 이용하여 제2항의 죄를 범한 자는 3년 이상의 유기징역에 처한다. 〈개정 2018. 12. 18., 2020. 5. 19.〉

④ 제1항 또는 제2항의 촬영물 또는 복제물을 소지·구입·저장 또는 시청한 자는 3년 이하의 징역 또는 3천만원 이하의 벌금에 처한다. 〈신설 2020. 5. 19.〉

⑤ 상습으로 제1항부터 제3항까지의 죄를 범한 때에는 그 죄에 정한 형의 2분의 1까지 가중한다. 〈신설 2020. 5. 19.〉

판례도 소개한다. 읽어보면 단순히 어떤 신체 부위라서 성범죄가 된다고 말하지 않고 있음을 알 수 있다. 핵심이 되는 말 중 하나가 밑줄 그은 1번으로, 성적 수치심 등을 느끼는지는 피해자와 비슷한 연령층의 일반적인 생각을 고려하여 판단한다는 내용이다. 연령대가 다르거나 성별이 다른 사람이 어떻게 생각하는지는 중요하지 않다. 피해자와 비슷한 연령대이자 성별이 같은 사람들이 느끼는 평균적 감정이 기준이 된다. 그러므로 '내가 보기에는 죄가 아닌 것 같은데'라고 생각하기 시작하면 사태 파악에서 자꾸만 멀어진다. 참고로 최근 레깅스바지 촬영에 대한 판결이 있었다. 장소는 버스 안이고, 상대는 하차하기 위해 단말기 앞에 서 있었으며, 레깅스바지를 입고 있었다. 가해자는 카메라로 피해자의 엉덩이 부위 등 하반신을 약 8초 동안 몰래 동영상 촬영했는데 1심은 유죄, 2심은 무죄를 선고했다가 대법원 2020.12.24.

선고 2019도16258판결에서 유죄 취지로 파기 환송되었다. 주의하자.

관련 판례 : 대법원 2008. 9. 25. 선고 2008도7007

"카메라 기타 이와 유사한 기능을 갖춘 기계장치를 이용하여 성적 욕망 또는 수치심을 유발할 수 있는 타인의 신체를 그 의사에 반하여 촬영하는 행위를 처벌하는 성폭력범죄의 처벌 및 피해자보호 등에 관한 법률 제14조의2 제1항은 인격체인 피해자의 성적 자유 및 함부로 촬영당하지 않을 자유를 보호하기 위한 것이다. 촬영한 부위가 '성적 욕망 또는 수치심을 유발할 수 있는 타인의 신체'에 해당하는지 여부는 1) 객관적으로 피해자와 같은 성별, 연령대의 일반적이고도 평균적인 사람들의 입장에서 성적 욕망 또는 수치심을 유발할 수 있는 신체에 해당되는지 여부를 고려함과 아울러, 당해 피해자의 옷차림, 노출의 정도 등은 물론, 촬영자의 의도와 촬영에 이르게 된 경위, 촬영 장소와 촬영 각도 및 촬영 거리, 촬영된 원판의 이미지, 특정 신체 부위의 부각 여부 등을 종합적으로 고려하여 구체적·개별적·상대적으로 결정하여야 한다."

[질문2] 이러한 경우 어떤 처벌을 받을까요?

모든 법률은 '법정형'이라고 해서 어떤 범죄를 저질렀을 때 처벌의 범위를 정해놓고 있다. 이 범죄의 경우 기본 법정형은 '7년 이하의 징역 또는 5천만 원 이하의 벌금'이다(《성폭력범죄의처벌등에 관한 특례법 제14조 제1항》).

보다 자세한 처벌 기준은 대법원 양형위원회에서 정한 〈디지털 성범죄 양형기준〉에서 찾아볼 수 있다. 카메라 등으로 촬영한 경우에는 다음처럼 처벌하는 게 일반적이다.

감형 : 4~10개월

기본 : 8개월~2년

가중 : 1~3년

법정형은 7년 이하였는데 7년을 꽉 채우는 경우는 드물고, 대개 4개월에서 3년 사이에서 결정된다고 보면 맞겠다. 한편, 어떤 처벌을 내릴지 결정하는 걸 '양형'이라고 하는데 예를 들어 4개월형을 선고할지, 3년형을 선고할지 결정하는 과정이다. 그런데 형량을 결정할 때 참고하는 것들이 있다. 아래 내용이 양형을 할 때 참고하도록 만든 내용이다. 표를 보면 어떤 때 형을 줄이는지(감경 요소), 어떤 때 형을 늘리는지(가중 요소) 기준이 적혀 있다.

양형 참작 요소

	특별양형인자		일반양형인자	
	행위	행위자/기타	행위	행위자/기타
감경 요소	- 범행 가담에 특히 참작할 사유가 있는 경우 - 촬영물의 내용을 쉽게 파악할 수 없거나 이에 준하는 경우	- 농아자 - 심신미약(본인 책임 없음) - 자수, 내부고발 또는 조직적 범행의 전모에 관하여 완전하고 자발적인 개시 - 처벌불원 - 피해확산방지를 위한 실질적인 조치	- 소극 가담	- 진지한 반성 - 형사처벌 전력 없음 - 일반적 수사협조
가중 요소	- 범행수법이 매우 불량한 경우 - 비난할 만한 범행동기 - 불특정 또는 다수의 피해자를 대상으로 하거나 상당한 기간에 걸쳐 반복적으로 범행한 경우 - 범행에 취약한 피해자인 경우 - 피해자에게 심각한 피해를 야기한 경우 - 피지휘자에 대한 교사	- 동종 누범(성범죄, 성매매범죄 포함)	- 취득한 이익이 다액인 경우(3유형)	- 이종 누범, 누범에 해당하지 않는 동종 금고형의 집행유예 이상 전과(성범죄, 성매매범죄 포함, 집행 종료 후 10년 미만) - 합의 시도 중 피해 야기(피해자 등에 대한 강요죄가 성립하는 경우는 제외)

한편, 검찰에서도 자체적으로 양형기준(대외비)을 정하여 처벌한다. 정상에 따라 기소유예부터, 구약식 벌금, 구공판(정식재판에서 재판을 받는 것) 등이 있다.

[질문3] 촬영을 하려고 했으나 촬영에 실패한 경우는 어떻게 되나요?

하려고 했으나 실패한 것, 일명 '미수'에 대한 이야기다. 미수범은 규정이 있을 때만 처벌할 수 있는데 '카메라 등을 이용한 촬영'에는 미수범 처벌 규정이 있다.

[질문4] 회사에는 알리고 싶지 않은데 조용히 끝내는 방법은 없을까요?

회사에 알려지는 방법을 생각해 보자. 1) 먼저, 피해자가 알리는 경우가 있겠다. 2) 수사기관에서 출석요구서나 법원에서 변론기일통지서 등을 회사로 보내는 경우에도 사건이 알려질 수 있겠다. 1번 피해자의 경우는 피해자가 더 이상 문제 삼지 않도록 합의를 하는 게 가장 좋은 방법이다(그러나 성범죄 관련 '합의 시도'가 피해자에게 2차 가해가 되지 않도록 해야 한다.). 우편물의 경우는 회사나 집이 아닌 다른 사람이 받을 수 있도록 하면 좋겠다. 보통 변호사가 선임되면 변호사 사무실로 송달장소를 미리 고지하여 그곳으로 통지하도록 요청하곤 한다.

[질문5] 회사에 알려지면 어떤 징계를 받을까요?

질문처럼 회사에 알려지고, 누군가 문제를 삼으면 징계 사유가 될 수 있다. 보통 사규나 인사 규정 등에 따라 '품위손상' 등으로 징계를 받게 되는데 중징계가 될 가능성이 높다. 특히 공무원의 경우 성범죄는 중징계를 피하기 어렵다(공무원징계령 시행규칙 [별표1] [별표1의4] 징계기준 참조).

- 12 -
예전 일인데 지금 와서 고소한다고?

— [사건]

제가 5년 전에 당시 16세 된 여자 아이와 같이 잠을 잔 적이 있는데 이제 와서 저를 성폭력으로 고소를 한다고 합니다. 어떻게 해야 할까요?

[질문1] 5년이 지났는데 공소시효가 끝나 괜찮은 것은 아닌가요?

이 사건이 '성범죄'라는 전제 아래, 원래 공소시효는 범죄가 벌어진 때부터 진행된다. 5년 전에 사건이 벌어졌으므로 그때부터 계산해서 공소시효가 지났는지 따지는 것이다. 이 사건의 경우, 상대 여성은 '강간죄'로 고소할 것으로 보이는데 강간죄(《형법제297조》)는 법정형이 '3년 이상의 유기징역'에 해당되고 공소시효는 10년이다. 따라서 5년 전 사건이라도 아직 공소시효가 끝난 게 아니므로 얼마든지 고소가 가능하다.

그런데 한 가지 더 알아둘 게 있다. 설령 10년 전 사건이었다고 하더라도 상대가 미성년자라면 공소시효가 시작하는 시점이 달라진다. 미성년자에 대한 일부 성폭력범죄에 대해서는 미성년자가 성년이 된 날부터 진행되도록 하고 있다. 또한 13세 미만이거나 신체적인 또는 정신적인 장애가 있는 사람에 대하여는 공소시효를 적용하지 않는다(《성폭력범죄의 처벌등에 관한 특례법제21조》).

이 사건으로 돌아와 '강간을 당했다'고 주장하는 피해자가 당시 나이 16세였다면 19세 성년이 된 이후에야 공소시효가 진행되므로 29세까지 고소가 가능해진다.

[질문2] 고소를 하지 않아도 처벌받을 수 있나요?

과거 성범죄는 친고죄였고, 그때는 고소를 해야 처벌될 수 있었다. 그러나 지금은 친고죄가 폐지되어 피해자의 고소 없이도 1) 제3자의 고발이나 2) 수사기관의 인지(사건을 알아차림)만 있어도 사건화(입건)가 된다. 단, 이 사건이 벌어진 때가 중요한데 만일 친고죄가 폐지되기 전에 벌어진 사건이라면 당시 법령에 따라 사태가 달라질 수 있다. 친고죄 규정은 2012년 12월 28일 폐지되었고, 고소기간을 1년으로 두었던 성폭력범죄 처벌등에 관한 특례법 제19조도 2013년 4월 5일에 폐지되었으므로 그 즈음 일어났던 성범죄에 대하여는 당시 법령이 어땠는지 살펴야 한다.

예를 들어 피해자가 2001년 초등학생 때부터 2007년 중학교 2학년

때까지 사촌오빠에게 성추행과 성폭행을 당했고, 20여년이 지난 지금, 가해자를 고소하려고 하면 어떻게 될까? 이 경우, 가장 마지막 사건이었던 2007년을 기준으로 당시 법조항이 어땠는지 살펴야 한다. 우선 사건을 강간죄라고 보자.

- 당시 시행 중이던 청소년의 성보호에 관한 법률에는 '강간'에 대한 규정이 없었다(나중에 아청법에 강간죄 등이 포함된다.).
- 당시에는 〈성폭력범죄의 처벌등에 관한 특례법〉도 없었다.
- 따라서 일반 강간죄 규정을 적용해야 한다. 당시 강간죄의 법정형은 3년 이상 유기징역이고, 공소시효는 7년이었다. 2007년 12월 21일에 공소시효가 10년으로 바뀌었는데 바뀌기 전에 벌어진 사건은 7년으로 한다고 규정되어 있다.
- 그럼, 2007년에는 강간죄가 어땠을까? 당시는 친고죄였는데 범인을 안 날로부터 6개월 안에 고소를 해야 사건화가 가능했다(훗날 고소기간이 6개월에서 1년으로 길어졌다가 2013년 6월 19일부터 친고죄 규정이 사라진다.).
- 이 사건의 경우, 2007년 강간 사건은 친고죄였고, 고소기간 6개월이 지났으므로 지금 고소를 해도 '각하' 처분이 될 뿐이다. 처벌이 불가능하다는 얘기다(단, 친고죄니 공소시효니 하는 건 형사재판을 말하는 것이고 만일 당시 사건 때문에 피해자가 지금도 정신적으로, 육체적으로 피해가 이어지고 있다면 이를 입증하여 민사소송을 걸어 손해 배상을 청구할 수는 있다.).

성범죄 관련 규정은 근래에 많이 바뀌었기 때문에 복잡하다. 전문가의 도움을 구하는 게 좋겠다.

- 13 -
알고 보니 고등학생

— [사건]

술을 마시고 골목길에서 담배를 피우다가 지나가던 여자 1명을 껴안았습니다. 상대 여성이 사복을 입고 있어서 성인인 줄 알았는데 나중에 보니 고등학생이라고 합니다.

[질문1] 이럴 경우 아청법 강제추행이 되는가요?

모르고 그랬다면 단순 강제추행이 된다. 반대로 알고 그랬다면 당연히 아청법 강제추행이 된다. 단, 아청법 강제추행이 되려면 '알고 그랬다'는 걸 검사가 입증해야 한다. 아래 판례는 아청법 강제추행이 되려면 검사가 입증해야 한다는 내용이 담겨 있다(판례의 사건은 13세 미만 강간 사건인데 아청법은 아동뿐 아니라 청소년까지 모두 포함하므로 고등학생도 해당된다.).

관련 판례 : 대법원 2012. 8. 30. 선고 2012도7377 판결

(13세미만미성년자강간등 사건에서) 형사재판에서 공소가 제기된 범죄의 구성요건을 이루는 사실은 그것이 주관적 요건이든 객관적 요건이든 그 입증책임이 검사에게 있으므로, 구 성폭력범죄의 처벌 및 피해자보호 등에 관한 법률(2010. 4. 15. 법률 제10258호 성폭력범죄의 피해자보호 등에 관한 법률로 개정되기 전의 것) 제8조의2 제1항에서 정하는 범죄의 성립이 인정되려면, 피고인이 피해자가 13세 미만의 여자임을 알면서 그를 강간하였다는 사실이 검사에 의하여 입증되어야 한다. 물론 피고인이 일정한 사정의 인식 여부와 같은 내심의 사실에 관하여 이를 부인하는 경우에는 이러한 주관적 요소로 되는 사실은 사물의 성질상 그 내심과 상당한 관련이 있는 간접사실 또는 정황사실을 증명하는 방법에 의하여 이를 입증할 수밖에 없고, 이 때 무엇이 상당한 관련성이 있는 간접사실에 해당할 것인가는 정상적인 경험칙에 바탕을 두고 사실의 연결상태를 합리적으로 분석·판단하는 방법에 의하여야 한다. 그러나 피해자가 13세 미만의 여자라는 객관적 사실로부터 피고인이 그 사실을 알고 있었다는 점이 추단된다고 볼 만한 경험칙 기타 사실상 또는 법적 근거는 이를 어디서도 찾을 수 없다."

아청법, 즉 〈아동·청소년의 성보호에 관한 법률 제7조 제3항〉을 보면 법정형이 더 높은 걸 알 수 있다. 같은 범죄가 피해대상에 따라 형법제298조에서는 '10년 이하의 징역'이라면 아청법에서는 '2년 이상 15년 이하'의 징역으로 상향되고, 벌금에서는 '1,500만 원 이하의 벌금에서 '3천만 원 이하'의 벌금으로 2배 높아진다.

아동·청소년의 성보호에 관한 법률

제7조(아동·청소년에 대한 강간·강제추행 등)

③ 아동·청소년에 대하여 「형법」 제298조의 죄를 범한 자는 2년 이상의 유기징역 또는 1천만원 이상 3천만원 이하의 벌금에 처한다.

형법제298조(강제추행)

폭행 또는 협박으로 사람에 대하여 추행을 한 자는 10년 이하의 징역 또는 1천500만원 이하의 벌금에 처한다.

[질문2] 만일 고등학생인 줄 몰랐다는 걸 인정받으면 처벌은 어느 정도가 될까요?

달리 말해, 일반적인 강제추행의 경우라면 현실적인 처벌 수위가 어느 정도가 되는지 살피면 되겠다. 대법원 양형위원회는 특별한 감형이나 가중요소가 없는 일반 강제추행의 양형기준(13세 이상 대상)을 아래처럼 정해 두고 있다.

감경 : 0~1년

기본 : 6개월~2년

가중 : 1년 6개월~3년

그런데 실제로 보면 통상 한 번에 그친 강제추행인 경우에는 벌금형으로 끝나는 경우가 많다. '미성년자임을 알고 그랬다'는 게 입증이 되지 않고, 또한 1회에 그친 경우라면 말이다.

- 14 -
미성년자인 줄 모르고 성매매

— [사건]

— 얼마 전 성매매를 했습니다. 미성년자인 줄 모르고 직접 현금을 주고 성매매를 했는데요. 그 여자가 강간으로 신고했다고 합니다.

[질문1] 미성년자를 대상으로 한 특수 성폭력으로 처벌받을까요?

일단, 알았다 몰랐다는 둘째 치자. 적용될 수 있는 죄목들을 하나씩 살펴보는 게 먼저 같다.

우선, 상대 여성이 주장하는 것처럼 미성년자를 강간한 것이라면 어떤 처벌을 받게 될까? 법정형은 무기징역 또는 5년 이상의 유기징역이다(《아동·청소년의 성보호에 관한 법률 제7조》). 매우 무거운 죄다.

다음, 미성년자를 상대로 성매매를 한 것이라면 법정형은 1년 이상

10년 이하의 징역 또는 2천만 원 이상 5천만 원 이하의 벌금이다(《아동·청소년의 성보호에 관한 법률 제13조》).

그리고 다음 사정을 고려하지 않을 수 없다. 질문자 주장처럼 성매매를 한 것이지 강간을 한 것은 아닐 수도 있다. 그러나 성매매 중간에 폭력이 개입되었다면 강간이 될 수도 있다. 물론 이 경우, 피해자의 진술이나 당시 사정 등 수사관이나 검찰, 판사가 알 수 있는 모든 증거를 살펴서 판단하게 된다.

마지막으로 살필 게 '미성년자인 줄 몰랐다'는 것인데 만일 모른 채 성매매를 한 것으로 인정되면 이때는 1년 이하의 징역이나 300만 원 이하의 벌금·구류 또는 과료에 해당된다(《성매매알선 등 행위의 처벌에 관한 법률 제21조》).

[질문2] 미성년자인 줄 몰랐다는 걸 어떻게 증명해야 하나요?

아래 판례에 이 문제가 잘 나온다. 가해자(피의자)가 '나는 상대 여성이 그렇게 어린 줄 몰랐다'고 말하는 경우, 이를 단순 짐작으로 '어린 여자였다는 걸 알았다고 해서 네가 강간을 멈출 수 있을 거라고는 생각지 않는데?'라고 무시하고 판단하면 안 된다고 나온다. 무슨 말인가 하면 가해자(피의자)가 진짜로 알고 그랬다는 게 실제 증거를 통해 입증되어야 한다는 말이다. 입증책임은 검사에게 있고, 판사 역시 당시 사정을 잘 헤아려 충분히 입증되었다고 생각될 때에만 '미성년자 강간죄'를 적용해야 한다.

관련 판례 : 대법원 2012. 8. 30. 선고 2012도7377 판

피고인이 13세 미만 미성년자인 피해자(여, 12세)를 강간하였다고 하여 구 성폭력범죄의 처벌 및 피해자보호 등에 관한 법률(2010. 4. 15. 법률 제10258호 성폭력범죄의 피해자보호 등에 관한 법률로 개정되기 전의 것) 위반으로 기소된 사안에서, 13세 미만의 여자에 대한 강간죄에서 피해자가 13세 미만이라고 하더라도 피고인이 피해자가 13세 미만인 사실을 몰랐다고 범의를 부인하는 경우에는 다른 범죄와 마찬가지로 상당한 관련성이 있는 간접사실 또는 정황사실에 의하여 증명 여부가 판단되어야 하는데, 제반 사정에 비추어 피고인이 범행 당시 이를 미필적으로라도 인식하고 있었다는 것이 합리적 의심의 여지 없이 증명되었다고 단정할 수 없는데도, "피해자가 13세 미만의 여자인 이상 그 당시의 객관적인 정황에 비추어 피고인이 피해자가 13세 미만의 여자라는 사실을 인식하였더라면 강간행위로 나아가지 아니하였으리라고 인정할 만한 합리적인 근거를 찾을 수 없다면" 같은 법 제8조의2 제1항에서 정하는 강간죄에 관한 미필적 고의가 인정될 수 있다는 법리에 따라 유죄를 인정한 원심판결에 형사재판의 증명책임에 관한 법리를 오해하는 등의 위법이 있다.

[질문3] 서로 합의를 하고 성관계를 가진 것인데 성폭력으로 볼 수 있을까요?

상대가 갑자기 자신을 미성년자로 밝히면서 질문자의 심정이 복잡해진 것으로 보인다. 그러나 생각해 보면 정상적인 성관계와 불법적인 성폭력은 딱 한 가지로 갈라진다. 상대가 동의했는가, 아닌가? 동의하지 않았는데 간음을 했다면 그건 분명 폭행이나 협박 등 강제력이 동원되었다는 얘기다. 그렇다면 질문자 입장에서는 강제력이 동원된 사실이 전혀 없음을 입증해야 한다. 모텔이라면 CCTV 등이 있을 것이요, 사전에 연락을 했다면 카톡이나 문자 메시지 등의 내용이 있을 것이다. 피해자를 주장하는 사람이 사건 전후로 어떤 행동을 했는지도 모순 없이 진술하여 상대 주장을 깨뜨리는 데 집중해야 한다.

[질문4] 무엇부터 해야 할지 감이 오지 않습니다.

변호사의 조력을 구하는 게 이상하지 않은 상황 같다. 그럼에도 변호사를 찾아갈 만한 상황이 아니라면 이렇게 하자. 1) 사태 파악을 한다. 당시 어떤 일이 벌어졌는지 시간별로 사건을 정리한다. 이 과정에서 강제력이 개입되었는지 아닌지도 객관적으로 돌이켜 보아야 한다. 이 둘은 결과로 보면 천지차이인데 강간이라면 조사 단계에서 구속도 가능하기 때문이다. 2) 그런 다음 행동에 나선다. 일단 신고되었다는 말은 경찰에 사건이 접수되었다는 것인데 신고자가 조사를 받았는지가 중요하다. 만일 조사를 받지 않은 상태라면 피해자의 감정을 배려하면서(화가 나더라도 그게 문제 해결에 별로 도움이 안 된다는 점을 기억하자.) 피해자 조사 전에 사건을 일단락 지을 수 있도록 합의에 신경을 쓴다.

: 미성년자인 줄 몰랐다면 VS 미성년자인 줄 몰라도 :

1. 피해자가 미성년자인 경우, 적용 법률이 달라진다

아래 표를 보자. 성인 대상 성범죄와 적용 법률이 다르다. 무슨 말인가? 더 무겁게 처벌된다는 얘기다. 최근 새로 법령이 개정되어 성적으로 착취하기 위해 온라인 대화로 유인하거나 성적 행위를 권유하는 등 이른바 성적착취를 목적으로 하는 온라인 그루밍에 대해서 3년 이하의 징역이나 3,000만 원 이하의 벌금형으로 처벌하기로 했다(2021

구 분	13세 미만	3세 이상 16세 미만	16세 이상 19세 미만	19세 이상
강간	성폭력처벌법 제7조 ① ④	청소년성보호법 제7조 ①		형법 제297조
유사강간	성폭력처벌법 제7조 ② ④	청소년성보호법 제7조 ②		형법 제297조의 2
강제추행	성폭력처벌법 제7조 ③ ④	청소년성보호법 제7조 ③		형법 제298조
위계·위력에 의한 간음	성폭력처벌법 제7조 ⑤	청소년성보호법 제7조 ⑤		심신미약자 : 형법 제302조 / 업무고용관계 : 형법 제303조 ①
위계·위력에 의한 추행	성폭력처벌법 제7조 ⑤	청소년성보호법 제7조 ⑤		심신미약자 : 형법 제302조 업무·고용관계 :성폭력처벌법 제10조 ①
간음·추행	형법 제305조 ①	형법 제305조 ② (가해자 : 19세 이상)	법률상 구금된 자 간음 형법 제303조 ②	
		장애인청소년 : 청소년성보호법 제8조 (가해자 : 19세 이상)		불성립
궁박 상태 간음		청소년성보호법 제8조의 2 ① (가해자 : 19세 이상)	불성립	불성립
궁박 상태 추행		청소년보호법 제8조의2 ② (가해자 : 19세 이상)	불성립	불성립
성적착취 그루밍		청소년보호법제15조의2 ① (가해자 : 19세 이상)		불성립
그루밍		청소년보호법제15조의2 ② (가해자 : 19세 이상)	불성립	불성립

년 9월 24일 시행). 법률은 계속 개정되는 상황이므로 현실 적용은 당시 시행되고 있는 법령이나 경과 규정 등을 잘 살펴 볼 필요가 있다.

2. 미성년자인 줄 몰랐다면 VS 미성년자인 줄 몰라도

만일 성인처럼 보이는 미성년자인 경우에는 어떻게 될까? 피해자가 13세 미만인 청소년인 경우에 적용되는 법률과 14세인 경우에 적용되는 법률도 달라진다. 이런 건 또 어떻게 판별해야 할까? 가해자가 범행 당시 이를 알았던 몰랐건 상관없이 무조건 피해자 나이를 따져서 적용 법률을 달리해야 할까? 여기에는 서로 상반되는 판례가 있다. 아래는 구 성폭력법제8조의 2제1항 13세미만미성년자강간등 사건의 경우 가해자가 이를 알고 범행을 저질렀음을 검사가 입증해야 한다는 내용을 담고 있다(13세 미만의 경우).

●대법원 2012. 8. 30. 선고 2012도7377 판결

형사재판에서 공소가 제기된 범죄의 구성요건을 이루는 사실은 그것이 주관적 요건이든 객관적 요건이든 그 입증책임이 검사에게 있으므로(대법원 2010. 11. 25. 선고 2009도12132 판결 등 참조), 이 사건 법조항에서 정하는 범죄의 성립이 인정되려면, 피고인이 피해자가 13세 미만의 여자임을 알면서 그를 강간하였다는 사실이 검사에 의하여 입증되어야 한다.

물론 피고인이 일정한 사정의 인식 여부와 같은 내심의 사실에 관하여 이를 부인하는 경우에는 이러한 주관적 요소로 되는 사실은

사물의 성질상 그 내심과 상당한 관련이 있는 간접사실 또는 정황사실을 증명하는 방법에 의하여 이를 입증할 수밖에 없고, 이때 무엇이 상당한 관련성이 있는 간접사실에 해당할 것인가는 정상적인 경험칙에 바탕을 두고 사실의 연결상태를 합리적으로 분석·판단하는 방법에 의하여야 한다(대법원 2006. 2. 23. 선고 2005도8645 판결 등 참조). 그러나 피해자가 13세 미만의 여자라는 객관적 사실로부터 피고인이 그 사실을 알고 있었다는 점이 추단된다고 볼 만한 경험칙 기타 사실상 또는 법적 근거는 이를 어디서도 찾을 수 없다.

그렇다면 "피해자가 13세 미만의 여자인 이상 그 당시의 객관적인 정황에 비추어 피고인이 피해자가 13세 미만의 여자라는 사실을 인식하였더라면 강간행위로 나아가지 아니하였으리라고 인정할 만한 합리적인 근거를 찾을 수 없다면" 이 사건 법조항에서 정하는 강간죄에 관한 미필적 고의가 인정될 수 있다고 하는 법리는 범죄의 주관적 구성요건사실 역시 객관적 구성요건사실과 마찬가지로 검사에 의하여 입증되어야 한다는 형사소송법상의 중요한 원칙을 정당한 이유 없이 광범위한 범위에서 훼손하는 것으로서 쉽사리 용납될 수 없다. 설사 이 사건 법조항이 원심이 이해하는 대로 신체적 또는 정신적으로 미숙한 단계인 13세 미만 미성년자의 정상적인 성적 발달을 특별히 보호하기 위한 규정이라고 하더라도, 그것이 13세 미만의 여자라는 사실에 대한 피고인의 인식에 관한 검사의 입증책임을 완화하기에 충분한 이유가 되지 아니하는 것이다.

따라서 13세 미만의 여자에 대한 강간죄에 있어서 피해자가 13세 미만이라고 하더라도 피고인이 피해자가 13세 미만인 사실을 몰랐다고 범의를 부인하는 경우에는 다른 범죄의 경우와 마찬가지로 상당한 관련성이 있는 간접사실 또는 정황사실에 의하여 그 입증 여부가 판단되어야 한다.

위 판례의 내용 중 주목할 부분이 있다. '신체적 또는 정신적으로 미숙한 단계인 13세 미만 미성년자의 정상적인 성적 발달을 특별히 보호하기 위한 규정이라고 하더라도, 그것이 13세 미만의 여자라는 사실에 대한 피고인의 인식에 관한 검사의 입증책임을 완화하기에 충분한 이유가 되지 아니하는 것이다.' 이 내용에 따르면 입법 취지와 무관하여 가해자가 '13세 미만임을 인지하고 있어야' 법조항을 적용할 수 있다는 내용이다. 반면 알고 있건 모르고 있건 상관없이 법을 적용해야 한다는 아동·청소년의 성보호에 관한 법률 제15조 제1항 제2호 청소년 성매매알선영업행위등 관련 판례도 있다. 왜? 그게 입법 취지이기 때문이라는 설명이다.

● **대법원 2016. 2. 18. 선고 2015도15664 판결**
가. 원심은 피고인들이 공동으로 아동·청소년의 성을 사는 행위를 알선하는 행위를 업으로 하였다고 판단하고 아동·청소년의 성보호에 관한 법률(이하 '청소년성보호법'이라고 한다) 제15조 제1항 제2호, 형법 제30조를 적용하여 이 부분 공소사실을 유죄로 인정하였다. 이에 대한 상고이유의 요지는, 청소년성보호법 제15조 제1항 제2

호가 적용되는 '아동·청소년의 성을 사는 행위를 알선하는 행위'가 인정되기 위해서는 성매수자가 상대방이 '아동·청소년'임을 인식하여야 하는데 원심은 이에 대한 심리를 누락하였고, 또한 피고인들이 성매매를 업으로 알선한 것이 아니므로, 피고인들에게 청소년성보호법 위반(알선영업행위등)죄가 성립하지 않는다는 취지이다.

나. 청소년성보호법 제2조 제4호는 '아동·청소년의 성을 사는 행위'란 아동·청소년, 아동·청소년의 성을 사는 행위를 알선한 자 또는 아동·청소년을 실질적으로 보호·감독하는 자 등에게 금품이나 그 밖의 재산상 이익, 직무·편의제공 등 대가를 제공하거나 약속하고 성교 행위 등 그 각 목의 어느 하나에 해당하는 행위를 아동·청소년을 대상으로 하거나 아동·청소년으로 하여금 하게 하는 것을 말한다고 규정하고 있다. 이어 청소년성보호법은 제13조 제1항에서 '아동·청소년의 성을 사는 행위를 한 자'는 1년 이상 10년 이하의 징역 또는 2천만 원 이상 5천만 원 이하의 벌금에 처한다고 규정하고 있고, 이와 별도로 제15조 제1항 제2호에서 '아동·청소년의 성을 사는 행위를 알선하는 행위를 업으로 하는 자'는 7년 이상의 유기징역에 처한다고 규정하고 있다.

청소년성보호법은 성매매의 대상이 된 아동·청소년을 보호·구제하려는 데 입법 취지가 있고, 청소년성보호법에서 '아동·청소년의 성매매 행위'가 아닌 '아동·청소년의 성을 사는 행위'라는 용어를 사용한 것은 아동·청소년은 보호대상에 해당하고 성매매의 주체가 될 수 없어 아동·청소년의 성을 사는 사람을 주체로 표현한 것이다. 그리고 아동·청소년의 성을 사는 행위를 알선하는 행위를 업으로 하는 사람이 그 알선의 대상이 아동·청소년임을 인식하면서 위와 같은 알선행위를 하였다면, 그 알선행위로 아동·청소년의 성을 사는 행위를 한 사람이 그 행위의 상대방이 아동·청소년임을 인식하고 있었는지 여부는 위와 같은 알선행위를 한 사람의 책임에 영향을 미칠 이유가 없다.

따라서 아동·청소년의 성을 사는 행위를 알선하는 행위를 업으로 하여 청소년성보호법 제15조 제1항 제2호의 위반죄가 성립하기 위해서는 그러한 알선행위를 업으로 하는 사람이 아동·청소년을 알선의 대상으로 삼아 그 성을 사는 행위를 알선한다는 것을 인식하여야 하지만, 이에 더하여 위와 같은 알선행위로 아동·청소년의 성을 사는 행위를 한 사람이 그 행위의 상대방이 아동·청소년임을 인식하여야 한다고 볼 수는 없다.

3. 장애인인 줄 알고 그랬다면

장애인의 경우, 현재까지 나온 판례는 '알고 그랬을 때 관련 법조항을 적용한다'가 우세하다.

● **대법원 2016도4404 성폭력범죄의처벌등에관한특례법 위반(장애인 강간)**

상고이유를 판단한다.

1. 「성폭력범죄의 처벌 등에 관한 특례법」(이하 '성폭력처벌법'이라고 한다) 제6조에서 정한 '신체적인 장애'의 판단 기준

성폭력처벌법 제6조는 신체적인 장애가 있는 사람에 대하여 강간의 죄 또는 강제추행의 죄를 범하거나 위계 또는 위력으로써 그러한 사람을 간음한 사람을 처벌하고 있다.

2010. 4. 15. 제정된 당초의 성폭력처벌법 제6조는 '신체적인 장애 등으로 항거불능인 상태에 있는 여자 내지 사람'을 객체로 하는 간음, 추행만을 처벌하였으나, 2011. 11. 17.자 개정 이후 '신체적인 장애가 있는 여자 내지 사람'을 객체로 하는 강간, 강제추행 등도 처벌대상으로 삼고 있다. 이러한 개정 취지는 성폭력에 대한 인지능력, 항거능력, 대처능력 등이 비장애인보다 낮은 장애인을 보호하기 위하여 장애인에 대한 성폭력범죄를 가중처벌하는 데 있다.

장애인복지법 제2조는 장애인을 '신체적·정신적 장애로 오랫동안 일상생활이나 사회생활에서 상당한 제약을 받는 자'라고 규정하고 있고 성폭력처벌법과 유사하게 장애인에 대한 성폭력범행의 특칙을 두고 있는 「아동·청소년의 성보호에 관한 법률」 제8조는 장애인복지법상 장애인 개념을 그대로 가져와 장애 아동·청소년의 의미를 밝히고 있다. 「장애인차별금지 및 권리구제 등에 관한 법률」 제2조는 장애를 '신체적·정신적 손상 또는 기능상실이 장기간에 걸쳐 개인의 일상 또는 사회생활에 상당한 제약을 초래하는 상태'라고 규정하면서, 그러한 장애가 있는 사람을 장애인이라고 규정하고 있다. 이와 같은 관련 규정의 내용을 종합하면 성폭력처벌법 제6조에서 규정하는 '신체적인 장애가 있는 사람'이란 '신체적 기능이나 구조 등의 문제로 일상생활이나 사회생활에서 상당한 제약을 받는 사람'을 의미한다고 해석할 수 있다.

한편 장애와 관련된 피해자의 상태는 개인별로 그 모습과 정도에 차이가 있는데 그러한 모습과 정도가 성폭력처벌법 제6조에서 정한 신체적인 장애를 판단하는 본질적인 요소가 되므로 신체적인 장애를 판단함에 있어서는 해당 피해자의 상태가 충분히 고려되어야 하고 비장애인의 시각과 기준에서 피해자의 상태를 판단하여 장애가 없다고 쉽게 단정해서는 안 된다.

아울러 본 죄가 성립하려면 행위자도 범행 당시 피해자에게 이러한 신체적인 장애가 있음을 인식하여야 한다.

2. 원심의 판단

원심은, 성폭력처벌법 제6조에서 규정하는 신체적 또는 정신적인 장애에 해당하려면 피해자의 성적 자기결정권 행사를 특별히 보호해야 할 필요가 있을 정도의 신체적 또는 정신적인 장애가 있어야 한다는 전제하에 피해자에게 그러한 장애가 있다거나 피고인이 범행 당시 피해자가 그와 같은 장애상태에 있었음을 인식하였다고 보기 어렵다고 보아, 각 성폭력처벌법 위반(장애인위계등간음)의 점에 대해서는 무죄를 선고하고 주위적 공소사실인 성폭력처벌법 위반(장애인강제추행) 및 각 성폭력처벌법 위반(장애인강간)의 점에 대해서는 이유에서 무죄로 판단하면서 그 예비적 공소사실인 강제추행,

강간, 강간미수 부분을 유죄로 인정한 제1심판결을 그대로 유지하였다.

3. 판단

그러나 원심의 위와 같은 판단은 다음과 같은 이유에서 수긍하기 어렵다.

가. 원심판결 이유 및 적법하게 채택한 증거들에 의하면 다음과 같은 사실을 알 수 있다.

1) 피해자는 소아마비로 오른쪽 발바닥이 땅에 닿지 않아 타인의 부축 내지 보조기구 없이는 보행에 큰 어려움을 겪고 오른쪽 다리에 심하게 힘을 주면 아예 움직이지도 못하는 상황에 이르게 된다. 피해자는 교정 기구인 보정신발을 착용하여 생활하지만 그러한 상태에서도 일반인에 비해 걸음 거리가 매우 짧고 보행속도도 매우 느릴 뿐만 아니라 여전히 다리를 절며 걸어야 한다. 나아가 피해자가 이러한 보정신발을 항상 착용할 수 있는 것도 아니다. 한편 피해자는 왼쪽 눈으로는 일상생활이 가능하나 오른쪽 눈으로는 주변에 있는 상대방을 인식하기조차 어렵다.

2) 피해자는 1996. 3. 27. 장애인등록이 되었고, 이 사건 당시에는 지체(하지기능)장애 3급(부장애 시각)의 장애인으로 등록되어 있었다.

3) 피해자의 옆집에 살고 있었던 피고인은 이 사건 이전에도 사람들과 함께 몇 차례 피해자의 집을 방문하였고 피해자가 다리를 저는 장애인이라는 사실도 알고 있었다.

나. 위와 같은 사실을 앞서 본 법리에 비추어 살펴보면, 피해자는 오른쪽 다리와 오른쪽 눈의 기능이 손상되어 일상생활이나 사회생활에 상당한 제약을 받는 자로서 성폭력처벌법 제6조에서 규정하는 신체적인 장애가 있는 사람에 해당한다. 아울러 피해자의 외관 및 피고인과 피해자의 관계 등에 비추어 보면 피고인은 범행 당시 피해자에게 이러한 신체적인 장애가 있음을 인식하고 있었던 것으로 보인다.

그럼에도 원심은 피해자에게 장애가 있다거나 피고인이 범행 당시 이를 인식하였다고 보기 어렵다고 판단하여, 이 사건 공소사실 중 각 성폭력처벌법 위반(장애인위계등간음)의 점과 성폭력처벌법 위반(장애인강제추행)의 점 및 각 성폭력처벌법 위반(장애인강간)의 점을 주문 내지 이유에서 모두 무죄로 판단하였으니, 이러한 원심판결에는 성폭력처벌법 제6조에서 규정하는 신체적인 장애가 있는 사람의 의미에 관한 법리를 오해하여 판결에 영향을 미친 위법이 있다. 이를 지적하는 검사의 상고이유 주장은 이유 있다.

다. 따라서 원심판결 중 위 공소사실 부분에 대한 무죄 판단 부분은

> 파기되어야 하고, 원심이 유죄로 판단한 예비적 공소사실 부분 역시 이와 동일체의 관계에 있으므로 결국 원심판결은 전부 파기되어야 한다.

: 어디까지 동의한 것인가? :

미성년자가 피해자인 사건 하나를 더 보자. 이 사건에서 가해자는 피해자가 미성년자인 줄 모르고 성매매를 하게 된다. 검사도 가해자의 '몰랐다'는 주장을 받아들여 아동 · 청소년의 성보호에 관한 법률 제13조 위반이 아닌 다른 법률 위반으로 기소했다. 이 사건에서 쟁점이 된 부분은 위력에 의한 추행이 있었는가 없었는가 하는 점이다. 위력이란 위협적인 힘을 말한다. 판례에서는 이렇게 정의한다.

"'위력'이란 피해자의 성적 자유의사를 제압하기에 충분한 세력으로서 유형적이든 무형적이든 묻지 않으며, 폭행·협박뿐 아니라 행위자의 사회적·경제적·정치적인 지위나 권세를 이용하는 것도 가능하다."

아무튼 1심에서는 공소 사실을 모두 인정했던 피고인은 2심에서 '위력에 의한 추행'은 부인했다. 위력 여부를 판단하는 기준은 이렇다. 동의해서 성행위를 했더라도 중간에 마음이 바뀌면 성행위를 중단할 수 있는 권리가 누구에게나 있다. 만일 마음이 바뀌어 성행위를 중단하고 싶었는데 그래도 계속 성행위를 강요하면 그때 위력에 의한 추행이 된다. 1심에는 가해자가 인정한 이 사건의 내막이 등장하고, 1심은 '심신미약자를 위력으로 추행했다'며 유죄를 선고한다.

1심의 판단 : 수원지방법원 안산지원 2018. 9. 12. 선고 2018고단 1386 판결

피고인은 피해자 D에게 필로폰을 제공하여, 약물로 사물을 변별하거나 의사를 결정할 능력이 미약한 상태에 빠진 피해자가 제대로 저항하거나 거부하지 못한다는 사정을 이용하여 피해자를 추행하기로 마음먹고 화장실에서 샤워를 하고 있던 피해자에게 다가가 피해자에게 자신의 성기를 입으로 빨게 하고, 피해자의 항문에 성기를 넣기 위해 피해자를 뒤로 돌아 엎드리게 한 다음, 피해자의 항문에 손가락을 넣고, 샤워기 호스의 헤드를 분리하여 그 호스를 피해자의 항문에 꽂아 넣은 후 물을 주입하였다.

이로써 피고인은 약물로 인하여 사물을 변별하거나 의사를 결정할 능력이 미약한 심신미약자를 위력으로 추행하였다.

그런데 2심에서 판단이 달라졌다. 심신미약자를 위력으로 추행한 사실을 인정할 수 없다는 내용이다. 왜? 피해자가 성매매에 동의했고, 성행위를 하기 위해 만난 것이며, 필로폰 투여도 본인이 동의했기 때문이다.

2심의 판단 : 수원지법 2019. 2. 12. 선고 2018노6057 판결

기록에 의하여 인정할 수 있는 다음과 같은 사정 등을 종합하면 검사가 제출한 증거들만으로는 피고인이 심신미약자를 위력으로 추행한 사실을 인정하기에 부족하다.

① D는 당심 법정에서 '이 사건 당일은 피고인과의 세 번째 만남이었고, 성매매를 하기로 하고 만났다. 피고인과 그 이전의 만남에서도 돈을 받고 스타킹을 팔거나 성매매를 했다.'라고 진술하였는바, 이 사건 당일 D와 피고인의 만남은 애초에 성매매 대가를 지불하고 합의하에 성관계를 하기 위한 것이었다. D는 모텔에서 나온 후 피고인으로부터 실제로 30만 원을 지급받았다.

② 필로폰 투약과 관련하여 D는 수사기관에서 '이 사건 당일 피고인을 만났을 때 피고인이 자꾸 술을 같이 마시자고 해서, "혹시 내가 생각하고 있는 그 술이냐."라고 물었더니 맞다고 하였다. 처음에는 싫다고 했는데 피고인이 한 번만 해보자고 설득하였고 저도 연예인들도 하니까 큰일이 아닐 거라고 생각하고 호기심에 해보기로 하였다. 피고인에게 저의 팔에 주사를 하게 한 후 고개를 돌리고 있었다.'라고 진술하였고, 당심법정에서 같은 취지로 진술하였다. D는 피고인과 모텔에 들어가기 전부터 '술을 마신다.'는 표현이 필로폰 투약행위를 의미하는 은어라는 것을 알고 있었을 뿐만 아니라 필로폰 투약을 묵시적으로 승낙 내지 동의하였다고 할 것이다.

③ 피고인은 D의 팔 혈관에 필로폰을 주사하였는데, 이 사건 당일 촬영된 D의 오른팔 주사바늘 자국 사진에 의하면, 주사 부위를 여러 차례 찌른 흔적 또는 혈관이 터져서 멍이 들어 있는 모습이 없다. 만약 D가 팔을 빼거나 조금이라도 움직이는 등으로 협조하지 않았다면 위와 같은 혈관 주사 방식의 투약은 어려웠을 것이다.

그리고 다시 3심에서 상황이 달라진다. 여기서부터 '성적 자기결정권'과 '동의'에 대한 내용이 등장한다.

3심의 판단 : 대법원 2019. 6. 13. 선고 2019도3341 판결

가. 형법 제302조는 "미성년자 또는 심신미약자에 대하여 위계 또는 위력으로써 간음 또는 추행을 한 자는 5년 이하의 징역에 처한다."라고 규정하고 있다. 형법은 제2편 제32장에서 '강간과 추행의 죄'를 규정하고 있는데, 이 장에 규정된 죄는 모두 개인의 성적 자유 또는 성적 자기결정권을 침해하는 것을 내용으로 한다. 여기에서 '성적 자유'는 적극적으로 성행위를 할 수 있는 자유가 아니라 소극적으로 원치 않는 성행위를 하지 않을 자유를 말하고, '성적 자기결정권'은 성행위를 할 것인가 여부, 성행위를 할 때 그 상대방을 누구로 할 것인가 여부, 성행위의 방법 등을 스스로 결정할 수 있는 권리를 의미한다.

그리고 판례는 이 사건은 '미성년자나 심신미약자'를 대상으로 하고 있다는 점을 지적한다(이것은 가해자가 미성년자인 줄 몰랐다는 내용과 무관하다.). 핵심은 일반적인 성범죄에서 피해자가 미성년자나 심신미약자일 때는 보다 완화된 기준으로 범죄 여부를 따져야 한다는 얘기다.

형법 제32장의 죄의 기본적 구성요건은 강간죄(제297조)나 강제추행죄(제298조)인데, 이 죄는 미성년자나 심신미약자와 같이 판단능력이나 대처능력이 일반인에 비하여 낮은 사람은 낮은 정도의 유·무형력의 행사에 의해서도 저항을 제대로 하지 못하고 피해를 입을 가능성이 있기 때문에 그 범죄의 성립요건을 보다 완화된 형태로 규정한 것이다.

이 죄에서 '미성년자'는 형법 제305조 및 성폭력범죄의 처벌 등에 관한 특례법 제7조 제5항의 관계를 살펴볼 때 '13세 이상 19세 미만의 사람'을 가리키는 것으로 보아야 하고, '심신미약자'라 함은 정신기능의 장애로 인하여 사물을 변별하거나 의사를 결정할 능력이 미약한 사람을 말한다.

이후 '추행'이 뭔지, '위력'이 뭔지 설명하는 내용이 나온다.

그리고 '추행'이란 객관적으로 피해자와 같은 처지에 있는 일반적·평균적인 사람으로 하여금 성적 수치심이나 혐오감을 일으키게 하고 선량한 성적 도덕관념에 반하는 행위로서 구체적인 피해자를 대상으로 하여 피해자의 성적 자유를 침해하는 것을 의미하는데, 이에 해당하는지 여부는 피해자의 의사, 성별, 연령, 행위자와 피해자의 관계, 그 행위에 이르게 된 경위, 피해자에 대하여 이루어진 구체적 행위태양, 주위의 객관적 상황과 그 시대의 성적 도덕관념 등을 종합적으로 고려하여 판단하여야 한다(대법원 2010. 2. 25. 선고 2009도13716 판결 등 참조). 다음으로 '위력'이란 피해자의 성적 자유의사를 제압하기에 충분한 세력으로서 유형적이든 무형적이든 묻지 않으며, 폭행·협박뿐 아니라 행위자의 사회적·경제적·정치적인 지위나 권세를 이용하는 것도 가능하다. 위력으로써 추행한 것인지 여부는 피해자에 대하여 이루어진 구체적인 행위의 경위 및 태양, 행사한 세력의 내용과 정도, 이용한 행위자의 지위나 권세의 종류, 피해자의 연령, 행위자와 피해자의 이전부터의 관계, 피해자에게 주는 위압감 및 성적 자유의사에 대한 침해의 정도, 범행 당시의 정황 등 여러 사정을 종합적으로 고려하여 판단하여야 한다(대법원 2008. 7. 24. 선고 2008도4069 판결, 대법원 2013. 1. 16. 선고 2011도7164, 2011전도124 판결 등 참조).

2심의 잘못을 지적하기 전에, 3심은 아래 사실처럼 피해자가 청소년이라는 사실, 1심 재판 당시 가해자는 공소 사실 전부를 인정했다는 점, 2심이 '심신미약자를 위력으로 추행했다'는 내용에 대해서 무죄를 판단했다는 점 등을 짚는다.

나. (1) 이 사건이 문제가 된 것은 피해자의 어머니가 경찰에 112신

고를 하면서부터이다. 피해자가 범행 전날 밤 11시경 친구를 만난다고 나갔다가 새벽 4시에 귀가하였는데, 성인 남자를 만난 것 같고 술에 취하지 않았음에도 횡설수설하고 팔에 주사 자국이 있는 것으로 보아 마약을 한 것 같다는 내용이었다. 당시 피해자는 고등학교에 재학 중인 16세의 학생으로 「아동·청소년의 성보호에 관한 법률」(이하 '청소년성보호법'이라 한다)상의 '아동·청소년'이자 아동복지법상의 아동에 해당하였다. 검사는 피고인을 마약류 관리에 관한 법률 위반(향정), 심신미약자추행, 절도, 도로교통법 위반 등 죄로 기소하였다. 이 부분 공소사실에 대하여 아동·청소년의 성을 사는 행위를 처벌하도록 규정한 청소년성보호법 제13조를 적용하지 않고 이 죄를 적용한 것은 당시 피해자가 아동·청소년이라는 사실을 몰랐다는 피고인의 변소를 받아들였기 때문으로 보인다. 제1심 제2회 공판기일에 피고인과 변호인은 공소사실을 전부 인정하지만 피고인에게는 우울증 등의 심신장애 사유가 있었다고 주장하면서, 검사가 제출한 증거들에 대하여도 전부 동의하였다. 제1심은 공소사실 전부를 유죄로 인정하였다. 제1심판결에 대하여 변호인은 항소이유를 제출하여 이 부분 공소사실은 사실오인과 법리오해의 위법이 있다고 주장하였다. 원심은 앞에서 본 것처럼 피해자가 성매매에 합의하였고 필로폰 투약에도 묵시적으로 승낙 내지 동의한 사정 등에 비추어 보면 피고인이 심신미약자를 위력으로 추행하였다고 인정하기 어렵다고 판단하였다.

그리고 본격적인 2심의 문제점 지적이 시작된다. 3심은 2심의 판단 잘못을 두 가지 경우로 나누어 설명하는데 1번의 경우는 2심이 스스로 모순에 빠진 것으로 판단한다(1심에서 피고인이 사실로 인정한 것을 2심에서는 근거 없이 사실로 받아들이지 않았기 때문).

(2) 원심의 판단이, 검사가 상고이유에서 지적하고 있는 것처럼 ① '피해자가 스스로 본인의 항문에 샤워기를 꽂는 등 공소사실 기재 행위를 하였다'는 변호인의 주장을 받아들인 것인지, ② 피해자가 성매매 및 필로폰 투약에 동의하였으므로 그 후에 있었던 피고인의 공소사실과 같은 행위에 대해서도 동의한 것으로 보아야 한다는 것인지 반드시 분명하지는 않다. 만약 위 ①의 취지라고 한다면 원심 판결은 증거법칙을 위반하여 판결에 영향을 미친 위법을 저질렀다고 보아야 한다. 즉, 피고인은 제1심에서 공소사실을 인정하였다. 피해자도 원심에서 증인으로 출석하여 공소사실에 부합하는 취지의 진술을 하였고 제1심판결이 들고 있는 그 밖의 증거들 역시 피고인의 자백을 진실한 것이라고 인정하기에 충분함을 알 수 있다. 그럼에도 불구하고 원심이 피해자가 성매매 및 필로폰 투약에 동의하였다는 사정만을 근거로 피고인이 공소사실 기재 행위를 하였음을 인정할 증거가 없다고 단정하였다면 이는 도저히 받아들일 수 없다.

2번이 이 판결문에서 가장 중요한 부분인데 밑줄 그은 내용에서 보듯

'성적 자기결정권'에 대한 내용이 핵심이다. 행위 자체가 추행으로 보기 충분하고, 성매매에 동의했다고 하더라도 이후의 모든 행위에 다 동의한 것은 아니며, 중간에라도 싫다면 성행위를 중지해야 한다는 내용을 담고 있다.

다. 피고인의 행위에 대한 판단이다.

(3) 다음으로 원심의 판단이 위 ②의 취지라고 한다면 그 판단에 위법이 있는지를 본다. 성폭력 범죄에서 피해자의 동의가 있었다고 할 때에는 보통 그 의미를 '다른 사람의 행위를 승인하거나 시인'한다는 뜻으로 사용한다. 피해자에게 이루어진 행위에 대하여 피해자의 동의가 있다는 이유로 범죄의 성립을 부정하는 이유는 그러한 행위는 피해자의 성적 자유 또는 성적 자기결정권을 침해한 것으로 보지 않기 때문이다. 그런데 피해자가 사전에 성매매에 동의하였다 하더라도 피해자는 여전히 그 동의를 번복할 자유가 있을 뿐만 아니라 자신이 예상하지 않았던 성적 접촉이나 성적 행위에 대해서는 이를 거부할 자유를 가지는 것이다. 그러므로 피해자에 대하여 이루어진 행위에 대하여 피해자의 동의가 있었는지 여부는 그 행위의 경위 및 태양, 피해자의 연령, 범행 당시의 정황 등 여러 사정을 종합적으로 고려하여 볼 때 그 행위로 인하여 피해자의 성적 자유 또는 성적 자기결정권이 침해되었는지를 기준으로 삼아 구체적·개별적으로 판단하여야 한다.

이러한 법리에 따라 살펴보면, 이 부분 공소사실과 같은 피고인의 행위는 피해자에 대하여 위력으로써 추행을 한 경우에 해당한다고 볼 여지가 충분하다. 그 이유는 다음과 같다. 무엇보다도 피고인의 행위는 그 경위 및 태양, 피해자의 연령 등에 비추어 볼 때 피해자와 같은 처지에 있는 일반적·평균적 사람이 예견하기 어려운 가학적인 행위로서 성적 수치심이나 혐오감을 일으키는 데에서 더 나아가 성적 학대라고 볼 수 있다. 피해자가 성매매에 합의하였다 하더라도 이와 같은 행위가 있을 것으로 예상하였다거나 또는 이에 대하여 사전 동의를 하였다고 보기 어렵다. 또한 피해자가 필로폰 투약에 동의하였다 하여 이를 들어 피해자에게 어떠한 성적 행위를 하여도 좋다는 승인을 하였다고 볼 수도 없다. 피해자는 수사기관 및 원심법정에서 필로폰 투약을 한 상태에서 피고인의 행위에 적극적으로 저항할 수 없었다고 진술하고 있다. 심신미약의 상태에 있는 피해자가 원치 않는 성적 접촉 또는 성적 행위에 대하여 거부의사를 명확히 밝히지 않았다 하여 동의를 한 것으로 쉽게 단정해서는 안 됨은 물론이다.

: 돈이든 뭐든 주었다면, 미성년 성매매 :

1. 담배를 사주었는데

담배가 2,700원이던 시절의 사건이다. 피고인은 인터넷 채팅으로 알게 된 12세의 피해자를 만나 차에 태우고 밤 10시 30분쯤 주차장에 도착한 뒤 승용차 뒷좌석에서 성관계를 가졌다. 검찰은 피고인을 미성년 성매매로 기소했는데 가해자는 대가를 약속하고 성관계를 가진 게 아니므로 성매매가 아니라고 주장했다. 그러나 검찰은 12세 피해자에게 건넨 2,700원짜리 담배 한 갑을 대가로 보았다.

미성년 성매매에서는 돈이든 물건이든 뭔가를 주고받은 게 있으면 거의 대부분 유죄로 본다. 실제로 이 사건에서도 피고인은 유죄 판결을 받았고, 벌금 500만 원과 성폭력치료프로그램 이수명령 40시간의 처벌을 받았다. 물론 사건을 들여다보면 다퉈볼 여지가 없는 건 아니다. 실제로 2심에서는 대가가 없었다는 취지로 주장했고, 무죄 판결을 이끌어냈다. 그러나 3심에서 다시 뒤집히며 유죄가 확정된다. 변호사 입장에서 볼 때 이 사건에서 가장 아쉬운 대목은 피고인이 일관된 진술을 하지 못했던 점이다. 수사기관에서부터 피고인의 진술이 오락가락했다는 것은, 아래 내용에서도 잘 확인된다.

가)「① 피고인이 원심 법정에서 이 사건 공소사실을 인정하는 취지의 진술을 하였고, 검찰에서도 "김○○이 담배를 사주면 피고인이 원하는 것을 들어주겠다고 하여 김○○과 성관계를 가질 수도 있겠다는 기대감으로 김○○을 만났고, 피고인이 평소 담배를 피우지 않으면서도 김○○에게 담배를 주기 위해 집에 보관하던 담배를 가지고 가 김○○에게 담배를 주었으며, 성관계를 가진 후 김○○이 원하는 담배를 사주고 피씨방 비용을 주려고 하였으나, 김○○이 생각보다 많은 돈을 요구하다 그 돈을 주고 싶지 않아서 김○○을 두고 PC방을 떠난 것 아니냐?"는 질문에 대하여 "맞다. 그런 생각이 없었던 것은 아니다."라고 진술한 점,에 관하여;

피고인은 원심에서 '피해자와 성관계를 가졌다'는 점과, '성관계 후 피해자에게 담배 1갑을 사준 바 있다'는 점에 관하여 인정한 것이지, 공소사실과 같이 피해자에게 성관계의 대가로서 1갑을 제공한 것은 아니었습니다. 또한 피고인이 검찰에서 '그런 생각이 없었던 것은 아니다'라는 것은 피해자에게 PC방 비용을 줄 호의가 있었으나 피해자가 많은 돈을 요구하니 떠났다는 의미라고 봐야 하지 검찰의 모든 질문에 대하여 긍정하는 것으로 해석해서는 안 됩니다. 질문 자체도 무척 길고 포괄적이므로 그 자체로 유도신문으로 의심되나, 검찰의 질문을 모두 긍정하는 취지의 대답으로 본다고 하더라도 이는 모두 피고인에게 성관계를 가질 수 있을지도 모른다는 기대감이 있었다는 것을 의미할 뿐, 이로써 피고인과 피해자 사이 성매매의 합의가 있었다고 인정할 만한 증거는 되지 못합니다.

나)「② 피고인은 또 검찰에서 "딱 얼마에 어떻게 하자는 것은 아니었지만 처음 만났을 때 김○○이 '오늘 외박이 된다. 잘 곳이 없다.' 고 하였고, 피고인이 '그러면 언제까지 같이 있을 수 있다는 것을 의미하냐?'라고 하자 김○○이 '내일까지도 된다. 같이 있을 수 있다.'고 했는데, 이는 당연히 같이 자도 된다는 뜻이고, 비용은 피고인이 내는 것을 조건으로 한 것이다. 그리고 나중에 김○○이 '담배를 다른 것으로 사 달라'고 하고 또 '3만 원을 달라'고 하였는데 이 것은 김○○이 피고인과 자는 대가로 어떤 조건을 생각하고 있었던 것이다.", "김○○이 '담배를 사 줄 수 있느냐'고 물어보기에 '담배를 사주겠다. 담배를 사 주면 넌 뭐해줄래?'라고 했더니 '김○○이 해 달라는 대로 해주겠다'고 대답했다"고 진술한 점에 관하여;

피고인은 검찰에서 담배나 피씨방 이용료를 성관계의 대가로 생각하였다고 진술한 바는 있으나 이는 피고인이 혼자서 피해자의 말을 그러한 의미로 받아들인 내용일 뿐이고, 실제로 피해자는 원심 판결문 4면에서도 언급한 바와 같이 피고인과 성매매의 합의는 없었다는 취지로 일관되게 진술하고 있습니다. 또한 피고인은 "김○○이 '담배를 사 줄 수 있느냐'고 물어보기에 '담배를 사주겠다. 담배를 사 주면 넌 뭐해줄래?'라고 했더니 김○○이 해 달라는 대로 해주겠다'고 대답했다"는 진술을 하기는 하였으나 그에 대해 다시 검찰이 담배를 대가로 성관계 등 다른 것을 원했던 것은 아닌지 묻자 "피해자와 성관계를 갖는 것에 대하여 애초부터 아무런 생각이 없었던 것은 아닙니다. 하지만 처음에는 피해자와 만나서 시간을 보내려고 한 것입니다(검찰 증거순번 53 수사기록 367-368면)."라고 대답하여 성매매의 의도로 피해자를 만난 것은 아니라고 답하였음에도 원심은 이러한 사실은 묵과하였습니다.

2. 용돈을 준 것뿐인데

사연을 들어보면 이게 과연 성매매에 대한 대가로 준 것일까 싶은 내용들이 있다. 그러나 다시 이야기하지만 어떤 식이든 돈이 오가면 미성년 성매매가 될 가능성이 크다. 판결문에는 피고인의 사연을 구구히 밝히는 내용이 없으므로 변호인의 의견서를 보자. 참고로 당시 피고인은 대가가 있었느냐 없었느냐로 다투기보다는 상대가 장애인인 줄 알았느냐 몰랐느냐로 다투고 있었다.

3) 가해자는 전 부인과 이혼을 한 뒤로는 홀로 살고 있었는데(증제3호증 혼인관계증명서), 어느 날 피해자의 어머니가 불쑥 가해자를 찾아와 "뭐 하시고 계시느냐?"고 인사를 한 적이 있었습니다. 그래서 가해자의 집 현관에서 가해자와 피해자의 어머니가 잠시 얘기를 나누고 돌아갔는데, 당시 피해자의 어머니는 딸인 피해자와 함께 있었고, 이때 가해자는 피해자를 처음 보게 되었습니다. 그러나 그 당시에는 피해자와 말을 나누거나 하지는 않았습니다.

4) 그리고 며칠 뒤 가해자에게 모르는 번호로 전화가 왔는데, 전화를 받아보니 피해자였습니다. 피해자는 피해자의 어머니로부터 가해자의 전화번호를 알게 되었다고 했습니다. 처음에는 피해자와 친분도 없고 별로 나눌 말도 없어 전화가 오면 짧게 인사만 나누고 끊

었습니다. 가해자는 피해자에게 먼저 연락을 한 일이 없었지만, 피해자는 그 뒤로도 계속하여 가해자에게 종종 전화를 하거나 문자를 보내오곤 했습니다.

나. 피해자와 가까워지기까지

1) 그 뒤로도 피해자는 간간히 가해자에게 연락을 하여 왔습니다. 그러던 중 가해자는 그해 8. 19.경 일반화물선을 타고 장기간 원양으로 기관장으로서 항해에 나섰습니다(증제4호증 승무경력증명서). 원양으로 나가는 것이라 세계 각국을 그 다음해 2010. 2. 26.경까지로 긴 시간 동안 항해를 하게 되었는데, 항해 중 피해자에게 또 연락이 왔습니다. "할아버지 건강하세요?", "오늘은 뭐하고 계세요?"와 같이 살갑게 문자를 보내거나 연락을 하여 와서, 가해자는 길고 고된 항해생활 중에 무척 감사했고 또 피해자의 연락이 반가웠습니다. 항해생활 중 피해자로부터 연락을 받으면서 조금 심리적으로 가까움을 느끼게 되었고, 드물지만 가해자가 먼저 연락을 한 적도 있었습니다.

2) 항해생활을 마치고 가해자는 집으로 돌아왔습니다. 집으로 돌아온 뒤 가해자가 피해자에게 "집에 돌아왔다"고 연락을 하니 피해자가 가해자의 집을 찾아왔습니다. 가해자는 항해생활 중에 말벗이 되어 준 것이 고마워 놀러온 피해자에게 10만 원을 용돈으로 준 적이 있습니다.

(중략)

3) 그후 가해자는 다른 배의 기관장으로서 근해를 항해 중이었는데 (증제4호증 승무경력증명서), 피해자로부터 연락이 와 "수학여행을 가야 하는데 돈이 부족해서 못 간다. 수학여행비를 보태달라"는 얘기를 하였습니다. 수학여행비가 얼마냐고 물어보니 16만 원이라고 하므로, 가해자는 그런 큰 돈을 선뜻 피해자에게 맡길 수 없어, 어머니를 바꿔달라고 하였고 피해자는 어머니를 바꿔주었습니다. 가해자는 피해자의 어머니에게 "○○이 수학여행비 16만 원이 부족하다고 하는데 사실이냐"고 하니 피해자의 어머니는 "그렇다"고 하며, 좀 도와달라고 하였습니다. 그래서 가해자는 피해자의 집 사정이 어려운 것으로 생각하고 피해자의 여행비를 보태주기로 마음먹었습니다. 며칠 뒤 피해자가 전화가 와서 돈을 보내주려고 "얼마를 보내주면 되냐?"고 다시 물으니 피해자는 10만 원을 보내주면 된다고 하여 10만 원을 송금해주었습니다(증제7호증 영수증).

(중략)

3) 그렇게 피해자와는 더 이상 연락이 없을 것으로 생각하였으나, 어느해 12월말 경 피해자는 느닷없이 가해자에게 카카오톡으로 자신의 성기를 사진으로 찍어 보내왔습니다. 그러면서 "할아버지 제 것 빨아주세요."라는 메시지를 함께 보냈습니다. 가해자는 당황하기도 했고 어이가 없기도 해서 뭐라 답을 하지 못하다가, 두어 시간 정도 지난 뒤에 아무런 답변을 안 하기도 무안하여 'ㅎㅎ'하고 답을 하였습니다. 그리고 다시 피해자로부터 연락이 오기 시작했습니다. 결국 가해자는 연락을 뿌리치지 못하고 다시 피해자와 연락을 주고

받게 되었습니다.

(중략)

2) 가해자는 피해자와 오피스텔 로비 비상계단 인근에서 얘기를 나누다가 중국집에 짜장면을 주문하고, 1층 남녀화장실이 있는 사이에 있는 공조실에서 함께 식사를 했습니다(증제10호증의 3.. 4. 각 CCTV영상, 증제11호증의 1. 내지 5. 각 사진). 공조실은 청소도구 및 건물시설장비가 있는 곳으로 안내인들은 유니폼 두고 갈아입는 곳인데, 가해자는 종종 업무를 보던 중 피곤하면 쉬어가던 곳이기도 했습니다(증제11호증의 6.. 7. 각 사진).

3) 피해자와 가해자는 공조실에서 돗자리를 깔고 식사를 하다가 눈이 맞았는데 누가 먼저랄 것도 없이 전희 단계도 거의 없이 성관계를 갖게 되었습니다(증제11호증의 8. 내지 11. 각 사진; 위치를 재연해본 것입니다). 그러나 막상 삽입을 하고 나니, 가해자는 무언가 양심적으로 마음에 걸려 바로 성관계를 그만두었습니다. 모두 2~3분 정도 사이에 일어난 일이었습니다. 가해자가 일방적으로 성관계를 멈췄지만 피해자는 무어라 질책하지는 않았습니다. 그렇게 짧은 성관계를 마치고 다시 옷을 입고 밥을 마저 먹었습니다. 밥을 먹고 나니 피해자는 가해자에게 "씹값 얼마 줄 거야?"라고 했습니다. 가해자가 "무슨 소리야?"라고 되물으니, 피해자는 "이거 한 값"이라고 말했습니다. 가해자는 기가 막혀 "얼만데?"라고 하니 피해자는 "12만 원"이라고 하였다가 이내 "10만 원"이라고 하였습니다. 그래서 가해자는 화도 나고 해서 "야, 너 이거 받으려고 할아버지하고 그거

했냐? 얘 못 쓰겠네."라고 꾸짖자, 피해자는 "할아버지 그게 아니에요. 그냥요. 그냥요."라고 말끝을 흐렸습니다. 그 뒤로는 둘 사이가 어색해져 얘기를 못하고 멀뚱히 있다가 11:52경 공조실에서 따로 나왔습니다(증제10호증의 5. cctv영상).

4) 피해자가 가해자의 근무지를 떠나려 할 때, 가해자는 그래도 멀리까지 왔는데 차비는 보태줘야 할 것 같아 3만 원을 피해자에게 건넸습니다. 피해자는 집으로 돌아가 저녁에 다시 가해자에게 전화를 걸어와 "나 지금 거기 만지고 있어요." 하며 늘상 하던 대로 야한 얘기를 계속하였습니다.

(중략)

7) 그러던 중 가해자는 갑자기 2014. 9. 23. 14:00경 경기지방경찰청 성폭력수사대로부터 조사를 받으러 오라는 연락을 받게 되었습니다.

물론 의견서이므로 피고인 입장에서 사건을 바라고 있다. 그럼에도 여러 가지 이상한 점들이 눈에 띈다. 분명히 다퉈볼 만한 내용들 같다. 그런데 검찰은 다음처럼 기소했다.

공소사실

1. 피고인은 00.11:04경 서울 오피스텔 1층의 공조실에서 평소 알고 지내던 피해자(여, 17세)에게 자장면을 사주면서 옷을 벗으라고 하여, 피해자와 1회 성교행위를 하고, 피해자에게 그 대가로 3만

원을 주었다. 이로써 피고인은 아동·청소년의 성을 사는 행위를 하였다.

2. 피고인은 00.12:56경 같은 장소에서 위 피해자에게 식사를 제공하면서 옷을 벗으라고 하여 피해자와 1회 성교행위를 하고 피해자에게 그 대가로 3만 원을 주었다.
이로써 피고인은 아동·청소년의 성을 사는 행위를 하였다.

이 사건은 1심에서 끝이 났다. 아래처럼 유죄 판결이 났으나 2심, 3심은 모두 기각되었기 때문이다. 다시 말하지만 미성년과 성관계를 맺고, 돈이든 물건이든 주었다면 미성년 성매매를 피할 길이 없어 보인다.

이 사건은, 피고인이 두 차례에 걸쳐 청소년인 피해자에게 대가를 지급하고 성교행위를 함으로써 성매매범죄를 저지른 것으로 죄질 및 범정이 상당히 좋지 않다.
피해자는 지적장애가 있는 것으로 보이는데 피고인은 피해자가 정신적 장애로 인하여 사리분별능력이나 의사결정능력이 모자란다는 점을 알면서도 피해자가 가정형편이 좋지 않아 용돈이 부족한 점을 이용하여 피해자에게 용돈 명목으로 돈을 지급하면서 위와 같은 범행을 저지른 것이 아닌가 의심되기도 한다. 이와 같은 범행으로 말미암아 한창 성장기에 있던 피해자는 성적 정체성과 가치관을 형성하는데 매우 나쁜 영향을 받을 수밖에 없었을 것으로 보인다. 이러한 점들에 비추어 볼 때 피고인의 죄책이 무겁다고 하지 않을 수 없으므로 그에 상응하는 범위 내에서 실형을 선고하기로 한다. 다만 피고인이 이 사건 범행을 모두 자백하면서 잘못을 뉘우치고 있는 점, 사후 피해자의 부모와 원만히 합의하였고 피해자는 가해자에 대한 처벌을 원치 않는 점, 아직 아무런 형사처벌을 받은 전력이 없으며, 00세의 고령인 점 등의 유리한 정상도 나타나므로 이러한 정상을 양형에 참작하기로 한다.

- 15 -
동의하고 찍은 영상이라도 인터넷에 올렸다면

— [사건]

친구가 여친과 관계를 하면서 찍은 영상이 있었답니다. 얼굴은 나오지 않게 하고요. 그 영상을 포인트를 받으려고 인터넷에 올렸는데 어떻게 될까요?

[질문1] 친구가 반성하고 선처를 구하면 괜찮을까요?

동의 아래 찍은 영상이라도 제3자에게 보냈다면 〈성폭력범죄의 처벌 등에 관한 특례법 제14조제2항〉 위반이 되어 '7년 이하의 징역 또는 5천만 원 이하의 벌금'에 처하도록 되어 있다.

문제 해결을 위해서는 피해자와의 합의가 무엇보다 중요하다. 합의가 제대로 이루어지면 피해자가 고소하지 않을 수 있고(제3자의 고발도 주의해야 한다.), 설령 고소가 되었더라도 피해자가 조사를 받지 않아

경찰 선에서 각하를 끌어낼 수 있으며, 마지막으로 사건이 검찰에 송치되었더라도 검사로부터 기소유예나 구약식기소로 벌금형으로 끝낼 수 있다. 단, 합의 과정에서 2차 가해가 발생하지 않도록 주의한다.

[질문2] 처벌 수위는 어느 정도가 될까요?

기소 전 합의에 실패했고, 그래서 재판까지 간 경우가 되겠다(물론 검사가 기소하지 않고 재량으로 처벌 수위를 결정하는 경우도 있다.). 설령 그렇더라도 합의는 여전히 중요한 요소가 된다. 대법원 양형위원회는 디지털성범죄의 경우, 엄벌에 처하는 경향이 있다. 구속되어 재판을 받을 수도 있고, 실형을 살 수도 있다.

[질문3] 성범죄로 유죄가 나오면 전자발찌도 차야 되나요?

성폭력으로 벌금이나 실형을 받으면 가해자는 형사처벌(징역, 벌금 등)뿐 아니라 보안처분이라고 해서 신상등록(경찰서에 성범죄자로 이름 올리는 것), 신상공개(동네에 이름 알리는 것), 취업제한(특정 직업군에 종사 못하게 막는 것) 등 여러 불이익을 받게 된다. 경우에 따라서는 직장 징계도 받는다. 가장 흔한 보안처분이 신상등록이고 다음이 신상공개다. 전자발찌는 그보다 더 무거운 범죄에 내려지는 처분으로, 단순 벌금형으로 끝나는 경우에는 신상등록 수준에서 그친다.

- 16 -
카톡으로
야한 동영상을 보냈다면

■ [사건]

A가 자신의 누드 촬영물을 저에게 카톡으로 보낸 적이 있습니다. 이후 A와 다툼이 생겼고, 화가 나서 전에 받은 A의 누드 사진을 성기만 가린 채 보냈고, 추가적으로 자위하는 것처럼 보이는 동영상을 보냈습니다. A를 욕하는 내용도 함께 적었습니다. 얼마 후 A가 카톡으로 고소장을 보내 왔습니다.

[질문1] 제가 어떤 잘못을 한 것인가요?

영상을 촬영한 게 아니므로 '카메라 등의 범죄는 아니다. 이 경우는 '통신매체를 이용한 음란행위'가 될 수 있다(《성폭력범죄의 처벌들에 관한 법률 제13조》). 이는 1) 메신저로 2) 자신의 성적 욕망을 유발하거나 만족시킬 목적으로 3) 성적 수치심이나 혐오감을 주는 음란물을 보낸 경우에 해당된다. 법정형은 2년 이하의 징역 또는 2천만 원 이하의 벌금이다.

성폭력범죄의 처벌등에 관한 특례법 제13조(통신매체를 이용한 음란행위)
자기 또는 다른 사람의 성적 욕망을 유발하거나 만족시킬 목적으로 전화, 우편, 컴퓨터, 그 밖의 통신매체를 통하여 성적 수치심이나 혐오감을 일으키는 말, 음향, 글, 그림, 영상 또는 물건을 상대방에게 도달하게 한 사람은 2년 이하의 징역 또는 2천만원 이하의 벌금에 처한다. 〈개정 2020. 5. 19.〉

한편, 메신저로 욕설을 보낸 것은 처벌규정이 따로 있다. 만일 1) 공포심이나 불안감을 유발하는 부호·문언·음향·화상 또는 영상을 2) 반복적으로 상대방에게 보내는 경우, 정보통신망 이용 촉진 및 정보보호 등에 관한 법률 제74조 제1항 제3호, 제44조의 7 제3호에 해당되어 1년 이하의 징역 또는 1천만 원 이하의 벌금을 낼 수 있다.

'보냈다'는 사실 자체를 부인할 수 있는 방법이 없다면 다른 사건과 마찬가지로 피해자와 합의를 시도하여 1) 고소 전이라면 고소를 막거나 2) 고소 후라면 각하되도록 하거나 3) 검찰에 송치되었다면 기소유예가 되도록 힘을 써야 한다.

- 17 -
썸 타는 여자에게
자신의 누드 사진을 보냈다

— [사건]

친한 동창모임에서 만나 썸을 타게 된 여자가 있었습니다. 그 여자와 대화를 나누다가 자연스럽게 몸매나 헬스에 대해 이야기했습니다. 얼마 뒤 자랑도 할 겸 상반신을 벗고 운동하는 사진을 보냈고, 크게 싫어하는 것 같지 않아서 속옷만 입은 사진도 보냈습니다. 그러다 한 번은 다 벗고 찍은 사진을 보냈습니다. 그러자 여자가 '너무한 것 아니냐. 신고하겠다.'며 화를 냈습니다. 그리고 며칠 뒤 경찰에서 조사받으라고 연락이 왔습니다.

[질문1] 무슨 죄가 되나요?

전 사례와 동일한 '통신매체를 이용한 음란행위'가 된다(《성폭력범죄의 처벌등에 관한 특례법제13조》).

[질문2] 어떻게 해야 하나요?

대응 방식은 동일하다. 합의를 통해 고소를 막고, 각하를 시키고, 기소를 막는 게 핵심이다. 이를 위해 1) 사실 관계를 명확히 정리하고, 2) 증거를 모으고, 3) 대책을 세워야 한다. 이때 전문가의 도움을 받는 게 좋겠다. 합의를 할 때는 피해자의 감정을 적절히 배려하면서 진행해야 한다. 설령 기소가 되어 재판을 받게 되더라도 합의, 반성 등에 힘을 써야 처벌수위를 낮출 수 있다.

- 18 -
온라인 게임 도중 성희롱

━ [사건 – 피해자 입장에서]

　제 친동생과 제 남자친구, 그리고 제가 같은 팀이 되어 게임을 하고 있었는데 다른 팀원 한 명이 제 닉네임을 언급하면서 성희롱을 했습니다. 성희롱 내용
━ 은 스크린 샷으로 증거를 확보하지는 못했습니다.

[질문1] 증거가 없는데 고소가 가능한가요?

　일단 죄가 되는지부터 보자. 앞서 '성희롱'은 형사 사건이 아니라고 했던 걸 기억한다면 안 된다고 생각할지도 모르겠다. 그런데 이 경우는 질문자 말처럼 형사 사건의 대상이 될 수 없는 그런 '성희롱'이 아니다. 이는 '통신매체를 이용한 음란행위'가 되기 때문이다.

　그럼, 남은 건 증거 문제다. 그런데 증거란 스크린 샷과 같은 물적 증

거가 아니어도 된다. 증거는 얼마든지 다양할 수 있다. 피해자의 진술도 중요한 증거가 되므로 유죄판결을 이끌어낼 수 있다. 만약 처벌을 원한다면 사건과 증거를 잘 정리하여 고소하면 된다.

[질문2] 압수 수색 영장을 들고 게임회사를 찾아가서 증거를 받아올 수 있지 않을까요?

틀린 말은 아니다. 그런데 고려할 게 있다. 압수 수색은 요구한다고 그냥 해주는 게 아니고, 왜 압수 수색을 해야 하는지 근거를 제시해야 한다. 그것도 상당한 정도의 근거가 필요하다. 즉 고소사건과 관계가 있다고 인정할 만한 충분한 소명이 있어야 '아, 추가 증거 확보를 위해서는 압수 수색을 해야겠구나' 하고 받아들이게 된다(물론 이를 위해 영장부터 발부받게 된다. 〈형사소송법제106조〉에서 〈제114조〉 참조). 압수 수색은 강제 처분이기 때문에 약간의 근거만으로는 안 되고, 상당한 정도의 소명이 있어야 하며 이 때문에 경찰은 쉽사리 압수 수색 영장을 청구하려고 하지 않는다는 점을 기억하자.

- 19 -
트위터 디엠으로 보낸 성희롱

[사건]

누군지 모르는 사람에게 트위터 디엠을 통해 "발정 난 암캐야."라는 짧은 문자를 보냈습니다. 답변도 없었고 얘기를 나눈 적도 없습니다. 그런데 얼마 후 오빠라는 사람이 "내 여동생에게 이상한 문자 보냈냐? 고소하겠다."고 첫 디엠이 오고, 이어서 "합의하고 끝내자. 100만 원 준비해."라는 내용이 도착했습니다. 돈도 없고 무서워서 계정 삭제하고 나왔습니다. 나중에 보니 상대방은 미성년자 여자였습니다.

[질문1] 처벌을 피할 수 있을까요?

트위터 디엠은 통신매체다. 이를 이용해 성적 수치심이나 혐오감을 일으키는 글을 보냈으므로 죄가 된다.

[질문2] 어떻게 해야 될까요?

실수를 인정한다면 수습하라. 이때 '수습'이란 절차가 더 이상 진행되지 않도록 하는 것이다. 즉 아직 고소 전이라면 피해자가 고소하지 않도록 합의하고, 고소가 이루어졌으나 아직 피해자 조사 전이라면 조사에 응하지 않도록 피해자와 합의한다. 이 과정이 더 이상 진척되지 않도록 하는 게 지금 할 수 있는 '수습'이다. 그렇다면 답은 '합의금'에 있겠다. 원하는 대로 주고 막을 것인지, 액수를 타협할 것인지, 지불 기간을 타협할 것인지는 모두 하기 나름이다. 그러나 불리한 입장인 건 사실이다.

: 통신매체로 성적인 욕을 한 건 맞지만 성적 목적은 없었는데 :

통신매체를 이용해 성적인 욕을 한 사건이다(이 사건은 통신매체이용음란죄뿐 아니라 협박죄도 다투었는데 설명에서는 뺀다.). 1심에서는 통신매체이용음란죄로 유죄가 인정되었으나 2심에서는 무죄로 바뀌었다가 다시 3심에서 유죄가 된 경우다(대법원 2018. 9. 13. 선고 2018도9775 판결). 먼저 1심이 유죄로 판단한 내용을 보자.

1심의 판단 : 수원지방법원 여주지원 2017고단1289

자기 또는 다른 사람의 성적 욕망을 유발하거나 만족시킬 목적으로 전화, 우편, 컴퓨터, 그 밖의 통신매체를 통하여 성적 수치심이나 혐오감을 일으키는 말, 음향, 글, 그림, 영상 또는 물건을 상대방에게 도달하게 하여서는 아니 된다.

그럼에도 피고인은 2017.8.5.09:56경 이천시 D에 있는 피고인의 집에서 휴대전화로 위 피해자 B에게 "나도 여러 여자하고 섹스를 해봤지만 니 보지 같은 건 없었어. 얼마나 섹스를 많이 했으면 들어가는 구멍까지 새까맣냐. 원래 빨간 게 정상인데 넌 검둥이 개보지 같았어. 그리고 대음순은 그게 뭐냐? 새까매가지고 포도알처럼 더러워서 못 빨아 주겠더라. 그리고 보지 수술하고 다른 놈 만나 안 그러면 다른 놈도 니 보지 보고 한 번은 하겠지만 두 번 다시 안 할 거다. 그리고 나처럼 바로 뒤에서 개보지라고 욕할 거다. (중략) 부탁인데 다른 놈한테 다시 보지 벌려 줄려면 산부인과에서 수술해. 너 진짜로 검둥이 개보지 같애. 구멍도 얼마나 쑤셔댔는지 너무 까매. 그래서 니 신랑이 보지가 보기 싫어서 이혼하고 다른 여자 만난 것 같다."라는 문자메시지를 전송한 것을 비롯하여 2017.7.14. 13:33경부터 2017.8.6.10:46경까지 별지 범죄일람표 2기재와 같은 방법으로 총 22회에 걸쳐 자기의 성적 욕망을 유발하거나 만족시킬 목적으로 성적 수치심이나 혐오감을 일으키는 글을 피해자에게 도달하게 하였다.

2심은 다르게 봤다. 이게 죄가 되려면 글을 보낸 사람에게 자기 또는 다른 사람의 성적 욕망을 유발하거나 만족시킬 목적이 있어야 하는데 이건 그게 아니라 그저 분노를 표출한 것으로 보인다는 것이다. 즉 피고인은 피해자가 자신의 성기 크기를 언급한 것에 화가 나 연인관계를 정리한 후 피해자에게 수치심, 불쾌감, 심적 고통 등 부정적인 심리를 일으키고자 문자메시지를 발송한 것으로 판단, 무죄를 선고했다.

2심의 판단 : 수원지법 2018. 5. 29. 선고 2018노464 판결

성폭력범죄의 처벌 등에 관한 특례법 제13조에서 규정하고 있는 통신매체를 이용한 음란행위는 상대방에게 도달한 글 등이 성적 수치심이나 혐오감을 일으키는 것이어야 할 뿐 아니라 그 글 등을 보낸 사람에게 자기 또는 다른 사람의 성적 욕망을 유발하거나 만족시킬 목적이 있어야 처벌할 수 있다. 그러므로 그 글 등이 객관적으로는 성적 수치심 등을 일으킬 만하다고 보이더라도, 그것만으로 바로 범죄가 성립한다거나 위와 같은 목적이 인정된다고 바로 판단할 수는 없고, 초과 주관적 구성요건을 둔 법의 취지에 따라 피고인이 글 등을 보낸 동기 및 경위, 글이 도달하기 전후의 사정, 피고인과 피해자의 관계, 행위의 내용과 태양 등 여러 사정을 종합적으로 고려하여 피고인에게 자기 또는 다른 사람의 성적 욕망을 유발하거나 만족시킬 목적이 있었는지 판단하여야 할 것이다.

한편 형사재판에서 공소가 제기된 범죄의 구성요건을 이루는 사실에 대한 증명책임은 검사에게 있으므로 성폭력범죄의 처벌 등에 관한 특례법 제13조 위반죄의 행위자에게 성적 욕망을 유발하거나 만족시킬 목적이 있었다는 점 또한 검사가 증명하여야 하고 그러한 증명은 법관으로 하여금 합리적인 의심을 할 여지가 없을 정도의 확신을 생기게 하는 엄격한 증명에 의하여야 하며 이와 같은 증명이 없다면 피고인의 이익으로 판단할 수밖에 없다.

기록에 의하여 인정되는 다음과 같은 사정들, 즉 ① 피고인과 피해자는 2017. 5. 21.경부터 연인관계를 유지하여 오다가 2017. 7. 초순경 성관계를 가졌는데, 피고인이 그 직후 피해자에게 '산부인과에 가서 성기 부분 수술을 하라'고 한 것이 발단이 되어 다툼 끝에 2017. 7. 중순경 최종적으로 헤어지게 된 점, ② 피고인은 검찰 조사 시 피해자가 '나는 당신보다 더 성기가 큰 사람과도 1년 6개월을 살았다'고 말하여 남자로서 수치심을 느끼고 자존심이 상해서 피해자에게 헤어지자고 한 후, 화가 나서 문자메시지를 보냈다는 취지로 진술한 점 등을 종합하면, 피고인은 피해자가 자신의 성기 크기를 언급한 것에 화가 나 연인관계를 정리한 후 피해자에게 수치심, 불쾌감, 심적 고통 등 부정적인 심리를 일으키고자 문자메시지를 발송한 것으로 보일 뿐이고, 달리 검사가 제출한 증거들만으로는 피고인이 자기 또는 다른 사람의 성적 욕망을 유발하거나 만족시킬 목적으로 문자메시지를 발송하였다는 점이 합리적 의심을 배제할 정도로 증명되었다고 볼 수 없다.

이제 문제가 되는 건 '성적 욕망'의 해석 여부다. 나 혹은 누군가의 성적 목적을 달성하는 것만으로 성적 욕망을 제한할 것인가, 아니면 상대에게 성적 수치심을 안겨주는 것도 포함시킬 것인가의 문제다. 3심은 성적 욕망의 의미를 폭넓게 해석하는 쪽으로 가닥을 잡고 다시 유죄 취지로 파기 환송시켰다. 즉 상대에게 성적 수치심을 안겨 자신의 심리적 만족감을 얻었다면 그 역시 '성적 욕망의 만족'이라고 본 것이다.

3심의 판단 : 대법원 2018. 9. 13. 선고 2018도9775 판결

3) 이러한 사실관계와 사정을 통하여 알 수 있는 피고인과 피해자의 관계, 피고인의 위와 같은 행위의 동기와 경위, 행위의 수단과 방법, 피고인의 행위 내용과 태양, 문자메시지 전송의 상대방 등을 앞서 본 법리에 비추어 보면, 피고인이 피해자와 성적인 관계를 욕망하지는 않았더라도, 피해자로부터 다른 남자와 성적으로 비교당하여 열등한 취급을 받았다는 분노감에, 피해자의 성기를 비하, 조롱하는 등 성적 수치심을 느끼게 함으로써, 피해자에게 자신이 받은 것과 같은 상처를 주고 동시에 자신의 손상된 성적 자존심을 회복하고자 하는 목적에서 위와 같은 행위를 하였던 것으로 보이고, 이러한 심리적 만족을 얻고자 하는 욕망 역시 성적 욕망에 포함되므로, 피고인의 성적 욕망을 만족시킬 목적이 인정된다.

(중략)

성폭력범죄의 처벌 등에 관한 특례법 제13조는 "자기 또는 다른 사람의 성적 욕망을 유발하거나 만족시킬 목적으로 전화, 우편, 컴퓨터, 그 밖의 통신매체를 통하여 '성적 수치심이나 혐오감을 일으키는 말, 음향, 글, 그림, 영상 또는 물건'(이하 '성적 수치심을 일으키는 그림 등'이라 한다)을 상대방에게 도달하게 한 사람"을 처벌하고 있다. 성폭력범죄의 처벌 등에 관한 특례법 제13조에서 정한 '통신매체 이용 음란죄'는

'성적 자기결정권에 반하여 성적 수치심을 일으키는 그림 등을 개인의 의사에 반하여 접하지 않을 권리'를 보장하기 위한 것으로 성적 자기결정권과 일반적 인격권의 보호, 사회의 건전한 성풍속 확립을 보호법익으로 한다.

'자기 또는 다른 사람의 성적 욕망을 유발하거나 만족시킬 목적'이 있는지는 피고인과 피해자의 관계, 행위의 동기와 경위, 행위의 수단과 방법, 행위의 내용과 태양, 상대방의 성격과 범위 등 여러 사정을 종합하여 사회통념에 비추어 합리적으로 판단하여야 한다(대법원 2017. 6. 8. 선고 2016도21389 판결 참조).

'성적 욕망'에는 성행위나 성관계를 직접적인 목적이나 전제로 하는 욕망뿐만 아니라, 상대방을 성적으로 비하하거나 조롱하는 등 상대방에게 성적 수치심을 줌으로써 자신의 심리적 만족을 얻고자 하는 욕망도 포함된다. 또한 이러한 '성적 욕망'이 상대방에 대한 분노감과 결합되어 있다 하더라도 달리 볼 것은 아니다.

- 20 -
딥페이크에 대해 궁금합니다

[질문1] 딥페이크를 처벌하는 법률이 제정되었다고 들었습니다.

딥페이크(deepfake)란 AI 기술을 이용한 이미지 합성 기술을 말한다. 주로 연예인의 얼굴과 19금 동영상을 합성하는 게 문제가 되는데 이를 처벌하기 위해 〈성폭력범죄의 처벌등에 관한 특례법 제14조의 2(허위영상물등의 반포등)〉 규정이 신설되었다(2020년 3월 24일 공포, 같은 해 6월 24일부터 시행). 법정형은 5년 이하의 징역 또는 5천만 원 이하의 벌금이다. 영리를 목적으로 반포 및 판매하면 가중 처벌된다.

[질문2] 어떤 경우에 처벌되나요?

단순 소지는 처벌규정이 없다. 반면 '반포 등'은 처벌된다. '반포 등'이란 '널리 퍼뜨린다'는 의미의 '반포'를 포함하여 법률에서 규정하는 여러 행위를 말하는데 같은 법률 제14조(카메라 등을 이용한 촬영) 제2항에 내용이 자세히 나온다.

'제1항에 따른 촬영물 또는 복제물(복제물의 복제물을 포함한다. 이하 이 조에서 같다)을 반포·판매·임대·제공 또는 공공연하게 전시·상영(이하 "반포등"이라 한다)'

즉 이 규정을 보면 '반포 등'이란 단순히 '반포'만 가리키는 게 아니라 반포, 판매, 임대, 제공, 공공연한 전시, 상영까지 포함한다.

한 가지 더 설명하면 영상과 관련된 경우, 이런 원칙을 적용하면 조금 더 이해가 쉽다. 우선, 상대의 동의를 구하지 않고 만들면 죄가 된다. 다음, 동의를 구하지 않고 만들든 동의를 구하고 만들든 상관없이 상대가 동의하지 않았는데 배포하면 역시 죄가 된다.

[질문3] 법률이 제정되기 전에 만든 사람들도 처벌을 받을까요?

법률 제정 전에 만들었다면 처벌을 받지 않는다. 이에 대해서는 처벌 규정이 없고, 소급적용도 안 된다.

- 21 -
남자끼리 장난친 것도 성폭행?

— [사건]
남자애들끼리 술을 마시고 장난을 치다가 중요 부위를 건드렸습니다. 친구가 화가 나서 동성 성폭행으로 신고했다고 합니다.

[질문1] 진짜 처벌받을 수 있는 건가요?

궁금한 게 두 가지 같다. 하나는 동성 간에도 성폭행이 성립하는가 하는 문제다. 당연히 문제가 된다. 성범죄는 남자가 여자에게 하는 경우뿐 아니라 여자가 남자에게 하는 경우, 남자가 남자에게 하는 경우, 여자가 여자에게 하는 모든 경우에 성립한다.

둘은 '강제'에 대한 해석 문제 같다. 성폭행이 되려면 폭행이나 협박이 있어야 하는데 이건 그저 장난이 아닌가? 실제로 때리거나 '말을 안 들으면 죽이겠다고 위협한 것도 아니다. 저항이 불가능한 상태를 만든 것도 아닌데 이게 성폭행이 될지 의심스러울 수 있다. 그런데 강제추행에서 말하는 '폭행과 협박'에는 '기습추행'이라는 게 포함된다. 말 그대로 갑자기 추행하는 것이다. 예를 들어 몰래 숨어 있다가 지나가던 여자의 몸을 만지고 도망친 경우, 이때도 폭행과 협박이 없지만 강제추행이 된다. 아래 판례에 기습추행에 대한 이야기가 잘 나온다.

관련 판례 : 대법원 2020. 3. 26. 선고 2019도15994 판결

강제추행죄는 상대방에 대하여 폭행 또는 협박을 가하여 항거를 곤란하게 한 뒤에 추행행위를 하는 경우뿐만 아니라 폭행행위 자체가 추행행위라고 인정되는 이른바 기습추행의 경우도 포함된다. 특히 기습추행의 경우 추행행위와 동시에 저질러지는 폭행행위는 반드시 상대방의 의사를 억압할 정도의 것임을 요하지 않고 상대방의 의사에 반하는 유형력의 행사가 있기만 하면 그 힘의 대소강약을 불문한다는 것이 일관된 판례의 입장이다. 이에 따라 대법원은, 피해자의 옷 위로 엉덩이나 가슴을 쓰다듬는 행위, 피해자의 의사에 반하여 그 어깨를 주무르는 행위, 교사가 여중생의 얼굴에 자신의 얼굴을 들이밀면서 비비는 행위나 여중생의 귀를 쓸어 만지는 행위 등에 대하여 피해자의 의사에 반하는 유형력의 행사가 이루어져 기습추행에 해당한다고 판단한 바 있다. 나아가 추행은 객관적으로 일반인에게 성적 수치심이나 혐오감을 일으키게 하고 선량한 성적 도덕관념에 반하는 행위로서 피해자의 성적 자유를 침해하는 것으로, 이에 해당하는지 여부는 피해자의 의사,

성별, 연령, 행위자와 피해자의 이전부터의 관계, 그 행위에 이르게 된 경위, 구체적 행위태양, 주위의 객관적 상황과 그 시대의 성적 도덕관념 등을 종합적으로 고려하여 신중히 결정되어야 한다.

'기습'이라는 것도 일상적인 의미로 받아들이면 곤란하다. 옆에 같이 앉아 있다가 허락도 구하지 않고 만지면 그게 다 '기습'이 된다. 또한 '기습'을 할 때 '부드럽게 만졌다', '세게 만졌다'와 같이 힘의 크기 따위는 문제 되지 않는다. 설령 아주 작은 힘으로 추행을 했건 상관없이 다 기습추행에 해당한다는 얘기다. 그게 '힘의 대소강약을 불문한다'는 말의 의미다.

[질문2] 성폭행이 맞다면 얼마나 벌을 받게 되나요?

강제추행죄는 법정형이 10년 이하의 징역 또는 1,500만 원 이하의 벌금이다. 보통은 벌금형이 많기 때문에 징역을 사는 일은 적다. 그러나 피해자가 처벌을 원하고(합의가 되지 않았고), 정상이 나쁘면 단순 벌금에서 그치지 않을 수도 있다.

- 22 -
몰래 녹음한 통화 자료를 증거로 쓸 수 있을까?

[사건]

상대 여성이 저를 성폭행으로 고소했습니다. 얼마 뒤 경찰에서 연락이 와서 조사를 받으러 갔습니다. 그 자리에서 저는 혐의를 부인하는 진술을 했는데 나중에 알고 보니, 상대 여성이 저와 전화 통화한 내용을 몰래 녹음했고, 그걸 증거 자료로 제출한 모양입니다. 통화할 당시, 상대 여성이 먼저 저를 성폭행으로 고소하겠다고 했고, 제가 '성폭행 고소해라. 그래 한번 싸워보자.'라고 받아쳤습니다. 그러자 상대가 '네가 죄를 인정하지 않으면 선처는 절대 없다.'고 말했습니다. 피해자가 녹음한 파일에는 "너랑 해 봤더니 별것도 없더라. 막상 너도 좋아했잖아."는 내용도 있습니다.

[질문1] 몰래 녹음한 걸 증거로 쓸 수 있나요?

쓸 수 있다. 녹음 자체는 몰래지만 대화 자체는 몰래가 아니기 때문이다. 대화를 나누는 사람끼리는 몰래 녹음을 해도 불법이 아니어서 얼마든지 증거로 쓸 수 있다. 반면 제3자의 대화를 몰래 녹음한 경우에는 '위법하게 수집된 증거'가 되어 증거로 쓸 수 없다. 〈통신비밀보호법 제14조〉를 보면 '타인 간의 대화'를 몰래 녹음하는 행위를 불법으로 규정하고 있다.

관련 판례 : 대법원 2001. 10. 9. 선고 2001도3106 판결

통신비밀보호법은 누구든지 이 법과 형사소송법 또는 군사법원법의 규정에 의하지 아니하고는 우편물의 검열 또는 전기통신의 감청을 하거나 공개되지 아니한 타인 간의 대화를 녹음 또는 청취하지 못하고(제3조 본문), 이에 위반하여 불법검열에 의하여 취득한 우편물이나 그 내용 및 불법감청에 의하여 지득 또는 채록된 전기통신의 내용은 재판 또는 징계절차에서 증거로 사용할 수 없고(제4조), 누구든지 공개되지 아니한 타인 간의 대화를 녹음하거나 전자장치 또는 기계적 수단을 이용하여 청취할 수 없고(제14조 제1항), 이에 의한 녹음 또는 청취에 관하여 위 제4조의 규정을 적용한다(제14조 제2항)고 각 규정하고 있는바, 녹음테이프 검증조서의 기재 중 피고인과 공소외인 간의 대화를 녹음한 부분은 공개되지 아니한 타인 간의 대화를 녹음한 것이므로 위 법 제14조 제2항 및 제4조의 규정에 의하여 그 증거능력이 없고, 피고인들 간의 전화통화를 녹음한 부분은 피고인의 동의 없이 불법감청한 것이므로 위 법 제4조에 의하여 그 증거능력이 없다. 또한, 녹음테이프 검증조서의 기재 중 고소인이 피고인과의 대화를 녹음한 부분은 타인 간의 대화를 녹음한 것이 아니므로 위 법 제14조의 적용을 받지는 않지만, 그 녹음테이프에 대하여 실시한 검증의 내용은 녹음테이프에 녹음된 대화의 내용이 검증조서에 첨부된 녹취서에 기재된 내용과 같다는 것에 불과하여 증거자료가 되는 것은 여전히 녹음테이프에 녹음된 대화의 내용이라 할 것인바, 그 중 피고인의 진술내용은 실질적으로 형사소송법 제311조, 제312조 규정 이외에 피고인의 진술을 기재한 서류와 다를 바 없으므로, 피고인이 그 녹음테이프를 증거로 할 수 있음에 동의하지 않은 이상 그 녹음테이프 검증조서의 기재 중 피고인의 진술 내용을 증거로 사용하기 위해서는 형사소송법 제313조 제1항 단서에 따라 공판준비 또는 공판기일에서 그 작성자인 고소인의 진술에 의하여 녹음테이프에 녹음된 피고인의 진술내용이 피고인이 진술한 대로 녹음된 것이라는 점이 증명되고 그 진술이 특히 신빙할 수 있는 상태 하에서 행하여진 것으로 인정되어야 한다.

'위법하게 수집된 증거'에는 이런 경우가 속할 것 같다. 예컨대 가해자와 제3자가 성폭행 관련 주제로 대화를 나누고 있었고, 마침 근처에 있던 피해자의 친구가 몰래 녹음을 한 경우다. 피해자는 친구가 녹취해준 이 자료를 증거로 쓰고 싶겠지만 불법 수집된 증거가 되어 증거로 쓸 수 없다.

- 23 -
합의금은 어느 정도?

[사건]

전 여친과 만나 술을 마시고 집에 데려다 주었는데 집에 잠시 들어가게 되었고, 순간을 못 참고 잠자리를 갖게 되었습니다. 며칠 뒤 경찰에서 성폭행으로 신고가 들어왔다며 조사를 받으라고 합니다.

[질문1] 앞으로 어떻게 될까요?

앞으로 진행 과정을 잠시 살펴보자. 보통은, 고소인(전 여친)이나 참고인 조사가 먼저 진행된다. 그 뒤에 피고소인(사연 주인공)을 부른다. 피고소인 조사를 마쳤으나 수사관 입장에서 추가 조사가 필요하다고 생각되면 고소인과 피고소인을 불러 대질 신문 등을 진행한다. 이후 신병처리(구속 여부)를 결정하고, 혐의가 인정되면 검찰에 송치한다. 이

때부터는 검사의 시간이다. 검사는 유죄라는 확신이 들면 기소하고 그렇지 않으면 불기소처분을 내린다. 기소가 이루어지면 재판이 열린다. 재판을 통해 유무죄가 가려지고, 유죄라면 처벌 수위가 결정된다. 구속이 궁금할 수 있겠다. 1) 수사단계에서 혐의가 인정될 때 구속이 될 수도 있고, 2) 재판의 선고단계에서 구속될 수 있다. 단, 수사단계에서라도 피해자와 합의가 되면 구속되지 않은 채 재판을 받는 경우가 많다. 참고로, 이 사건은 '강간' 사건이고, '강간'은 법정형이 3년 이상의 유기징역인 중범죄다.

[질문2] 전 여친의 집이 경제적으로 부족함이 없는데 합의금은 얼마나 주어야 하나요?

답부터 하자면 피해자 집안의 경제력과 합의금은 별로 관련이 없겠다. 그럼 어떤 기준이 있을까? 과거에는 상해죄의 경우, '1주 진단에 얼마' 하는 식으로 통용되던 금액이 있었으나 지금은 또 다르다. '적당한 합의금'이란 것도 변호사마다 다르고, 사람마다 다 다르다. 일률적으로 기준을 제시하기는 어렵다. 그럼에도 대강의 윤곽은 있어야겠다. 어떻게 접근해야 할까? 내가 합의에 실패하여 구속 수감되면 무엇을 잃게 될지 고려한다. 즉 수년간의 수감 생활로 돈도 못 벌고, 명예에 치명상을 입게 된다. 피해자가 만일 변호사를 만난다면 이런 걸 감안해서 합의금을 책정하려고 할 것이다. 이런 걸 감안하고 합의금 수준을 생각해 봐야 한다. 참고로, 최근 수임한 사건들에서는 수천만 원 수준에서 합의금이 형성되었다. 그럼에도 액수가 전부는 아니라고 말하고 싶다.

합의 여부는 합의금 수준에 달린 게 아니라 철저히 피해자의 마음에 달려 있다. 피해자의 감정에 따라 합의에 이를 수도 있고, 실패할 수도 있으므로 피해자의 감정을 잘 살펴야 한다.

[질문3] 만나주지 않으려고 할 텐데 합의는 어떻게 하면 좋을까요?

어려운 문제다. 경험상, 사건 초기에는 일시적으로 피해자가 만남을 허락하는 경향이 있다. 합의할 생각이 있어서는 아닌 것 같고, 갈피를 잡지 못하고 어리둥절한 상태라서 그런 것 같다. 그러나 시간이 지나면서 피해자의 감정이 수치와 분노로 채워지면 그때는 접촉이 힘들어진다. 이런 이유로 피해자가 변호사(국선이든 사선이든)를 선임한 경우에는 그를 통하는 게 일반적이다. 잘 만나주지 않는다는 점뿐 아니라 자칫 피해자와의 만남이 양형에서 불리한 요소가 될 수 있다는 것도 자리를 마련하는 데 어려움이 된다. 그럼에도 '합의'는 가해자에게 어떤 식으로든 도움이 되므로 시도하는 게 옳다. 너무 힘들다며 포기하는 순간, 실형을 피할 길이 없다. 얼마 전 필자 역시 어렵사리 피해자와 합의를 이끌어냈다. 가해자와 가해자 부모는 수사가 이루어질 때부터 지속적으로 피해자 가족과 만나려고 노력했고, 실제로 한 차례 만남을 가졌으나 무산되었으며, 당시 피해자는 수사기관에 항의를 하는 등 합의에 거부감을 보였다. 그래도 포기하지 않고 다시 가해자 변호인이 국선 변호사를 통해 접촉을 시도했는데 국선변호인이 피해자들과 소통을 하지 않고 있는 상태여서 물꼬를 틀 수 없었다. 그럼에도 가해자 부모는 항소심이 열리는 동안에도 계속 접촉을 시도했고, 결국 목사님 등을 통해 피해자 부모와 만날 수 있었고, 합의에 이르렀다. 신뢰가 없거나 틀어진 상태에서 만나야 한다면 그 중간을 메울 수 있는 무언가가 필요하겠다.

[질문4] 합의하더라도 나중에 민사소송을 걸 수 있다고 들었는데

합의금 산정을 위해 피해자는 병원비, 정신적 피해보상, 일정기간 출근을 못해서 못 받은 월급 등을 요구하게 된다. 그런데 이렇게 합의를 하고 합의금을 지불한 뒤에도 민사소송을 걸 수 있다. 이건 처음 합의를 할 때 합의 내용에 따라 달라진다. 만일 합의할 때 모든 손해에 대해서 합의를 했다면 민사소송으로 배상을 받는 게 힘들고, 만일 형사부분만 합의했다면 추가적으로 민사소송을 걸 수 있겠다(일부 피해에 대해서 의견이 달라 소송에서 가려보자고 할 수도 있다.).

[질문5] 형사합의란 무엇인가요?

보통은 형사합의니 민사합의니 구분하지 않고 전부 합의하는 게 일반적이다. 그런데 가해자가 보험 등에 가입되어 있어서 보상 등을 받을 수 있는 경우에는 그 부분을 제외하고 형사 부분만을 따로 합의하는 경우가 있는데 이를 '형사합의'라고 한다. 형사합의가 중요한 이유는, 피해자의 '가해자의 처벌을 바라지 않는다' 등의 합의문 내용이 양형 등에 유리하기 때문이다. 단, 형사합의만 이루어진 경우, 별도로 민사소송을 통해 추가 손해배상을 받을 수 있는 여지가 생긴다.

[질문6] 피해자가 선임한 변호사 비용도 합의금에 포함되나요?

피해자가 국선이 아닌 사선변호사를 선임했다면 피해자가 자신이 선임비용을 내고, 그 비용을 합의금 등에 포함시킬 수 있겠다. 그럴 경우, 피해자는 합의 과정에서 선임비용을 포함시켜 액수를 요구할 수도 있고, 혹은 경우에 따라 민사소송을 통해 그 비용을 받을 수도 있다. 단, 민사소송을 통해 비용을 받으려고 하는 경우, 변호사 비용은 〈변호사비용의 소송비용산입에 관한 규칙〉이 정하는 바에 따라 실제 지출한 비용보다 제한되는 경우가 있다.

참고로, 성범죄 피해자의 경우 〈성폭력범죄의 처벌 등에 관한 특례법 제27조(성폭력범죄 피해자에 대한 변호사 선임의 특례)〉에 따라 국선변호사의 도움을 받을 수 있다. 그러나 피해자는 얼마든지 자기 돈으로 수임료를 내고 변호사를 선임할 수 있다.

[질문7] 피해자가 형사상 배상신청과 민사상 손해배상을 모두 신청할 수 있다는데 이럴 때는 어떻게 해야 합니까?

합의가 되지 않는다고 판단될 때 피해자는 형사상 배상신청이나 민사상 손해배상 둘 중에 하나를 신청할 수 있다. 이때 원칙적으로는 둘을 동시에 신청할 수 없도록 하고 있으나(《소송촉진등에 관한 특례법 제26조 제7항》 '피해자는 피고사건의 범죄행위로 인하여 발생한 피해에 관하여 다른 절차에 따른 손해배상청구가 법원에 계속 중일 때에는 배상신청을 할 수 없다.') 현실에서는 모두 신청하는 경우도 있다. 원칙적으로 안 되니까 가만히 있으면 될까? 아니다. 법원은 상대방이 이의신청을 하지 않으면 그냥 진행시키기도 한다. 반면 이의신청을 하면 그때 둘 중 하나를 취하하게 된다. 그럼에도 둘 다 신청하는 이유는 소송에 소요되는 시간이 상당하기 때문에 일단 둘 다 신청하고 보는 것이다.

[질문8] 배상명령과 손해배상은 어떻게 다른가요?

형사상 배상명령은 형사 재판 도중, 피해자의 피해를 신속하게 구제하기 위한 절차다. 배상명령이 떨어지면 민사소송과 같은 효력이 있어 강제집행도 가능해진다. 주로 검사가 주도적으로 피고인을 기소하고 입증하는 과정에서 부수적으로 이루어진다. 반면 민사상 손해배상은 형사 소송과 무관하게 따로 진행하는 소송으로 당사자(피해자)가 소송을 제기하면서 시작된다. 민사상 손해배상은 피해자가 원고가 되어 가해자인 상대방과 다투면서 이루어가는 절차이다. 그래서 간단히 판단이 되는 경우는 배상명령이 되나 피고인이 다투거나 피해액을 특정하기 어려운 경우 각하되는 경우가 많다. 통상 배상 명령은 당사자가 신청만 하게 되면 기존 형사 절차에서 판단하면 되는데 민사 소송은 당사자가 주장과 증거를 대야 하고 상대방의 주장과 증거에 대하여 다투어야 하므로 변호사 등 전문가의 도움이 필요한 경우가 많다.

[질문9] 배상명령에서 제외된 손해에 대해서는 따로 민사상 손해배상이 청구될 수도 있을까요?

가능하다. 배상명령은 '피고사건의 범죄 행위로 인하여 발생한 물적 피해, 치료비 손해 및 위자료의 배상을 명하는 것'(《소송촉진등에 관한 특례법 제25조 제1항)〉'이다. 이밖에도 다른 손해가 있을 수 있겠다. 그러나 현실적으로 큰 액수는 아닐 것으로 보인다.

: 합의를 대신할 수 있는 방법은 없을까? :

왜 합의가 중요한가?

양형 때문이다. 법정형이 3년 이상 징역인 경우, 3년을 때릴지 5년을 때릴지 결정하는 과정을 '양형'이라고 하는데 양형을 할 때 재판관이 고려하는 것들이 있다. 이 가운데 매우 중요하게 여겨지는 게 피해자의 처벌불원 의사 표시다. 쉽게 말해 피해자가 '저는 가해자가 처벌 받기를 원치 않습니다.'라는 의사표시다. 이게 우리가 흔히 이야기하는 '합의'의 핵심이다. 합의에는 '처벌불원 의사표시'가 담기게 되고, 이걸 법정에 제출하면 현실적으로 형량을 줄일 수 있게 된다. 그래서 절대로 합의를 포기하지 말라고, 세상 모든 변호사가 똑같이 이야기하는 것이다.

왜 합의가 어려운가?

성범죄에 있어서 '합의'는 양가적 성격을 갖고 있다. 합의가 잘되면 감형을 이끌어낼 수 있지만 반대로 합의에 실패하면 도리어 증형으로 이어질 수도 있기 때문이다. 아예 처음부터 합의를 시도하지 않았을 때 받게 되는 형량을 5라고 하고, 합의에 성공했을 때 받게 되는 형량을 3이라고 하면, 합의를 시도했으나 도리어 2차 가해라는 오명을 쓰게 될 때 받게 되는 형량은 7로 증가할 수 있다(심지어 〈아동·청소년의성보호에관한법률 제16조(피해자등에 대한 강요행위)〉에 보면 "폭행이나 협박으로 아동·청소년 대상 성범죄의 피해자 또는 「아동복지법」 제3조제3호에 따른 보호자를 상대로 합의를 강요한 자는 7년 이하의 유기징역에 처한다."고 규정하고 있다. 합의 과정에서 조금이라도 강요하는 분위기를 연출하면 갑자기 법정형이 증가한다!).

연락 자체의 어려움

피해자나 혹은 피해자 가족(피해자가 미성년인 경우)이 아예 가해자 측과 만나기를 꺼리는 것도 합의를 어렵게 만드는 요소가 된다. 대개 이런 식이다. 가해자 측에서 합의하고 싶다며 미성년자인 피해자에게 전화를 걸었더니 얼마 뒤 피해자의 국선 변호사가 전화를 걸어 항의했다. 왜 함부로 피해자에게 전화를 하느냐고. 그럼 어떻게 하게 될까? 합의하고 싶은 가해자는 여러 루트를 찾게 된다. 일단 자신이 나서는 게 아니라고 생각해서 가해자 부모가 대신 움직이기도 한다. 또는 마침 피해자 변호사가 전화를 했으나 그와 대화를 나누며 합의 의사를 밝힌다. 혹은 부모나 변호사 등을 통해 담당 경찰관이나 검사 등에게 합의 중재를 요청하기도 한다. 그런데 의외로 많은 경우에, 경찰이나 검사들이 이렇게 말한다. '피해자 측이 전화를 거부합니다.' 이처럼 아예 피해자와의 접촉 자체가 불가능한 경우에는 어떻게 해야 할까?

피해자의 부모님과 합의를 해도 똑같이 효과가 있을까? - 미성년자 피해자의 경우

피해자가 미성년자인 경우, 아무래도 피해자와 접촉할 수 있는 방법은 매우 힘들어진다. 대개는 잘 만나야 부모님인데 주로 아버지를 만날 수 있겠다. 다행히 피해자 아버지와 만나서 합의를 했더라도 주의할 게 있다. 만일 피해자 의사가 반영되지 않은 합의서라면 소용이 없기 때문이다. 아래 판례는 그런 내용을 잘 보여준다.

● **대법원2020.9.3.선고 2020도7379 판결[성폭력범죄의처벌등에관한특례법위반(13세미만미성년자강제추행)]**

1. 피해자가 나이 어린 미성년자인 경우 그 법정대리인이 피고인 등에 대하여 밝힌 처벌불원의 의사표시에 피해자 본인의 의사가 포함되어 있는지는 대상 사건의 유형 및 내용, 피해자의 나이, 합의의 실질적인 주체 및 내용, 합의 전후의 정황, 법정대리인 및 피해자의 태도 등을 종합적으로 고려하여 판단하여야 할 것이다(대법원 2010. 5. 13. 선고 2009도5658 판결).

원심은 그 채택한 증거를 종합하여 판시 각 사실을 인정한 다음, 그 인정사실에 의하면 피해자의 법정대리인인 부가 2018.10경 피해자를 대리하여 피고인에게 합의서를 작성해주면서 피고인에 대하여 밝힌 처벌불원의 의사표시에 피해자의 의사가 포함되어 있다고 볼 수 없고, 피해자가 원심에서 피해자 변호사에게 피고인의 처벌을 바란다는 의사를 표시하였다가 다시 문자 메시지로 밝힌 처벌불원의 의사표시 역시 그 의미나 내용 등을 충분히 이해한 상태에서 이루어진 진실한 것이라고 보기 어려우며, 원심 재판과정에서 1년 가까이 진행된 피해자에 대한 의사 확인절차를 통하여 드러난 피해자 내심의 의사, 피고인이 피해자의 아버지를 통하여 그의 보호·감독하에 있는 미성년자인 피해자에게 무리하게 합의를 요구한 것으로 보이는 정황 및 이로 인하여 2020.4.2.자 처벌불원서가 제출되기 직전에 피해자가 느낀 심리적 부담과 곤경 등에 비추어 위 처벌불원서에 기재된 피해자의 처벌불원의사가 진실한 것이라고 보기 어렵다고 판단하였다. 앞서 본 법리에 비추어 기록을 살펴보면, 원심의 위와 같은 판단에 논리와 경험의 법칙을 위반하여 자유심증주의의 한계를 벗어나거나 관련 법리를 오해한 잘못이 없다.

위 판례의 사건처럼 피해자가 '처벌불원 의사'를 밝히지 않은 상태에서 부모만 용서하고 합의를 하는 경우라도 만일 피해자 부모에게 합의금을 주었다면 어떻게 될까? 이 합의금도 아무 효과가 없을까? 아래 판례는 일단 피해자의 '처벌불원 의사'가 없는 것이므로 형을 감경해야 할 필요성이 없다고 말하면서도 일부 유리한 정상을 참작한다고 판시한다. 조금은 유리하다는 얘기다.

● 서울고등법원 2019. 9. 27. 선고 2019노320, 2019전노22(병합) 판결
미성년자를 피해자로 하는 범죄에 대하여 양형기준을 적용함에 있어 특별양형인자인 '처벌불원'은, 미성년자인 피해자의 처벌불원의

의사표시가 진실한 것인지 여부를 세밀하고 신중하게 조사, 판단한 결과 이에 해당되는 경우만을 포함한다. 이 사건에서 피고인의 변호인은 원심 공판 진행 중 피해자 공소외 3의 변호사를 통하지 않고 바로 위 피해자의 어머니와 접촉하여 그에게 배상금을 지급하고 합의를 하면서, '강제적인 성관계가 없었다.'는 내용의 이 사건 자필 진술서를 피해자 본인이 직접 작성해 줄 것을 요청하였던 것으로 보인다. 그런데 앞서 본 바와 같이 피해자 본인이 위와 같은 내용의 진술서를 작성하는 것에 대하여 상당히 반발한 사정이 발견되는 이상, 피해자 공소외 3과 그 어머니가 연명으로 작성한 '피고인의 선처를 바란다'는 내용의 합의서(공판기록 1권 466쪽)가 피해자 공소외 3의 진정한 의사를 제대로 반영한 것이라고 인정할 수 없다. 따라서 이 부분 범죄에 대하여 양형기준을 적용함에 있어 '처벌불원'의 특별양형인자가 존재한다고 보지는 않고, 다만 피고인이 피해자 공소외 3의 어머니에게 배상금을 지급하고 그로부터는 용서를 받은 사실은 선고형을 정함에 있어서 피고인에게 유리한 정상으로 일부 참작한다.

합의가 안 되면 공탁

합의에는 실패했으나 합의 의사가 있는 사람들이 주로 활용하는 제도가 공탁이다. 법원에서 지정한 곳에 합의금에 해당하는 돈(가해자가 생각하는 액수)을 맡겨 법원에 '합의 의사가 있음'을 알리는 것이다. 공탁을 위해서는 피해자의 인적 사항(성명, 주민등록번호, 주소)이 필요하기 때문에 사실 공탁도 용이하지 않았다. 피해자가 동의하지 않으면 인적사항을 알 수 있는 방법이 없었기 때문이다. 그러다 2020년 12월 9일 공탁법이 바뀌어 다소간 어려움이 해결되었다. 이에 따르면 인적사항 대신 법원과 사건번호, 사건명, 조서, 진술서, 공소장 등에 기재된 내용을 바탕으로 피해자를 특정하면 된다. 합의가 안 되면 공탁이 대안이 되겠다.

● 공탁법 제5조의2(형사공탁의 특례)
① 형사사건의 피고인이 법령 등에 따라 피해자의 인적사항을 알 수 없는 경우에 그 피해자를 위하여 하는 변제공탁(이하 "형사공탁"이라 한다)은 해당 형사사건이 계속 중인 법원 소재지의 공탁소에 할 수 있다.
② 형사공탁의 공탁서에는 공탁물의 수령인(이하 이 조에서 "피공탁자"라 한다)의 인적사항을 대신하여 해당 형사사건의 재판이 계속 중인 법원(이하 이 조에서 "법원"이라 한다)과 사건번호, 사건명, 조서, 진술서, 공소장 등에 기재된 피해자를 특정할 수 있는 명칭을 기재하고, 공탁원인사실을 피해 발생시점과 채무의 성질을 특정하는 방식으로 기재할 수 있다.
④ 공탁물 수령을 위한 피공탁자 동일인 확인은 다음 각 호의 사항이 기재된 법원이나 검찰이 발급한 증명서에 의한다.

1. 사건번호

2. 공탁소, 공탁번호, 공탁물

3. 피공탁자의 성명·주민등록번호

4. 그 밖에 동일인 확인을 위하여 필요한 사항

[본조신설 2020. 12. 8.] [시행일 : 2022. 12. 9.]

- 24 -
기소유예를 받을 수 있는 방법은?

[사건]

강제추행 혐의로 검찰의 처분을 기다리고 있습니다. 초범이라서 당연히 기소유예가 나올 것으로 예상하고 있었는데 찾아보니 강제추행약식기소가 된 경우가 많다고 합니다.

[질문1] 기소유예를 받으면 범죄 경력 조회가 안 된다고 들었는데 맞는지요?

맞다. 성범죄라도 기소유예를 받으면 1) 수사 경력 조회 내용에만 나오고 2) 취업제한 명령과 관련된 범죄 경력 조회에는 나오지 않는다.

[질문2] 부모님이 아시면 난리가 납니다. 곧 결혼도 해야 되는데 기소유예를 받을 수 있는 방법이 없을까요?

강간이 아니라서 중범죄가 아니라고 생각하면 오산이다. 강제추행 역시 중범죄에 해당한다. 법정형만 봐도 10년 이하의 징역 또는 1,500만 원 이하의 벌금이다. 대법원 양형위원회에서도 상당히 강한 처벌을 하도록 가이드를 잡고 있다. 일단 중범죄라는 점에서 기소유예를 기대하기는 힘들어 보인다. 다만, 검사가 경우에 따라 기소유예를 할 수도 있는데 〈형법 제51조〉의 양형 조건을 잘 충족시키는 경우다. 이 조항에 보면 '1. 범인의 연령, 성행, 지능과 환경, 2. 피해자에 대한 관계, 3. 범행의 동기, 수단과 결과, 4. 범행 후의 정황' 등이 적혀 있다. 이 4가지 조건을 최대한 만족시키는 게 기소유예를 피할 수 있는 길이다. 특히 이 가운데 가장 중요한 게 2번 피해자와의 관계다. 피해자가 처벌을 원치 않는다는 의사 표시를 해주는 게 핵심이다. 당연히 합의를 위해서는 잘못을 빌고, 용서를 구하고, 합의금을 주는 게 필요하겠다. 한 가지 덧붙이자면 사건의 각 단계마다 사건의 진행을 막을 수 있는 시간이 있다. 고소 전, 경찰 수사 중, 검찰 수사 중, 재판 중이다. 기왕이면 이전 단계에서 사건을 마무리할 수 있도록 전문가의 자문을 구해 대처하자.

- 25 -
경찰 조사 때 거짓말을 했는데

▬ [사건]

여친이랑 모텔에 갔다가 제가 억지로 삽입했다고 신고가 됐습니다. 경찰 조사를 받을 때, 강제로 그런 게 아니라 여친과의 사이에 사소한 오해가 있었다고 조금 거짓말을 했습니다. 무섭고, 도망치고 싶은 마음에 '오해'라고 한 것인데 2차 조사 때 조사관님들이 추궁해서 "여자 친구를 강압한 것은 맞다. 하지만 그럴 의도는 없었다."고 자백했습니다.

[질문1] 사소한 거짓말인데 제게 불리할까요?

조사나 진술서의 특성을 알면 사소한 것이라도 거짓말은 도움이 안 된다는 사실을 알게 될 것 같다. 경찰 조사부터는 공식적인 기록이 된다. 이 기록은 나중에 재판 때도 증거로 사용될 수 있다. 진술(말)은 일관성을 지키는 게 매우 중요한데 만일 번복하게 되면 특히 문제가 된다. 말을 바꾼다는 얘기는 그 사람의 말을 신뢰할 수 없도록 만드는 일이다. 설령 진실을 이야기하더라도 머뭇거리면 거짓으로 취급될 수 있다. 반대로 거짓이라도 일관되게 주장하면 진실로 받아들여질 수도 있다(다만 거짓이라면 다른 증거와 위배될 수 있다.). 진실을 이야기하더라도 '어떻게 포장하고 정리할 것인지'는 매우 중요한 요소이다. 그럼, 이런 거짓말은 어떤 영향을 끼치게 될까? 양형에 영향이 있다. 반성이 없는 것으로 본다는 얘기다(살살 거짓말하면서 도망칠 궁리만 하네!). 만일 재판까지 간다면 벌이 조금 더 무거워질 수 있겠다. 이런 사태를 막으려면 사건이 터진 직후, 혹은 적어도 사건화되었을 때부터 변호사 등 전문가의 자문을 구해 사태를 정확히 정리하고 그에 따라 대응해야겠다.

[질문2] 언제 변호사를 선임해야 할까요?

변호사 선임에 적절한 타이밍이란 건 없다. 무조건 빠를수록 좋다. 특히 성범죄 사건이라면 더더욱 그렇다. 성범죄의 경우, 대부분 중형으로 처벌받을 뿐 아니라 신상정보 등록, 취업 제한 등 또 다른 불이익 처분이 뒤따른다. 유죄를 받는 순간, 정상적인 사회생활이 불가능할 수도 있다. 성범죄로 시비가 벌어지면 당장 성폭력 전문 변호사의 조언을 받는 것이 좋다. 사건이 많이 진척되면 그만큼 선택지는 줄어들고 불이익을 받을 가능성은 커진다.

- 26 -
외국인이라면 처벌 후 추방

— [사건]
— 저와 가까운 외국인이 성추행 사건에 연루되었습니다.

[질문1] 어떤 처벌을 받을까요?

내국인의 성범죄와 다를 게 없다. 기소유예를 받을 수도 있고, 기소되어 실형이나 벌금 처분을 받을 수도 있다.

[질문2] 처벌을 받으면 바로 추방되나요?

그렇다. 처벌을 받으면 바로 추방이다. 〈출입국관리법 제46조〉에서 정한 '강제퇴거의 대상자'가 된다. 형법 제2편 제32장 강간과 추행의 죄, 〈성폭력범죄의 처벌 등에 관한 특례법〉을 위반한 자는 추방하도록 되어 있다. 그러나 여기서 그치지 않는다. 설령 기소유예를 받더라도 추방을 피할 길 없다. 다른 범죄에는 적용되지 않는 사항인데 성범죄에서는 그렇다(성범죄나 마약범죄 등 일부 중대한 범죄의 경우에 동일 적용). 다만 기소유예는 3년간 입국 금지로, 영구 입국이 금지되는 다른 처분에 비해 수위가 다소 완화되었다.

- 27 -
신상정보가 공개될까요?

— [사건]
— 강제추행으로 조사를 받고 있습니다.

[질문1] 유죄가 확정되면 신상정보가 공개될까요?

신상정보란 이름, 주소, 사진 등 그 사람을 알 수 있는 정보다. 성범죄가 무서운 이유는, 처벌 외에 보안처분이 뒤따르기 때문이라고 앞서도 얘기했다. 가장 약한 보안처분이 신상정보 '등록'이고, 그 다음이 질문의 내용인 신상정보 '공개'다. 공개란, 동네에 우편물이 뿌려지는 걸 말한다. 성범죄자가 어디 사는지, 얼굴이 어떻게 생겼는지 알리도록 한 것이다. 신상정보 '등록'은 벌금 이상의 모든 성범죄에 대해서 이루어지고, 신상정보 '공개' 역시 명령을 내릴 수 있다(아래 법조항 참고).

강제추행이라면 일단은 공개될 가능성이 낮다고 생각하는 게 맞을 것 같다.

성폭력범죄의 처벌등에 관한 법률제42조(신상정보 등록대상자)

같은 법 제2조제1항제3호·제4호, 같은 조 제2항(제1항제3호·제4호에 한정한다), 제3조부터 제15조까지의 범죄 및 「아동·청소년의 성보호에 관한 법률」 제2조제2호가목·라목의 범죄(이하 "등록대상 성범죄"라 한다)로 유죄판결이나 약식명령이 확정된 자 또는 같은 법 제49조제1항제4호에 따라 공개명령이 확정된 자는 신상정보 등록대상자(이하 "등록대상자"라 한다)가 된다. 다만, 제12조·제13조의 범죄 및 「아동·청소년의 성보호에 관한 법률」 제11조제3항 및 제5항의 범죄로 벌금형을 선고받은 자는 제외한다.

아동·청소년의 성보호에 관한 법률제49조(등록정보의 공개) 제1항

법원은 다음 각 호의 어느 하나에 해당하는 자에 대하여 판결로 제4항의 공개정보(아래 참조)를 「성폭력범죄의 처벌 등에 관한 특례법」 제45조제1항의 등록기간 동안 정보통신망을 이용하여 공개하도록 하는 명령(이하 "공개명령"이라 한다)을 등록대상 사건의 판결과 동시에 선고하여야 한다. 다만, 피고인이 아동·청소년인 경우, 그 밖에 신상정보를 공개하여서는 아니 될 특별한 사정이 있다고 판단하는 경우에는 그러하지 아니하다. 〈개정 2019. 11. 26., 2020. 5. 19.〉

1. 아동·청소년대상 성범죄를 저지른 자

2. 「성폭력범죄의 처벌 등에 관한 특례법」 제2조제1항제3호·제4호, 같은 조 제2항(제1항제3호·제4호에 한정한다), 제3조부터 제15조까지의 범죄를 저지른 자

3. 제1호 또는 제2호의 죄를 범하였으나 「형법」 제10조제1항에 따라 처벌할 수 없는 자로서 제1호 또는 제2호의 죄를 다시 범할 위험성이 있다고 인정되는 자

공개되는 정보

1. 성명

2. 나이

3. 주소 및 실제거주지(「도로명주소법」 제2조제3호에 따른 도로명 및 같은 조 제5호에 따른 건물번호까지로 한다)

4. 신체정보(키와 몸무게)

5. 사진

6. 등록대상 성범죄 요지(판결일자, 죄명, 선고형량을 포함한다)

7. 성폭력범죄 전과사실(죄명 및 횟수)

8. 「전자장치 부착 등에 관한 법률」에 따른 전자장치 부착 여부

[질문2] 피할 수 있는 방법이 없을까요?

공개 명령 혹은 고지 명령에는 예외 사유가 있다. 왜 공개하면 안 되는지는 본인이나 혹은 변호사가 주장하고 증거를 제시해야 한다. 희소

식이라면 공개를 제외시켜주는 경우가 제법 있다는 점이다. 그럼, 어떤 경우에 공개 명령을 내리지 않을까? 법조문에는 비록 추상적인 언어지만 힌트가 있다. '그 밖에 신상정보를 공개하여서는 아니 될 특별한 사정이 있다고 판단하는 경우'다. 아래 판례는 그 '특별한 사정'이 무엇인지 조금 더 구체적으로 나열하고 있다.

관련 판례 : 대법원 2016. 11. 10. 선고 2016도14230 판결성

폭력범죄의 처벌 등에 관한 특례법 제47조 제1항, 제49조 제1항에 의하여 적용되는 아동·청소년의 성보호에 관한 법률 제49조 제1항, 제50조 제1항 각 단서에서 공개명령과 고지명령의 예외사유의 하나로 규정한 '신상정보를 공개하여서는 아니 될 특별한 사정이 있다고 판단되는 경우'에 해당하는지는 <u>피고인의 연령, 직업, 재범위험성 등 행위자의 특성, 당해 범행의 종류, 동기, 범행과정, 결과 및 그 죄의 경중 등 범행의 특성, 공개명령 또는 고지명령으로 인하여 피고인이 입는 불이익의 정도와 예상되는 부작용, 그로 인해 달성할 수 있는 등록대상 성폭력범죄의 예방 효과 및 등록대상 성폭력범죄로부터의 피해자 보호 효과 등을 종합적으로 고려하여 판단하여야 한다</u>(대법원 2012. 2. 23. 선고 2011도16863 판결 등 참조).

- 28 -
성범죄와 취업 일문일답

[질문1] 취직할 때 문제가 되는 경우는 어떤 때인가요?

성과 관련된 문제를 3가지로 구분한다면 1) 성폭력이 있고, 2) 성매매가 있으며, 3) 성희롱이 있다. 이 가운데 3) 성희롱은 취업과 관련해서 아무런 제한이 없다. 반면 1) 성폭력은 모든 경우에 취업 제한이 있다(《성폭력범죄의 처벌등에 관한 특례법 제56조》). 2) 성매매의 경우에는 성인을 대상으로 한 성매매는 취업 제한이 없으나 아동·청소년 대상 성매매인 경우에만 취업 제한 명령이 내려진다.

[질문2] 기소유예를 받아도 취업 제한이 된다는 말인가요?

아니다. 기소유예란 재판까지 가지 않고 검찰 손에서 결정이 되는 처분으로, 이때는 취업 제한이 없다. 취업 제한 처분은 재판에서 유죄를 받은 경우에 법원에서 정하도록 되어 있다(이때 유죄란 벌금 이상의 선고를 말한다.). 한편 유죄라도 무조건 취업 제한 명령을 내리는 건 아니다. 적은 확률이지만 법원은 재범 가능성이 매우 낮거나 기타 사정이 있다고 판단할 때는 취업 제한 명령을 내리지 않거나 혹은 기간을 낮춰준다(그러나 그 기준이 까다롭겠다.).

[질문3] 공무원 시험을 준비 중인데 공무원은 어떤지요?

공무원이 될 수 없는 경우가 있다. 일명 결격 사유다(《국가공무원법제33조》). 이 가운데 성범죄와 관련하여 아래와 같은 경우에는 공무원이 될 수 없다고 규정하고 있다.

- 6의3. 〈성폭력범죄의 처벌 등에 관한 특례법〉 제2조에 규정된 죄를 범한 사람으로서 100만 원 이상의 벌금형을 선고받고 그 형이 확정된 후 3년이 지나지 아니한 사람
- 6의4. 미성년자에 대한 다음 각 목의 어느 하나에 해당하는 죄를 저질러 파면·해임되거나 형 또는 치료감호를 선고받아 그 형 또는 치료감호가 확정된 사람(집행유예를 선고받은 후 그 집행유예기간이 경과한 사람을 포함한다)

　가. 「성폭력범죄의 처벌 등에 관한 특례법」 제2조에 따른 성폭력범죄
　나. 「아동·청소년의 성보호에 관한 법률」 제2조제2호에 따른 아동·청소년대상 성범죄

성범죄로 형이 선고되면 공무원은 힘들다고 보면 크게 틀리지 않다. 만약 죄를 지었다면 무죄를 선고받아야 하고, 기소 전이라면 설령 죄가 인정되더라도 기소유예를 받아야 한다. 한편 공무원 시험 응시 당시에 형이 확정되지 않더라도 합격 후 형이 확정되었고, 이 사실이 알려지면 처음부터 결격 사유가 있던 것으로 보거나 혹은 중징계 대상이 되어 현실적으로 공무원으로 재직하기는 어렵다.

[질문4] 성범죄로 벌금이 나와도 공기업 계열에 취업이 안 된다고 들었는데 사실인가요?

모든 공기업에 취업이 불가능한 건 아니다. 〈아동·청소년의 성보호에 관한 법률 제56조〉나 기타 특별법에 보면 자세한 규정을 알 수 있다. 만일 취업 제한이 없는 공기업이라면 응시가 가능하겠다. 단, 공기업에 재직 중에 성범죄로 벌금이라도 처벌을 받으면 징계에 따라 파면이나 해임 등 중징계를 받을 수 있다.

[질문5] 대기업도 갈 수 없나요?

원칙적으로 보면 갈 수 있다. 그러나 업무 내용에 따라 달라진다. 만일 〈아동·청소년의 성보호에 관한 법률 제56조〉나 다른 특별법에 취업 제한이 있으면 갈 수 없다.

[질문6] 병원 인턴은 어떤가요?

의료기관은 기본적으로 힘들다고 보면 맞겠다. 그러나 다 안 되는 건 아니므로 〈아동·청소년의 성보호에 관한 법률 제56조 제12호〉에 기재된 의료기관이 어디인지 확인하자. 참고로, 인턴뿐 아니라 '의료인'이라고 부르는 사람들, 즉 의사, 치과의사, 한의사, 조산사, 간호사 등이 모두 여기에 해당한다.

[질문7] 운송업을 생각 중인데 성범죄는 결격 사유가 되나요?

일부 운송업은 그렇다. 대표적으로 버스, 택시, 렌터카가 결격 사유에 해당한다. 이들은 〈여객자동차운수사업법제24조〉에서 결격 사유를 규정하고 있는데 이렇게 되어 있다. '성범죄로 실형을 살고 나온 사람은 그 집행이 끝날 때부터 20년 혹은 집행유예기간동안은 운전업무에 종사할 수 없다.'

제24조(여객자동차운송사업의 운전업무 종사자격)

④ 구역 여객자동차운송사업 중 대통령령으로 정하는 여객자동차운송사업의 운전자격을 취득하려는 사람이 다음 각 호의 어느 하나에 해당하는 경우 제3항에도 불구하고 제1항에 따른 자격을 취득할 수 없다. 〈개정 2012. 12. 18., 2016. 12. 2.〉

1. 다음 각 목의 어느 하나에 해당하는 죄를 범하여 금고 이상의 실형을 선고받고 그 집행이 끝나거나(집행이 끝난 것으로 보는 경우를 포함한다) 면제된 날부터 최대 20년의 범위에서 범죄의 종류·죄질, 형기의 장단 및 재범위험성 등을 고려하여 대통령령으로 정하는 기간이 지나지 아니한 사람

나. 「성폭력범죄의 처벌 등에 관한 특례법」 제2조제1항제2호부터 제4호까지, 제3조부터 제9조까지 및 제15조(제13조의 미수범은 제외한다)에 따른 죄

다. 「아동·청소년의 성보호에 관한 법률」 제2조제2호에 따른 죄

2. 제1호에 따른 죄를 범하여 금고 이상의 형의 집행유예를 선고받고 그 집행유예기간 중에 있는 사람

여객자동차 운수사업법 시행령

제16조(운전업무 종사자격의 취득 제한)
② 법 제24조제4항제1호 각 목 외의 부분에서 "대통령령으로 정하는 기간"이란 다음 각 호의 기간을 말한다.

2. 「성폭력범죄의 처벌 등에 관한 특례법」 제2조제1항제2호부터 제4호까지, 제3조부터 제9조까지 및 제15조(제13조의 미수범은 제외한다)에 따른 죄 : 20년

3. 「아동·청소년의 성보호에 관한 법률」 제2조제2호에 따른 죄 : 20년

[전문개정 2017. 6. 30.]

[질문8] 공연음란죄로 벌금형을 받았는데 취업 제한이 될까요?

강간이나 강제추행만 성범죄라고 보면 곤란하겠다. 공연음란죄를 포함해 카메라 등을 이용한 촬영((성폭력범죄의 처벌 등에 관한 특례법 제14조)), 음행매개, 음화반포, 음화제조, 성매매, 유사강간, 준강간, 준강제추행, 미수범, 미성년자에 대한 간음 등 모두 다 성범죄다. 〈성폭력 범

죄의 처벌에 관한 특례법 제2조 제1항 제5호)에 보면 '제3조(특수강도강간등)부터 제15조(미수범)까지의 죄'가 모두 취업 제한 대상으로 분류되고 있다.

[질문9] 벌금 납부 후 2년이 지나면 범죄 기록을 삭제한다고 들었는데 취업 제한도 사라지는 것인가요?

흔히 말하는 전과기록이 사라지는지 궁금한 것 같다. 벌금형 이상을 받으면 전과기록은 영구히 보존된다. 그러나 벌금 납부 후 2년이 지나면 공문서에 그 내용을 표시하지 않도록 하고 있는데 이를 '형의 실효'라고 한다. 질문자의 말처럼 범죄 기록은 조회가 되지 않으나 기록 자체가 사라지는 건 아니다. 따라서 기업 등에서 조회 자료를 제출하라고 해도 기록이 표시되지 않으므로 문제될 건 없겠다. 단, 취업 제한은 형의 실효과 전혀 관계가 없다. 법원에서 취업 제한 기간을 정한 텐데 그건 그것대로 진행된다.

[질문10] 성범죄자에게는 취업 제한이 있다고 들었는데 혹시 고깃집은 괜찮을까요?

아동, 청소년, 장애인 등 관련 기관이나 회사에 대한 취업 제한이 기본이다. 고깃집은 규정이 없다. 어디가 되고 어디가 안 되는지 궁금하면 앞의 내용을 참고하거나 〈아동청소년의 성보호에 관한 법률 제56조〉를 살펴보자.

[질문11] 청소년 시절, 성범죄로 보호처분을 받았는데 앞으로 공무원 또는 교사로 취업이 가능할까요?

소년의 보호처분은 범죄 경력을 조회해도 뜨지 않는다. 흔히 전과기록이라고 하면 범죄경력자료 + 수사경력자료 + 수형인명부 + 수형인명표의 4가지를 함께 일컫는 말이다. 이 가운데 앞의 두 가지가 중요한데 영구히 보존되는 자료인 '범죄경력자료'는 벌금 이상의 형의 선고, 면제 및 선고유예, 보호감호, 치료감호, 보호관찰 등이 기록되고, 때가 되면 말소시키는 '수사경력자료'는 벌금 미만의 형의 선고, 사법경찰관의 불송치결정 및 검사의 불기소처분 등 '범죄경력자료'를 제외한 나머지 자료가 기재되어 있다(《형의 실효 등에관한 법률 제2조》 참조). 그러나 〈소년법 제32조 제6항〉은 '소년의 보호처분은 그 소년의 장래 신상에 어떠한 영향도 미치지 아니한다.'고 규정하고 있어 기록을 남기지 않도록 하고 있다. 따라서 공무원이든 교사든 취업 제한이 없다.

[질문12] 취준생입니다. 기업에서도 범죄경력조회를 할 수 있나요?

아무 기업이나 다 범죄경력조회를 하는 건 아니다. 1) 취업제한 대상 기관에 취업할 때, 2) 관계기관의 장이 직접 본인의 동의를 받아 범죄경력조회 요청을 하기도 하고 3) 취업자 등에게 직접 제출할 것을 요청하기도 한다(아래 법률 참조).

성폭력범죄의 처벌 등에 관한 법률 제56조(아동·청소년 관련기관등에의 취업제한 등)

④ 제1항 각 호(제10호는 제외한다)의 아동·청소년 관련기관등의 설치 또는 설립 인가·신고를 관할하는 지방자치단체의 장, 교육감 또는 교육장은 아동·청소년 관련기관등을 운영하려는 자에 대한 성범죄 경력 조회를 관계 기관의 장에게 요청하여야 한다. 다만, 아동·청소년 관련기관등을 운영하려는 자가 성범죄 경력 조회 회신서를 지방자치단체의 장, 교육감 또는 교육장에게 직접 제출한 경우에는 성범죄 경력 조회를 한 것으로 본다. 〈개정 2016. 5. 29., 2018. 1. 16.〉

⑤ 아동·청소년 관련기관등의 장은 그 기관에 취업 중이거나 사실상 노무를 제공 중인 자 또는 취업하려 하거나 사실상 노무를 제공하려는 자(이하 "취업자등"이라 한다)에 대하여 성범죄의 경력을 확인하여야 하며, 이 경우 본인의 동의를 받아 관계 기관의 장에게 성범죄의 경력 조회를 요청하여야 한다. 다만, 취업자등이 성범죄 경력 조회 회신서를 아동·청소년 관련기관등의 장에게 직접 제출한 경우에는 성범죄 경력 조회를 한 것으로 본다. 〈개정 2016. 5. 29., 2018. 1. 16.〉

⑥ 제4항 및 제5항에 따라 성범죄 경력 조회 요청을 받은 관계 기관의 장은 성범죄 경력 조회 회신서를 발급하여야 한다. 〈신설 2016. 5. 29., 2018. 1. 16.〉

[질문13] 현재 학원 강사로 일하고 있고, 사기 전과가 있습니다. 학원 측에서 성범죄 기록을 조회하겠다고 하는데 사기 전과도 함께 나올까요?

학원은 성범죄 관련 취업 제한 대상이다. 그러나 성범죄 경력 조회에 한하기 때문에 사기 전과를 포함, 일반 범죄는 조회 기록에 나오지 않는다.

[질문14] 10여 년 전, 군대에 있을 때 강제추행으로 징역 6개월에 집행유예 2년을 받은 적이 있습니다. 최근 취업 준비로 교육을 받으러 가게 되었는데 성범죄 경력 조회에 동의한다는 서명을 요구하고 있습니다. 서명을 해도 괜찮을까요?

취업 제한 명령은 2018년 7월 17일 이후 성범죄에 적용되는 처분이다. 그 이전이라면 취업 제한 명령이 없었을 테고, 그랬다면 문제가 없겠다. 또한 법원에서 판결문에 취업 제한 기간을 명시하고 있는데 그 기간이 지나면 더 이상 경력을 조회해도 취업 제한으로 나오지 않으므로 문제가 없다.

[질문15] 현재 성범죄로 2심 재판이 진행 중인데 취직하려는 병원에서 '성범죄 열람 동의서'를 내라고 하는데 동의해도 괜찮을까요?

동의하지 않아도 합격할 수 있는 방법이 있다면 좋겠지만 그건 불가능하다. 동의하지 않을 경우, 병원은 취업을 거부하도록 되어 있다. 그럼, 동의를 하면 어떻게 될까? 현재 2심이 진행 중이라면 아직 범죄 경력 조회는 뜨지 않는다. 유무죄 확정 판결을 받은 뒤에야 조회에 뜨게 된다. 확정 판결이란, 1심이나 2심이 끝난 뒤 항소(혹은 항고)하지 않는 경우, 혹은 3심이 끝난 뒤의 판결을 말한다. 재판이 진행 중이라면 아직 확정 판결이 아니다. 그렇다고 문제가 없는 건 아니다. 일단 취업을 하더라도 관계기관의 장은 연 1회 이상 성범죄의 경력자를 점검하고 확인한다. 만일 경력자가 있으면 해임을 요구할 수 있도록 되어 있다. 따라서 무죄가 아닌 한 현실적으로 취업은 어렵다.

- 29 -
회식 중 성희롱을 한 팀장

[사건]

팀원들과 회식 중 친해지려고 농담을 주고받다가 여직원에게 말실수를 했습니다. "남친 있느냐."고 물었더니 "있다."고 하기에 "남친 죽겠네. 몸매가 되니 남친 완전 밤에 집에 못 가겠다."고 농담을 던졌습니다. 그 여직원은 얼굴이 빨개지고 난리였습니다. 미안하다고 그 자리에서 사과했는데 아마도 신고를 한 것 같아요.

[질문1] 저는 어떤 처벌을 받게 될까요?

발언 내용은 성희롱이다. 또한 사람들 있는 자리에서 공공연히 여직원의 명예를 훼손하거나 모욕한 점이 인정될 수도 있다. 즉 성희롱은 확실해 보이고, 명예훼손죄이나 모욕죄 둘 중에 하나도 문제가 될 수 있다. 그럼, 어떤 책임이 따를까? 총 3가지를 생각해 볼 수 있겠다.

첫째, 민사 책임이다. 쉽게, 돈을 주어야 할 수 있다. 성희롱을 저질러도 형사 책임은 지지 않는다. 그러나 불법행위가 맞기 때문에 민사상 손해배상 책임이 따른다(《남녀고용평등 및 일·가정 양립지원을 위한 법률 제12조(직장내 성희롱)》).

둘째, 형사 책임이다. 명예훼손과 모욕죄는 형사처벌의 대상이 된다. 만일 '구체적인 사실'을 말한 것이라면 명예훼손이 된다(이때 '구체적인 사실'이란 진술 내용이 진실이냐 거짓이냐를 가리는 게 아니다. 예를 들어 상대가 동성애자든 아니든 상관없이 사람들 앞에서 '그는 게이'라고 했다면 설령 상대가 게이가 아니더라도 이는 '구체적인 사실'을 말한 것이 되어 명예훼손이 된다. 다만 거짓으로 '구체적인 사실'을 한 경우에는 죄질이 더 나쁘다고 판단한다. 즉 있는 사실을 말한 것보다 없는 사실을 말한 게 더 무거운 죄가 된다.). 명예훼손의 법정형은 2년 이하의 징역이나 금고 또는 500만 원 이하의 벌금이다(《형법 제307조》). 모욕죄는 '구체적인 사실'의 적시 없이 욕설 등을 한 경우로 법정형은 명예훼손보다 약한데 1년 이하의 징역 또는 200만 원 이하의 벌금이다(《형법 제311조》). 다만, 이 사건의 경우는 다툼의 여지가 있을 수 있다.

셋째, 회사 내에서 중징계를 받을 수도 있다. 특히 공무원인 사람이 성희롱을 저지르면 비위의 정보 및 과실 여부에 따라 파면, 해임, 강등, 정직, 감봉, 견책 처벌을 받는다(《공무원징계령 시행규칙 〔별표1〕 징계기준》 참조).

- 30 -
성희롱의 기준

— [사건]

중대장이 병사들이 모인 자리에서 이런 말을 했습니다. "휴가 가서 여친에게 꼽았냐 안 꼽았냐? 어디까지들 해봤느냐? 자세를 묘사해 봐라."

[질문1] 성희롱으로 징계가 가능한가요?

일단 답부터 하자면 성희롱이 맞다. 아마도 품위손상 등으로 징계를 받을 것으로 보인다. 성희롱은 법률에서 정한 기준만 충족되면 매우 폭넓게 인정되고 있다. 동성끼리의 성희롱도 성희롱인 것은 변함이 없다. 아래 성희롱이 무엇인지 정의해 놓은 법조문을 보자.

남녀평등 및 일·가정 양립 평등 지원에 관한 법률 제2조(정의) 제2호

"직장 내 성희롱"이란 사업주·상급자 또는 근로자가 직장 내의 지위를 이용하거나 업무와 관련하여 다른 근로자에게 성적 언동 등으로 성적 굴욕감 또는 혐오감을 느끼게 하거나 성적 언동 또는 그 밖의 요구 등에 따르지 아니하였다는 이유로 근로조건 및 고용에서 불이익을 주는 것을 말한다.

다시 정리하면 이렇다. 1) 직장 상사와 부하 관계인 경우에, 2) 성적 언동 등으로, 3) 성적 굴욕감이나 혐오감을 준 경우이다. 이건 전혀 이해하기 어렵지 않다. 몸매가 좋다느니, 다리가 예쁘다느니 하면서 외모를 평가하는 모든 말은, 만일 상대가 문제 삼으면 기본적으로 성희롱이 된다. 어제까지 그런 말을 자연스럽게 주고받았더라도 오늘 문제 삼으면 역시 성희롱이 된다. 상사 부하 관계에서는 성적인 이야기 자체를 하지 말아야 한다는 게 이 법조문의 핵심이다.

한편, 이런 경우만이 아니라 또 다른 경우에도 성희롱이라고 본다. 1) 상사 부하 관계인 경우에, 2) 성적 언동이나 또는 그 밖의 요구 등에 따르지 않았다는 이유로 인사상 불이익을 준 경우다. 예컨대 까마득한 상사가 비정규직 신입 여직원에게 '오늘 저녁 10시에 영화 같이 보러 갈래요?' 하고 문자를 보냈다. 이 정도는 성희롱이라고 보기 힘들다. 그런데 인사 평가를 앞둔 상황에서 신입 여직원은 혹시라도 인사에서 불리해지지 않을까 싶어서 상사와 함께 영화를 보러 갔다. 여기까지도 별로 문제가 될 것 같지는 않다. 그런데 신입 여직원이 영화 제안을 거절했고, 나중에 인사 고가에서 불이익을 당했다는 게 밝혀졌다면 그때는 성희롱으로 본다.

아래 판례는 이 법조문의 내용을 해석하고 있다.

관련 판례 : 대법원 2018. 4. 12. 선고 2017두74702 판결

성희롱이란 업무, 고용, 그 밖의 관계에서 국가기관·지방자치단체, 각급 학교, 공직유관단체 등 공공단체의 종사자, 직장의 사업주·상급자 또는 근로자가 ① 지위를 이용하거나 업무 등과 관련하여 성적 언동 또는 성적 요구 등으로 상대방에게 성적 굴욕감이나 혐오감을 느끼게 하는 행위, ② 상대방이 성적 언동 또는 요구 등에 따르지 아니한다는 이유로 불이익을 주거나 그에 따르는 것을 조건으로 이익 공여의 의사표시를 하는 행위를 하는 것을 말한다(양성평등기본법 제3조 제2호, 남녀고용평등과 일·가정 양립 지원에 관한 법률 제2조 제2호, 국가인권위원회법 제2조 제3호 (라)목 등 참조). 여기에서 '성적 언동'이란, 남녀 간의 육체적 관계나 남성 또는 여성의 신체적 특징과 관련된 육체적, 언어적, 시각적 행위로서 사회공동체의 건전한 상식과 관행에 비추어 볼 때, 객관적으로 상대방과 같은 처지에 있는 일반적이고도 평균적인 사람으로 하여금 성적 굴욕감이나 혐오감을 느끼게 할 수 있는 행위를 의미한다.

성희롱이 성립하기 위해서는 행위자에게 반드시 성적 동기나 의도가 있어야 하는 것은 아니지만, 당사자의 관계, 행위가 행해진 장소 및 상황, 행위에 대한 상대방의 명시적 또는 추정적인 반응의 내용, 행위의 내용 및 정도, 행위가 일회적 또는 단기간의 것인지 아니면 계속적인 것인지 여부 등의 구체적 사정을 참작하여 볼 때, 객관적으로 상대방과 같은 처지에 있는 일반적이고도 평균적인 사람으로 하여금 성적 굴욕감이나 혐오감을 느낄 수 있게 하는 행위가 있고, 그로 인하여 행위의 상대방이 성적 굴욕감이나 혐오감을 느꼈음이 인정되어야 한다(대법원 2007. 6. 14. 선고 2005두6461 판결 등 참조).

- 31 -
가슴 사이즈를 물어본 직장 동료

— [사건]

같은 회사 여직원에게 "가슴 사이즈가 얼마냐?"고 물어보았다가 성희롱이라고 난리인데요.

[질문1] 이런 질문도 죄가 되나요?

이 사건의 핵심은, 상사와 부하 관계가 아니라는 점이다. 이게 가장 일반적으로 알려진 것인데 그러나 한 가지 조건이 더 있다. '사업주, 상급자' 외에도 '근로자'가 성희롱을 할 때도 법에 위반된다.

남녀평등 및 일·가정 양립 평등 지원에 관한 법률 제2조(정의) 제2호

"직장 내 성희롱"이란 사업주·상급자 또는 근로자가 직장 내의 지위를

이용하거나 업무와 관련하여

동료 직원도 분명 성희롱 범주에 속한다. 단, 형사 책임은 없고 민사 책임만 따른다. 다만, 사업주의 경우, 만일 피해자가 성희롱을 신고했는데도 불구하고, 신고자의 근무지 변경, 유급휴가 명령 등 적절한 조치를 취하지 않거나 도리어 불리한 조치를 취했을 때는 사업주가 처벌을 받는다(《남녀 고용 평등 및 집·가정 양립지원에 관한 법률 제37조, 제39조 등》).

[질문2] 합의금으로 어느 정도 주어야 할까요?

법으로 정해진 액수는 없다. 성희롱 가해자가 징계를 받게 될 수 있다는 점, 민사소송을 해야 할 수도 있다는 점, 피해자의 정신적, 육체적 피해 등을 고려하여 범위를 정하면 될 것 같다.

- 32 -
성희롱을 당한 피해자, 어떻게 대처할까?

■ [사건 - 피해자 입장에서]

연차 휴가를 쓰고 출근했더니 직장 상사가 '연차 쓰고 어디 갔다 왔느냐? 남자 친구랑 놀러 갔냐? 간 것 같은데 확실히 대답해.'라고 계속 추궁했습니다. 아니라고 대답했는데도 묻기를 그치지 않았고, 수치심에 일이 손에 안 잡히고 아직까지 부들부들 떨립니다.

[질문1] 이럴 때는 어떻게 해야 하나요?

외모 평가뿐 아니라 성관계를 암시하는 듯한 이런 종류의 이야기는 모두 성희롱으로 보인다. 법률에는 성희롱 발생 시 어떻게 조치해야 하는지 밝히고 있다(《남녀 평등 및 일·가정 양립 지원에 관한 법률 제14조(직장 내 성희롱 발생 시 조치)》).

신고 방법

① 누구든지 직장 내 성희롱 발생 사실을 알게 된 경우 그 사실을 해당 사업주에게 신고할 수 있다.

사업주의 사건 조사 의무

② 사업주는 제1항에 따른 신고를 받거나 직장 내 성희롱 발생 사실을 알게 된 경우에는 지체 없이 그 사실 확인을 위한 조사를 하여야 한다. 이 경우 사업주는 직장 내 성희롱과 관련하여 피해를 입은 근로자 또는 피해를 입었다고 주장하는 근로자(이하 "피해근로자등"이라 한다)가 조사 과정에서 성적 수치심 등을 느끼지 아니하도록 하여야 한다.

사업주의 조치

③ 사업주는 제2항에 따른 조사 기간 동안 피해근로자등을 보호하기 위하여 필요한 경우 해당 피해근로자등에 대하여 근무장소의 변경, 유급휴가 명령 등 적절한 조치를 하여야 한다. 이 경우 사업주는 피해근로자등의 의사에 반하는 조치를 하여서는 아니 된다.

④ 사업주는 제2항에 따른 조사 결과 직장 내 성희롱 발생 사실이 확인된 때에는 피해근로자가 요청하면 근무장소의 변경, 배치전환, 유급휴가 명령 등 적절한 조치를 하여야 한다.

⑤ 사업주는 제2항에 따른 조사 결과 직장 내 성희롱 발생 사실이 확인된 때에는 지체 없이 직장 내 성희롱 행위를 한 사람에 대하여 징계, 근무장소의 변경 등 필요한 조치를 하여야 한다. 이 경우 사업주는 징

계 등의 조치를 하기 전에 그 조치에 대하여 직장 내 성희롱 피해를 입은 근로자의 의견을 들어야 한다.

⑥ 사업주는 성희롱 발생 사실을 신고한 근로자 및 피해근로자등에게 다음 각 호의 어느 하나에 해당하는 불리한 처우를 하여서는 아니 된다.

1. 파면, 해임, 해고, 그 밖에 신분상실에 해당하는 불이익 조치
2. 징계, 정직, 감봉, 강등, 승진 제한 등 부당한 인사조치
3. 직무 미부여, 직무 재배치, 그 밖에 본인의 의사에 반하는 인사조치
4. 성과평가 또는 동료평가 등에서 차별이나 그에 따른 임금 또는 상여금 등의 차별 지급
5. 직업능력 개발 및 향상을 위한 교육훈련 기회의 제한
6. 집단 따돌림, 폭행 또는 폭언 등 정신적·신체적 손상을 가져오는 행위를 하거나 그 행위의 발생을 방치하는 행위
7. 그 밖에 신고를 한 근로자 및 피해근로자등의 의사에 반하는 불리한 처우

⑦ 제2항에 따라 직장 내 성희롱 발생 사실을 조사한 사람, 조사 내용을 보고 받은 사람 또는 그 밖에 조사 과정에 참여한 사람은 해당 조사 과정에서 알게 된 비밀을 피해근로자등의 의사에 반하여 다른 사람에게 누설하여서는 아니 된다. 다만, 조사와 관련된 내용을 사업주에게 보고하거나 관계 기관의 요청에 따라 필요한 정보를 제공하는 경우는 제외한다.

[전문개정 2017. 11. 28.]

[질문2] **사업주에게 피해 신고를 했는데도 아무런 조치도 취하지 않습니다.**

성희롱 피해를 신고하면 사업주는 몇 가지 조치를 취해야 할 의무를 지게 된다. 만일 어기면 벌칙 조항이 있다. 일단, 사업주가 의무를 이행하지 않은 것에 대해 고용노동부 노동지청 등에 고소나 진정을 내어 처벌받게 하거나 불법행위를 근거로 민사 소송으로 손해배상을 청구할 수 있다.

직장 내 성희롱 피해자 구제절차 요약(고용노동부「직장 내 성희롱 예방 대응 매뉴얼」77면)

구분	이의제기방법	대상(행위)	대상자	관련법규	결과
비사법적 권리구제	노동위원회 구제신청	직장 내 성희롱 피해자(가해자)에 대한 부당해고, 휴직, 정직, 전직, 감봉 기타 징벌	직장 내 성희롱 피해자(가해자)에게 왼쪽의 행위를 한 사용자	근로기준법, 노동위원회법	부당징계결정, 원직복직 또는 금전보상 명령
	지방고용노동관서 진정	남녀고용평등법 위반행위	왼쪽의 행위를 한 사업주	남여고용평등법	시정명령, 과태료 부과
	국가인권위원회 진정	성희롱 행위	성희롱행위자, 법인, 단체, 국가기관, 지자체 등	국가인권위원회법	행위자 등에 대한 직장 내 조치, 교육수강 등 권고
사법적 권리구제	지방고용노동관서 고소/고발	남녀고용평등법 제14조 제6항 위반행위	왼쪽의 행위를 한 사업주	남녀고용평등법	형사처벌
	수사기관 고소/고발	형사처벌 가능한 법 위반행위	왼쪽의 행위를 한 자	남녀고용평등법, 형법, 성폭력법 등	형사처벌
	민사소송	직장 내 성희롱으로 인해 발생한 손해	손해에 책임이 있는 자(행위자, 사용자)	민법	손해배상

- 33 -
회사를 그만둔 성희롱 피해자

- **[사건 - 피해자 입장에서]**

  올해 1월, 부서팀장을 성희롱으로 신고했습니다. 팀장을 퇴직 처리해 달라, 그게 안 되면 최소한 타부서로 옮겨 달라고 했으나 10개월 동안 아무런 조치가 없었습니다. 그래서 부득이하게 저를 다른 부서로 옮겨 달라고 요청했으나 역시 회사는 묵묵부답이었습니다. 어쩔 수 없이 성희롱 가해자와 1년 가까이 같은 공간에서 계속 일했습니다. 이후 팀장은 제게 더 많은 업무를 부여하거나 혹은 업무에서 제외시켰고, 뒤에서 저를 욕하고 다녔습니다. 저는 너무 힘들어 버틸 수 없었고, 끝내 사표를 썼습니다. 잠도 못 잘 만큼 분노가 치밉니다. 가해자가 회사에서 얼굴을 들고 다니지 못하게 그동안 있었던 일을
- 협력업체 대표 등에게 알리려고 합니다.

[질문1] 지금까지 있었던 일을 메일로 적어서 알려도 될까요?

좋은 방법은 아닌 것 같다. 만일 질문자가 가해자의 범법행위를 메일로 구체적으로 적어 제3자에게 알리면 명예훼손에 걸린다. 〈정보통신망 이용 촉진 및 정보 보호 등에 관한 법률〉에 의하여 처벌받을 수 있음을 기억하자.

- 비방할 목적으로 정보통신망인 메일을 통하여 공공연하게 사실을 드러내어 다른 사람의 명예를 훼손한 자는 3년 이하의 징역 또는 3천만 원 이하의 벌금에 처한다. (같은 법 제70조 제1항)
- 거짓의 사실을 드러내어 다른 사람의 명예를 훼손한 자는 7년 이하의 징역, 10년 이하의 자격정지 또는 5천만 원 이하의 벌금에 처한다. (같은 법 제70조 제2항)

개인적 복수보다는 기존 법률에 기대어 대응하기를 권한다. 사연에 이미 공략 포인트가 있다. 1) 사업주가 부서이동 등 적절한 조치를 하지 못했다. 사업주는 조치를 취할 의무가 있다. 2) 가해자의 행위가 법률에 위배되는 점이 있어 보인다(《남녀고용평등 및 집·가정 양립지원에 관현 법률》 등). 성희롱은 형사처벌 대상이 아니지만 민사소송이 가능하다. 또한 뒤에서 욕을 하고 다녔다면 명예훼손이나 모욕죄도 가능해 보인다. 명예훼손이나 모욕죄는 형사소송뿐 아니라 민사소송도 가능하다.

[질문2] 어떻게 하는 게 옳았을까요?

구체적인 사정은 모르겠으나 만일 자발적인 형태의 퇴직이었다면 실업 급여 등에서 문제가 될 수 있겠다. 그건 생계를 위해서 좋은 선택이었을까? 감정적 대응은 좋은 결과를 만들지 못한다. 1) 가해자 처벌과 2) 생계 문제는 모두 중요하다. 이 둘 다 얻기 위해서는 무엇부터 실현하는 게 좋은지 전략적으로 접근하는 게 좋았을 것 같다. 무엇보다 사건 초기에 변호사 등 전문가의 자문을 구해 가해자나 사업주의 행위 등을 법적으로 평가하고 그에 따라 행동하는 게 좋았을 것 같다.

[질문3] 지금이라도 실업 급여를 신청하려면 어떻게 해야 할까요?

스스로 나왔다면, 즉 자진 퇴사라면 실업 급여 대상자가 못 된다. 아래 법조문에 보면 '피보험자가 다음 각 호의 어느 하나에 해당한다고 직업안정기관의 장이 인정하는 경우에는 수급자격이 없는 것으로 본다.'고 되어 있다.

고용보험법 제58조(이직 사유에 따른 수급자격의 제한)

1. 중대한 귀책사유로 해고된 피보험자로서 다음 각 목의 어느 하나에 해당하는 경우

가. 「형법」 또는 직무와 관련된 법률을 위반하여 금고 이상의 형을 선고받은 경우

나. 사업에 막대한 지장을 초래하거나 재산상 손해를 끼친 경우로서 고용노동부령으로 정하는 기준에 해당하는 경우

다. 정당한 사유 없이 근로계약 또는 취업규칙 등을 위반하여 장기간 무단 결근한 경우

2. 자기 사정으로 이직한 피보험자로서 다음 각 목의 어느 하나에 해당하는 경우

가. 전직 또는 자영업을 하기 위하여 이직한 경우

나. 제1호의 중대한 귀책사유가 있는 사람이 해고되지 아니하고 사업주의 권고로 이직한 경우

다. 그 밖에 고용노동부령으로 정하는 정당한 사유에 해당하지 아니하는 사유로 이직한 경우

참고로, '나. 사업에 막대한 지장을 초래하거나 재산상 손해를 끼친 경우'는 아래 〈시행규칙〉에 구체적인 사례가 적혀 있다.

시행규칙

1. 납품업체로부터 금품이나 향응을 받고 불량품을 납품받아 생산에 차질을 가져온 경우

2. 사업의 기밀이나 그 밖의 정보를 경쟁관계에 있는 다른 사업자 등에게 제공한 경우

3. 거짓 사실을 날조·유포하거나 불법 집단행동을 주도하여 사업에 막대한 지장을 초래하거나 재산상 손해를 끼친 경우

4. 직책을 이용하여 공금을 착복·장기유용·횡령하거나 배임한 경우

5. 제품이나 원료 등을 절취하거나 불법 반출한 경우

6. 인사·경리·회계담당 직원이 근로자의 근무상황 실적을 조작하거나 거짓 서류 등을 작성하여 사업에 막대한 지장을 초래하거나 재산상 손해를 끼친 경우

7. 사업장의 기물을 고의로 파손하여 사업에 막대한 지장을 초래하거나 재산상 손해를 끼친 경우

8. 영업용 차량을 사업주의 위임이나 동의 없이 다른 사람에게 대리운전하게 하여 교통사고를 일으킨 경우

만일 실업 급여를 수령하려면 개인 사정으로 퇴직한 게 아님을 입증해야 한다. 이때 1) 사업주 혹은 상사 등의 성희롱이 퇴사의 원인이라면 2) 법률(《남녀 고용 평등과 일·가정 양립지원에 관한 법률》)에 위반된 내용을 진정서나 고소장에 적어 3) 고용노동부 산하 지청에 진정하거나 경찰 등에 고소하여 4) 처벌받게 하는 등의 수순을 밟은 뒤 5) 자진 퇴사가 아니라 이런 사유로 부득이 퇴사하게 되었다고 주장하고 입증해야 한다. 참고로 아래는 성희롱 관련 사업주가 제대로 조치를 취하지 않을 때 받게 되는 벌칙(제37조)과 과태료(제39조)에 대한 내용이다. 최근(2021.5.18.) 법령 조문이 변경되고 추가되었다. 1년 후에 시행될 예정인 부분이 있으나 대체적으로 변경이 없다.

남녀 고용 평등과 일·가정 양립지원에 관한 법률 제37조(벌칙)
② 사업주가 다음 각 호의 어느 하나에 해당하는 위반행위를 한 경우에는 3년 이하의 징역 또는 3천만원 이하의 벌금에 처한다. 〈개정

2012. 2. 1., 2017. 11. 28., 2019. 8. 27., 2020. 9. 8.〉

　2. 제14조제6항을 위반하여 직장 내 성희롱 발생 사실을 신고한 근로자 및 피해근로자등에게 불리한 처우를 한 경우

남녀 고용 평등과 일·가정 양립지원에 관한 법률 제39조(과태료)

　① 사업주가 제12조를 위반하여 직장 내 성희롱을 한 경우에는 1천만원 이하의 과태료를 부과한다.

　② 사업주가 다음 각 호의 어느 하나에 해당하는 위반행위를 한 경우에는 500만원 이하의 과태료를 부과한다. 〈개정 2012. 2. 1., 2017. 11. 28., 2019. 8. 27., 2020. 5. 26., 2020. 9. 8.〉

　1의4. 제14조제2항 전단을 위반하여 직장 내 성희롱 발생 사실 확인을 위한 조사를 하지 아니한 경우

　1의5. 제14조제4항을 위반하여 근무장소의 변경 등 적절한 조치를 하지 아니한 경우

　1의6. 제14조제5항 전단을 위반하여 징계, 근무장소의 변경 등 필요한 조치를 하지 아니한 경우

　1의7. 제14조제7항을 위반하여 직장 내 성희롱 발생 사실 조사 과정에서 알게 된 비밀을 다른 사람에게 누설한 경우

　2. 제14조의2제2항을 위반하여 근로자가 고객 등에 의한 성희롱 피해를 주장하거나 고객 등으로부터의 성적 요구 등에 따르지 아니하였다는 이유로 해고나 그 밖의 불이익한 조치를 한 경우

　③ 다음 각 호의 어느 하나에 해당하는 자에게는 300만원 이하의

과태료를 부과한다. 〈개정 2017. 11. 28.〉

1의2. 제14조의2제1항을 위반하여 근무 장소 변경, 배치전환, 유급 휴가의 명령 등 적절한 조치를 하지 아니한 경우

3장

나는 아니라고 생각했는데 성범죄라니?

- 어쩌다 성범죄자를 피하기 위한 대응 방안 -

− 1 −
이게 성범죄라고?

다음 두 개의 사건 가운데 어떤 게 범법행위일까?

- 동네 가게 주인이 현금통을 열어둔 채 잠깐 자리를 비운 사이, 손님이 들어왔다가 돈을 들고 사라졌다.
- 길바닥에 떨어진 5만 원을 주웠다.

시곗바늘을 과거로 한참 돌리면 앞의 사건만 절도죄가 될 것이요, 뒤의 사건은 절도가 아니라 운이 좋은 날쯤 되겠다. 지금의 상식으로는 주인 잃은 돈을 주워도 유실물법위반이 된다는 점을 안다. 상식이 변하면 사태도 변한다. 이런 일이 오늘날 성범죄에서 벌어진다. 가해자는 성범죄인 줄 모르고 성범죄를 저지른다(알고 저지른 경우라면 이 장이 큰 도움이 되지는 않을 것 같다.). 모텔까지 같이 왔으면 그런 마음이 있다고 생각하고 성관계를 시도해도 된다고 생각한다. 키스를 했다면 스킨십을 허락했다는 뜻이요. 스킨십을 허락했다면 성관계도 허락한 것이라고 생각한다. 거부의 몸짓이 없다면 일단 받아들여진 것으로 여긴다. 그런데 세상이 변했다. 성관계 직전까지 다 왔는데 마지막 순간 마음이 바뀌었고, 그래서 거부하는 몸짓이 있었는데도 억지로 관계를 가지면 범죄가 된다. 동의한 성관계가 아니기 때문이다. 정상적인 성관계가 범행으로 변한다.

: 어제까지는 괜찮았던 일도 오늘 안 괜찮으면 성범죄 :

헷갈릴 만한 이유가 분명 있다. 절도죄는 어제 훔쳐도 절도죄, 오늘 훔쳐도 절도죄다. 그런데 성범죄는 어제까지는 사랑 행위여도 오늘은 범죄 행위가 될 수 있다. 동일한 행위에 대해서 다른 판단이 가능하다. 상대가 어떻게 느끼느냐에 따라 달라진다는 말이다. '동의'라는 말은 그만큼 무섭다. 다음 대법원 판례[대법원 2020.7.23. 선고 2020도6285 상해, 성폭력범죄의 처벌등에 관한 특례법위반(카메라등이용촬영), 감금, 재물손괴]는 이런 내용을 잘 보여준다. 먼저, 왜 재판이 열렸는지 설명한다('공소사실의 요지'). 피해자가 원치 않았는데 자꾸 나체 사진을 찍었다는 내용이다.

가. 공소사실의 요지

1) 피고인은 2017. 8. 13. 시간불상경 부산 남구 B건물 C호에서 피고인의 휴대폰 카메라 기능을 이용하여 팬티 기저귀를 착용한 채 나체로 잠을 자고 있는 고소인 D(여 25세)의 신체를 고소인의 의사에 반하여 2회 촬영하였다.

2) 피고인은 2017. 겨울경 부산 남구 B건물 C호에서 피고인의 휴대폰 카메라 기능을 이용하여 나체로 잠을 자고 있는 고소인의 신체를 고소인의 의사에 반하여 1회 촬영하였다.

3) 피고인은 2017. 3.~4.경 부산 부산진구 E건물 F호에서 피고인의 휴대폰 카메라 기능을 이용하여 나체로 잠을 자고 있는 고소인의 신체를 고소인의 의사에 반하여 2회 촬영하였다.

4) 피고인은 2018. 7.경 부산 수영구 G건물 H호에서 피고인의 휴대폰 카메라 기능을 이용하여 나체로 잠을 자고 있는 고소인의 신체를 고소인의 의사에 반하여 1회 촬영하였다.

연이어 판례는 무죄로 보았던 2심 판결 내용을 요약해서 보여준다(1심에서도 무죄였다.). 피해자가 찍어도 된다고 명시적으로 동의한 적은 없지만 이전에도 늘 찍었고, 기타 여러 사정을 감안하면 '고소인의 의사에 반하여' 찍었다고 볼 수 없다는 2심의 판결 내용이다.

나. 원심(항소심) 판단

원심은, 피고인이 공소사실 각 기재와 같이 고소인의 신체를 촬영하기 전 고소인의 명시적 동의를 받지 않은 사실은 인정되나, 피고인과 고소인의 관계(평소 명시적·묵시적 동의하에 많은 촬영이 있었던 것으로 보임), 이 사건 각 공소사실 기재 일시를 전후하여 촬영된 그 밖의 사진의 내용, 촬영의 동기와 경위, 고소의 경위 등을 종합하여 보면, 검사가 제출한 증거들만으로는 피고인이 성적 욕망 또는 수치심을 유발할 수 있는 고소인의 신체를 그 의사에 반하여 촬영한다는 고의가 있었다는 점이 증명되었다고 보기에 부족하다고 보아, 이 사건 공소사실을 무죄로 판단한 제1심판결을 그대로 유지하였다.

그런데 3심은 달랐다. 대법원은 왜 유죄라고 판단했을까? 첫째, 피해자의 명시적 동의가 없었다는 점을 지적한다. '찍어도 된다'는 피해자의 말이 없었다는 얘기. 둘째, 피해자가 사진이 찍히는지 모르고 있었다는 점을 지적한다. 몰카라는 얘기다. 셋째, '싫다고 하지 않았으므로 동의한 것이다'라고 넘겨짚는 건 무리라고 지적한다. 넷째, 이전에 문제 삼지 않은 사진은 신체 특정 부위였으나 이번에 문제 삼은 사진은 신체 전체가 찍혀 있다는 점을 지적한다. 다섯째, 이전에도 성관계 중에 찍은 동영상을 지우라고 요청한 적이 있다는 점을 지적한다(다만, 피해자는 최종적으로 지웠는지 확인하지는 않았다고 진술한다.). 3심 재판부가 나열한 이런 이야기들의 키워드는 뭘까? '동의' 여부다. 이런 저런 사정을 따져 보면 피해자는 '찍어도 좋다'고 의사표시를 한 적이 없는 것으로 보인다는 게 3심 재판부의 판단이다.

다. 대법원 판단

1) 원심의 판단은 다음과 같은 이유로 수긍하기 어렵다.

가) 원심판결 이유에 의하더라도 피고인이 공소사실 기재와 같이 고소인의 동의를 받지 않고 고소인의 신체를 촬영한 사실이 인정된다. 피고인이 촬영한 사진은 모두 나체로 잠을 자고 있는 고소인의 신체를 촬영한 사진이고, 고소인은 피고인에 의하여 각 사진이 촬영된 사실을 모르고 있었으므로, 피고인의 행위는 성적 욕망 또는 수치심을 유발할 수 있는 사람의 신체를 촬영대상자의 의사에 반하여 촬영한 것에 해당한다.

나) 고소인과 피고인이 연인관계에 있으면서 피고인이 고소인의 동의를 얻은 상태에서 또는 고소인의 명시적인 반대의사표시 없이 고소인의 신체부위를 촬영한 적이 있다는 점은 인정된다. 그러나 고소인이 깨어 있는 상태에서 피고인이 고소인의 신체를 촬영하는 것에 대해 동의했다거나 명시적인 반대의사를 표시하지 않았다는 사정만으로, 고소인이 피고인에게 언제든지 자신의 신체를 촬영하는 것에 동의했다거나 고소인이 잠들어 있는 상태에서 나체 사진을 촬영하는 것에 대해서까지 묵시적으로 동의하였다고 쉽게 단정할 수 없다.

다) 고소인이 깨어 있는 상태에서 피고인이 촬영한 사진은 주로 특정 신체부위를 대상으로 한 반면, 공소사실 기재 각 사진은 고소인의 얼굴을 포함한 신체 전부가 현출되어 고소인이 특정될 수 있다는 점을 고려하면, 피고인이 잠들어 있는 고소인의 나체 사진을 촬

영하는 행위에 대해 고소인이 당연히 동의했으리라고 추정되지도 않는다.

라) 고소인은 경찰에서 "성관계를 가지다보면 피고인이 중간에 휴대폰을 꺼내들고 동영상을 촬영하였다. 영상을 지우라고 말한 사실은 있으나 이후 지웠는지 확인해보지 않았다. 제가 자고 있으면 저의 몸을 사진 촬영하는 버릇이 있었는데 자다가도 찰칵 소리가 들려 일어난 적이 수없이 많았다."라고 진술하였다. 위와 같은 고소인의 진술에 의하더라도 고소인이 자신의 신체를 촬영하는 행위에 대해 명시적·묵시적으로 동의하였다고 보기 어렵다.

마) 피고인은 고소인으로부터 신체 촬영 영상을 지우라는 말을 들어온 점, 고소인이 자고 있는 상태에서 피고인이 몰래 고소인의 나체 사진을 촬영한 점 등을 고려하면, 피고인도 공소사실 기재 각 사진을 촬영하면서 고소인의 의사에 반하여 촬영한다는 미필적 인식이 있었던 것으로 볼 수 있다.

바) 피고인이 고소인의 나체 사진을 유포할 목적이 아닌 단순한 호기심에서 촬영한 것이라고 하더라도 범죄의 성립에는 영향이 없다. 또한 고소인은 경찰에서 '피고인이 촬영물을 유포하겠다고 협박하였다'는 취지로 진술하였고, 피고인이 고소인의 동의 없이 자고 있는 나체 사진을 촬영한 사실을 인정하고 있는 이 사건에서 고소의 경위를 의심할 만한 사정이나 고소인의 동의를 추정할 만한 다른 사정을 발견할 수 없다.

2) 그럼에도 원심은 이 사건 공소사실에 대하여 무죄를 선고한 제1

심판결을 그대로 유지하였고, 위와 같은 원심의 판단은 성폭력범죄의 처벌 등에 관한 특례법위반(카메라등이용촬영)에 관한 법리를 오해하고 논리와 경험의 법칙을 위반하여 자유심증주의의 한계를 벗어나 판결에 영향을 미친 위법이 있다. 이 점을 지적하는 상고이유는 이유 있다.

앞서, 동일한 행위가 이전에는 문제없었으나 이후에 문제가 된 경우라고 설명하고 소개한 판례다. 그런데 판례를 따라 가다 보면 재판부는 동일한 행위로 보고 있지 않음을 알게 된다. 적절한 비유가 될지는 모르겠으나 이런 식이다. 어제까지만 해도 서로 툭툭 치고 때리면서 장난을 치던 친구 사이였는데 어느 날 갑자기 한 친구가 화를 내면서 '때리지 마, 고소할 거야'라고 하는 상황. 어쩌면 당신도 이 상황이 낯설지 모르겠다.

-2-
관점의 차이를 이해하기 위한 사건 하나
: 강간 사건

　우리는 지금 관점의 차이에 대해서 이야기하고 있다. 나는 죄가 아니라고 생각했는데 죄가 되는 경우다. 실제 사건을 통해 이 관점의 차이를 조금 더 느껴보자. 아래 의견서 내용은 필자가 맡았던 사건에서 작성한 것이다. 사건을 짧게 요약하자면 젊은 남자 둘이 어린 여자 둘과 남자 집에서 밤늦게까지 술 마시고 게임하면서 놀다가 짝을 지어 침대에서 잠을 청하며 생긴 사건이다. 그리고 의견서는 가해자 측의 입장에서 기록되었음을 주의하며 사건을 따라가 보자.

(* 아래 고유명사는 가명임)

3. 이 사건 발생 경위

가. 피고인들과 피해자와의 관계

피고인 이현수는 강서전문대학 유통학과를 졸업하고 마트에서 직장생활을 하다가, 마침 동생인 이현영이 서울특별시 강남구 역촌동에서 새롬분식 역촌점을 운영하여 거기서 기술·운영 등을 배워 2018.12.2.경부터 서울 서초구 서초동 22에서 새롬분식 서초점(30평, 종업원은 통상 2명가량, 한 달 매출 2,000만 원 전후)을 운영하여 왔으며

피고인 박경식은 건형대학교 환경과를 중퇴하고 인도네시아에서 공연장 매니저 일을 하다가 친구인 상피고인 이현수의 소개로 마트를 2년가량 다니다가 이 사건 당시에는 집에서 쉬고 있었습니다.

피고인들은 서울 구로구 구로동 소재 구라초등학교 동기로 같은 동네에 살고 친구로 지내 왔습니다.

피해자 윤혁자, 최희서는 2020.2.21.경 피고인들과 새롬분식 서초점의 종업원인 박희숙의 소개로 알게 된 사람입니다.

나. 새롬분식 서초점에서 피해자들을 만남

2020.02.21. 21:31경 새롬분식 서초점에서 아르바이트 일을 하던 박희숙의 주선으로 술을 마시고 노는 일에 합류하려고 피해자 윤혁자와 최희서가 새롬분식 서초점에 택시 타고 왔습니다. 당시 택시비를 피고인 이현수가 위 박희숙으로 하여금 카드로 계산해 주도록 하였습니다. 피

해자들은 가게에 들어와서 피고인 이현수가 일하는 동안 기다리며 각자 가게 밖에 오가면서 담배도 피우고 하다가, 같은 날 22:00경 위 박희숙이 피고인 이현수에게 '술 마시러 언제 갈 거냐?'고 재촉하자 피고인 이현수가 자신이 살고 있는 서울 서초구 양재동 123 연선빌라 203호(이하 '사건방'이라 합니다.)에 가서 술을 마시고 놀자고 하여 그곳에 가기로 하였습니다.

그리고 마침 그날 18:00경 가게에 놀러와 있던 피고인 이현수의 친구인 피고인 박경식도 같이 가게 되었습니다. 위 박경식은 TV 시청 및 가게 주변에서 그 곳에 일하는 아르바이트 학생들인 박희숙, 이영진과 담소를 나누었으며 담배를 피우며 시간을 보내던 중이었습니다. 피고인 박경식도 같은 날 22:00경 피고인 이현수가 술이나 한잔 먹고 가라고 해서 같이 가게 되었습니다.

다. 피고인들과 피해자들의 연선빌라로 이동

같은 날 22:00경 넘어 피고인들은 택시를 타고 이 사건 방이 있는 연선빌라연립주택으로 이동해 같은 날 22:38경 도착하여 피고인 이현수가 택시비를 계산하고, 먼저 가 이 사건 방에 머물러 기다리고, 피고인 박경식과 피해자들은 근처에 있는 세븐일레븐 서초편의점에서 술과 음료수, 과자를 피고인 박경식이 구매하여 집으로 들어왔습니다. 당시 구매한 술의 양은 소주 패트병 200ml 3병, 맥주 1.2리터 1병을 구매하였으며 구매금액 2만 원 내지 3만 원가량이었습니다.

라. 피고인들과 피해자들의 술자리

같은 날 23:00경 이후부터 피고인들과 피해자들은 이 사건 방의 방바닥에 둘러 앉아 술을 마시고 안주를 먹으며 대화를 나누는 등 놀았습니다. 대화 중 피고인 이현수가 생각나는 내용은 피해자들끼리 "거봐 여기 잘 왔지?"란 말과 피해자 윤혁자가 피해자 최희서에게 "오늘 너희 집에서 자는 것으로 알고 있어."란 것이고 도중에 피해자 윤혁자가 이 사건 방바닥 구석에 놓여 있던 피고인 이현수의 여자 친구로 피해자들도 알고 있는 공소외 이하은의 교복 치마를 보고 이현수에게 달라고 하였습니다. 그러자 피고인 이현수는 "여자 친구 것이기 때문에 안 된다."고 거부하기도 하였습니다.

피고인 이현수는 주량이 평소 소주 반병가량 되고 피고인 박경식은 소주 2~3병가량 되었습니다.

그날 24:00경 피고인 이현수는 소주 종이컵 1컵 정도 마신 상태에서 술을 그만 마시겠다고 하고 이 사건 방에 설치된 침대 2층(증제3호증의 1, 2, 3 각 사진과 유사, 현재 이 사건 방에는 치워져 있음.)으로 올라갔습니다.

몇 분 후 피해자들이 피고인 이현수가 술자리에 없다고 "내려오라. 좀 더 마시자. 술 게임 하자."고 재촉하였습니다. 특히 피해자 윤혁자는 '피고인이 술 게임에 지게 되면 대신 마셔주겠다.'는 제안까지 하여 피고인은 다시 1층으로 내려와 술 게임 하며 술자리를 좀 더 가졌습니다.

술 게임은 눈치게임, 초성 등이 대부분 스킨십 게임으로 포옹해주거나 뽀뽀하는 등의 스킨십이었습니다. 피고인 이현수가 게임에서 걸려 피해자 윤혁자가 대신 술을 마셔주고 피고인 이현수는 윤혁자의 소원으로 포옹을 해주기도 하였습니다.

대화는 주로 피고인 이현수와 피해자들이 하였습니다.

당시 술은 피고인 박경식이 패트병 1병 반 이상 마시고, 나머지는 피해자들이 마신 것으로 추정되고, 피고인 이현수는 수회에 걸쳐 도합 종이컵 1컵 정도를 마셨습니다.

그러던 중 2020.2.22. 01:07경 술이 떨어져 피고인 박경식은 피해자 최희서와 같이 위 세븐일레븐 편의점으로 술을 구매하러 갔습니다. 이때 피고인 박경식은 피고인 이현수가 준 신협 체크카드(1232-XXXX-022-XXX)로 소주 패트병 200ml 2병, 담배 등 17,100원 상당을 구매했습니다.

피고인 박경식과 피해자 최희서가 가게에서 돌아오니 피고인 이현수와 피해자 윤혁자는 2층 침대에 앉아 있었습니다.

그 후 이현수와 윤혁자도 침대에서 내려와 4명이 다시 대화를 하였고 피고인 박경식이 소주 패트병 1병가량을 마셨고 나머지 사람들은 거의 마시지 않았습니다. 이때는 술 게임을 하지 않았고 피고인들과 피해자들은 담배를 피우고 대화하였습니다.

피고인 이현수는 같은 날 02:00경 술을 더 이상 마시고 싶지 않아 침대로 올라가 눈을 감고 자려고 하였으며, 얼마 지나지 않아 1층 술자리가 끝나고 피해자 윤혁자가 2층 침대로 올라와 피고인 이현수의 오른편에 누웠습니다. 그리고 1층 방바닥에는 피해자 최희서, 피고인 박경식이 누웠습니다. 피고인들과 피해자들은 지금까지 지내온 과정에서 자연스럽게 피고인 이현수의 파트너는 피해자 윤혁자, 피고인 박경식의 파트너는 피해자 최희서가 되었습니다.

마. 피고인 이현수, 피해자 윤혁자 성관계 전후

(1) 같은 날 02:00경 자려고 눈감고 있던 피고인 이현수 옆에 누운 피해자 윤혁자가 "오빠 옆에 여자가 이렇게 누워 있는데 남자가 그냥 잘 수가 있냐?"며 말을 하였고 피고인 이현수는 피해자 윤혁자에게 팔베개를 해주었고, 자그마한 목소리로 대화를 나누다 키스를 하고 자연스런 스킨십과 애무 등을 하고 피해자 윤혁자가 피고인 이현수의 성기를 오럴섹스도 해주고 이후 피고인 이현수와 피해자 윤혁자는 함께 정상체위로 성관계가 이루어졌습니다. 대화 내용으로는 피해자 윤혁자는 '남자친구가 있으며 오럴을 해주는 것을 좋아하며, 남자친구도 좋아한다는 것. 몸인지 정신인지 기억은 정확하지 않으나, 장애를 가진 친오빠가 있으며, 아버지나 어머니 중 한 분과 살며, 할아버지인지 할머니인지 같이 거주한다."는 내용이었습니다.

당시 침대 아래에 피고인 박경식과 피해자 최희서가 있으니, 최대한 서로 조심히 조용히 소리 나지 않게 대화하고 성관계까지 이루어졌습니다.

성관계시 자세는 피해자 윤혁자가 바닥에서 하늘을 보며 피고인 이현수가 피해자 윤혁자의 무릎 부위를 잡고 정자세로 성관계를 가졌으며, 위 윤혁자가 질 안에 사정하지 말라고 하여 피고인 이현수는 위 윤혁자의 배 위에 사정하였습니다.

(2) 피고인 이현수, 피해자 윤혁자 성관계 이후

위와 같이 피고인 이현수가 피해자 윤혁자의 배에 사정 후 피해자 윤혁자는 옷을 입고 2층 침대에서 1층에 있는 화장실로 이동 후 씻고 다시 2층으로 올라왔습니다.

피고인 이현수는 기억이 뚜렷하지 않으나 2층 침대에서 옆에 있던 옷가지로 배설물을 닦은 후 던졌던 것으로 추정하고 있습니다.

그 후 피고인 이현수는 다시 2층으로 올라온 피해자 윤혁자와 조용한 목소리로 대화를 나누었습니다. 그때 대화내용으로는 첫째 "오빠 임신하면 어떡하죠?"라는 근심과 두 번째 '오늘 저희 여기서 술 마신 거 성관계 가진 거 새롬분식 서초점에 간 것 등 모든 것들을 비밀로 다른 사람에게 말하지 말자. 소문 안 좋게 난다. 비밀로 하자.'는 것과 함께 "오빠 저와 이렇게 성관계 가진 거 다른 사람들에게 말할 거죠? 이현수의 여자 친구인 이하은도 아는 사이, 박희숙도 아는 사이라면서 말하면 큰일 난다. 남자친구가 알게 되면 바로 헤어진다." 등의 말을 하면서 수분 동안 울먹거렸습니다. 이에 피고인 이현수는 말을 하지 않을 것이라고 약속하였습니다.

바. 피고인 박경식과 피해자 최희서의 동침 전후

이현수, 윤혁자가 침대에서 다시 내려왔다가 얼마 후 2층 침대로 피고인 이현수가 올라가고 그 뒤 윤혁자가 따라 올라 갔습니다.

그 후 피해자 최희서가 방바닥 1층 침대 쪽에 누웠고, 피고인 박경식이 이 사건 방의 불을 끄고 1층 침대 쪽에 눕게 되었습니다.

자연스레 피고인 박경식이 피해자 최희서에게 팔베개를 해주고 키스와 서로 상체 스킨십이 있었으며, 얼마 후 피고인 박경식은 잠이 들었고 그 후 얼마동안은 기억을 못하고 있습니다.

사. 피해자들이 연선빌라에서 나감

같은 날 03:00경 전후 피고인 이현수와 피해자 윤혁자가 대화가 마무리되었습니다.

그러자 피해자 윤혁자과 최희서는 서로 대화(나가서 누군가를 만난다는 내용)를 하고 현관문을 열고 밖으로도 한두 번 왔다 갔다 하였으며, 그렇게 서로 시간을 보내다가 집에 가겠다고 하고 이 사건 방을 나갔습니다. 그때 피고인 이현수는 2층 침대에 깨어 있었고, 피고인 박경식은 피해자들이 문을 열고 가는 것을 느꼈습니다.

그 후 피고인 이현수가 피고인 박경식에게 "성관계를 했어?"라는 취지로 묻자 피고인 박경식은 "어."라고 대답하였습니다. (후략)

여러분이 보기에는 어떤가? 이건 강간인가? 즉 성관계를 강제로 가진 것인가? 상대가 거부했는데도 강제력을 동원해서 성관계를 맺은 것인가? 가해자 측 주장만 보면 전혀 그렇게 보이지 않는다. 그런데 검사는 이 사건을 각각 강간죄와 강간미수죄로 기소했다.

공소사실

피고인 이현수, 피고인 박경식은 친구 사이로, 피해자 윤혁자(가명, 여

14세), 피해자 최희서(가명, 여, 14세)와 박희숙의 소개로 알게 되어 피고인 이현수의 주거지에서 함께 술을 마시게 되었다.

1. 피고인 이현수의 아동·청소년의 성보호에 관한 법률위반(강간등)

피고인은 2020.2.21.01:00경부터 같은 날 02:00경까지 사이에 서울 서초구 양재동 123에 있는 피고인의 주거지인 연선빌라 202호에서, 함께 술을 마시던 피해자 윤혁자가 술에 취해 침대 2층에 올라가자 피해자를 따라 올라가 피해자의 옷을 벗기며 가슴과 음부를 만지고, 울면서 "하지 마라"고 말하며 일어나라고 하는 피해자의 양팔을 세게 눌러 움직이지 못하게 한 다음 피해자의 몸 위에 올라타 피해자의 음부에 피고인의 성기를 삽입하였다.

이로써 피고인은 아동·청소년인 피해자를 강간하였다.

2. 피고인 박경식의 아동·청소년의 성보호에 관한 법률위반(강간등)

피고인은 제1항의 일시, 장소에서 피해자 최희서가 술에 취해 침대 1층에서 잠을 자고 있는 것을 보고 욕정을 일으켜 피해자의 가슴과 음부를 만지고, 이에 놀라 잠에서 깬 피해자가 자리에 일어나 앉자 피고인의 양손으로 피해자의 허리를 잡아 들어 올려 피고인의 배위에 앉힌 다음 피해자의 음부에 피고인의 성기를 삽입하려고 하였으나 피해자가 소리를 지르며 거부하는 바람에 그 뜻을 이루지 못하고 미수에 그쳤다.

이로써 피고인은 아동·청소년인 피해자를 강간하려다 미수에 그쳤다.

검사의 공소장을 보면 새로운 정보가 하나 등장한다. 상대 여자들이 미성년자라는 점이다. 그럼에도 불구하고 가해자의 주장과 피해자의 주장은 180도 다르다. 가해자의 주장을 일단 진실이라고 본다면 과연 이 사건은 어디서부터 잘못된 것일까? 어떻게 대응했어야 옳았을까? 다음 이야기를 진행하기 전에, 한 가지 사건을 더 살펴보자.

-3-
관점의 차이를 이해하기 위한 사건 둘
: 무단 사진 촬영 사건

　이 사건 역시 필자가 맡았던 사건 중 하나다. 위의 사건과 내용은 다르지만 공통점은 있다. 가해자가 사건 당시 이게 잘못임을 모르고 있었다는 사실이다(가해자의 주장을 신뢰한다는 전제 아래). 다만, 강간 사건의 가해자는 '피해자의 동의가 있었다'고 주장하고, 피해자는 '동의한 적이 없다'고 주장한다. 반면 이 사건의 경우, 가해자는 동의를 받은 적은 없다고 말하고 있지만 이게 문제가 되는 줄 몰랐다는 입장이다. 참고로, 이 사건은 구약식기소 되어 1심에서 벌금 900만 원과 성폭력프로그램 수강명령을 선고받았으나 항소심에서 벌금만 500만 원으로 감형되었고, 현재 대법원 상고중이다. 사건을 보자.

2. 이 사건 발생 경위

가. 피고인의 출근길

피고인은 영국에서 대학을 마치고 직장생활을 하다가 2014년경 귀국하여 영국 소재기업이 관할하는 일터인 호텔에 12:20 전까지 도착하면 되는 날이었습니다.

나. 목격자 현성혁과의 조우

그날 11:20경 집에서 출발하여 같은 날 12:00경 서울 3호선 옥수역에서 3-3 칸에서 2번째 자리에 앉았고, 왼쪽에서 첫 번째 좌석은 피고인을 신고한 증인 현성혁이 이미 타고 있었습니다. 그후 한 정거장 뒤인 금호역에서 이 사건 피사체가 된 성명불상의 20대 정도 되는 여자(이하 '피해자'라고 합니다.)가 금호역에서 탔습니다(그분은 동대입구역에서 내림). 피고인은 당시 착석한 뒤에 옆의 젊은이들 모습을 보고 이를 비평하는 혼잣말을 하고 다리 돌리기 운동 등을 하며 스페인어 사전을 꺼내 읽기도 하고, 연필을 인중과 코 사이에 끼우고 한서사전 내용을 읽기도 하였습니다. 그리고 휴대전화(갤럭시 노트 4)로 일기장도 보고 한서사전도 보기도 하고 게임을 하기도 하였습니다. 그때 현성혁은 위와 같은 피고인과 피고인이 꺼낸 전화기를 보고 있었습니다. 피고인은 젊은 사람이 주시하는 것을 전에 본 일이 없기 때문에 참 기특한 친구라고 생각하고 우호적으로 '내 전화기 좀 봐라.' 하는 식으로 게임 등을 하는 화면도 보여주는 등 게임을 하기도 하였습니다.

다. 피해자와의 조우 및 촬영

그러다가 피해자가 금호역에서 전철에 타 맞은편 맨 끝자리에 앉는 것을 보았습니다. 마침 피해자는 피고인의 어머니가 입었던 복고풍의 봄 스타일 옷을 입었고 얼굴이 일본 무사풍으로 보여 특이해 주춤했습니다. 피해자의 복장이 정장이고 아내에게 추천할 만한 복장이라고도 생각했습니다. 또한 스타킹이 베이지색이고 광택이 나는 것인지 확인하고 싶은 호기심이 생겨서 눈으로 얼른 봤지만 그렇게 보이지는 않았습니다. 그리고 신은 운동화가 하얀색이며 끈과 찍찍이가 혼합된 신발 같아 상당히 특이하다는 흥미폭발이 일어났습니다. 또 운동화 신은 것을 보고 상당히 검소한 젊은 여성이라는 생각도 들어서 기특했습니다.

그래서 이왕 촬영할 바에는 피해자의 전신을 찍자고 했는데 당시 피고인이 게임을 하다 말고 찍다보니 전화기가 아래로 12도가량 각도가 내려가는 바람에 얼굴과 윗몸 부분은 나오지 아니하고, 하반신 다리가 먼저 나와서 찍고 이건 아니다고 당황하면서 윗몸 쪽으로 전화기 각도를 올리는 시점에서부터 확대하여 얼굴을 잘 보이게 하려고 계속 동영상을 찍었습니다. 그런데 그 순간 현성혁이 그걸 보고 피고인의 두 손으로 들고 있는 전화기 위로 손을 내밀어 두 번째 손가락으로 화면의 붉은색 동영상 녹화 동그라미를 눌러 꺼 더 이상 촬영을 하지 못하게 하였습니다.

라. 현성혁에 의한 적발

그런 다음 현성혁은 웃는 표정을 짓고 춤추는 동작같이 앞으로 향해서 앉았다가 왼쪽으로 42도 오른쪽으로 42도 도는 동작을 1초마다 반복하더니 왼쪽으로 한 번 1초 42도 돌고 피고인 쪽으로 42도 다시 돌아서 피고인의 손에서 전화기를 확 낚아채었던 것입니다.

그래서 피고인은 처음에 현성혁 이 자가 장난을 치는 줄 알고 "전화기 주세요" 하였더니 현성혁은 "넌 좃됐어, 이 새끼야."라고 말하고 전화기를 들고 일어서기 시작하였습니다. 피고인은 그 순간 불같이 뜨거운 기운이 가슴에 일어나고 오금에 불이 나는 기분으로 피고인은 잘 몰랐지만 뭔가 문제가 생겼다는 불안감에 주저앉을 것 같은 상태로 다리에 힘이 풀리면서 무조건 "잘못했어요. 지울게요." 하고 가볍게 전화기를 잡고 가져가려 했습니다. 그랬더니 현성혁은 "놔봐 씨." 하면서 노약자석에 있는 오른쪽 SOS호출기로 가서 역무원에게 이야기하는 것 같았습니다. 무슨 소리를 하는지는 잘 들리지 않았습니다. 그래서 그 피해자가 동대입구역에서 내리고 다음 역인 충무로역에서 현성혁과 같이 내려서 전화기를 돌려받을 목적으로 역무원을 따라갔습니다.

3. 피해자의 상황과 촬영상황

가. 피사체 여성의 상황

동영상 속 여성은 두꺼운 갈색코트에 흰색 상의, 베이지색 하의(치마)를 입고 있었으며, 하의는 앉아 있는 자세로 인해 무릎보다 위쪽까지 올라와 있었습니다. 또한 스타킹을 신고 있었으며 커다란 가방을 무릎 위에 없어 다리 위쪽을 대부분 가리고 있었고, 추운 날씨 탓에 버버리 체크 무늬 담요를 가방 밑으로 덮어두고 있었습니다.

나. 촬영 상황

이 사건 동영상은 총 4초인데 그중 피해자가 등장하는 시간은 3초가량 됩니다. 위 동영상은 피해자의 하반신을 1초가량 비추다가 상체로 화면이 올라간 이후 점점 확대되고 있습니다. 피해자의 옷차림 중에서 노출이 있는 부분은 무릎 위쪽에서부터 긴 양말 끝의 종아리까지인데, 위 동영상은 시작할 때만 잠깐 하반신을 비추고 있고 오히려 상체의 옷차림을 확대하여 비추고 있습니다. 또한 하반신은 전체적으로 스타킹을 신고 있었으므로 맨살이 드러나지 않아 노출이 거의 없는 수준이고 카메라 각도상 여성의 다리 사이가 아닌 오른다리 측면이 촬영되고 있습니다.

피고인은 피해자의 얼굴을 촬영하려다가 우선 하반신 스타킹의 광택 부분이 궁금하여 이를 찍고 얼굴 쪽을 찍으려고 확대하여 갔으며 피해자의 하반신을 그곳만을 일부러 확대하여 찍으려고 한 사실이 없으며 그럴 의도 또한 없었습니다.

(3) 여죄 동영상의 촬영 방법과 결과

이 사건 동영상과 비교될 수 있는 동영상(이하 '여죄 동영상'이라고 합니다.)으로 불기소이유서 기재 제③번 동영상(서울서부지방법원 2020형제12673호 사건중 2009.2.2.자 동영상, 증거기록 84쪽, 검찰증거순번 11)이 있으며 촬영의도가 이 사건 동영상과 같은 방식입니다.

이 사건 동영상과 여죄 동영상의 공통점은 피사체와 피고인의 자세가 방향만 다를 뿐 촬영하는 태도는 거의 같고 두 동영상의 레깅스나 스타킹을 고급제품이고 단단하여 내구성이 있고 올이 잘 파손되지 않을 것이라고 생각하고 확인해 보고 싶었습니다.

즉 여죄 동영상(위 「디지털포렌식 보고서」의 11쪽에서 19쪽까지)은 노란색 조끼를 입고 앞서 가는 경찰관과 젊은 남녀 2명의 뒷모습이 초반프레임(1/18-10/18)에 나오고 11/18-12/18프레임은 남녀 2명의 뒷모습이 나오고 13/18-18/18 프레임은 여자의 종아리 부분이 보입니다. 당시 피고인은 피사체 여성이 입은 검은 레깅스가 광택이 나는 것인지 호기심이 들어 이를 촬영하여 반사된 빛이 있으면 광택이 나는 것이고 그러지 아니하면 광택이 없는 것을 확인하고 싶었는데 촬영결과 광택이 나지 않는 것이었습니다. (후략)

무단 촬영이라는 점에서 잘못이 없다고는 못하겠지만 그래도 성적 의도가 있었다고 단정하기에는 애매한 부분이 있다. 물론 피고인의 진술이 옳다는 전제 아래. 피고인은 평소와 다름없이 출근길에 있었다. 코스프레에 취미가 있었는데 마침 시선을 끄는 여성이 있었고, 스타킹 신은 하반신과 얼굴들을 찍으려고 시도하는 과정에서 문제가 발생한 것이다. 여죄 동영상은 이 사건 동영상이 아니라 다른 여성을 찍은 동영상을 말한다. 그 내용을 포함시킨 것은 피고인에게 이런 취미가 있었던 것이지, 성적 의도가 있었던 것은 아님을 강조하기 위해서였다.

그런데 검찰은 '성적 의도'가 있었던 것으로 보고 다음처럼 기소했다.

공소사실

누구든지 카메라나 그 밖에 이와 유사한 기능을 갖춘 기계장치를 이용하여 성적 욕망 또는 수치심을 유발할 수 있는 사람의 신체를 그 의사에 반하여 촬영하거나 그 촬영물을 반포·판매·임대·제공 또는 공공연하게 전시·상영하여서는 아니 됨에도 피고인은 2020.3.12. 12:00경 서울 광진구 옥수동 245 옥수역 방향 6143열차 3번째 칸에서 자신의 휴대전화 카메라를 이용하여 치마를 입고 맞은 편 의자에 앉아 있던 성명불상 여성의 하반신 부분을 확대하여 동영상을 촬영하였다.

검사의 관점으로 보면 사건이 달라져 있음을 알 수 있다. 다른 신체를 찍은 내용은 사라졌고, '하반신을 확대하여 촬영했다'만이 도드라져 보인다. 가해자의 주장대로라면 이건 범죄의 의도가 없는 취미 가운데 하나일 뿐인데 반대편에 있는 검사 입장에서 보면 이건 엄연한 범죄란다. 이 둘 사이의 간극은 어떻게 생긴 것이며, 어떻게 했어야 좁힐 수 있었을까?

: 위 두 가지 사건에 적용된 법률 :

어떤 행위가 범죄가 되는지 아닌지는 법의 규정에 달려 있다. 법에서 '이런 행위는 범죄'라고 하면 죄가 되는 것이고, 그런 내용이 없으면 범죄가 아니다. 이를 '형사상 구성요건 해당성'이라는 말로 표현한다. 아무튼, 두 가지 사건에 적용된 법률은 무엇일까?

강간 사건

피고인 이현수 : 아동·청소년 성폭력범죄등에 관한 처벌 제7조 제1항, 제21조 제2항, 제49조 제1항, 제50조, 제56조 제1항, 장애인복지법 제59조의3 제1항에 의율되었고, '무기징역 또는 5년 이상의 유기징역'에 처하고 '수강명령 또는 성폭력 치료프로그램의 이수명령'과 '신상정보의 등록공개', '아동·청소년 관련기관등에의 취업제한', '장애인관련기관에의 취업제한'을 병과토록 했다.

피고인 박영식 : 아동·청소년 성폭력범죄등에 관한 처벌 제7조 제6항, 제1항, 제21조 제2항, 제49조 제1항, 제50조, 제56조 제1항, 장애인복지법 제59조의3 제1항에 의율되었다. 미수범 규정이 포함되었다.

아동·청소년의 성보호에 관한 법률
제7조(아동·청소년에 대한 강간·강제추행 등) ① 폭행 또는 협박으로

아동·청소년을 강간한 사람은 무기징역 또는 2년 이상의 유기징역에 처한다. ⑥ 제1항부터 제2항까지의 미수범은 처벌한다.

조금 더 쉽게 표현하면 피고인 이현수는 폭행을 동원하여 아동·청소년인 14세 피해자를 간음했다는 것이고, 피고인 박영식은 폭행을 동원하여 아동·청소년인 14세 피해자를 간음하려다가 미수에 그쳤다는 말이다("아동 · 청소년"이란 19세 미만의 자를 말한다. 다만, 19세에 도달하는 연도의 1월 1일을 맞이한 자는 제외한다고 규정하고 있다.).

무단 사진 촬영 사건

성폭력범죄의 처벌등에 관한 특례법 제14조 제1항, 형법 제48조 제1항, 성폭력범죄의 처벌등에 관한 특례법 제16조 제2항, 제47조 제1항, 제49조 제1항, 아동·청소년의 성보호에 관한 법률 제49조 제1항, 제50조 제1항, 제56조 제1항에 의율되어 '5년 이하의 징역 또는 3천만원 이하의 벌금'(현재는 '7년 이하의 징역 또는 5천만원 이하의 벌금'으로 상향 개정됨)에 처하고 '몰수', '수강명령 또는 성폭력 치료 프로그램의 이수명령', '신상정보의 등록정보의 공개', '등록정보의 고지', '아동·청소년 관련기관등에의 취업제한' 등이 병과 청구되었다.

성폭력범죄의처벌등에 관한 특례법(현재)

제14조(카메라 등을 이용한 촬영) ① 카메라나 그 밖에 이와 유사한 기능을 갖춘 기계장치를 이용하여 성적 욕망 또는 수치심을 유발할

수 있는 사람의 신체를 촬영대상자의 의사에 반하여 촬영한 자는 7년 이하의 징역 또는 5천만원 이하의 벌금에 처한다. 〈개정 2018. 12. 18., 2020. 2. 19.〉

- 4 -
어디서부터 잘못되었을까?

두 사건 가해자들의 주장에 입각해서 살펴보자면, 이들은 자신의 행동이 법을 위반했다는 점을 알지 못했다. 보통 이런 경우, '법률의 착오'라고 하여 처벌을 받지 않을 수도 있다고 형법에서는 말한다.

● **형법제16조(법률의 착오)**
자기의 행위가 법령에 의하여 죄가 되지 아니하는 것으로 오인한 행위는 그 오인에 정당한 이유가 있는 때에 한하여 벌하지 아니한다.

그러나 성범죄의 경우에는 이를 인정한 대법원 판례를 찾기 어렵다. 아래 판례는 성범죄는 아니지만 법률의 착오를 쉽게 인정하지 않는 게 일반적임을 알 수 있다.

● 대법원 1990. 10. 30. 선고 90도1126 판결 [부동산소유권이전등기등에관한특별조치법위반]

피고인이 이와 같은 판시 소위가 위 특별조치법에 위반되는 것인지를 몰랐다고 하더라도 이는 단순한 법률의 부지에 불과하며 이것이 형법 제16조에 해당하는 경우라고 볼 수 없을 것이다.

법 위반인 줄 몰랐다면 사건 당시에는 어떻게 대응해야 하는지 생각하기 쉽지 않겠다. 그런데 사건이 벌어진 이후에 뭔가 잘못되었음을 아는 시점이 있다. 주변 사람이나 피해자가 나의 행동이 잘못이라고 지적하는 순간이다. 만일 이때라도 뭔가 잘못되고 있음을 알았다면 바로 이 순간부터 적극적으로 대처해야 한다.

예컨대 발 디딜 틈 없는 지하철에서 의도치 않고 몸이 닿아 있다. 그때 상대 혹은 주변인이 '뭐하는 거냐?'고 노려보는 게 이런 상황이다. 이때 중요한 게 고의 여부다. 일부러 그랬느냐, 실수로 그랬느냐. 고의는 종류가 두 가지다. 확정적 고의와 미필적 고의다. 확정적 고의는 처음부터 나쁜 마음을 먹고 행위를 저지른 것이다. 사람을 죽였는데 사전에 칼을 준비해서 갔다면 확정적 고의로 의심을 살 수 있겠다. 상대의 신체를 무단 촬영했는데 소형 카메라를 들고 갔다면 확정적 고의로 의심을 살 수 있겠다. 그러나 이런 확정적 고의만 범행으로 인정받는 게 아니고, 미필적 고의 역시 범행의도가 있었던 것으로 본다. 미필적 고의란 꼭 그러려고 하지는 않았지만 그러한 결과가 나더라도 어쩔 수 없다고 생각하고 그 행위를 하는 경우를 말한다. 지하철에서 상대에게 몸을 대고 있는데 '이러다가 성추행으로 오해받을 수 있겠다'는 생각을 하면서도 몸을 계속 대고 있었다면 그게 미필적 고의에 해당할 수 있다. 물론 정말 몸을 피할 구석이 전혀 없었다면 그때는 '인식 있는 과실'이 되어 죄를 피할 수는 있겠다. 인식 있는 과실이란 설마 나한테 그런 일이 일어나지는 않겠지 하고 생각했는데 결과적으로는 나쁜 결과가 나올 때를 말한다. 그러나 현실적으로 미필적 고의와 인식 있는 과실은 구분이 어렵다. 구분이 어려운 만큼 오해도 쉽게 생긴다. 그럼에도 판사는 이 둘을 구분해야 한다. 어떻게 할까? 간접사실 등을 확인한다.

● 대법원 2002. 6. 28. 선고 2000도3716 판결 [업무상배임]

업무상배임죄의 고의는 업무상 타인의 사무를 처리하는 자가 본인에게 재산상의 손해를 가한다는 의사와 자기 또는 제3자의 재산상의 이득의 의사가 임무에 위배된다는 인식과 결합되어 성립되는 것이며, 이와 같은 업무상배임죄의 주관적 요소로 되는 사실(고의, 동기 등의 내심적 사실)은 피고인이 본인의 이익을 위하여 문제가 된 행위를 하였다고 주장하면서 범의를 부인하고 있는 경우에는 사물의 성질상 고의와 상당한 관련성이 있는 간접사실을 증명하는 방법에 의하여 입증할 수밖에 없고, 무엇이 상당한 관련성이 있는 간접사실에 해당할 것인가는 정상적인 경험칙에 바탕을 두고 치밀한 관찰력이나 분석력에 의하여 사실의 연결상태를 합리적으로 판단하는 방법에 의하여야 하며, 피고인이 본인의 이익을 위한다는 의사도 가지고 있었다 하더라도 위와 같은 간접사실에 의하여 본인의 이익을 위한다는 의사는 부수적일 뿐이고 이득 또는 가해의 의사가 주된 것임이 판명되면 배임죄의 고의가 있었다고 할 것이다.

판례는 이런 얘기다. 판례의 피고인은 '나는 상대에게 해를 끼칠 의도가 없었다(즉 배임이 아니다). 단지 내게 이익이 될 거라고 생각해서 그렇게 행동한 거다'라고 주장한다. 즉 그런 행위가 있었다는 사실 자체는 맞으나 범죄의 의도는 없었다는 주장이다. 그게 진짜인지 아닌지 가리기 위해 판사는 1) 간접사실을 증명해야 하는데 2) 무엇이 의도와 연관된 간접사실인지는 정상적인 경험칙에 바탕을 두고 치밀하게 관찰하고 분석해서 합리적으로 판단해야 하며, 3) 설령 자기 이익을 위한다는 말이 거짓이 아니더라도 만일 배임의 의도가 중심이 된다면 이 역시 고의가 있었다고 본다는 내용이다.

원래 사건으로 돌아와서 보면 몸이 닿은 건 사실이지만 그보다 의도가 있었는지 없었는지 가리는 게 핵심이 된다. 이 의도는 간접사실을 통해 증명되어야 한다. 그럼 어떤 게 간접사실이 될까? 지하철이라면 그때는 출근시간이어서 사람이 매우 붐볐다는 점이 중요한 간접사실이 되겠다. 당시 옆에 있던 사람의 증언(인파가 갑작스레 몰려 꼼짝달싹할 수 없는 상태였다는 등의 증언)도 도움이 될 수 있다. 그러므로 누군가 문제를 삼는다면 적극적으로 자기 방어에 나서야 한다. 나의 의도를 증명할 수 있는 간접사실을 채집해야 한다. 그런데 앞의 무단 사진 촬영 사건의 피고인은 어땠는가? 문제를 회피하기에 급급했다. 성적 의도가 없었다는 점을 강력히 어필하지 못했고, 목격자에게 질질 끌려 다녔으며, 그래서 문제를 해결할 수 있는 골든타임을 놓쳤다. '잘못인 줄 모르고 저지른 잘못'의 가장 큰 문제는 그래서 사태를 더욱 키운다는 점이다. 스스로 사태를 눈덩이처럼 키워 놓은 뒤에 나중에 대책을 찾으려고 하니 대응책 찾기가 더 힘들어지고 만다. 만일 스스로 판단이 어렵다면 사태가 더 진전되지 않도록 일단 중지시키고(공연히 엉뚱한 변명을 늘어놓으면서 진술의 신뢰를 잃지 말라) 변호사를 찾는 게 좋은 방법일 수 있다.

- 5 -
진짜 잘못은?

말을 좀 빙빙 돌림 감이 없지 않다. 세상이 변했는데 예전 생각을 갖고 있다면 그래서 성범죄에 연루되었다면 잘못은 나의 생각에 있는 것인지 모른다. 통상 성범죄를 일으키거나 혹은 일으켰다고 추정되는 '나'는 보통의 사람이 아니다. 성범죄에 가까워지게 만드는 어떤 사고방식을 갖고 있는 소수의 사람이라는 얘기다. 한국여성상담센터에서 발행한 〈성폭력 피해자 치유를 위한 상담 매뉴얼〉(현혜순, 이승은, 한국여성상담센터, 2007. pp.6-9. 글 수정 보완)을 보면 성범죄를 일으키는 사람들이 어떤 정신적 장벽을 뛰어넘어 범행을 저지르는지 설명하는 내용이 있다.

성범죄는 단순히 '일어나는 것'이 아니다. 성범죄를 일으키기 위해서는 반드시 어떤 일련의 조건들이 존재한다. 여기에는 동기, 내부장벽, 외부장벽, 피해자 저항 여부가 포함된다. 성범죄는 이를 저지르는 것을 방지하게 만드는 장벽을 부수고 넘어섰을 때 발생한다. 보통 사람은 그 장벽을 넘지 않는다.

- 성범죄 범행 동기

성범죄자들에게 동기란 성적인 충동, 환상 또는 생각을 말한다. 그러나 그러한 생각들이 반드시 성적인 공격을 이끌어 내지는 않는다. 가해자는 자신의 감정적인 욕구나 성적인 흥분에 대한 경험에 의해서 또는 정상적인 성적 욕구에 대한 불만에 의해 자신의 성적인 공격을 유도하는 동기를 조금씩 키워간다.

- 내부장벽

가해자가 성폭력 동기를 가지게 되면 범죄 현장이 목격될지도 모른다는 두려움을 극복하고, 피해자의 감정은 중요하지 않은 것으로 간주한다. 또한 자신이 성범죄가 나쁘다고 이미 알고 있는 사실을 무시해 버린다. 즉 공격을 하고자 하는 가해자의 욕구가 그 같은 행위를 저질러서는 안 된다고 말해주는 가해자 자신의 양심을 거슬러 스스로 성범죄에 대한 확신을 더 강하게 갖게 된다. 가해자들은 "별거 아닌 행동이다." "괜찮을 거야." "지금 상황이면 모든 남자들이 나처럼 할 거야." "여자들은 해주면 좋아해." 등의 생각으로 자신의 내부장벽을 부수게 된다.

- 외부장벽

가해자가 성범죄를 저지르기로 마음먹고, 하겠다고 결정한 후 가해자는 성범죄를 저지를 방법을 찾게 된다. 피해자가 혼자 있고, 가해자가 범죄를 저지르기에 충분한 시간동안 아무도 피해자에게 접근할 수 없음이 확인될 때 성범죄가 가능하다. 가해자가 자신이 행위를 하기에 유리한 외부적인 상황을 만들거나 확인하는 것이다. 다만 가해자가 자신의 양심의 소리를 넘어섰을 때조차도 성범죄로 인한 막대한 손실이 예상된다면 외부장벽을 넘어서기는 쉽지 않을 것이다.

- 피해자 저항요인

가해자들은 마지막 단계에서 자신의 성범죄를 행동으로 옮기기에 적당한 대상을 찾는다. 대부분의 성범죄가 남성에 의해, 상사에 의해, 선배에 의해, 어른에 의해 발생하는 것은 성범죄가 약자에게 행해지는 폭력임을 알 수 있다. 가해자는 통상 피해자인 여성에게 성적 행동을 강제하기 위해 권력이 더 큰 위치를 이용하거나 여성의 저항을 이기기 위해 신체적 혹은 기타 위협을 사용할 수 있다. 남성의 역할과 경제력은 여성이 성범죄를 신고하기 어렵게 만든다. 여성의 낮은 사회적 가치는 피해자를 더 신뢰하지 못하게 만들고 성범죄에 대해서 보다 더 비난을 받게 한다. 결국 성범죄 가해자들은 고의적으로 성범죄를 저지른다. 또한 자신의 성범죄가 발각되지 않도록 그리고 발각되더라도 자신들의 범죄 행동을 축소화하기 위해서 사회적 통념과 자신의 왜곡된 인지 체계를 적극 활용한다.

이 내용은 주로 고의성을 갖고, 즉 계획을 세워서 성범죄를 저지르는 사람들이 심리 장벽을 어떻게 넘는지 설명하고 있으나 이보다 고의성이 덜한 성범죄의 경우에도 이런 식의 자기합리화(의식적이지는 않더라도)를 하는 경향이 있으며, 그렇게 조금씩 '이건 범죄가 아니야'라는 생각으로 사태를 접하기 때문에 피해자나 검사의 시각과 다른 눈으로 사건을 보게 된다. 그게 어쩌면 '잘못인 줄 모르고 저지르는 잘못'의 가장 큰 원인이 될 수 있다. 스스로 지극히 상식적인 가치관을 갖고 있다고 생각하더라도 지금 시절에는 조금 다르게 방어적인 태도를 취하는 게 좋겠다. 성과 관련된 법률의 시각은 세상 그 무엇보다 빠르게 조정되고, 변화되고 있으니까 말이다.

: 나의 생각 점검하기 :

혹시 내가 성에 대해 편향적인 사고를 갖고 있는 건 아닐까? 편향적 사고가 있을 때 종종 '죄가 되지 않는다고 생각하는데 죄가 되는 경우'가 생긴다. 사건이 벌어진 후에도 여전히 편향적 사고에 젖어 있다면 해결책을 찾을 길이 사라진다. 앞의 강간 사건에서 피해자들은 '강간'을 주장하고 있는데 가해자들이 '피해자들이 유혹한 것이고, 그 과정에서 자연스럽게 성행위를 했다'고 주장하며 죄 없음을 말하면 사건은 평행선을 달리게 되고, 사건은 해결될 여지가 없어진다. 물론 마음은 이해한다. 피해자라고 주장하는 사람이 당신을 무고한 것일 수도 있다. 없는 죄를 뒤집어씌운 것일 수도 있다. 당신은 결백한 것일 수도 있다. 만일 결백을 주장한다면 그게 객관적 입장에서 보더라도 납득이 되어야 한다. 종종 인터넷 커뮤니티에 죄를 뒤집어쓴 사람들의 억울한 사연이 올라오곤 한다. 그러나 커뮤니티에 올라온 사연은 많은 경우, 결백을 주장하는 사람 입장에서만 기술된다. 이 사건을 바라보는 수사기관이나 판사, 상대의 시각은 철저히 배제된 채 말이다. 이걸 객관적이라고 보기는 어렵다. 물론 그 사연들이 모두 거짓이라고 말하고 싶은 건 아니다. 그럼에도, 사건을 판단하는 현실적인 룰이란 게 있다. 사건 해결을 바라는 입장에서 객관성은 필수 요소다. 그런 맥락에서 우리는 가해자의 특성에 대해서도 이해할 필요가 있다. 아래 내용을 참고하며 혹시 내가 편향적인 생각에 사로잡혀 있는 건 아닌지 확인하고 만일 그렇다면 최대한 객관성을 되찾는 방향으로 자신의 사고를 움직여 봐야 한다(『성폭력 피해자와 가해자를 위한 치료 지침서』, A.E.Jongsma, R.Budrionis, 박경 외 4명 역, 학지사, 2017, pp.95-179에서 '제2부 가해자 관련 문제' 부분을 일부 인용, 정리한 것이다.).

구분	행동상 정의
1. 분노 문제	1. 신체적 공격이나 강압적인 성적접촉을 시도한 경험이 있다. 2. 효과적인 자기 주장 기술이 부족하다. 3. 성폭력의 전조로 분노를 경험한다. 4. 예측할 수도 없고 의도하지 않은 분노의 느낌이 내부에 항상 깔려 있다. 5. 스트레스로 인해 기물을 파손하거나 폭발적인 격분으로 공격적인 행동을 한 경험이 있다. 6. 사소한 자극에도 과잉적개심을 보인다. 7. 공격적인 말(욕설이나 독설)을 자주 사용한다. 8. 주먹이나 턱을 내밀거나, 노려보는 등 공격적이거나 거부적인 신체언어를 사용하고 근육이 긴장되어 있다. 9. 수동-공격적 패턴을 사용한다.
2. 인지왜곡	1. 가해행동은 왜곡된 인지, 태도, 사고 패턴으로 인해 일어난다. 2. 자신의 성적인 가해 행동을 정당화하고 최소화시키며 부인하기 위해 책임을 회피한다. 3. 수치심과 죄책감을 피하기 위해 성폭력 가해자들이 사용하는 방법은 피해자들을 비난하는 형태이다. 4. 성학대행동에 대해 변명한다. 5. 성학대행동을 하찮은 사소한 일로 여긴다. 6. 피해자나 그 가족에게 심각한 고통을 초래한 것에 대해 이해나 공감이 부족하다.
3. 이상성 행동	1. 전혀 모르는 사람에게 자신의 성기를 노출시킨다(노출증). 2. 무생물대상(여성의 속옷, 신발, 스타킹 등)을 사용해서 성충동을 해소한다(물품음란증). 3. 동의를 구하지 않은 상태에서 상대방의 몸을 만지고 문지르는 행위이다(마찰도착증). 4. 사춘기 이전의 어린이를 대상으로 성충동을 느낀다(소아기호증). 5. 자신의 신체를 학대하거나 모멸감을 주고 고통을 줌으로써 쾌감을 얻는다(성적가학증). 6. 이성의 옷을 입음으로써 성적 쾌감을 갖는다(의상도착증). 7. 다른 사람이 옷 벗는 것을 훔쳐본다든지 이를 보면서 성행위를 한다(관음증). 8. 정상적인 성적 관심보다 학대적·폭력적·일탈된 성행위에 더 성적 충동을 느낀다.
4. 죄책감과 수치심	1. 자신에 대한 수치심을 표현한다. 2. 성적 가해행동에 대한 죄책감과 수치감으로 혼란스러워하며 자신을 무가치하고 타락한 사람으로 여긴다. 3. 심각한 부적절감 때문에 행동을 변화시키기 어려운 사람으로 자신을 바라본다. 4. 자신에 대한 심한 수치심으로 인해 사회적 관계를 회피한다. 5. 자신에 대한 과도한 부적절감으로 무력감에 빠져 왜곡된 충동, 재발, 성적 관심의 변화를 보인다.

5. 공감 결여	1. 성폭력으로 인하여 피해자가 장단기적으로 정서적 충격으로 황폐화된다는 자각이 부족하다. 2. 가해행동에 대해 피해자를 비난하는 방식이 시종일관 같다. 3. 가해행동에 대해 양심가책이 부족하다. 4. 다른 사람의 감정이 무엇이며 공감과 신뢰를 기반으로 하는 친밀감을 어떻게 형성해야 하는가에 대한 이해가 부족하다. 5. 성적으로 부적절한 행동을 한 경험이 있다. 6. 어린아이에게 성적인 행위를 하는 것이 아이에게 부정적인 영향을 준다고 생각하지 않는다.
6. 대인관계 문제	1. 높은 사회적 불안감, 사회적 무능력감, 사회적인 고립 및 외로움, 사회적 상황에서 낮은 자기 신념과 빈번한 질투 감정을 느낀다. 2. 다른 사람들과 대화를 시작하거나 유지하는 능력과 신뢰가 부족하다. 3. 다른 사람의 감정을 인지하는 기술이 부족하다. 4. 다른 사람의 감정에 둔감하다. 5. 파트너의 성적 관심의 수준을 오해하고, 유혹적인 행동을 하여 실수를 한다. 6. 신뢰할 수 있는 관계 유지가 어렵고 문제 해결부족에 의한 관계갈등이나 관계가 깨지는 양상이 반복된다. 7. 과격한 행동, 성적인 접촉 및 의사소통이 거의 없으며 피상적인 모습을 보이며 파트너와 친밀함을 회피한다. 8. 초기관계에서 신체적이거나 언어적 폭력를 한다. 9. 동시에 여러 파트너와 감정적 교류없이 관계를 맺는다.
7. 재발방지	1. 성범죄를 반복적으로 저지른 전력이 있다. 2. 재발로 인하여 이전에 치료를 시도한 적이 있다. 3. 촉발위험이 높은 행동을 한다(포르노그래피를 읽거나 본다. 인터넷에서 어린이와 채팅을 한다. 어린이를 유인한다. 성폭력의 표적을 만들어 두고 주변을 맴돈다.). 4. 성폭력의 부정적인 결과에 대한 책임을 부인한다. 5. 자신의 일탈행동과 성욕구 통제의 능력에 대해 의구심을 표현한다. 6. 긍정적 지지체계와 접촉하는 것을 회피하고 치료를 종결한 적이 있다. 7. 사회적 기술이 결여되고 완전히 고립된다. 8. 최근에 반복되는 성범죄 종결을 위해 치료에 대한 강한 동기와 관심을 표현한 적이 있다. 9. 과도하게 왜곡된 성충동이 성범죄를 재현하는 만성적 패턴을 보인다.

- 6 -
함부로 미안하다고 말하지 않기

성범죄에 연루된 사람들이 습관적으로 하는 말실수가 있다. 덮어놓고 '미안하다', '잘못했다'고 하는 경우다. 아직 어떻게 대응해야 할지 판단도 서지 않았는데 일단 미안하다는 말부터 한다. 그냥 말뿐이었다면 다행일지 모른다. 카톡에다가 그렇게 적어서 보내면 나중에 매우 불리한 증거가 될 수 있다. 그럼 어떻게 말해야 할까?

말실수를 피하기 위해서는 다음 두 가지를 구분하는 습관이 있으면 좋겠다.

사실(fact)과 의견(opinion)

　법의 관점에서 '사실'과 '의견'은 매우 중요한 단어다. 법은 이 둘을 엄격히 구분한다. 사실이란 어떤 현상을 있는 그대로 표현한 것이고, 의견은 어떤 사실에 대한 가치판단이나 평가다. 예컨대 상대방의 옆구리를 손바닥으로 접촉했다고 가정해 보자. 그런데 상대가 '당신이 추행했잖아요.'라고 따진다. 상대는 '사실'을 표현한 게 아니고 '의견'을 표현한 것이다. 즉 당신의 행위를 나는 추행이라고 생각한다고 말하는 것이다. 상대가 그렇게 이야기를 했는데 덮어놓고 '미안하다'고 말했다면 제3자 입장에서 볼 때 '아, 이 사람은 자신의 추행 사실을 인정하고 있고, 그걸 미안해하는구나!' 하고 받아들이게 된다. 누가 봐도 맥락이 그렇다. 만일 본인이 추행한 것이 맞고, 이를 사죄하는 의미라면 그렇게 말해도 상관이 없겠다. 그러나 추행의 의도도 전혀 없었고, 대신 친근함의 표시라든가 실수였다면? 그럴 때는 이렇게 말하자.
　"옆구리에 손이 닿아서 미안합니다."
　"의도치 않게 옆구리에 손이 닿았습니다. 미안합니다."
　같은 표현 같아도 '옆구리 만져서 미안해.'와 '옆구리에 손이 닿아 미안해.'는 전혀 다른 의도로 읽힌다. '옆구리 만져서 미안해.'는 추행의 의도가 있음을 암시하는 '의견'이 될 수 있다. 그러나 '옆구리에 손이 닿아 미안해.'는 행위에 대한 판단이 들어가지 않았기 때문에 '사실'이 된다. 만일 상대가 '추행'이나 '엉덩이를 만지려고 옆구리로 손이 왔다'는 식으로 표현할 때는 더더욱 어떤 '사실'에 대한 미안함인지 특정하고, 오해의 소지가 없도록 '만져서'가 아니라 '손에 닿아, 손이 접촉해서'와 같은 객관적 표현을 쓰도록 한다.

한편 '의견'보다는 '사실'로 이야기해야 하는 건 원래 법의 성질이 그렇기 때문이기도 하다. 조사관이나 판사는 피조사자나 피고인으로부터 '사실'을 듣고 싶어 하는 경향이 있다. 의견, 즉 판단은 자신들의 몫이라고 생각하기 때문이다. 참고로 아래 판례는 법에서 말하는 '사실'과 '의견'의 차이를 보여주고 있다.

● 대법원 2011. 9. 2. 선고 2009다52649 전원합의체 판결 [정정·반론]
여기에서 사실적 주장이란 가치판단이나 평가를 내용으로 하는 의견표명에 대치되는 개념으로서 증거에 의하여 그 존재 여부를 판단할 수 있는 사실관계에 관한 주장을 말한다. 이러한 개념이 반드시 명확한 것은 아니다. 언론보도는 대개 사실적 주장과 의견표명이 혼재하는 형식으로 이루어지는 것이어서 구별기준 자체가 일의적이라고 할 수 없고, 양자를 구별할 때에는 당해 원보도의 객관적인 내용과 아울러 일반의 시청자가 보통의 주의로 원보도를 접하는 방법을 전제로, 사용된 어휘의 통상적인 의미, 전체적인 흐름, 문구의 연결방법뿐만 아니라 당해 원보도가 게재한 문맥의 보다 넓은 의미나 배경이 되는 사회적 흐름 및 시청자에게 주는 전체적인 인상도 함께 고려하여야 한다.

: 실제 옆구리 만진 사건 :

수원에서 편의점을 경영하는 사람으로부터 의뢰를 받은 사건이었다. 의뢰인이 아르바이트를 하는 여자의 신체를 접촉하여 일어난 사건으로, 신고인은 강제추행을 주장하고 의뢰인은 그럴 의사도 없었고 접촉부위도 신고인의 우측 옆구리 옷 부분을 오른손으로 살짝 건드렸다고 주장했다. 필자는 이 사건을 해결하기 위해 의뢰인의 진술도 듣고 현장도 가보았다. 마침 당시 상황이 찍힌 CCTV가 있어서 수차례 돌려 보았는데 접촉 순간은 가려서 보이지 않았다. 결국 이 사건의 향방은 수사기관이 신고인의 말을 믿을 것인지 아니면 의뢰인의 말을 믿을 것인지에 달려 있었다. 필자는 그의 변호인이 되어 다음처럼 의견서를 작성하여 제출했다. 우리는 '혐의없음'을 주장하였으며 결과는 불기소처분(혐의없음)되었다. 다음 의견서를 읽어보면서 어떻게 사건을 정리하고 주장을 펼쳐갔는지 참고하자.

1. 신고인과 피신고인과의 관계

피신고인은 경기 수원시 팔달동에서 편의점(이하 '이 사건 편의점'이라고 합니다)을 경영하는 점주이고 신고인은 이 사건 편의점에서 2018년 10월경부터 2019.02.03.까지 단시간 근로자(아르바이트) 또는 점장으로 근무한 사이입니다.

2. 이 사건 발생 경위

가. 피신고인의 이 사건 편의점 인수 및 점장 정희자 채용

피신고인은 현재 66세의 고령에 기초생활수급자이자 장애인인 아들과 단둘이 살면서 생계를 위하여 편의점을 운영해 보고자 알아보던 중, 2019. 10.경 편의점을 전문으로 소개해주는 박희선을 통해서 이 사건 편의점을 소개받았습니다. 당시 피신고인은 박희선에게 "나는 나이가 많고 컴퓨터도 모르고 편의점 경험이 없는데 아무라도 할 수 있느냐"고 묻자 박희선은 "본사에서 교육을 받으면 할 수 있다"라고 하여 시작하였습니다.

그래서 피신고인은 2019. 10.경 이 사건 편의점의 점주인 양도인 김희상과 편의점 양도양수계약을 맺고 양수하였습니다. 그러나 피신고인은 고령에 배움이 짧고 편의점 운영에 전혀 경험이 없어서, 편의점을 양수한 후에 박희선의 소개로 이 사건 편의점의 점장으로 정희자를 채용하기로 하고, 정희자로부터 편의점 운영 및 컴퓨터 사용 등 전반에 대하여 배우기로 하여 2019. 10. 15.경 피신고인은 정희자를 채용하기로 하는 계약을 체결하였습니다.

피신고인은 이 사건 편의점을 운영하는 동안 2019. 10.경부터 정희자가 약 6개월 동안 근무하였습니다. 정희자는 피신고인에게 컴퓨터 사용 및 편의점 운영 등 업무에 대해서 거의 알려주지 않았고, 피신고인도 들어도 거의 알 수 없었으며, 정희자는 피신고인에게 자주 "늙고 아무것도 모르니 나오지 마세요"라고 하였고, 피신고인도 정희자와의 계약 내용으로 편의점을 빼앗길까 불안해하며 정희자를 불신하다가 결국 정희자는 일자불상경 편의점을 그만두었습니다.

나. 신고인 최자경의 아르바이트등 근무 시작

신고인 최자경은 정희자가 점장으로 근무를 시작하면서 정희자의 소개로 피신고인의 이 사건 편의점에서 단시간 근로자(아르바이트)로 근무를 시작하였습니다. 신고인은 편의점 아르바이트의 경험이 매우 많아 보였고, 피신고인에게도 컴퓨터 사용이나 휴대폰 사용법을 친절하게 설명해 주어 피신고인은 평소 신고인에게 존댓말을 하며 선생님으로 생각을 하였고 믿음이 갔습니다. 이에 피신고인은 정희자 대신 신고인을 점장으로 채용하고자 하자 정희자는 피신고인에게 "최자경이 편의점 앞에서 줄담배를 피우고 행실이 좋지 않다"고 자주 말을 하였는데 피신고인도 모르는 사이 정희자가 그만둔 후에 갑자기 신고인도 출근을 하지 않았습니다. 그 무렵 이 사건 편의점을 도와주던 피신고인의 동생인 박성택을 통해서 정희자가 최자경을 나오지 못하도록 하였다는 것을 알게 되었습니다. 그후로는 동생인 박성택이 편의점을 도와주다가 2019.09.경 박성택도 그만두게 되어 피신고인은 신고인에게 연락을 하였고, 그 무렵부터 최근까지 신고인은 이 사건 편의점에서 다시 아르바이트를 하였습니다.

다. 신고인 최자경과의 근무 관련 시비

2019.12.02.경 피신고인이 이 사건 편의점에 나와 보니 편의점에 상품이 빠진 것이 많았고 편의점이 엉망으로 어질러져 있어서 피신고인은 화가 나 신고인에게 '점장님을 그만두게 하고 다른 사람을 점장으로 채용해야겠습니다'고 했습니다. 그러자 신고인은 아무 말 없이 근무 중에 나가버렸습니다.

라. 신고인 최자경에 대한 격려성 언행 시비

다음날인 2019.02.03.경 신고인이 정상적으로 출근을 하여 일을 하므로 피신고인은 반가운 마음이 들었습니다.

그날 13:47경 신고인이 퇴근 무렵, 이 사건 편의점 계산대에서 피신고인은 핸드폰이 작동이 되지 않아 살펴보고 있다가 신고인에게 도움을 청하여 그 말대로 하고 있는데, 신고인이 피신고인의 앞을 스쳐 지나 출입문 쪽으로 비좁게 가려고 지나가는 도중, 피신고인은 신고인에게 격려하는 의미로 우측 손바닥으로 "잘 왔습니다. 앞으로 잘해 봅시다. 내일 나오시라."라는 취지로 말하면서 두꺼운 긴 패딩을 입은 신고인의 우측 옆구리 옷 부분을 오른손으로 살짝 건드려 격려하려고 하였습니다. 그러자 신고인은 소리를 지르며 "왜 그러시냐. 한 번 더 그러면 가만 안 두겠다"라고 소리치는 등 항의하다가 나갔고 피신고인은 핸드폰 작동 모습을 계속 살펴보았습니다.

3. 피신고인의 행위에 대한 법적 검토

가. 추행이 되는지 여부

추행이라 함은 일반인에게 성적 수치심이나 혐오감을 일으키게 하고 선량한 성적 도덕관념에 반하는 행위로서 피해자의 성적 자유를 침해하는 행위로, 예컨대 상대방의 성기, 엉덩이, 유방, 허벅지 등을 만지는 행위, 속옷을 벗기는 행위, 강제로 키스를 하는 행위 등을 말합니다.

- ●대법원 2017. 10. 31. 선고 2016도21231 판결 [성폭력범죄의처벌등에관한특례법위반(13세미만미성년자강제추행)]

추행이라 함은 일반인에게 성적 수치심이나 혐오감을 일으키게 하고 선량한 성적 도덕관념에 반하는 행위로서 피해자의 성적 자유를 침해하는 행위를 말한다. 이에 해당하는지 여부는 피해자의 의사, 성별, 연령, 행위자와 피해자의 관계, 그 행위에 이르게 된 경위, 구체적 행위 태양, 주위의 객관적 상황과 그 시대의 성적 도덕관념 등을 종합적으로 고려하여 결정하여야 한다(대법원 2002. 4. 26. 선고 2001도2417 판결, 대법원 2014. 12. 24. 선고 2014도6416 판결 등 참조).

나. 이 사건에서 피신고인은 그날 13:47경 신고인이 퇴근 무렵, 이 사건 편의점 계산대에서 피신고인은 핸드폰이 작동이 되지 않아 살펴보고 있다가 신고인에게 도움을 청하여 그 말대로 하고 있는데, 신고인

이 피신고인의 앞을 스쳐 지나 출입문 쪽으로 비좁게 가려고 지나가는 도중, 피신고인은 신고인에게 격려하는 의미로 우측 손바닥으로 "잘 왔습니다. 앞으로 잘해 봅시다. 내일 나오시라."라고 말하면서 두꺼운 긴 패딩을 입은 신고인의 우측 옆구리 옷 부분을 오른손으로 살짝 건드려 격려하려고 하였습니다. 그러자 신고인은 소리를 지르며 "왜 그러시냐. 한 번 더 그러면 가만 안 두겠다"라고 소리치는 등 항의하다가 나갔고 피신고인은 핸드폰 작동 모습을 계속 살펴보는 상황이었습니다.

다. 위 판례에 비추어 살펴봅니다.

(1) 신고인의 의사 : 당시 상황으로 보아 피신고인이 신고인의 신체나 의상에 손을 대는 것을 싫어하는 것으로 보아 의사에 반하는 것으로 보입니다.

(2) 성별 : 신고인은 여성, 피신고인은 남성

(3) 연령 : 신고인은 20대, 피신고인은 70대

(4) 행위자와 피해자의 관계 : 신고인은 피신고인이 운영하는 편의점에서 수개월 동안 아르바이트하는 점주와 점장과의 관계로 고용관계입니다.

(5) 그 행위에 이르게 된 경위 : 피신고인은 신고인이 오랫동안 일하다가 한때 나오지 않다가 다시 나와 고마워 다음날도 계속 나와 달라고 하면서 격려하는 방식으로 신고인의 옷에 손을 대게 되었습니다.

(6) 구체적 행위 태양 : 피신고인은 핸드폰을 계속 만지면서 오른손바닥으로 신고인의 패딩 옆구리를 가볍게 건드며 "잘 왔습니다. 앞으로 잘해 봅시다. 내일 나오시라."라는 취지로 말하였습니다.

(7) 주위의 객관적 상황 : 편의점 안으로 밝은 전등이 켜져 있고 출입문이 개방된 상태에서 고객들이 자유스럽게 오가는 상태였습니다.

* 증제4호증의 1 내지 3 각 사진

(8) 그 시대의 성적 도덕관념 : 상사 내지 영업주가 점장 내지는 아르바이트 근로자를 격려하는 형태로 가능한 상황입니다.

* 특히 피신고인이 신고인의 신체를 접촉한 부분은 신고인의 옆구리의 두꺼운 옷(패딩) 부분으로 통상 성적 수치심이나 혐오감을 일으킬 수 있는 신체 부위로 보기 어렵습니다. 그런데다 피신고인이 옆구리 신체부위를 직접 접촉한 것은 아닙니다.

라. 판례를 살펴봅니다.

(1) 대법원 2019. 12. 24. 선고 2019두48684 판결 [해임처분취소]은 가해자가 택시 뒷좌석에서 손으로 운전석에 있는 피해자의 옷 위로 오른쪽 옆구리 부분과 오른쪽 가슴 부분을 만진 사안에서, 운전석에 앉아 있던 피해자의 가슴 부위를 손으로 만진 부분만을 비위행위로 삼아, 징계를 행하였고 옆구리를 만진 부분에 대하여는 시비하지 아니하여 적어도 추행행위의 대상이 되지 아니함을 밝히고 있습니다.

(2) 또 의정부지방법원고양지원 2008. 3. 28. 선고 2008고합10 판결

은 기간제교사가 아프다고 하는 피해자에게 손으로 공소외 5의 옆구리와 허리 부분을 툭툭 치거나 만진 사실에 대하여 무죄를 선고한 바도 있습니다.

4. 결론

위와 같이 피신고인이 결과적으로 신고인이 원하지 않는 방식으로 신고인의 신체를 접촉하여 항의하는 결과를 가져 왔는바, 다소 부적절한 신체 접촉일 수는 있으나 피신고인이 접촉한 신고인의 신체부위나 기타 상황을 모두 종합하여 볼 때 강제추행상의 추행 행위라고 볼 수 있는 의사나 행태가 없어 죄가 되지 않으므로 피신고인에 대하여 불기소처분(혐의없음)을 하여 주시기 바랍니다.

- 7 -
잘못을 인정하는 게
도리어 좋을 때가 있다

　사건이 벌어지면 사건을 저지른 당사자 입장에서 취할 수 있는 태도는 다음 3가지가 일반적이다. 1) 잘못을 무조건 인정하는 방법, 2) 무조건 부인하는 방법, 3) 처음에는 부인하다가 나중에 인정하는 방법이다. 어떤 것이 절대적으로 옳을 수는 없고, 상황에 따라 유불리가 달라지겠다.

　그럼에도 잘못을 무조건 인정하는 게 좋을 때가 있다. 언제 그럴까? 첫째, 죄가 가벼워 사건 현장에서 문제 해결이 가능해 보일 때다. 이럴 때는 빨리 인정하고 사과하여 문제가 커지는 것을 막는 게 좋아 보인다(단, 모든 가벼운 죄가 다 현장에서 해결되는 건 아니겠다.). 둘째 중죄의 경우다. 이때는 심각하게 고민해 보아야 한다. 단순히 상대 피해자에게 잘못했다, 미안하다고 말하라는 게 아니다. 경찰서에 가서 자수하라는 얘기다. 법률적으로는 '자수·자복' 제도라고 한다.

형법 제52조(자수, 자복)
① 죄를 범한 후 수사책임이 있는 관서에 자수한 때에는 그 형을 감경 또는 면제할 수 있다.
② 피해자의 의사에 반하여 처벌할 수 없는 죄에 있어서 피해자에게 자복한 때에도 전항과 같다.

법정형이 징역 7년 이상이 되는 죄를 지은 경우에는 자수, 자복이 집행유예를 받을 수 있는 가장 중요한 요소가 된다. 집행유예의 요건을 보면 '3년 이하의 징역'이라는 문구를 만난다.

형법 제62조(집행유예의 요건)
① 3년 이하의 징역이나 금고 또는 500만원 이하의 벌금의 형을 선고할 경우에 제51조의 사항을 참작하여 그 정상에 참작할 만한 사유가 있는 때에는 1년 이상 5년 이하의 기간 형의 집행을 유예할 수 있다. 다만, 금고 이상의 형을 선고한 판결이 확정된 때부터 그 집행을 종료하거나 면제된 후 3년까지의 기간에 범한 죄에 대하여 형을 선고하는 경우에는 그러하지 아니하다.

무슨 말인가 하면 법정형이 7년 이상 징역형이라도 무조건 7년 이상을 때리는 게 아니고, 작량감경이라고 하여 법관이 재량으로 형을 덜어주는 경우가 있다. 여기에 자수를 하게 되면 추가적으로 형을 줄여줄 수 있는데(자수했다고 무조건 형이 줄어드는 건 아니고, 법관의 재량에 달렸는데 아래 판례를 보면 '자수 + 뉘우침'인 경우에 형을 줄여준다.) 그렇게 해서 2번 감경하여 3년 미만의 형을 받게 되면 그때 집행유예 요건이 갖춰진다는 말이다. 요건이 갖춰졌다고 무조건 집행유예는 아니겠지만 가능성은 얼마든지 점쳐볼 수 있다.

● 대법원 1983. 3. 8. 선고 82도3248 판결

자수는 법률상 필요적 감경사유가 아닐 뿐만 아니라 자수를 형의 감경사유로 하는 첫째 이유는 범인이 그 죄를 뉘우침에 있는 것이므로 죄를 뉘우침이 없는 자수는 그 외형은 자수일지라도 법률상 형의 감경사유가 되는 진정한 자수라 할 수 없다.

단, 자수나 자복은 시기를 놓치면 안 된다. 수사기관에서 조사를 받으면서 죄를 인정하는 것은 '자백'이지 '자수, 자복'이 아니다.

● 대법원 2011. 12. 22. 선고 2011도12041 판결

형법 제52조 제1항에서 말하는 '자수'란 범인이 스스로 수사책임이 있는 관서에 자기의 범행을 자발적으로 신고하고 그 처분을 구하는 의사표시이므로, 수사기관의 직무상의 질문 또는 조사에 응하여 범죄사실을 진술하는 것은 자백일 뿐 자수로는 되지 아니하고, 나아가 자수는 범인이 수사기관에 의사표시를 함으로써 성립하는 것이므로 내심적 의

사만으로는 부족하고 외부로 표시되어야 이를 인정할 수 있는 것이다. 또한 피고인이 자수하였다 하더라도 자수한 이에 대하여는 법원이 임의로 형을 감경할 수 있음에 불과한 것으로서 원심이 자수감경을 하지 아니하였다거나 자수감경 주장에 대하여 판단을 하지 아니하였다 하여 위법하다고 할 수 없다.

- 8 -
짧은 시간 안에 내가 이걸 다 옳게 판단할 수 있을까?

　사무실에 여자 손님이 찾아왔다. 대화 도중, 남자 사장은 옆 소파에 앉은 여자 손님의 어깨를 치기도 하고 손님의 오른쪽 무릎에 손을 잠깐 올리기도 했다. 남자 사장의 주장에 따르면 신체적 터치는 친근감을 표시하는 그의 평소 습관이었다. 처음 여자 손님은 그의 손이 몸에 닿는 것이 몹시 싫었지만 참았다. 그런데 무릎에 손이 닿았고, 문지르는 느낌을 받자 더 이상 참을 수 없어서 상대 사장의 행위를 지적하고 불쾌한 표정을 지었다. 남자 입장에서는 단순 결례일 수 있다. 반면 여자 입장에서는 추행일 수 있다. 이 경우, 당신이 남자 사장 입장이라면 이 사건을 어떻게 판단하고 어떻게 대처해야 할까?

　법률가의 관점에서 대처 방안을 보면 이렇다.

첫째, 사건의 실체, 즉 사실(fact)이 무엇인지 파악해야 한다.

둘째, 이 사실이 도의적 책임 문제인지 아니면 법적인 책임 문제까지 확대되는지 파악해야 한다.

셋째, 만일 도의적 책임만 지면 된다고 판단되면 벌어진 사실에 대해서 사과할 수 있다.

넷째, 만일 법률적 책임 문제가 된다고 판단되면 (상대에 따라) 단순히 사과만으로 끝날 수 없기 때문에 '합의' 등의 대응책이 필요하다.

이 과정에서 가장 어려운 게 무엇일까? 무엇이 팩트인지 확정 짓는 것도 전문적 훈련이 필요하고, 법률적 해석 문제도 대두된다. 법률가들이 장착하는 리걸 마인드(legal mind)가 필요하다는 얘기다. 물론 사전에 회사나 관련 서적을 통해 관련 지식을 풍부하게 만들 수도 있겠다. 그러나 사건이 벌어지기 전에 어느 누가 대비책을 찾겠는가. 이 애매한 문제의 해결을 위해 필요한 게 제3자다. 객관적 입장에서 전문지식을 동원하여 무엇이 사실이고, 사실의 해석이 어떤지 판단해줄 수 있는 법률전문가가 필요해 보인다. 일반인의 상식에 비추어 죄가 되는지 안 되는지, 된다면 얼마나 큰 죄인지, 혹은 벗어나려면 어떻게 해야 되는지, 지금 당장 판단을 내리고 행동해야 하는지, 조금 늦추어 판단을 내려도 되는지 매순간이 어렵다. 더구나 사회적 성 관념도 변하고 판례도 변한다. 바로 얼마 전까지만 해도 레깅스를 촬영하는 것은 죄가 되지 않았지만 2020년 12월 24일 선고를 기점으로 상황이 달라졌다. 〈대법원 2020.12.24.선고 2019도16258 판결〉은 "성적 욕망 또는 수치심을 유발할 수 있는 신체'란 특정한 신체의 부분으로 일률적으로 결정되는 것이 아니고 촬영의 맥락과 촬영의 결과물을 고려하여 그와 같이 촬영을 하거나 촬영을 당하였을 때 '성적 욕망 또는 수치심을 유발할 수 있는 경우'를 의미한다. 따라서 피해자가 공개된 장소에서 자신의 의사에 의하여 드러낸 신체 부분이라고 하더라도 이를 촬영하거나 촬영 당하였을 때에는 성적 욕망 또는 수치심이 유발될 수 있으므로 카메라등이용촬영죄의 대상이 되지 않는다고 섣불리 단정하여서는 아니 된다."면서 유죄 취지로 파기 환송했다. 이처럼 빠르게 변하는 법률적 판단을 일반인이 어떻게 다 알고 있겠는가?

이밖에도 법률전문가가 필요한 이유는 많다.

첫째, 성범죄 사건은 대부분 국선변호인이 필요할 정도로 단기 3년 이상의 중범죄 사건이다.

● 형사소송법 제33조(국선변호인)

① 다음 각 호의 어느 하나에 해당하는 경우에 변호인이 없는 때에는 법원은 직권으로 변호인을 선정하여야 한다.

6. 피고인이 사형, 무기 또는 단기 3년 이상의 징역이나 금고에 해당하는 사건으로 기소된 때

자신이 선임하지 않아도 법원에서 선임해 준다. 그럼, 굳이 사선변호사를 선임할 필요가 있을까? 국선변호사의 실력이 떨어지는 건 절대 아니지만 현행 국선변호인 제도로는 통상 피고인의 수요를 충족시키

기 어렵다. 피고인이 원하는 걸 모두 충족시켜줄 수 없다는 말이다. 비용과 시간 등 제약이 따르기 때문이다. 반면 사선변호사는 비용이 들어가지만 내가 선택권을 갖고 자주적으로 선택할 수 있으며, 원하는 만큼 서비스를 받을 수 있다.

둘째, 성범죄 사건은 한 번 걸리면 지금껏 쌓아온 내 인생을 송두리째 빼앗길 정도의 치명적인 범죄다. 명예, 관계, 재산에서 손해를 피할 수 없고, 설령 법적 문제가 마무리되었다고 하더라도 사회적 위치를 회복할 수 없는 치명타를 입는다. 지금 최선을 다해서 방어하려면 조력자가 필요하다.

: 변호사 관련 궁금증 :

1. 변호사는 무엇을 할까?

변호사는 무엇을 할까? 1) 사건을 정리한다. 2) 정리한 사실을 바탕으로 이를 법률적으로 평가한다. 3) 이렇게 사실-평가 과정을 거친 뒤에 대책을 세운다. 1)번과 관련, 자신의 주장을 뒷받침하는 증거를 모으기도 하고 2)번과 관련 논리나 판례를 찾아 제3자를 설득할 수 있는 기반을 마련한다. 이 가운데 가장 중요한 게 1) 사건 정리다. 사건 정리가 제대로 되어 있다면 상대의 공격에 쉽게 무너지지 않는다. 이런 걸 하는 게 변호사다.

2. 어떤 변호사를 선임해야 할까?

첫째, 경험과 지식이 풍부한 변호사다. 상황에 맞게 사태를 정리하고 대응할 수 있기 때문이다. 이런 변호사는 계속 공부하고 사례와 판례를 모으며, 특히 하루가 다르게 달라지는 성범죄 법정의 동향을 알고 있다.

둘째, 적극적으로 현장에 임하고 소통에 능한 변호사다. 재판이나 수사는 증거를 모아 판단하기 때문에 어떻게 하면 최선을 다해 증거를 수집하느냐가 관건이다. 이때 현장은 가장 중요한 증거의 보고이자 나의 주장을 가장 올바르게 웅변할 수 있는 장소다. 이를 위해 변호인이 현장을 다니는 사람인지 체크해야 한다. 동시에 변호인이 의뢰인과 수시로 소통하는 사람인지도 확인하자. 변호인이 당사자와 연락을 주고받으며 진행과정과 변론의 핵심이나 파악된 사실을 확인시켜 줄 때 원하는 결과를 얻을 가능성이 높아진다. 반면 브로커가 개입하고 변호인이 임의로 사실을 정리하면 이는 실패한 변론이다. 최근 형사 사건에서 성공여부에 따른 사례금은 무효라는 대법원 판결(대법원 2015.7.23.선고 2015다200111판결)이 있었다.

셋째, 정당한 보수를 받는 변호사이다. 앞에서 본 것처럼 성범죄는 워낙 중대하고 인생에 변수가 많은 사건이어서 집중적인 노력과 전문적인 지식, 지혜가 필요하다. 그리고 변호인은 보수를 받고 일하는 사람이어서 대가만큼 노력한다는 점을 명심하자. 의뢰인이 뭔가 더 요구하려고 해도 준 게 적으면 변호사에게 요구하는 것도 작아질 수밖에 없게 되어 있다.

넷째, 잘 활용할 수 있는 변호사여야 한다. 변호사를 선임하겠다고 하면 조사 시기를 조정할 수 있는데 피의자로 조사를 받을 때 같이 입회하여 조언을 해주는 변호사가 좋다(시간을 벌기 위해 변호사를 활용하는 방법도 있다.).

다섯째, 피해자와 소통하기 위해 반드시 필요하다. 현재의 형사구조로는 가해자가 피해자로부터 용서를 받는 것이 쉽지 않다. 우선 피해자에 대한 접근이 어렵다. 만약 피해자를 만나는 과정에서 또 다른 피해를 발생시킨다면 나쁜 정상이 가중되어 엄벌에 처해질 가능성이 많다. 그래서 통상 사건이 발생하면 피해자 측에 국선변호사가 붙어서 피해자를 돕도록 되어 있고(물론 피해자는 스스로 변호사를 선임하여 소송대리를 하게 할 수도 있다.) 가해자 측에서는 피해자 국선변호사만 접근 가능할 수도 있다. 그 변호사를 통하여 피해자에게 용서를 구하거나 합의를 해달라고 의사를 전달하기도 한다.

4장

사건 발생 직후부터
재판 끝날 때까지,
전 과정 생중계

- 앞으로 벌어질 일 미리 알아보기 -

- 1 -
조사는 어떻게 시작될까?

신고

피해자에게는 몇 가지 선택지가 있다. 합의나 용서도 있고, 경찰 신고도 있다. 신고가 접수되면 해바라기센터 등 여러 피해자 구조 절차에 따라 사건을 처리해 간다. 신고와 관련해서 기억하고 있을 만한 게 시간, 즉 사건과 신고 사이의 시간 간극이다. 사건 직후 신고하는 것과 사건 발생 후 한참 뒤에 신고하는 것은 피해자 진술의 신빙성에 다소간 영향을 끼칠 수 있다.

고소

신고 대신 고소를 하는 것도 한 가지 선택지가 된다. '신고'는 '사건이 벌어졌다, 조사해 달라'는 의사표시고, '고소'는 '나는 피해를 입었다, 가해자를 처벌해 달라는 의사표시다. 고소인과 신고자 사이에는 법률적으로 차이도 있다. 경찰에서 '우리가 보기에 성범죄가 아니다'라고 판단하여 검찰에 송치하지 않을 때 신고자는 대응할 방법이 없지만 고소인은 검찰에 '이 사건 다시 봐달라'고 요청할 수 있는 등 몇 가지 대응 수단이 있다. 고소를 할 때는 보통 피해자 입장에서 1) 사건을 정리하고 2) 증거를 수집한 뒤 3) 가해자의 범죄 내용과 처벌을 원한다는 내용을 고소장에 적어서 4) 경찰에 접수하게 된다. 고소장은 다음처럼 생겼다.

고소장

고소인   박 ○ ○ (97××××-2×××××6)
         ○주광역시

피고소인 최 ○ ○ (85×××××-1×××××8)
         ○주광역시

성폭력범죄의 처벌등에관한 특례법위반(카메라등이용촬영)등

고소인 박○○는 피고소인 최○○에 대하여 다음과 같이 성폭력범죄의 처벌등에 관한 특례법위반(카메라등이용촬영) 등으로 고소하오니 철저히 수사하시어 법에 따라 엄히 처벌해 주시기 바랍니다.

다 음

1. 고소인과 피고소인과의 관계
피고소인은 이미 혼인한 자로 ○주광역시 ○구 ○○동 215에 있는 주식회사 ○○의 재정부장으로 일하고 있는 자이며
고소인은 2019.5.1.경 위 회사에 입사하여 위 회사 경리직원으로 일하고 있었습니다.
피고소인은 고소인과 2020.6.월경부터 교제하던 중 2021.5월경 고소인은 새로운 남자 친구가 생겨 헤어지자고 하였고 같은 해 6.15.자로 피고소인과의 관계를 정리하기 위해 피고소인으로부터 오는 카카오톡 메시지, 전화, 문자메시지 등을 모두 차단하고 있는 상태입니다.

2. 고소사실요지
피고소인은 ○주광역시 ○구 ○○동 215에 있는 주식회사 ○○의 재정부장으로 일하면서 알게 된, 당시 경리직원으로 일하던 고소인과 2020.6.월경부터 교제하여 오던 중

가. 2021.5.23.경 고소인에 대한 강요미수
2021.5.23. 20:00경 ○주 ○○ ○○○ 21에 있는 '○○회관' 식당에서 만나 식사를 하고 고소인은 피고소인에게 "남자 친구가 생겼으니 이제 그만 만났으면 좋겠다."라고 말하자, 피고소인은 "남자 친구에게 고소인이 다른 남자와 약혼한 사실을 알리겠다."라고 위협하여 "그러면 안 된다."고 만류하였으나 "연락하겠다."고 계속 고집을 부리는 등 위협하다가 위 식당 앞에서 피고소인은 고소인에게 "남자 친구 번호를 알려 달라."고 하여 고소인이 거부를 하였으나 피고소인은 고소인이 갖고 있는 휴대전화(010-××××-××××)를 강제로 빼앗아 남자 친구의 전화번호를 알려고 시도를 하는 등 위 휴대폰에 적힌 고소인의 남자 친구 전화번호를 알려주도록 의무 없는 일을 강요하였으나 고소인이 거부하는 등으로 그 뜻을 이루지 못하여 미수에 그치고

나. 2021.06.01.경 성관계 동영상 촬영

2021.05.31.경 피고소인은 카카오톡 메시지로 고소인에게 "마지막으로 한 번만 1박 2일로 여행을 가주면 더 이상 연락을 하지 않고 앞에 나타나지 않겠다."라는 취지로 요구하여 2021.06.03.경 두 사람은 ○○도 ○○시 ○○동 23에 있는 '○○○○호텔' 703호실에서 1박 2일을 보낸 것을 기화로 같은 날 24:00경 피고소인은 고소인에게 "마지막으로 성관계를 갖자"라고 하여 고소인이 거절을 하였으나 "오늘 있었던 일에 대해 추후 발설하지 않겠다. 발설할 시 고소인의 처분대로 하겠다."라는 내용의 녹음을 조건으로 피고소인과 고소인의 합의하에 녹음을 한 후 피고소인의 요구를 들어 주어 같은 달 4. 새벽경 성관계를 가지는 동안 피고소인의 휴대전화기상 카메라로 고소인 몰래 성관계 동영상을 촬영하고

다. 협박

2021.06.07. 00:45경 고소인과 피고소인의 통화 중 고소인이 피고소인에게 "차단하겠다, 연락하지 않겠다."고 하자, "니네 아버지 전화번호 안다. 아버지한테 니 전화번호 캐물을 거야. 그리고 너와 나의 관계에 대해 다 말할 거야."라고 말하여 고소인과 피고소인 사이의 불륜관계 등을 말할 듯이 해악을 고지하여 협박하는 등 그때부터 2021.06.14. 21:41경까지 5회에 걸쳐 협박하고

범행일람표(생략)

라. 2021.06.13.경 주거침입 미수

2021.06.13. 24:00경 피고소인은 고소인이 연락을 받지 않자 ○○광역시 ○구 ○○○ 24에 있는 고소인의 집으로 찾아와 고소인이 문을 열어주지 않자 약 1시간 동안 현관문 앞에서 문을 두드리며 집으로 들어오려고 시도하였으나 열지 못해 미수에 그치고

마. 2021.06.14.경 촬영물 반포

2021.06.14. 16:10경 피고소인은 고소인의 남자 친구인 정○○의 휴대폰(010-×

×××-××××)의 카카오톡으로 위 호텔에서 몰래 촬영한 고소인과 피고소인과의 성관계 당시의 동영상 녹음한 파일을 보내 도달하게 하고

바. 2021. 06. 17.경 촬영물 등을 이용한 협박
2021. 06. 17. 14:00경 피고소인은 성관계 동영상파일을 카카오톡 메시지로 보내 정○○에게 보내 도달하게 하고 "정숙이가 워낙에 경험이 많아서 (중략)"라는 등의 메시지도 함께 보내 위 정○○으로 하여금 고소인에게 알리도록 하여 고소인을 협박하고

사. 상해
위와 같이 고소인은 2021. 06. 7.경부터 2021. 06. 17.경까지 사이에 SNS나 이메일을 통한 욕설과 협박, 남자 친구에게 성관계 동영상 전송, 부모님이 살고 있는 본가(○○ ○○군 ○○면 ○○리 3432)까지 방문한 사실 등으로 극심한 스트레스와 공포심으로 자살 충동을 자주 느끼게 하여 약 2개월 이상의 입원치료를 요하는 외상 후 스트레스 장애를 입게 하여 상해를 가하였음.

3. 이 사건 발생 경위
(생략, 육하원칙에 따라 사건의 발생 순서를 증거와 함께 자세하게 설시)

4. 적용법조
위와 같이 피고소인의 위법행위 중 고소인에 대한 강요미수는 형법 제324조 제1항, 제324조의 5에, 동의 없는 성관계 동영상 촬영죄는 성폭력범죄의 처벌등에 관한 특례법 제14조제1항, 협박은 형법 제283조 제1항, 촬영물 반포는 성폭력범죄의 처벌등에 관한 특례법 제14조 제2항, 촬영물등을 이용한 협박은 성폭력범죄의 처벌등에 관한 특례법 제14조의2 제1항에, 주거침입 미수는 형법 제319조 제1항, 제322조에 상해는 형법 제257조 제1항에 의율하여 철저히 수사, 진실을 밝혀 엄히 처벌하여 주시기 바랍니다.

5. 결론

위와 같이 피고소인은 고소인에게 계속 성폭력을 가하여 고소인에게 막대한 정신적, 육체적 피해를 가하여 극단적 선택까지 수차례 고려하게 만들고 있는 파렴치범으로, 신속히 비밀스럽게 수사하시어, 이 사회에서 영원히 격리하는 등 엄벌에 처해 주시기 바랍니다.

증 거 방 법

1. 증제1호증의 1. 녹취록(2021.06.07.)
           2. CD
1. 증제2호증의 1. 블랙박스 녹화 영상(2021.06.17.)
           2. CD

  (중략)

1. 증제18호증 진단서(2021.06.24.)

첨 부 서 류

1. 위 증거방법　　　　각 1통.
2. 소송위임장　　　　1통. 끝.

      2021. 07. .

            고소인 박○○의 소송대리인

                    변호사 노 인 수

        ○○○ 경찰서장님 귀중

인지

이밖에도 사건이 진행되는 또 한 가지 방법이 '인지'다. 수사기관에서 사건을 알아차리는 것을 '인지'라고 하는데 설령 신고나 고소, 고발이 없어도 경찰에서 사건을 인지하면 1) 증거를 수집하고 2) 피해자와 가해자를 조사하여 사건화한다(이를 '입건'이라고 한다.). 경우에 따라 풍문 등에 의하여 혐의를 수집하고 피해자를 설득하여 범죄를 입증해가는 경우도 있다.

: 성범죄를 경험한 피해자의 심리 :

피해자의 심리에 대해서 조금이라도 알아두는 게 필요한 이유는, 특히 사건 초기라면 성범죄의 해결 여부가 피해자에게 달려 있기 때문이다. 피해자가 가해자를 용서하거나 문제 삼지 않으면 사건이 되지 않는다. 반면 피해자가 가해자의 처벌을 바라고 있고, 그래서 신고, 고소, 고발 등 어떤 통로로든 경찰에 사건이 알려지면 그때 비로소 '성범죄 사건'이 되겠다.

피해자 심리와 관련해서 일반적으로 알려져 있는 내용이 있다. 성범죄 피해자는 사기나 절도 등 일반 재산범죄 피해자나 혹은 상해나 폭행과 같은 폭력범죄 피해자와 다른 양상을 보여준다는 점이다. 〈성폭력 피해자 치유를 위한 상담 매뉴얼〉(현혜순, 이승은, 한국여성상담센터,

2007. pp.14~33. 글 수정 보완)을 보면 피해자의 심리에 대한 설명이 있다. 이 설명으로 모든 성범죄 피해자 심리를 알 수 있다고 말하고 싶은 건 아니다. 그럼에도, 뭔가 도움은 될 것 같아서 소개한다.

성범죄는 통상 여성의 통제력, 정체성, 관계성, 자기 가치감을 침해하는 행위이다. 그 결과 피해자를 물건으로 취급하는 '대상화'와 여성의 자존감과 자기됨의 주체성을 부인하게 된다. 또 여성에게 소중하다고 여겨지는 '여성성'의 상징인 신체부위의 공격이기 때문에 그 피해는 상당히 심각할 수 있으며 성적 수치심을 갖게 된다.

- **힘의 관점**(무력감, 통제력 상실)

성범죄 상황은 피해자가 통제할 수 없는 상황이고 자신의 안전을 스스로 지킬 수 없는 상황이다. 피해자는 타인에 의해서 스스로의 안전을 통제할 수 없는 상황을 경험하고 그 속에서 자신의 성적 결정권과 안전이 박탈되는 경험을 한다. 특히 어린 시절의 성범죄 피해는 어린 시절의 의지, 욕구, 자기 효능감이 지속적으로 꺾여온 과정이기 때문에 무력감과 관련이 깊다(Finkelhor & Brown, 1985). 결국 피해자는 외적 환경이나 내적 욕구에 대한 통제력, 성에 대한 통제력(성에 대한 선택 결정권)을 느끼지 못하게 된다.

그 결과 통제력의 상실은 무력감으로 이어진다. 특히 학습된 무력감은 피해자들에게 유사한 상황에서 아무것도 할 수 없는 무방비 상태를 경험하게 하고, 반복적인 성범죄 피해에 노출하게 된다. 이런 반복적인 피해상황 노출은 피해 상황에서 아무것도 하지 않는 스스로에 대한 자책감과 우울감, 또 다시 피해에 노출될 것 같은 불안감 등의 후유증을 가져 온다.

또 자신이 무력하게 피해를 당하고, 자신의 피해상황을 은폐하고 침묵을 강요한 가해자와 주위 사람들에게 분노한다. 위 분노감정이 가해자에게 초점이 맞춰지지 않고 피해자 자신에게로 향할 경우에는 심각한 자살 등 자해행동이나 일탈행동이 발생할 수 있다.

- **자기비난의 감정(수치심, 자책감, 순결상실감)**

어린 시절에 성범죄 피해를 당한 피해자들은 자신이 성범죄 피해 사실을 말했기 때문에 가족들이 힘들어졌고, 자신에게 이런 일이 생기는 것도 자신이 나쁜 아이이기 때문에 발생했다고 생각할 수 있다. 더구나 피해사실을 말했을 때 주위 가족들이 피해자를 비난하거나 피해자의 이야기를 들어 주지 않았을 때 자기비난과 자책감은 더 커질 수 있다. 우리 사회의 성에 대한 왜곡된 통념 때문에 피해자들은 피해를 당하였음에도 자신이 더럽혀지거나 여성으로서의 가치를 잃었다고 생각하기 쉽다. 더구나 자신이 좀 더 저항을 했더라면 혹은 자신이 특정행동이나 태도를 취하지 않았다면 성폭력이 발생하지 않았을 것이라고 자기 비난을 하게 된다.

그 결과 자신의 성범죄 피해가 인권을 침해받은 폭력 행동에 의한 것이라기보다는 자신이 순결을 빼앗긴 것은 부끄러운 일이고, 성범죄로 자신이 부끄러운 존재가 되었다고 생각하기 때문에 수치심을 경험한다. 수치심은 피해자의 자존감을 떨어뜨리는 결정적인 요인이 된다.

또 성범죄가 가해자에 의해 저질러졌지만 피해자들은 자신이 성범죄를 유발하거나 성범죄에 자신이 함께 가담했다는 생각으로 스스로 죄책감을 경험할 수 있다. 죄책감은 성범죄사건을 은폐하고 피해자 자신을 부끄러운 존재로 생각하도록 할 수 있다.

더구나 여성의 순결의식을 강요하는 사회에서는 성범죄로 인한 공격을 순결을 상실했다는 식으로 이해한다. 피해자가 범죄 피해를 당했다는 것보다는 순결을 상실했다는 부분을 더욱 문제시하게 되고 순결을 상실한 여성은 문제 있거나 결함이 있는 것으로 판단하는 기준이 된다. 이런 사회 통념은 피해자들에게 성범죄로 인해 자신이 더럽혀지거나 흠집이 났고 다른 사람에게 비정상적인 사람으로 보일 것 같다는 불안과 좌절감을 경험한다.

- 중요성의 관점(자기 가치감의 저하)

피해자들은 피해 경험시 자신의 가치에 대해서 사람이 아닌 다른 무엇으로 느꼈기 때문에 자신을 중요하게 보지 못한다. 이들은 자신을 가해한 가해자의 욕구가 피해자인 자신의 욕구보다 더 중요하다고 생각한다. 특히 친족 성범죄가 일어났을 때 가족들이 아무 일도 없다는 듯이 행동하거나 부인한다면 피해자는 더 큰 혼란을 느끼게 된다. 가해자, 가족들의 부인은 피해자의 실제 경험을 부인하게 되므로 무엇이 진실이고 무엇이 아닌지를 분간하기가 어렵게 만든다. 성인이 되어서도 자신의 성범죄 피해경험에 대한 중요성을 평가하는 것에 의문을 제기하게 된다. 더구나 거절이나 학대에 대한 두려움 때문에 자신이 중요한 존재로 인식되기를 거부한다. "내가 중요하면 눈에 띄게 되고 그렇게 되면 다시 피해를 당하게 될지도 몰라"라는 생각을 하게 되고 이런 생각들은 자신이 중심이 되고 중요하게 되는 과정을 회피하게 한다.

그 결과 성범죄 상황에서 피해자들은 자신이 어떠한 인격도 없는 하나의 물건으로 취급되는 경험을 하게 된다. 특히 아동기에 반복된 성범죄 피해는 피해자에게 느낌과 생각과 선택을 할 수 있는 인간이 아니라 가해자의 요구를 들어줘야 하는 욕구의 대상으로 인식됨으로써 스스로에 대한 자존감이나 가치감을 느낄 수 없다. 특히 성범죄 피해자의 경우 통념에 의한 자기 비난이나 순결상실감과 연결되어 자신은 더 이상 가치 있거나 소중한 존재가 아니라고 생각하게 되어 심각한 자존감의 손상을 입게 된다.

- 관계성의 관점(소외감, 고립감)

성범죄 피해는 대인관계에 영향을 미친다. 이들의 대인관계는 고립에서부터 극도의 정서적 의존까지 다양한 양태를 보인다. 극도의 의존적인 피해자들은 너무나 방임되는 것이 두려워 어떠한 정서적 애착일지라도 심지어 학대자일지라도 혼자 있는 것보다는 낫다고 생각한다. 이 경우 타인을 즐겁게 함으로써 관계를 유지하려 하고 개인적 욕구는 대인관계의 유대욕구보다 이차적이다. 이들은 정서적 친밀감을 원하지만 실제적으로는 정서적 친밀감을 두려워하기도 한다. 친밀하게 되면 상처를 입을 것이라고 믿기 때문이다. 이러한 불가피한 고통을 피하기 위해 그들은 정서적으로 소원한 관계를 유지하게 되고 스포츠, 일로써 사람들과 유대관계를 유지하게 되고 때로는 이러한 유대마저 전혀 맺지 않기도 한다. 또한 자신의 성범죄 피해사실이 다른 사람에게 알려지는 것에 대한 불안감 때문에 타인과의 관계 형성도 소극적이 될 수 있고 성범죄 피해를 당했다는 것은 '남다른 문제'를 경험한 것이기 때문에 자신은 남들과 다르고 그렇기 때문에 사람들과 어울리기 어렵다고 생각할 수 있다. 그 결과 대인관계에서의 소외감과 고립감을 경험하게 되고 위축되고 자신감 없는 대인관계를 갖게 되거나 아예 대인관계를 회피할 수도 있다.

특히 아는 사람에 의해 성범죄 피해를 받는 경우 자신이 지금까지 가지고 있던 대인관계의 패턴이나 관계 형성의 방법들, 가해자가 아닌 다른 사람들에 대한 신뢰에까지 영향을 미친다. 누구를 믿어야 할지, 상대방이 나에게 피해를 줄려고 하는 것은 아닌지에 대해 민감하게 된다. 더불어 사람에 대한 신뢰나 믿음, 대인관계를 형성하고 있는 자신의 판단이나 선택기준들에 혼란이 오면서 대인관계의 어려움을 경험한다.

- 주체성의 관점(정체성)

성범죄 피해자들은 성적 대상화의 당사자로서 극단적인 불평등의 관계에 놓이게 하며 피해자는 자신의 욕구, 의사, 감정은 무시되고 가해자의 욕구대상으로 성적 대상물이 되는 과정이 되어 피해자는 자신의 존재 가치가 부정되고 자신의 무권력을 확신하게 된다. 이런 과정에서 피해자에게 자신이 인간 존재로서 가치가 있다는 것, 자신의 삶에 주인이 자신이라는 주체성의 손상을 가져 올 수 있다. 그리고 피해자 스스로 일관적인 태도로 자신을 보지 않기 때문에 신뢰감을 갖고 타인과 상호작용을 하기에도 어려움이 생긴다.

– 피해자 치유프로그램의 주요 쟁점

그래서 피해자들의 분노를 어떻게 다룰지, 피해자들의 자기 비난을 어떻게 극복할지, 순결상실감을 어떻게 다룰지, 성범죄에 대한 의미를 어떻게 재구성할지, 성범죄로 인한 손상 받은 자존감과 정체성을 회복할 수 있도록 피해자의 역량을 어떻게 강화할지 등이 주요 쟁점이 되고 있다.

: 합의를 위해 피해자를 만날 때 :

원칙

피해자가 입은 상처나 피해는 가해자가 생각하는 것보다 훨씬 클 수 있다. 이 때문에 용서를 구하는 과정에서 자칫 2차 피해가 발생할 수 있다. 따라서 피해자에게 만남을 제안할 때는 1) 피해자의 현재 상황, 특히 정신적 혼란 등을 정확히 이해하고 2) 주변을 통해서 접근해야 한다. 합의에 급급하다가 또 다른 나쁜 정상을 만들 수 있으므로 조심하고 또 조심할 일이다.

만날 때 태도

접근할 때는 이렇게 하자. 1) 적대적인 태도는 위험하다. 최소한 호의적인 인상이 남도록 주의한다. 2) 사실(fact)에 대해서는 신중해야 하지만 의견(opinion)에서는 너그러울 필요가 있다. '사실'은 앞으로 다투게 될 일이므로 함부로 인정하면 곤란하다. 그러나 상대가 '의견'을 말할 때는 즉각적으로 반론을 펼치려고 하지 말고 일단 듣는 게 좋다. 실제로 '의견'은 수사기관이나 법원에서 하는 것이기 때문에 피해자가 어떤 '의견'을 주장하더라도 그게 그대로 받아들여지지는 않는다. 대신 '사실'과 관련해서는 쉽게 동의하지 않도록 주의한다. 3) 설사 내가 범죄를 부정하거나 무죄를 주장하는 입장이더라도 언제든지 합의할 수 있는 상황을 만든다는 생각으로 임한다. 왜냐하면 나의 시각이 언제나 옳은 것은 아니고 나한테만 증거가 있는 것도 아니기 때문이다. 4) 합의를 한다는 말은, 상대방 주장을 다 인정하는 게 아니냐고 생각하기도 하는데 그렇지 않다. 경우에 따라 '수사기관이나 법원의 판단을 따르기로 하자'고 하고 합의를 추진하는 경우도 있다. 따라서 합의가 상대 주장을 인정하고 받아들이는 것만이 아님을 기억하고 합의에 나서는 게 좋다. 5) 피해자가 어떤 합의 사항을 들고 올지 모르므로 최종적으로 합의서 작성 전에 변호인과 만나 조율한다는 생각으로 임한다.

실제 접촉 방법

현실적으로 피해자를 만날 수 있는 방법은 제한되어 있다. 어떤 방법이 가능할까?

첫째, 사건이 발생한 현장이나 근접한 시간이라면 피해자 접촉이 용이할 수 있다.

둘째, 사건 발생 후 시간이 경과하면 피해자 접촉이 쉽지 않다. 보통의 경우는 피해자의 사선변호인이나 국선변호사가 선정된 경우, 변호인을 만나는 게 일반적이다.

셋째, 수사단계라면 수사관이나 검사에게 '합의 의사가 있으니 피해자 측에 제 뜻을 전달해 달라'고 요청할 수 있다.

넷째, 검찰 수사단계에서는 범죄피해자 보호법에 따라 형사 조정을 신청할 수 있다. 조정 과정에서 합의에 이를 수 있고, 검사는 처리결과에 이런 내용을 반영할 수 있다.

다섯째, 재판과정이라면 재판장에게 피해자와 합의할 수 있도록 피해자의 인적 사항을 요청할 수 있다. 그러면 재판장은 피해자의 동의를 얻어 인적 사항을 알려주기도 한다. 또 법원조직법제54조의3 양형조사절차를 활용하여 양형조사관으로 하여금 피해자와의 합의의사 여부 등을 타진할 기회를 갖기도 한다.

여섯째, 최종적으로 합의에 이르지 못하면 부득이 공탁을 하기도 한다. 과거에는 피해자의 인적사항을 모르면 공탁이 힘들었으나 최근

법 개정으로 피해자의 인적사항을 모르더라도 공탁이 가능하도록 했다(단, 2022년 12월 9일부터 시행된다.).

합의서 양식

다음은 합의서의 가장 일반적인 양식이다. 참고하자.

고소취소장(합의서)

사　　건 : 2019 고합457호 성폭력범죄의 처벌등에 관한 특례법
　　　　　 (카메라등이용촬영)
고 소 인 : 김○○
피고소인 : 서○○

　위 사건에 관하여 고소인은 피고소인을 성폭력범죄등으로 고소하였는바 피고소인은 고소인에게 머리 숙여 사과하고, 별도로 각서를 작성하여 제출하였으며, 배상금으로 9,000만 원을 지급하였는바, 이제 당사자 사이에 원만히 합의하여, 고소인은 피고소인에 대하여 처벌은 바라지 아니하고 이후 이 사건으로 인한 일체의 민,형사상 소송을 제기하지 아니하기로 하고, 이 사건 고소를 취소하오니 피고소인에 대하여 적극 선처바랍니다.

첨부 : 1. 각서(서○○)　　　1통.
　　　 2. 인감증명서(김○○)　1통. 끝.

　　　　　　　　　　　　　　　　2020. 01.　.
　　　　　　　　　　　　　　　고소인
　　　　　　　　　　　　　　　성명:
　　　　　　　　　　　　　　　주민등록번호:
　　　　　　　　　　　　　　　주소: 생략

부산지방법원 서부지원 제3형사부 귀중

2차 가해 주의하자

어떤 게 2차 가해가 될까? 피해자를 만날 때 주의해야 할 점을 아래 매뉴얼로 알아보자(서울시 직장 내 성희롱·성폭력 사건처리매뉴얼, 2020년 11면).

구분	내용
사용자, 관리자, 상담자에 의한 2차 가해(피해)	• 성희롱사건의 접수 또는 조사내용을 유포하는 행위 • 사건 피해자 보호조치를 취하지 않는 행위 • 성희롱사건의 피해자 조사시 부적절한 질문이나 태도를 보이는 행위 • 성희롱사건에 대해 피해자를 비난하거나 의심하는 행위 • 성희롱사건에 대한 관용적인 태도를 취하는 행위 • 행위자를 옹호하는 의견이나 행위 • 피해자와 행위자 간의 화해나 합의를 종용하는 행위 • 사건조사에 협력한 직원, 고충상담원 등 사건처리를 조력하는 사람에 대한 불이익조치
행위자에 의한 2차 가해(피해)	• 사건 후 피해자에게 책임을 떠넘기는 행위 • 조직구성원들에게 피해자 신원이나 사건내용을 유포하는 행위 • 관리자에게 사건을 피해자보다 먼저 보고하고 자신에게 유리하게 설명하는 행위 • 피해자에 대한 험담이나 비난여론을 조성하는 행위 • 조직 내 구성원들을 통해 피해자를 고립시키거나 고용상의 불이익을 야기하는 행위 • 피해자 또는 피해자 가족에게 합의를 요구하는 행위
동료 등 조직구성원에 의한 2차 가해(피해)	• 피해자의 신원이나 사건내용을 주변에 알리거나 SNS에 유포하는 행위 • 피해자에 대한 험담이나 비난하는 행위 • 피해자의 외모나 품행 등을 문제 삼는 행위 • 피해자의 사생활을 캐거나 이를 문제 삼는 행위 • 피해자의 대응태도를 평가하거나 혹은 이를 비난하는 행위 • 피해자에게 행위자를 용서하라고 강권하거나 화해 종용하는 행위 • 행위자를 지지하는 여론을 조성하거나 옹호하는 행위

-2-
경찰 조사는 어떻게 이루어질까?

조사는 무조건 경찰로부터 시작된다

2021년 1월 1일자로 검사와 경찰의 수사권이 조정되어 수사할 분야가 구분되었다. 이에 따라 성범죄의 1차 수사는 경찰이 맡는다(검찰에 고소 등을 해도 결국 사건은 경찰로 보내진다.). 단, 구속영장이 필요하거나 사람의 신체, 주거, 관리하는 건조물, 자동차, 선박, 항공기 또는 점유하는 방실에 대하여 압수수색 또는 검증영장이 발부된 경우는 제외한다.

수사의 개시(입건)

아래 중 어느 하나에 해당하는 행위가 발생하면 수사가 개시된 것이다.

1. 피혐의자의 수사기관 출석조사

2. 피의자신문조서의 작성

3. 긴급체포

4. 체포·구속영장의 청구 또는 신청

5. 사람의 신체, 주거, 관리하는 건조물, 자동차, 선박, 항공기 또는 점유하는 방실에 대한 압수·수색 또는 검증영장(부검을 위한 검증영장은 제외한다)의 청구 또는 신청

마치 에스컬레이터에 탄 것처럼 일단 입건이 되면 시간은 어떤 식으로든 진행된다. 때가 되면 사법경찰관이 송치할지 말지 결정을 내리게 되고 다음, 검사가 기소할지 말지 결정하게 되며, 최종적으로 법원의 재판이 기다린다.

고소장을 받지 않는 경우

고소든 고발이든 경찰에서 받아주지 않을 때가 있다. 다음과 같은 경우다(범죄수사규칙제42조).

1. 고소·고발사실이 범죄를 구성하지 않을 경우

2. 공소시효가 완성된 사건

3. 동일한 사안에 대하여 이미 법원의 판결이나 수사기관의 처분이 존재하여 다시 수사할 가치가 없다고 인정되는 사건. 다만, 고소·고발인이 새로운 증거가 발견된 사실을 소명한 때에는 예외로 함

4. 피의자가 사망하였거나 피의자인 법인이 존속하지 않게 되었음에도 고소·고발된 사건

5. 반의사불벌죄의 경우, 처벌을 희망하지 않는 의사표시가 있거나 처벌을 희망하는 의사가 철회되었음에도 고소·고발된 사건

6. 고소 권한이 없는 자가 고소한 사건

7. 고소 제한규정에 위반하여 고소·고발된 사건

수사 전 조사 : 내사

물론 경찰은 수사 개시(입건) 전이라도 조사를 할 수 있다. 이를 '내사'라고 부른다. 내사는 주로 범죄에 관한 이야기를 들어서 '인지'할 때 이루어진다. 신문이나 출판물, 방송, 인터넷, 익명의 신고, 풍설 등으로 어떤 사건이 있다는 얘기를 들으면 정식 수사 단계가 아니어도 조사를 진행하게 된다. 주로 피해신고가 있거나 변사자가 발견된 경우 내사가 진행된다. 특히 경찰관은 범죄로 인한 피해신고가 있으면 관할구역 여부를 불문하고 모두 접수하도록 되어 있다. 피해 신고가 접수되면 피해신고서나 진술서 혹은 진술조서(신고자가 피해신고서 또는 진술서에 그 내용을 충분히 기재하지 않았거나 기재할 수 없을 때)를 작성하게 한다. 단, 범죄에 의한 피해가 아님이 분명할 경우는 제외한다.

내사한 사건은 어떻게 될까? 혐의가 뚜렷하면 입건을 하게 되고, 그렇지 않으면 내사를 끝낸다. 자세한 처리 방식은 다음과 같다(경찰 수사규칙 제19조).

1. 입건 : 범죄의 혐의가 있어 수사를 개시하는 경우

2. 내사종결 : 경찰수사규칙 제108조 제1항 제1호부터 제3호까지의 규정에 따른 사유가 있는 경우

3. 내사중지 : 피혐의자 또는 참고인 등의 소재불명으로 내사를 계속할 수 없는 경우

4. 이송 : 관할이 없거나 범죄특성 및 병합처리 등을 고려하여 다른 경찰관서 또는 기관(해당 기관과 협의된 경우로 한정한다)에서 내사할 필요가 있는 경우

5. 공람종결 : 진정·탄원·투서 등 서면으로 접수된 신고가 다음 각 목의 어느 하나에 해당하는 경우

　가. 같은 내용으로 3회 이상 반복하여 접수되고 2회 이상 그 처리 결과를 통지한 신고와 같은 내용인 경우

　나. 무기명 또는 가명으로 접수된 경우

　다. 단순한 풍문이나 인신공격적인 내용인 경우

　라. 완결된 사건 또는 재판에 불복하는 내용인 경우

　마. 민사소송 또는 행정소송에 관한 사항인 경우

성범죄 신고 접수는?

성범죄의 경우 신고할 수 있는 통로가 다양하다. 1) 사이버경찰 성폭력상담신고, 2) 성폭력피해상담소, 3) 여성긴급전화, 4) 해바라기센터, 5) 경찰청 112, 6) 검찰청 1301 등이다. 경찰은 단순히 신고 접수와 조사만 하고 끝내지 않고 각 지역별 해바라기센터를 통해 의료지원, 상담지원, 수사 및 법률 지원 등을 해준다. 지원되는 내용은 다음과 같다.

362일 24시간 여성경찰관 근무

전담 여성경찰관이 362일 24시간 근무하여 성폭력, 가정폭력, 성매매 피해 사건의 상담 및 피해조사가 상시적으로 가능합니다. 고소와 관련한 전화 및 방문 상담이 상시 가능하며 고소 절차에 대해 상세히 안내해드립니다.

피해자 진술조서 작성

피해자의 인지·심리상태를 고려한 여성경찰관의 전문적인 진술조사기법 활용과 피해자의 요청이 있는 경우 신뢰자로서 상담사가 동석하는 등 최대한 편안한 분위기에서 진술할 수 있도록 지원합니다.

수사기관과의 공조수사

피해자 조사 및 진술녹화 후 신속히 관할 경찰서 및 경찰청 광역수사대로 수사연계하여 가해자 조기검거에 기여합니다. 피해자 증거채취 후 국립과학수사연구소에 신속히 감정의뢰 합니다. 센터에서 피해와 관련하여 취한 일련의 조치들에 대하여 자료를 요청할 경우 수사기관이나 재판정에 자료를 제출합니다.

진술녹화실 운영

성폭력 피해자가 16세 미만이거나 장애가 있는 경우 의무적으로 진술 내용과 조사과정을 녹화하여 피해자가 진술을 위해 경찰서나 법원 등에 재차 방문하는 일이 없도록 지원합니다.

※ 성인인 경우라도 피해자 안정과 조사 횟수의 최소화를 위해 피해자가 원할 경우 진술녹화를 적극 실시합니다.

아동진술분석전문가 참여

성폭력 피해 아동 및 지적장애인의 진술녹화 시 진술의 신빙성을 뒷받침하기 위해 아동진술분석전문가가 관찰·입회하고 있습니다. 아동진술분석전문가는 아동의 진술을 분석하고 이에 대한 보고서를 작성하여 검찰에 제출함으로써 아동진술의 신뢰성을 높여주는 데 기여합니다.

이런 지원 방식 때문에 피해자는 경찰서가 아닌 해바라기센터에서 별도로 조사를 받는 경우가 많다. 특히 성폭력 범죄의 경우 성폭력범죄의 수사 및 피해자 보호에 관한 규칙(시행 2021.1.1.), 경찰청훈령 제996호에 전담수사제, 현장조치, 조사, 변호사선임의 특례, 신뢰관계자의 동석, 영상녹화 시 유의사항, 진술조력인의 참여 등에 대해 자세한 규정을 두고 있다.

출석 요구

신고가 되고 접수가 끝나면 경찰에서 피해자 조사를 끝내고 참고인을 조사하거나 기타 증거 등을 수집한 후 피고소인에게 전화를 건다. 조사해야 하니 다녀가라. 일명 출석 요구다. 미리 준비가 되어 있다면 그에 맞게 움직이면 되겠지만 준비 없이 갑작스레 전화를 받았다면 아마도 매우 당황스러운 순간이겠다. 수사기관이 흐름을 주도하기 때문에 능동적 대처도 쉽지 않다. 어떻게 해야 할까? 우선 가장 급한 게 시간 확보겠다. 다행히 출석 요구를 할 때는 몇 가지 사항에 유의하라고 되어 있다(《검사와 사법경찰관의 상호협력과 일반적 수사준칙에 관한 규정 제19조》).

1. 출석요구를 하기 전에 우편·전자우편·전화를 통한 진술 등 출석을 대체할 수 있는 방법의 선택 가능성을 고려할 것
2. 출석요구의 방법, 출석의 일시·장소 등을 정할 때에는 피의자의 명예 또는 사생활의 비밀이 침해되지 않도록 주의할 것
3. 출석요구를 할 때에는 피의자의 생업에 지장을 주지 않도록 충분한 시간적 여유를 두도록 하고, 피의자가 출석 일시의 연기를 요청하는 경우 특별한 사정이 없으면 출석 일시를 조정할 것
4. 불필요하게 여러 차례 출석요구를 하지 않을 것

현실적으로 이걸 다 고려하여 출석요구를 할지는 모르겠으나 그래도 고려하라고 되어 있으니 시간 확보에 도움이 될 수 있다. 수사관에게 연락이 오면 언제 출석해야 할지 조율하게 될 텐데 시간을 넉넉히 잡는 게 중요하다(물론 아무 이유 없이 넉넉히는 불가능하고, 납득할 만한 이유가 있다면 좋겠다.). 만일 수사관의 '언제가 좋겠냐?', '이 무렵 가능하냐?'는 질문에 답변하기 곤란하다면 변호사와 상의한 후 답을 주겠다고 말하는 것도 좋은 방법이다. 조사 날짜를 잡았는데 사정이 생길 수가 있다. 다행히 수사관이 동의를 해주면 연기가 가능하겠지만 만일

동의를 받지 않고 약속시간을 어겼다면 곤란하다. 왜 곤란할까? 약속 당일 모습을 드러내지 않으면 수사관은 불출석 보고서를 작성하게 되고, 이는 체포영장이나 구속영장의 청구사유가 될 수 있다. 만일 부득이하게 못 가게 되면 사전에 연락하자.

참고로, 출석요구를 할 때는 피의 사실(당신이 어떤 점에서 의심을 받고 있는지 그 내용)을 구체적으로 적은 출석요구서를 발송하게 된다. 단, 빠른 시일 안에 출석을 요구해야 하는 등 사정이 있을 때는 전화, 문자메시지 등의 방법으로도 출석을 요구할 수 있다.

만나기 전 준비 사항

경찰에서 불렀다고 그냥 나가는 사람은 없겠다. 이제부터 뭘 해야 할까? 우선 경찰에 정보공개를 요구하여 고소장을 사본으로 받아 볼 수 있으면 이를 참고하여 의견서를 작성해 제출한다. 그때 죄가 없다면 죄가 없다는 주장을 해야 할 텐데 맨 입으로 그냥 주장한다고 다 들어줄까? 아니다. 증거가 필요하다. 반대로 죄가 있다면, 즉 무죄 주장을 하지는 않을 예정이라면 정상을 좋게 만들 필요가 있겠다. 합의 등이 필요하다는 얘기겠다. 여기서는 죄가 없다고 주장하고, 어떤 증거를 제출할 수 있는지 알아보자.

증거 1. 동영상, 녹음, 사진

성범죄 과정을 촬영한 동영상이나 녹음테이프가 있는가? 이런 증거는 직접증거로 중요하다. 다만 이런 증거가 있더라도 무조건 다 증거로 받아주는 건 아니고, 불법적으로 만들어진 증거가 아닌지 검증하는 과정을 거치게 된다. 만일 통과 못하면? 증거로 받아주지 않는다. 예를 들어 동영상이나 녹음테이프의 경우 당사자가 촬영하거나 녹음하는 것은 괜찮지만 제3자가 타인 사이의 대화나 장면을 녹음, 촬영하는 것을 불법이 되어 증거로 쓸 수 없다.

● 대법원 2014. 5. 16. 선고 2013도16404 판결 [통신비밀보호법위반]

통신비밀보호법 제3조 제1항은 법률이 정하는 경우를 제외하고는 공개되지 아니한 타인 간의 대화를 녹음 또는 청취하지 못하도록 정하고 있고, 제16조 제1항은 제3조의 규정에 위반하여 공개되지 아니한 타인 간의 대화를 녹음 또는 청취한 자(제1호)와 제1호에 의하여 지득한 대화의 내용을 공개하거나 누설한 자(제2호)를 처벌하고 있다. 이와 같이 공개되지 아니한 타인 간의 대화를 녹음 또는 청취하지 못하도록 한 것은, 대화에 원래부터 참여하지 않는 제3자가 그 대화를 하는 타인들 간의 발언을 녹음 또는 청취해서는 아니 된다는 취지이다. 따라서 3인 간의 대화에서 그중 한 사람이 그 대화를 녹음 또는 청취하는 경우에 다른 두 사람의 발언은 그 녹음자 또는 청취자에 대한 관계에서 통신비밀보호법 제3조 제1항에서 정한 '타인 간의 대화'라고 할 수 없으므로, 이러한 녹음 또는 청취하는 행위 및 그 내용을 공개하거나 누설하는 행위가 통신비밀보호법 제16조 제1항에 해당한다고 볼 수 없다(대법원 2006. 10. 12. 선고 2006도4981 판결 등 참조).

● 통신비밀보호법 제4조(불법검열에 의한 우편물의 내용과 불법감청에 의한 전기통신내용의 증거사용 금지)

제3조의 규정에 위반하여, 불법검열에 의하여 취득한 우편물이나 그 내용 및 불법감청에 의하여 지득 또는 채록된 전기통신의 내용은 재판 또는 징계절차에서 증거로 사용할 수 없다.

한 가지 덧붙이면 증거로 못 쓰기만 하는 게 아니고, 민사적으로 책임을 질 수도 있음을 기억하자.

● 수원지방법원 2013. 8. 22. 선고 2013나8981 판결 [손해배상(기)]

사람은 누구나 자신의 음성이 자기 의사에 반하여 함부로 녹음되거나 재생, 녹취, 방송 또는 복제·배포되지 아니할 권리를 가지는데, 이러한 음성권은 헌법 제10조 제1문에 의하여 헌법적으로도 보장되고 있는 인격권에 속하는 권리이다. 또한, 헌법 제10조는 헌법 제17조와 함께 사생활의 비밀과 자유를 보장하는데, 이에 따라 개인은 사생활 활동이 타인으로부터 침해되거나 사생활이 함부로 공개되지 아니할 소극적인 권리는 물론, 오늘날 고도로 정보화된 현대사회에서 자신에 대한 정보를 자율적으로 통제할 수 있는 적극적인 권리도 가진다(대법원 1998. 7. 24. 선고 96다42789 판결, 대법원 2006. 10. 13. 선고 2004다16280 판결 참조). 그러므로 피녹음자의 동의 없이 전화통화 상대방의 통화내용을 비밀리에 녹음하고 이를 재생하여 녹취서를 작성하는 것은 피녹음자의 승낙이 추정되거나 정당방위 또는 사회상규에 위배되지 아니하는 등의 다른 사정이 없는 한 헌법 제10조 제1문과 제17조에서 보장하는 음성권 및 사생활의 비밀과 자유를 부당하게 침해하는 행위에 해당하여 불법행위를 구성한다. 위 침해는 그것이 통신비밀보호법상 감청에 해당하지 않는다거나 민사소송의 증거를 수집할 목적으로 녹음하였다는 사유만으로는 정당화되지 아니한다.

증거 2. CCTV, 블랙박스

아마도 성범죄 사건에서 가장 흔히 등장하는 증거겠다. CCTV와 블랙박스로 확인하는 대표적인 게 있다. 피해자나 피의자가 당시 술에 취해 있었는지, 몸의 행태가 흐트러지지 않았는지 등이다. 영상을 보면 제대로 걷고 있는지 아닌지 비교적 쉽게 판별이 가능하다. 이 때문에 사건이 나면 CCTV나 차량 블랙박스를 확보하는 게 급선무가 된다. CCTV마다 조금씩 다르겠지만 일반적으로 CCTV 등의 영상 보유 기간은 30일이다.

표준개인정보보호지침 제41조(보관 및 파기)
영상정보처리기기운영자가 그 사정에 따라 보유 목적의 달성을 위한 최소한의 기간을 산정하기 곤란한 때에는 보관 기간을 개인영상정보 수집 후 30일 이내로 한다.

경찰청 영상정보처리기기운영규칙(예규544호) 제10조(보유 및 파기)
영상정보처리기기 운영자는 보유기간에 대하여 다른 규정이 있는 경우를 제외하고는 수집한 개인영상정보를 30일간 보유한다. 다만, 수사사 무실, 유치장의 경우에는 90일간 보유하여야 한다.

증거 3. 통화내역, 결제내역

피해자와 가해자가 사건이 벌어진 때나 혹은 전후로 통화를 했을 수 있다. 통화를 했다는 건 자체로 대화 의사가 있었음을 의미할 수 있다. 통신업체는 보통 6개월의 범위에서 조회가 가능하다. 법원을 통해 '사실조회촉탁'을 하면 1년까지도 조회할 수 있다. 이 기간을 넘으면 물론 불가능하다. 카드 등 결제내역을 조회하여 제출하는 것도 중요할 수 있다. 결제내역은 내가 어떤 시각에 어디에 있었음을 증명할 수 있는 수단이기 때문이다.

증거 4. 메시지

휴대폰에 남아 있는 문자 메시지나 카카오톡 메시지도 중요한 증거다. 사건화 되기 전이라도 만일 상대가 이상한 조짐을 보인다면 당시 사정을 메시지로 보내서 확실히 해두는 것도 필요하다(당시 주고받은 메시지는 나중에 사건이 터진 후 주장하는 것보다 훨씬 설득력이 있다.). 메시지를 제출할 때는 캡처하는 것도 가능하고, 메시지가 있는 상태에서 핸드폰 등을 증거로 제출할 수도 있다. 참고로 캡처해서 제출했다고 원본을 지우면 곤란하다. 형사소송에서 증거로 인정되려면 메시지 원본이 훼손되지 않았다는 것을 인정받아야 하기 때문이다. 휴대폰의 원본 데이터를 잘 보관해야 한다.

● 대법원 1999. 3. 9. 선고 98도3169 판결 [공직선거및선거부정방지법위반]

수사기관이 아닌 사인이 피고인 아닌 사람과의 대화내용을 녹음한 녹음테이프는 형사소송법 제311조, 제312조 규정 이외의 피고인 아닌 자의 진술을 기재한 서류와 다를 바 없으므로, 피고인이 그 녹음테이프를 증거로 할 수 있음에 동의하지 아니하는 이상 그 증거능력을 부여하기 위하여는 첫째, 녹음테이프가 원본이거나 원본으로부터 복사한 사본일 경우(녹음디스크에 복사할 경우에도 동일하다)에는 복사과정에서 편집되는 등의 인위적 개작 없이 원본의 내용 그대로 복사된 사본일 것, 둘째 형사소송법 제313조 제1항에 따라 공판준비나 공판기일에서 원진술자의 진술에 의하여 그 녹음테이프에 녹음된 각자의 진술내용이 자신이 진술한 대로 녹음된 것이라는 점이 인정되어야 할 것이고, 사인이 피고인 아닌 사람과의 대화내용을 대화 상대방 몰래 녹음하였다고 하더라도 위와 같은 조건이 갖추어진 이상 그것만으로는 그 녹음테이프가 위법하게 수집된 증거로서 증거능력이 없다고 할 수 없으며, 사인이 피고인 아닌 사람과의 대화내용을 상대방 몰래 비디오로 촬영·녹음한 경우에도 그 비디오테이프의 진술부분에 대하여도 위와 마찬가지로 취급하여야 할 것이다.

증거 5. 일기, 편지 등 기록

당시 상황을 기록한 일기나 편지, 메모 따위의 글도 중요한 증거가 된다. 참고로, 당시 기록 가운데 나의 주장을 뒷받침하는 내용도 있지만 나에게 불리한 내용이 담겨 있을 수도 있다. 이럴 때는 어떻게 해야 할까? 불리한 내용은 감춰야 할까? 대단히 중대한 내용이라면 다를 수 있지만 부수적인 것이라면 감출 게 아니다. 그대로 제출하는 게 좋다. 자신에게 불리한 내용의 증거가 있을 때는 그 증거를 더 믿을 만하다고 보는 게 일반적이다. 묵비권 등이 보장된 나라에서 자기에게 불리한 증언을 인정할 때는 진실성이 높다고 본다고 아래 판례가 말하고 있다.

● **대법원 1982. 9. 14. 선고 82도1479 전원합의체 판결 [살인·상해·폭력행위등처벌에관한법률위반]**

원래 피고인은 공판정에서는 물론 수사단계에서도 묵비권을 행사할 수 있고 피고인은 검사 또는 사법경찰관의 조사를 받을 때에는 그 모두에 진술거부권이 있음을 고지받게 되어 있으므로 직접사실이거나 또는 간접사실이거나 간에 진술서 자술서 비망록 일기장 전말서 등에 기재한 자기에게 불이익한 사실의 승인은 진술거부권이 법률에 의하여 보장되고 있는 법제하에서는 그 재현이 불가능한 경우가 많을 뿐만 아니라 <u>자기에게 불이익한 사실의 승인은 그 진실성이 강하다고 하는 것이다</u>. 그러므로 이 규정이 정하는 증거능력을 부인하는 것은 비록 아무리 제한적인 해석이라고 하더라도 그 명문규정에 반함은 물론 이 규정의 이론적 역사적 배경 등을 도외시하여 입법근거 및 입법취지에도 반하여 결국 이 규정을 사문화하는 결과를 초래하게 될 것이다.

증거 6. 디지털 포렌식 검사

지워진 데이터는 포렌식 검사가 있다. 포렌식은 일반적으로 노트북, 데스크톱, 스마트패드, 스마트폰 등 전자기기에 담긴 정보를 찾아내는 방법이지만 최근에는 삭제된 정보를 복구하는 데 많이 쓰이고 있다. 필요하다면 포렌식도 검토해 볼 수 있다. 단, 포렌식을 통해 추출한 자료를 증거로 쓰려면 이게 오염되지 않은 원본 증거임을 입증해야 한다. 다음처럼 말이다.

1. 디지털 저장매체 원본에 저장된 내용과 출력된 문건의 동일성이 인정되어야 한다.
2. 디지털 저장매체 원본을 대신하여 디지털 저장매체에 저장된 자료를 '하드카피, 이미징'을 한 매체로부터 문건이 출력된 경우에는 디지털 저장매체 원본과 '하드카피, 이미징'을 한 매체 사이에 자료의 동일성이 인정되어야 한다.
3. 문건의 동일성을 확인하는 과정에서 이용된 컴퓨터의 기계적 정확성, 프로그램의 신뢰성, 입력·처리·출력의 각 단계에서 조작자의 전문적인 기술능력과 정확성이 담보되어야 한다.
4. 진술증거로 사용되는 경우에는 그 기재 내용의 진실성에 관하여 전문법칙이 적용되므로, 그 작성자 또는 진술자의 진술에 의하여 그 성립의 진정함이 증명되어야 한다.

아래 판례(2번 부분)에는 동일성을 확인하는 과정이 소개되어 있다.

● 관련 판례 : 대법원 2007. 12. 13. 선고 2007도7257 판결

다. 압수물인 디지털 저장매체로부터 출력된 문건의 증거능력에 대하여(이 점에 대한 검사의 상고이유를 함께 판단한다)

(1) 압수물인 디지털 저장매체로부터 출력된 문건이 증거로 사용되기 위해서는 디지털 저장매체 원본에 저장된 내용과 출력된 문건의 동일성이 인정되어야 할 것인데, 그 동일성을 인정하기 위해서는 디지털 저장매체 원본이 압수된 이후 문건 출력에 이르기까지 변경되지 않았음이 담보되어야 하고 특히 디지털 저장매체 원본에 변화가 일어나는 것을 방지하기 위해 디지털 저장매체 원본을 대신하여 디지털 저장매체에 저장된 자료를 '하드카피'·'이미징'한 매체로부터 문건이 출력된 경우에는 디지털 저장매체 원본과 '하드카피'·'이미징'한 매체 사이에 자료의 동일성도 인정되어야 한다. 나아가 법원 감정을 통해 디지털 저장매체 원본 혹은 '하드카피'·'이미징'한 매체에 저장된 내용과 출력된 문건의 동일성을 확인하는 과정에서 이용된 컴퓨터의 기계적 정확성, 프로그램의 신뢰성, 입력·처리·출력의 각 단계에서 조작자의 전문적인 기술능력과 정확성이 담보되어야 한다.

그리고 압수된 디지털 저장매체로부터 출력된 문건이 진술증거로 사용되는 경우에는 그 기재 내용의 진실성에 관하여 전문법칙이 적용되므로, 형사소송법 제313조 제1항에 의하여 그 작성자 또는 진술자의 진술에 의하여 그 성립의 진정함이 증명된 때에 한하여 이를 증거로 사용할 수 있다(대법원 1999. 9. 3. 선고 99도2317 판결 참조).

(2) 기록에 의하여 살펴보면, 국가정보원에서 피고인들 혹은 가족, 직원이 입회한 상태에서 원심 판시 각 디지털 저장매체를 압수한 다음 입회자의 서명을 받아 봉인하였고, 국가정보원에서 각 디지털 저장매체에 저장된 자료를 조사할 때 피고인들 입회하에 피고인들의 서명무인을 받아 봉인 상태 확인, 봉인 해제, 재봉인하였으며, 이러한 전 과정을 모두 녹화한 사실, 각 디지털 저장매체가 봉인된 상태에서 서울중앙지방검찰청에 송치된 후 피고인들이 입회한 상태에서 봉인을 풀고 세계적으로 인정받는 프로그램을 이용하여 이미징 작업을 하였는데, 디지털 저장매체 원본의 해쉬(Hash) 값과 이미징 작업을 통해 생성된 파일의 해쉬 값이 동일한 사실, 제1심법원은 피고인들 및 검사, 변호인이 모두 참여한 가운데 검증을 실시하여 이미징 작업을 통해 생성된 파일의 내용과 출력된 문건에 기재된 내용이 동일함을 확인한 사실을 알 수 있는바, 그렇다면 출력된 문건은 압수된 디지털 저장매체 원본에 저장되었던 내용과 동일한 것으로 인정할 수 있어 증거로 사용할 수 있고, 같은 취지의 원심의 판단은 정당하다.

그리고 원심은, 판시와 같은 이유로 국가정보원에서 피고인들에게 진술거부권을 고지하지 않은 상태에서 강압적인 방법을 사용하여 디지털 저장매체의 암호를 획득하였다는 피고인들의 주장을 배척하였는바, 기록에 의하여 살펴보면 원심의 이러한 판단은 정당하다.

(3) 원심은 나아가, 검사가 디지털 저장매체에서 출력하여 증거로 제출한 문건 중에서 판시 53개의 문건은 그 작성자가 제1심에서 그 성립의 진정함을 인정하였으므로 이를 증거로 할 수 있으나, 그 밖의 문건

은 그 작성자에 의하여 성립의 진정함이 증명되지 않았거나 작성자가 불분명하다는 이유로 그 문건의 내용을 증거로 사용할 수 없다고 판단 하였는바, 위 법리와 기록에 비추어 보면 원심의 이러한 판단은 정당하고, 그 판단에 피고인들과 검사가 상고이유로 주장하는 증거법칙 위배나 판단유탈 등의 위법이 없다.

그리고 이 사건 디지털 저장매체로부터 출력된 문건의 경우 논지와 같은 정황자료만으로 진정 성립을 인정할 수 있다거나 형사소송법 제314조, 제315조에 의하여 증거능력이 부여되어야 한다는 검사의 상고이유 주장은, 위에서 본 법리에 배치되거나 형사소송법 제314조, 제315조의 요건을 오해한 주장으로 받아들일 수 없다.

증거 7. 진술분석가의 활용

'달리 증거가 없는데 제 진술만으로 처벌이 가능할까요?' 가해자뿐 아니라 피해자 입장에서도 말만으로 유죄가 될 수 있는지 많이들 궁금해 한다. 그러나 다시 말하지만 진술도 중요한 증거로 다루어진다. 다만 피해자의 진술이 합리적 의심이 없는 정도로 신빙성이 있는지 검토하는 과정을 거치게 된다. 최근 성인지 감수성이 대두되면서 대법원은 점차 피해자의 진술을 쉽게 무시하지 않도록 하고 있다. 일부 부수적인 사실에 대해서 사소한 차이가 있거나 모순이 있더라도 그것만으로 피해자의 진술 전체를 의심해서는 안 된다는 것이다.

● 관련 판례 : 대법원 2018. 10. 25. 선고 2018도7709

법원이 성폭행이나 성희롱 사건의 심리를 할 때에는 그 사건이 발생한 맥락에서 성차별 문제를 이해하고 양성평등을 실현할 수 있도록 '성인지 감수성'을 잃지 않도록 유의하여야 한다(양성평등기본법 제5조 제1항 참조). 우리 사회의 가해자 중심의 문화와 인식, 구조 등으로 인하여 성폭행이나 성희롱 피해자가 피해사실을 알리고 문제를 삼는 과정에서 오히려 피해자가 부정적인 여론이나 불이익한 처우 및 신분 노출의 피해 등을 입기도 하여 온 점 등에 비추어 보면, 성폭행 피해자의 대처 양상은 피해자의 성정이나 가해자와의 관계 및 구체적인 상황에 따라 다르게 나타날 수밖에 없다. 따라서 개별적, 구체적인 사건에서 성폭행 등의 피해자가 처하여 있는 특별한 사정을 충분히 고려하지 않은 채 피해자 진술의 증명력을 가볍게 배척하는 것은 정의와 형평의 이념에 입각하여 논리와 경험의 법칙에 따른 증거판단이라고 볼 수 없다(대법원 2018. 4. 12. 선고 2017두74702 판결 참조).

나아가 강간죄가 성립하기 위한 가해자의 폭행·협박이 있었는지 여부는 그 폭행·협박의 내용과 정도는 물론 유형력을 행사하게 된 경위, 피해자와의 관계, 성교 당시와 그 후의 정황 등 모든 사정을 종합하여 피해자가 성교 당시 처하였던 구체적인 상황을 기준으로 판단하여야 하며, 사후적으로 보아 피해자가 성교 이전에 범행 현장을 벗어날 수 있었다거나 피해자가 사력을 다하여 반항하지 않았다는 사정만으로 가해자의 폭행·협박이 피해자의 항거를 현저히 곤란하게 할 정도에 이르지 않았다고 섣불리 단정하여서는 아니 된다(대법원 2005. 7. 28. 선고

2005도3071 판결 등 참조).

아무래도 무죄를 주장하는 가해자 입장에서는 불리한 환경이 아닐 수 없다. 다행히 피해자 진술과 배치되는 증거가 있다면 좋겠지만 만일 그런 증거를 대기 어려운 경우에는 어떻게 하는 게 좋을까? 이때 진술분석을 활용해 볼 수 있겠다. 1950년대 독일에서 처음 개발된 이 기법은, 진술자의 진술이 거짓인지 아닌지 판단하기 위해 도입되었다. 실제 경험을 진술할 때와 거짓 경험을 진술할 때 어떤 특징이 있다는 것을 전제로 하는 수사기법이다. 피해자와 가해자의 주장이 서로 다를 때 진술분석이 힘을 발휘한다. 경찰에서 작성된 피해자 조서나 기타 문서 자료를 분석하기도 하고, 진술 과정을 영상 녹화한 자료를 보고 분석하기도 한다. 또한 인터뷰 형식으로 만나서 진술을 분석하는 경우도 있다. 주로 문서를 분석하는 것보다 만나서 분석하는 게 보다 정확하여 법정 증거로 채택될 가능성도 크다. 이미 대검찰청에서는 2007년부터 진술분석팀을 운영하는 등 수사 기법으로 활용하고 있다.

● 관련 판례 : 대법원 2020. 5. 14. 선고 2020도2433 판결

다) ○○○○○○○○의 의뢰를 받아 피해자의 수사기관 진술을 분석한 아동·장애인 성폭력 진술분석전문가는 '피해자의 대략적인 진술 안에서 허위 진술에서 나타나기 어려운 독특하고 특징적인 진술들이 나타나는 등 피해자의 진술 성향과 피해자 진술에서 나타난 특징적 내용들을 고려하면 상대적으로 허위 진술의 가능성보다는 사건 발생의 가능

성이 높다고 판단된다'는 의견을 제시하였다.

증거 8. 거짓말탐지기 검사

진술분석과 더불어 진술의 참 거짓을 가리기 위해 종종 언급되는 게 거짓말탐지다. 죄 없음을 입증하기 위해 거짓말탐지기 조사를 요청할 수도 있겠다. 그러나 큰 기대는 곤란하다. 거짓말탐지기 조사 결과가 100% 진실이라고 보지 않는 경향이 있고, 그래서 증거능력을 갖추기도 힘들다(아래 판례에 증거로 쓰기 위한 엄격한 요건이 적혀 있다.). 그럼에도 거짓말탐지기 조사를 고려해야 하는 이유가 있는데 현실적으로 진술자의 진술 내용이 믿을 만하다는 정황증거로 쓰이기 때문이다.

● 관련 판례 : 대법원 2005. 5. 26. 선고2005도130 판결

거짓말탐지기의 검사 결과에 대하여 사실적 관련성을 가진 증거로서 증거능력을 인정할 수 있으려면, 첫째로 거짓말을 하면 반드시 일정한 심리상태의 변동이 일어나고, 둘째로 그 심리상태의 변동은 반드시 일정한 생리적 반응을 일으키며, 셋째로 그 생리적 반응에 의하여 피검사자의 말이 거짓인지 아닌지가 정확히 판정될 수 있다는 세 가지 전제요건이 충족되어야 할 것이며, 특히 마지막 생리적 반응에 대한 거짓 여부 판정은 거짓말탐지기가 검사에 동의한 피검사자의 생리적 반응을 정확히 측정할 수 있는 장치이어야 하고, 질문사항의 작성과 검사의 기술 및 방법이 합리적이어야 하며, 검사자가 탐지기의 측정내용을 객관성 있고 정확하게 판독할 능력을 갖춘 경우라야만 그 정확성을 확

보할 수 있는 것이므로, 이상과 같은 여러 가지 요건이 충족되지 않는 한 거짓말탐지기 검사 결과에 대하여 형사소송법상 증거능력을 부여할 수는 없다(대법원 1986. 11. 25. 선고 85도2208 판결 등 참조).

기록에 의하면, 피고인에 대한 거짓말탐지기 검사는 미국 유타대학 심리학 교수 라쉬킨과 키셔 등이 연구개발한 유타구역비교검사법을 사용하였다는 것인바, 기록을 모두 살펴보아도 위 검사법이나 피고인에 대한 이 사건 거짓말탐지기 검사가 위와 같은 세 가지 전제요건을 모두 갖추었음을 인정할 만한 아무런 자료가 없으므로, 피고인에 대한 거짓말탐지기 결과회시는 증거능력이 없다고 할 것이다.

: 피해자 측에서 쓸 만한 증거 :

위에 언급한 증거들은 피해자 측에서도 얼마든지 증거로 활용할 수 있겠다. 이밖에도 피해자가 활용하는 증거들이 있다.

진료기록, 상담일지

피해자에게 중요한 증거다. 병원 진료기록과 상담일지다. 만일 상대방이 이런 자료를 제출했다면 시기를 따져본다. 과연 성범죄 피해를 당한 이후의 기록인지, 아니면 그 전부터 있었던 것인지.

DNA 검사

정액이나 체모를 통해 DNA 검사를 하는 목적은 범인의 것인지 확인하기 위함이다. 〈성폭력범죄의 처벌 등에 관한 특례법 제21조(공소시효에 관한 특례)〉나 〈아동·청소년의 성보호에 관한 법률 제20조〉에 보면 성범죄의 경우 DNA 증거처럼 죄를 증명할 수 있는 과학적인 증거가 있을 때는 공소시효를 10년 연장한다.

● **관련 판례 : 대법원 2007. 5. 10. 선고 2007도1950 판결 [강도치상·성폭력범죄의처벌및피해자보호등에관한법률위반(특수강간등)·특수강도]**

DNA분석을 통한 유전자검사 결과는 충분한 전문적인 지식과 경험을 지닌 감정인이 적절하게 관리·보존된 감정자료에 대하여 일반적으로 확립된 표준적인 검사기법을 활용하여 감정을 실행하고, 그 결과의 분석이 적정한 절차를 통하여 수행되었음이 인정되는 이상 높은 신뢰성을 지닌다 할 것이고, 특히 유전자형이 다르면 동일인이 아니라고 확신할 수 있다는 유전자감정 분야에서 일반적으로 승인된 전문지식에 비추어 볼 때, 위와 같은 감정 결과는 피고인의 무죄를 입증할 수 있는 유력한 증거에 해당한다고 할 것이므로, 이 부분 공소사실은 합리적인 의심을 할 여지가 없을 정도로 입증되었다고 볼 수 없다.

범인식별절차

면식범이 아닌 경우, 목격자의 여부가 중요해진다. 이때 수사기관에서 활용하는 방법 가운데 하나가 범인식별절차다. 이 절차를 통해 얻은 결과가 흠 없이 받아들여지려면 대법원 판결 절차를 따라야 한다. 즉 1) 용의자 한 사람을 단독으로 목격자와 대질시키거나 2) 용의자의 사진 한 장만을 목격자에게 제시하여 범인 여부를 확인하게 했다면 이때 목격자 진술은 증거로 쓸 수 없게 된다.

● 관련 판례 : 대법원 2008. 1. 17. 선고 2007도5201 판결

용의자의 인상착의 등에 의한 범인식별 절차에 있어 용의자 한 사람을 단독으로 목격자와 대질시키거나 용의자의 사진 한 장만을 목격자에게 제시하여 범인 여부를 확인하게 하는 것은 사람의 기억력의 한계 및 부정확성과 구체적인 상황하에서 용의자나 그 사진상의 인물이 범인으로 의심받고 있다는 무의식적 암시를 목격자에게 줄 수 있는 가능성으로 인하여, 그러한 방식에 의한 범인식별 절차에서의 목격자의 진술은, 그 용의자가 종전에 피해자와 안면이 있는 사람이라든가 피해자의 진술 외에도 그 용의자를 범인으로 의심할 만한 다른 정황이 존재한다든가 하는 등의 부가적인 사정이 없는 한 그 신빙성이 낮다고 보아야 하므로, 범인식별 절차에 있어 목격자의 진술의 신빙성을 높게 평가할 수 있게 하려면, 범인의 인상착의 등에 관한 목격자의 진술 내지 묘사를 사전에 상세히 기록화한 다음, 용의자를 포함하여 그와 인상착의가 비슷한 여러 사람을 동

시에 목격자와 대면시켜 범인을 지목하도록 하여야 하고, 용의자와 목격자 및 비교대상자들이 상호 사전에 접촉하지 못하도록 하여야 하며, 사후에 증거가치를 평가할 수 있도록 대질 과정과 결과를 문자와 사진 등으로 서면화하는 등의 조치를 취하여야 할 것이고, 사진제시에 의한 범인식별 절차에 있어서도 기본적으로 이러한 원칙에 따라야 한다(대법원 2001. 2. 9. 선고 2000도4946 판결, 대법원 2004. 2. 27. 선고 2003도7033 판결, 대법원 2007. 5. 10. 선고 2007도1950 판결 등 참조). 그리고 이러한 원칙은 동영상제시·가두식별 등에 의한 범인식별 절차와 사진제시에 의한 범인식별 절차에서 목격자가 용의자를 범인으로 지목한 후에 이루어지는 동영상제시·가두식별·대면 등에 의한 범인식별 절차에도 적용되어야 할 것이다.

경찰이 수사를 마치면

체포나 구속은 다 수사 절차 가운데 하나다. 조사를 포함하여 할 수 있는 수사를 다 마치면(수사 종결) 경찰은 이게 죄인지 아닌지 어떤 판단을 갖게 되고, 그에 따라 사건을 종료하거나 혹은 검찰에 송치한다 (《검사와 사법경찰관의 상호 협력과 일반적 수사 준칙에 관한 규정 제51조》). 경찰이 내릴 수 있는 결정은 다음과 같다.

1. 법원송치
2. 검찰송치

3. 불송치

　가. 혐의 없음

　　1) 범죄인정안됨

　　2) 증거불충분

　나. 죄가 안됨

　다. 공소권없음

　라. 각하

4. 수사중지

　가. 피의자 중지

　나. 참고인 중지

5. 이송

이 가운데 우리가 주목해야 할 것은 2번 검찰송치와, 3번 불송치다. 경찰 보기에 죄라면 검찰송치 결정을 내릴 것이요, 증거 불충분 등의 이유가 있을 때는 불송치 결정을 내릴 것이다. 불송치란 이건 죄가 아닌 것 같다고 판단하고 내리는 결정이다.

그럼, 언제 불송치 결정이 날까? 증거를 다 살폈는데 죄가 아닌 것으로 보일 때, 범죄 사실을 입증할 수 있는 증거가 부족할 때, 행위 자체는 범죄가 맞으나 조각 사유가 있을 때, 공소시효가 완료되는 등 공소를 제기할 수 없을 때, 예전에 불송치했던 사건일 때 등이다. 구체적인 기준은 〈경찰수사규칙 제108조〉에 있다.

경찰수사규칙 제108조(불송치 결정)

① 불송치 결정의 주문(주문)은 다음과 같이 한다.

1. 혐의없음

가. 혐의없음(범죄인정안됨) : 피의사실이 범죄를 구성하지 않거나 범죄가 인정되지 않는 경우

나. 혐의없음(증거불충분) : 피의사실을 인정할 만한 충분한 증거가 없는 경우

2. 죄가안됨 : 피의사실이 범죄구성요건에 해당하나 법률상 범죄의 성립을 조각하는 사유가 있어 범죄를 구성하지 않는 경우(수사준칙 제51조제3항제1호는 제외한다)

3. 공소권없음

가. 형을 면제한다고 법률에서 규정한 경우

나. 판결이나 이에 준하는 법원의 재판·명령이 확정된 경우

다. 통고처분이 이행된 경우

라. 사면이 있는 경우

마. 공소시효가 완성된 경우

바. 범죄 후 법령의 개정·폐지로 형이 폐지된 경우

사. 「소년법」, 「가정폭력범죄의 처벌 등에 관한 특례법」, 「성매매알선 등 행위의 처벌에 관한 법률」 또는 「아동학대범죄의 처벌 등에 관한 특례법」에 따른 보호처분이 확정된 경우(보호처분이 취소되어 검찰에 송치된 경우는 제외한다)

아. 동일사건에 대하여 재판이 진행 중인 경우(수사준칙 제51조제3항제2

호는 제외한다)

자. 피의자에 대하여 재판권이 없는 경우

차. 친고죄에서 고소가 없거나 고소가 무효 또는 취소된 경우

카. 공무원의 고발이 있어야 공소를 제기할 수 있는 죄에서 고발이 없거나 고발이 무효 또는 취소된 경우

타. 반의사불벌죄(피해자의 명시한 의사에 반하여 공소를 제기할 수 없는 범죄를 말한다)에서 처벌을 희망하지 않는 의사표시가 있거나 처벌을 희망하는 의사표시가 철회된 경우,「부정수표 단속법」에 따른 수표회수,「교통사고처리 특례법」에 따른 보험가입 등 법률에서 정한 처벌을 희망하지 않는 의사표시에 준하는 사실이 있는 경우

파. 동일사건에 대하여 공소가 취소되고 다른 중요한 증거가 발견되지 않은 경우

하. 피의자가 사망하거나 피의자인 법인이 존속하지 않게 된 경우

4. 각하 : 고소·고발로 수리한 사건에서 다음 각 목의 어느 하나에 해당하는 사유가 있는 경우

가. 고소인 또는 고발인의 진술이나 고소장 또는 고발장에 따라 제1호부터 제3호까지의 규정에 따른 사유에 해당함이 명백하여 더 이상 수사를 진행할 필요가 없다고 판단되는 경우

나. 동일사건에 대하여 사법경찰관의 불송치 또는 검사의 불기소가 있었던 사실을 발견한 경우에 새로운 증거 등이 없어 다시 수사해도 동일하게 결정될 것이 명백하다고 판단되는 경우

다. 고소인·고발인이 출석요구에 응하지 않거나 소재불명이 되어 고소

인·고발인에 대한 진술을 청취할 수 없고, 제출된 증거 및 관련자 등의 진술에 의해서도 수사를 진행할 필요성이 없다고 판단되는 경우

라. 고발이 진위 여부가 불분명한 언론 보도나 인터넷 등 정보통신망의 게시물, 익명의 제보, 고발 내용과 직접적인 관련이 없는 제3자로부터의 전문(傳聞)이나 풍문 또는 고발인의 추측만을 근거로 한 경우 등으로서 수사를 개시할 만한 구체적인 사유나 정황이 충분하지 않은 경우

한편, 경찰이 불송치 결정을 내리면 끝일까? 만일 불송치 결정을 받아들일 수 없다면(불복) 해당사법경찰과 소속 관서 장에게 이의를 신청할 수 있고 사법경찰관은 지체 없이 검사에게 사건을 송치하고 관계 서류와 증거물을 송부하게 된다(《형사소송법제245조의7》).

: 체포와 구속 :

혹시 체포는 안 될까?

체포되는 경우는 없을까? 일단 현행범일 때는 체포가 가능하다(형사소송법 제211조, 제212조). 영장도 필요 없다. 어떤 경우를 '현행범'이라고 할까?

1. 범인으로 불리며 추적되고 있을 때

2. 장물(훔치거나 뺏거나 속여서 갖게 된 물건)이나 범죄에 사용되었다고 인정하기에 충분한 흉기나 그 밖의 물건을 소지하고 있을 때

3. 신체나 의복류에 증거가 될 만한 뚜렷한 흔적이 있을 때

4. 누구냐고 묻자 도망하려고 할 때

현행범만 영장 없는 체포가 가능한 건 아니다. 검사나 사법경찰관이 1) 사형 무기 또는 장기 3년 이상의 징역이나 금고에 해당하는 죄를 범하였다고 의심할 만한 상당한 이유가 있고 2) 피의자가 증거를 인멸할 염려가 있거나 3) 도망하거나 도망할 우려가 있으며 4) 피의자를 우연히 발견하여 체포영장 나오기를 기다릴 수 없을 때도 영장 없이 피의자를 체포할 수 있다.

그럼, 성범죄는 어떨까?

성범죄는 대부분 3년 이상의 징역형이다. 따라서 피고소인(고소당한 사람)이나 피신고인(신고당한 사람)으로 소환되어 조사받는 도중에도 얼마든지 긴급체포 될 수 있다. 특히 죄질이 나쁘거나 재범의 우려가 있을 때, 피해자에 대한 2차 가해가 있을 때도 긴급체포 가능성은 높아진다.

체포되면 바로 구속?

체포했다고 무조건 구속시키는 건 아니다. 절차가 필요하다. 피의자

가 조사를 받았느냐, 받지 않았느냐에 따라 절차가 달라지는데 만일 1) 피의자가 사전에 조사를 받았을 경우라면 사전 구속영장을 신청하여 구속 여부를 결정한다. 반면 2) 조사를 받으라고 요구했으나 조사에 응하지 않으면 우선 체포 영장을 신청하여 체포를 완료한 뒤에 구속영장이 청구된다. 영장 없이 체포가 이루어진 경우, 즉 현행범으로 체포되거나 긴급체포를 했을 때는 체포 후에 체포영장이든 구속영장이든 청구하여 발부받는 게 순서다. 체포, 구속이 되면 그때부터는 강제수사가 시작된다.

체포영장은 언제 청구할까?

아무 때나 체포하는 건 아니고, 이런 조건이 필요하다. 1) 피의자가 죄를 범했다고 의심할 만한 상당한 이유가 있고, 2) 정당한 이유 없이 출석요구에 응하지 않거나 혹은 응하지 않을 것처럼 보일 때다. 이 두 가지 요건이 충족되면 검사가 관할 지방법원판사에게 청구하여 체포영장을 발부받게 된다(경찰은 검사에게 신청한다.). 이 조항에는 예외 조항이 하나 있다. 50만 원 이하의 벌금, 구류 또는 과료에 해당하는 사건일 때인데 이때는 1) 피의자가 일정한 주거가 없는 경우 또는 2) 정당한 이유 없이 출석요구에 응하지 않는 경우에만 체포하도록 되어 있다(〈형사소송법 제200조의2〉).

구속영장은 언제 청구될까?

체포처럼 구속에도 일정한 조건이 필요하다. 1) 일정한 주거가 없거나 2) 증거를 인멸할 염려가 있을 때, 또는 3) 피고인이 도망하거나 도망할 염려가 있는 때인데 이때 검사는 몇 가지를 고려하여 최종 구속영장 청구 여부를 판단하게 된다. 즉 범죄의 중대성, 재범의 위험성, 피해자 및 중요 참고인 등에 대한 위해 우려 등이다. 경찰도 검사에게 구속영장을 받아달라고 요청할 수 있다. 체포 때처럼 구속에도 예외가 있다. 50만 원 이하의 벌금, 구류 또는 과료에 해당하는 범죄일 때인데 이때는 피의자가 일정한 주거가 없는 경우에만 구속영장을 청구할 수 있다(〈형사소송법 제201조〉). 검사가 구속영장을 신청하면 법원은 '영장 실질심사'라는 걸 하고 영장 발부 여부를 결정한다(〈형사소송법 제201조의2〉).

- 3 -
검사에게 사건이 넘어갔다면

검사의 사건 검토

경찰이 보기에 '이건 성범죄가 맞는 것 같다'면 그때 경찰은 사건을 검찰에 '송치'한다. 이제 검사의 시간이 된 것이다. 먼저 검사는 수사 기록을 살펴보며 부족한 게 없는지 따져서 검찰 스스로 추가 수사를 하거나 혹은 경찰에 보완 수사를 요구한다(《검사와 사법경찰관의 상호 협력과 일반적 수사준칙에 관한 규정 제59조》). 이때 보완 수사를 요구하는 사항은 다음과 같다.

1. 범인에 관한 사항
2. 증거 또는 범죄사실 증명에 관한 사항
3. 소송조건 또는 처벌조건에 관한 사항

4. 양형 자료에 관한 사항

5. 죄명 및 범죄사실의 구성에 관한 사항

6. 그 밖에 송치받은 사건의 공소제기 여부를 결정하는 데 필요하거나 공소유지와 관련해 필요한 사항

검사의 선택지

위 6가지가 보완 수사 대상이라는 말은, 검사가 기소할까 말까를 결정하기 위해 위 6가지 내용을 살핀다는 얘기다. 추가 수사, 보완 수사가 완료되면 이제 검찰은 판단에 따라 아래처럼 사건을 처리하게 된다 《검사와 사법경찰관의 상호 협력과 일반적 수사 준칙에 관한 규정 제52조》.

1. 공소제기

2. 불기소

  가. 기소유예

  나. 혐의없음

   1) 범죄인정안됨

   2) 증거불충분

  다. 죄가안됨

  라. 공소권없음

  마. 각하

3. 기소중지

4. 참고인중지

5. 보완수사요구

6. 공소보류

7. 이송

8. 소년보호사건 송치

9. 가정보호사건 송치

10. 성매매보호사건 송치

11. 아동보호사건 송치

가짓수가 많아서 복잡해 보이지만 우리가 관심을 가질 것은 몇 개 안 된다. 만일 검찰에서 유죄라고 판단하면 공소를 제기하게 된다. 재판이 시작된다는 말이다(성범죄로 기소하는 경우, 약식기소는 드물다. 대개 '구공판', 즉 정식재판이다.). 혹은 죄는 맞지만 여러 사정을 따져보아 재판까지 갈 필요는 없고 한 번 더 기회를 주는 게 좋겠다고 판단하면 기소유예를 내리게 된다. 반면 죄를 입증할 증거가 없으면 혐의없음 불기소처분을 내린다. 대개 이 정도 선에서 결정이 되는 것 같다. 참고로, 성매매사건의 경우 기소 대신 성매매보호사건으로 법원에 송치할 수 있는데 이 경우, 판사는 보호관찰, 사회봉사나 수강명령, 성매매피해상담소에서 상담위탁, 전담의료기관에서 치료위탁 등의 보호처분을 내릴 수 있다. 유무죄를 가리는 재판을 진행하지 않는다는 말로, 형사처벌은 피할 수 있다.

이때 가해자는 무얼 할 수 있을까?

검사의 시간이라도 가해자가 할 수 있는 게 있다.

1. 지금까지 진행된 수사 사항 등을 살펴볼 수 있다.
2. 필요할 때는 검찰에 추가로 증거를 제출하고 법률적 주장을 할 수도 있다.
3. 보기에 부족하다고 생각되는 내용을 추가로 수사해 달라고 요청할 수 있다.
4. 합의를 포함하여 내게 유리한 정상을 만들어서 제출할 수 있다.

한편 변호인은 검사 면담을 신청하여 직접 요구사항을 전달하기도 한다. 아무래도 서류만 제출하는 것보다 사정이 나으면 나았지 나쁠 건 전혀 없다. 참고로, 아래는 위의 4번 '내게 유리한 정상'과 관련하여 예전에 검찰에 제출했던 서류다.

피의자 김○○에 대한 정상

□ 사　　건 : 2019형제116158 성폭력범죄의 처벌 등에 관한 특례법(공중밀집장소에서의 추행)

□ 사건개요 :
2019.11.24.경 출근길에 피의자는 지하철 2호선 10-4 객실에서 피해자에게 강제 추행하였다고 함.

□ 피의자의 입장 : 범행 부인하고 있음

□ 의　　견 :
1. 피의자의 변소 등을 포함한 의견서를 제출할 기회 요망.
2. 피의자, 피해자의 신체 상태, 당시 객실의 사람들 상황 등을 철저히 조사하여 진상을 밝혀 억울함이 없도록 선처 바람.

2019. 12. 16.
피의자 김○○의 변호인
변호사 노 인 수

서울서부지방검찰청 ○○○ 검사님 귀중

어떤 경우에 기소유예가 떨어질까?

우리가 눈여겨 볼 만한 검찰의 처분 중 기소유예가 있다. 혐의는 있지만 용서하여 기회를 주는 게 기소유예다. 기소되지 않기 때문에 여러 불이익(신상정보등록, 보호관찰 등)도 없다. 좋은 기회인 건 사실이다.

그러면 어떤 경우에 기소유예가 가능할까? 법률에는 정해진 바는 없다. 대신 〈검찰사건 사무 규칙 제69조 제3항 제1호〉를 봐야 한다. 이 규칙에는 기소유예 처분을 내리는 경우가 나와 있다.

"피의사실이 인정되나 형법 제51조 각 호의 사항을 참작하여 소추를 필요로 하지 아니하는 경우"

형법 제51조란 양형의 조건을 밝히고 있는 법조항으로 이렇게 적혀 있다.

"1. 범인의 연령, 성행, 지능과 환경 2. 피해자에 대한 관계 3. 범행의 동기, 수단과 결과 4. 범행 후의 정황"

무슨 말인가? 즉 1) 과거에 범죄를 저지른 적이 없고, 2) 피해자와 합의가 되어 있으며(피해자가 '가해자의 처벌을 원치 않는다'는 문서를 반드시 제출해야 한다.), 3) 우발적인 사건인 경우라면 꽤 기소유예 가능성이 있다는 말이다. 물론 100% 확실한 건 없고, 가해자의 노력도 따라야 하고 상황도 잘 맞아야겠다.

검사가 앞장서서 합의

유죄라고 보이는 자를 기소하는 게 검사 업무의 전부는 아니다. 검사는 기소유예처럼 자체적으로 가해자를 용서하는 경우도 있고, '형사 조정'처럼 가해자와 피해자가 합의하여 사건을 원만히 마무리할 수 있도록 할 수도 있다.

보통 형사 조정은 범죄피해자가 입은 피해를 회복하고 분쟁을 원만

하게 해결하기 위하여 필요하다고 판단될 때 검사의 요청에 따라 이루어질 수 있다. 물론 당사자들의 동의는 필수다. 대개 형사 조정은 아래처럼 돈과 관련된 사건에서 흔한 편이나 변호사 등이 가벼운 성추행 사건에 대해서 검사에게 형사 조정을 요청하여 받아들여지는 경우도 종종 있다.

형사 조정[형사조정 실무운용 지침(대검찰청예규 제895호)]
1. 차용금, 공사대금, 투자금 등 개인 간 금전거래로 인하여 발생한 분쟁으로써 사기, 횡령, 배임 등으로 고소된 재산범죄 사건
2. 개인 간의 명예훼손·모욕, 경계침범, 지식재산권 침해, 의료분쟁, 임금체불 등 사적 분쟁에 대한 고소사건
3. 기타 형사조정에 회부하는 것이 분쟁해결에 적합하다고 판단되는 고소사건
4. 고소사건 이외의 일반 형사사건으로서 제1호 내지 제3호에 준하는 사건

한편, 검사의 불기소처분에도 불복하는 방법이 있다. 고소인의 경우, 고등검찰청에 항고하거나 고등법원에 재정신청을 할 수 있고, 고발인의 경우는 고등검찰청에 항고하거나 대검찰청에 재항고를 할 수 있으며(《검찰청법 제10조, 형사소송법 제260조》), 피고소인의 경우는 헌법재판소에 헌법소원을 제기할 수 있다.

- 4 -
판사의 시간

~~~~~~ **재판 순서(1심 기준)** ~~~~~~

- **정식재판** : 강간, 강제추행 등 성범죄는 대개 중죄다. 그래서 기소가 되면 정식재판을 받게 된다. 약식명령을 받았는데 불복한다면 정식재판을 청구하여 공개재판을 받을 수도 있다.
- **공소장 송달** : 기소가 되었고, 그래서 재판이 열린다는 연락이 온다. 이게 공소장 송달이다. 공소가 제기되면(= 검사가 기소하면 = 검사가 공소장을 법원에 제출하면) 법원은 공소장 부본을 피고인 또는 변호인에게 송달한다(가해자 조사를 받던 사람은 이제부터 '피고인' 신분이 된다.). 한마디로 이런 말이다. '귀하는 이제부터 피고인이며, 재판을 받아야 합니다.'

- **의견서 제출** : 형사재판은 검찰의 공격으로 시작된다. 이제 피고인이 반격할 차례다. 반격은 어떻게 할까? 의견서로 한다. 의견서 제출을 통해 피고인(또는 변호인)은 자기 의견을 밝힌다. 둘 중 하나겠다. '저는 그런 죄를 지은 적이 없습니다.' 혹은 '공소장처럼 그런 건 사실입니다. 그러나 이런저런 사정이 있었습니다.' 앞의 것은 무죄 주장이 되고, 뒤의 것은 양형 다툼이 된다. 무죄를 주장하면 1) 나는 그런 일을 한 적이 없다, 2) 그런 일을 한 적은 있으나 고의가 없다거나 법률 위반이 아니다를 놓고 다투게 되며, 증거가 핵심이 되겠다. 양형을 다투면 1) 합의를 했다, 2) 초범이다 등을 놓고 입증 자료를 제출하는 게 핵심이 되겠다. 이밖에도 의견서에는 공판준비절차에 관한 의견 등을 기재한다. 그러나 무죄 주장, 양형 다툼이 핵심이 된다. 단, 피고인이 아무 의견을 밝히고 싶지 않은 경우, 왜 밝히기를 꺼리는지 그 취지를 적어서 제출할 수도 있다. 의견서는 공소장을 받은 날부터 7일 안에 법원에 제출해야 한다.
- **관련 서류 보기** : 그간 경찰이나 검찰에서 작성한 수사 자료를 못 보았을 것이다. 내 사건의 증거가 무엇인지 자세한 내용을 모를 수 있다. 그런데 공소가 제기되면 이제는 볼 수 있다. 검사에게 신청해서 보여 달라고 한다. 사건 관련 서류 등은 앞으로 대응을 위해 반드시 확보해야 할 자료다.
- **공판준비기일** : 재판(공판)을 열기에 앞서 열리는 사전 재판이라고 보면 될 것 같다. 일반적인 재판에서는 공판준비기일이 없는

경우가 많다. 재판장은 필요하다 싶은 특수한 경우에 사전 재판을 열어서 1) 검사와 변호인을 출석시킨 뒤 2) 앞으로 어떻게 재판을 진행할 것인지 얘기를 나누게 된다. 효율적인 재판 진행을 위한 과정으로, 피고인이 출석해도 무방하나 반드시 출석해야 하는 건 아니다.

- **공판기일 통지** : 재판이 열리는 날이다. 공소장을 받은 뒤로 충분한 시간 뒤에 재판 일정이 잡힌다. 의견서를 제출하는 데 시간이 걸리기 때문이다. 공판기일이 잡히면 당연히 피고인, 변호인, 검사 등에게 알린다.

- **공판기일 당일** : 재판이 열리면 다음 절차에 따라 재판이 진행된다.

1) 재판장이 먼저 피고인의 이름, 나이, 등록기준 주소지, 직업을 물어서 피고인임을 확인한다(인정신문).

2) 검사가 공소장을 낭독한다. 공소사실, 죄명, 적용법조를 읽는다(검사의 모두진술).

3) 피고인이 공소사실을 인정하는지 부인하는지 진술하는 시간이다(피고인의 모두진술). 단 피고인이 진술거부권을 행사하면 답하지 않을 수 있다. 이 시간을 빌려서 피고인과 변호인은 피고인에게 이익이 되는 사실 등을 진술할 수 있다. 한편 피고인이 공판정에서 공소사실에 대하여 자백하면 법원은 (그 공소사실에 한하여) 간이공판절차에 의하여 심판할 것을 결정할 수 있다.

4) 양측의 모두진술이 끝나면, 재판장은 피고인 또는 변호인에게 쟁점

의 정리를 위하여 질문을 할 수 있고, 검사 및 변호인에게 각자의 주장을 어떻게 입증할 것인지 묻고 답변을 듣기도 한다(이때 입증계획뿐 아니라 관련 주장을 하게 되는데 진술이 불가능한 게 있다. 예컨대 증거로 삼을 수 없거나 증거로 신청할 의사가 없는 자료를 토대로, 자칫 재판장에게 사건에 대한 예단 또는 편견을 발생하게 할 염려가 있는 사항을 말하면 제지를 받는다.).

5) 4번까지 끝나면 증거조사가 시작된다. 먼저 검사가 제출한 증거에 대해서 피고인 측이 인정하는지, 인정하지 않는지 의견을 말하게 된다(재판이 열리기 전에 검찰 측의 증거를 열람하여 인정 여부를 미리 정하고 답한다.). 예컨대 피고인 측은 A 증거는 '사실'이라고 말할 수 있고, B 증거는 '거짓'이라고 답할 수 있다. '사실'이라고 말한 증거는 추가 과정 없이 증거로 받아들여지게 되고, '거짓'이라고 답한 증거는 법원에서 조사를 거쳐 증거로 쓸지 말지를 결정하게 된다. 검사가 제출한 증거조사가 끝나면 마찬가지로 피고인 측이 신청한 증거를 조사한다. 이 과정을 마치면 법원이 자체적으로 증거를 조사한다(서류, 물건, 증인, 감정신청 등). 증거조사는 제출된 증거에 문제가 없지는 않은지 확인하는 과정일 뿐 아니라 양측이 인정하는 사실이 무엇인지 확인하여 밑그림을 그려가며 어떤 지점에서 서로 부딪치는지(쟁점) 확인하는 과정으로, 유무죄 판결을 내려야 하는 재판장에게는 매우 중요한 시간이다.

6) 증거조사가 끝나면 피고인에게 질문하는 시간이 온다(피고인 신문). 검사와 변호인이 순차적으로 묻고, 피고인이 답한다. 묻는 내용은 공소사실이나 정상에 관한 사항이다. 때에 따라 증거조사 중에도 피고인 신

문이 이루어질 수 있다. 단, 피고인의 의사에 따라 피고인 신문 절차를 생략하는 경우가 많다.

7) 여기까지 완료하면 검사가 '피고인은 이런저런 일을 저질렀고, 어떤 법률에 위배되므로 몇 년 형에 처해달라'고 구형을 하게 된다.

8) 재판장은 피고인(또는 변호인)에게 최종 의견을 진술할 기회를 준다. 보통은 변호인의 변론이 있고, 이어 피고인의 최후 진술이 따른다.

— 선고기일 : 공판기일은 한 번에 끝나지 않는다. 경우에 따라 여러 차례 재판이 이루어지다가 재판장이 더 이상 변론을 계속할 필요가 없다고 판단하면 당사자들의 의견을 참작하여 그때 변론이 종결된다. 변론이 끝나면 재판장은 '언제 유무죄인지 선고하겠다'고 선고기일을 잡는다. 선고기일 당일이 되면 선고를 하고 모든 절차가 종료된다.

: 피해자도 재판에 참석할까? :

피해자는 그 자체로 중요한 증거가 된다. 당연하게도 유죄를 입증해야 하는 재판정에서 피해자를 불러서 이야기를 듣는 건 중요한 과정이다. 그런데 성폭력범죄는 이 지점에서 일반 범죄와 달라진다. 즉 재판정에 부르지 않을 수 있다는 얘기다(수사과정에서도 가해자와 만나지 않도록 조심한다.). 무조건은 아니고, 이런 걸 따진다. 피해자의 나이,

심리 상태 또는 후유장애의 유무 등이다. 피해자를 보호하기 위함이다. 이에 따라 수사기관이나 법원은, 피해자의 인격이나 명예가 손상되거나 사적인 비밀이 침해되지 않도록 주의해야 하고, 피해자가 편안한 상태에서 진술할 수 있는 환경을 조성해야 할 의무가 있다. 이를 위해 조사 및 심리나 재판 횟수는 필요한 범위에서 최소한으로 해야 한다고 규정하고 있다. 특히 피해자가 19세 미만이거나 신체적인 또는 정신적인 장애로 사물을 변별하거나 의사를 결정할 능력이 부족한 경우에는 재판에 출석하는 대신, 1) 영상물을 녹화하여 2) 신뢰관계에 있는 사람이나 또는 진술조력인이 영상물 녹화 자리에 동석하여 진술을 하여 3) 피해자 진술에 거짓이 없음을 확인해줄 때 4) 비로소 그 증거물(피해자 진술)은 증거로서 인정을 받게 된다(증거는 우선 증거자격이 있는지 없는지 확인이 되어야 한다. 법률에 위배되는 방법으로 수집한 증거는 증거자격이 없다. 설령 살인자의 살인 장면을 직접 녹화한 영상이라도 위법한 방법으로 수집했다면 이건 아예 증거로 쓸 수 없다는 얘기다. 한편 증거자격을 갖추었다고 하더라도 바로 유죄가 되는 건 아니다. 한편 최근 헌법재판소 2021.12.23.선고 2018헌바524결정은 성폭력범죄의 처벌등에 관한 특례법 제30조 제6항 중 '19세미만 성폭력범죄 피해자진술에 관한 증거능력특례조항부분이 헌법에 위반된다'고 하여 19세미만 피해자진술에 대하여는 종전과 같이 증거능력특례가 없게 되었다.).

●성폭력범죄의 처벌 등에 관한 특례법 제30조(영상물의 촬영·보존 등)
① 성폭력범죄의 피해자가 19세 미만이거나 신체적인 또는 정신적인

장애로 사물을 변별하거나 의사를 결정할 능력이 미약한 경우에는 피해자의 진술 내용과 조사 과정을 비디오녹화기 등 영상물 녹화장치로 촬영·보존하여야 한다.

② 제1항에 따른 영상물 녹화는 피해자 또는 법정대리인이 이를 원하지 아니하는 의사를 표시한 경우에는 촬영을 하여서는 아니 된다. 다만, 가해자가 친권자 중 일방인 경우는 그러하지 아니하다.

⑥ 제1항에 따라 촬영한 영상물에 수록된 피해자의 진술은 공판준비기일 또는 공판기일에 피해자나 조사 과정에 동석하였던 신뢰관계에 있는 사람 또는 진술조력인의 진술에 의하여 그 성립의 진정함이 인정된 경우에 증거로 할 수 있다.

: 법관의 생각 엿보기 :

법관은 사실과 거짓을 어떻게 가릴 것인지, 법률을 어떻게 해석할 것인지 전문적으로 훈련을 받은 사람들이다. 그러나 마음대로 판단을 내리는 건 아니고, 법률을 지배하는 중대한 원칙에 따르게 된다.

1) 판사는 공소장에 적힌 내용만을 판단한다. 공소장에 없는 내용까지 고려하여 판단하지 않는다. 만일 검사가 공소장에 어떤 내용을 빠

뜨렸다면 빠뜨린 대로 넘어간다.

2) 판사는 증거(사실)와 법리(법률을 지배하는 대원칙들)에 따라 판단한다. 대표적인 법리들은 다음과 같다.

[대한민국 헌법]

제27조

① 모든 국민은 헌법과 법률이 정한 법관에 의하여 법률에 의한 재판을 받을 권리를 가진다.

④ 형사피고인은 유죄의 판결이 확정될 때까지는 무죄로 추정된다.

제103조

법관은 헌법과 법률에 의하여 그 양심에 따라 독립하여 심판한다.

[형사소송법]

제307조(증거재판주의)

① 사실의 인정은 증거에 의하여야 한다.

② 범죄사실의 인정은 합리적인 의심이 없는 정도의 증명에 이르러야 한다.

제308조(자유심증주의)

증거의 증명력은 법관의 자유판단에 의한다.

제308조의2(위법수집증거의 배제)

적법한 절차에 따르지 아니하고 수집한 증거는 증거로 할 수 없다.

특히 〈형사소송법〉의 내용이 중요하다. 307조(증거재판주의)에는 '증거' 없이 유죄는 불가능하고, 그 증거도 '합리적인 의심이 없는 정도'의 증명에 이르러야 한다는 얘기다. 308조의2는 그 증거가 위법한 방법으로 수집한 것이면 증거자격이 없다는 내용이다. 그리고 308조에 증거의 증명력이라는 말이 나오는데 이 부분이 어려운 지점이겠다. 증거는 1) 증거자격과 2) 증명력을 따지게 된다. 증거자격은 앞에서 이야기했고(위법하게 수집한 증거는 증거로 쓸 수 없다.), 증명력이 핵심인데 예컨대 목격자의 진술이 증거자격이 있다고 하더라도 그 진술이 오해 없이 진실한 것인지 판단은 법관의 '자유판단'에 따른다는 말이다. 무슨 말인가? 자유판단이라니? 코에 걸면 코걸이, 귀에 걸면 귀걸이라는 얘기인가? 그건 아닐 것 같다. 다음 판례는 '자유판단'이라는 말의 의미를 밝히고 있다.

●대법원 2004. 6. 25. 선고 2004도2221 판결

자유심증주의를 규정한 형사소송법 제308조가 증거의 증명력을 법관의 자유판단에 의하도록 한 것은 1) <u>그것이 실체적 진실발견에 적합하기 때문</u>이라 할 것이므로, 증거판단에 관한 전권을 가지고

있는 사실심 법관은 사실인정에 있어 공판절차에서 획득된 인식과 조사된 증거를 남김없이 고려하여야 한다.

형사재판에 있어 2) 심증형성은 반드시 직접증거에 의하여 형성되어야만 하는 것은 아니고 간접증거에 의할 수도 있는 것이며, 간접증거는 이를 개별적·고립적으로 평가하여서는 아니 되고 모든 관점에서 빠짐없이 상호 관련시켜 종합적으로 평가하고, 치밀하고 모순 없는 논증을 거쳐야 한다.

증거의 증명력은 법관의 자유판단에 맡겨져 있으나 3) 그 판단은 논리와 경험칙에 합치하여야 하고, 형사재판에 있어서 유죄로 인정하기 위한 심증형성의 정도는 합리적인 의심을 할 여지가 없을 정도여야 하나, 이는 모든 가능한 의심을 배제할 정도에 이를 것까지 요구하는 것은 아니며, 증명력이 있는 것으로 인정되는 증거를 합리적인 근거가 없는 의심을 일으켜 이를 배척하는 것은 자유심증주의의 한계를 벗어나는 것으로 허용될 수 없다 할 것인바(대법원 1994. 9. 13. 선고 94도1335 판결 등 참조), 4) 여기에서 말하는 합리적 의심이라 함은 모든 의문, 불신을 포함하는 것이 아니라 논리와 경험칙에 기하여 요증사실과 양립할 수 없는 사실의 개연성에 대한 합리성 있는 의문을 의미하는 것으로서(대법원 1997. 7. 25. 선고 97도974 판결 참조), 피고인에게 유리한 정황을 사실인정과 관련하여 파악한 이성적 추론에 그 근거를 두어야 하는 것이므로 단순히 관념적인 의심이나 추상적인 가능성에 기초한 의심은 합리적 의심에 포함된다고 할 수 없다.

밑줄 내용을 보자. 1번은 '자유판단'에 맡긴 이유가 적혀 있다. 그게 실체적 진실을 밝히는 데 적합하기 때문이라고 되어 있다. 2번은 '직접증거(범죄사실을 직접 드러내는 증거)만이 유죄의 증거가 아니고, 간접증거(범죄사실을 간접적으로 추론케 하는 증거)로도 얼마든지 유죄 판결이 가능한데 단, 간접증거로 유죄 판결을 내릴 때는 여러 증거를 모두 다 살펴서 모순이 없어야 한다'는 말이다. 3번은 '자유'판단이지만 한계가 있음을 알려준다. 우선, 논리와 경험칙에 어긋나면 안 되며, 다음, 근거 없는 의심을 일으키는 것은 '합리적 의심'이 아니라는 얘기다. 의심에도 근거가 필요하다. 4번에는 '합리적 의심'이 뭔지 풀어놓고 있다. '논리와 경험칙'의 눈으로 볼 때 범죄사실과 양립할 수 없는 사실이 있을 수 있다는 생각이 들면 그게 합리적 의심이라는 말이다. 예를 들어 아무개가 '가'라는 곳에 있다고 하는데 '나'라는 곳에도 있을 수 있다고 추론되면 그게 합리적 의심이다. 이럴 때는 유죄 판결을 내릴 수 없다. 법관의 심증형성이나 자유판단, 자유심증주의 등과 관련해서는 필자의 책 〈형사재판의 비밀〉이나 〈이기는 민사재판의 비밀〉, 〈무죄의 기술〉 등에 자세히 적었다.

재판이 진행되는 동안 할 수 있는 일은?

피고인은 자신의 주장이나 논리를 정리하여 의견서나 증거를 제출하고 사실조회 촉탁신청, 증인 신청, 감정신청 등 증거방법을 찾아 재판부를 설득할 수 있도록 최선을 다해야 한다. 사건이 복잡할수록 시간을 확보하여 제대로 된 의견서를 제출하는 것이 중요하다. 아마 수사기관에도 의견서나 추가 수사를 요구하는 서류를 제출했을 테지만 법원에 제출할 때는 새로 쓴다. 검찰이나 경찰에 제출했더라도 검찰이 보기에 증거가 아니라고 보면 법원에 제출하지 않기 때문이다. 공소사실이나 검찰이 제출한 증거에 이의가 있을 때는 필요하다면 증인을 부르거나 증거조사를 신청하기도 한다. 이때 신청하는 증거는 사실인정에 대한 것일 수도 있고 정상에 대한 것일 수도 있다. 피고인의 이런 사정 등을 감안, 재판부는 공판기일 등을 지정하거나 조정하기도 한다.

형사소송법 제266조의2(의견서의 제출)
① 피고인 또는 변호인은 공소장 부본을 송달받은 날부터 7일 이내에 공소사실에 대한 인정 여부, 공판준비절차에 관한 의견 등을 기재한 의견서를 법원에 제출하여야 한다. 다만, 피고인이 진술을 거부하는 경우에는 그 취지를 기재한 의견서를 제출할 수 있다.

집행유예를 받으려면

집행유예를 이끌어내는 방법이 궁금할 것 같다. 대법원 양형위원회에서는 다음처럼 성범죄의 양형기준을 제시한다. 먼저 읽어보자.

##〈대법원 양형위원회의 성범죄 양형기준〉

구분		부정적	긍정적
주요 참작 사유	재범의 위험성 등	- 계획적 범행 - 가학적·변태적 침해행위 또는 극도의 성적 수치심 증대 - 특별보호장소에서의 범행(13세 미만 대상 성범죄인 경우) - 동종 전과(10년 이내 금고형의 집행유예 이상) - 반복적 범행 - 범행에 취약한 피해자 - 위험한 물건의 사용 - 윤간	- 강제추행에서 유형력의 행사가 현저히 약한 경우(13세 이상 대상. 단, 장애인 대상 성범죄는 제외) - 공범의 범행수행 저지·곤란 시도 - 추행범죄에서 추행의 정도가 약한 경우
	기타	- 성폭력처벌법 제5조가 규정하는 형태의 범행인 경우 - 임신 - 중한 상해	- 상해결과가 발생하였으나 기본범죄가 미수에 그친 경우 - 처벌불원
일반 참작 사유	재범의 위험성 등	- 2회 이상 금고형의 집행유예 이상 전과 - 사회적 유대관계 결여 - 심신장애 상태를 야기하여 범행한 경우 - 약물중독, 알코올중독 - 진지한 반성 없음	- 동종 전과 없고, 금고형의 집행유예 이상의 전과가 없음 - 사회적 유대관계 분명 - 우발적 범행 - 자수 - 진지한 반성 - 폭행·협박이 아닌 위계·위력을 사용한 경우(13세 이상 대상) - 피고인이 고령
	기타	- 공범으로서 주도적 역할 - 범행 후 증거은폐 또는 은폐 시도	- 공범으로서 소극 가담 - 상당 금액 공탁 - 피고인의 건강상태가 매우 좋지 않음 - 피고인의 구금이 부양가족에게 과도한 곤경을 수반

상식적으로 '부정적' 항목보다 '긍정적' 항목이 많을 때 집행유예가 나올 것 같다. 구체적으로 집행유예를 권고하는 경우는 다음과 같다.

〈집행유예 참작사유의 평가 원칙〉

권고되는 형이 징역형인 경우 그 집행 여부를 판단함에 있어 주요참작사유는 일반참작사유보다 중하게 고려함을 원칙으로 하되, 권고 기준은 아래와 같다.

① 주요긍정사유만 2개 이상 존재하거나 주요긍정사유가 주요부정사유보다 2개 이상 많을 경우에는 집행유예를 권고한다.

② 주요부정사유만 2개 이상 존재하거나 주요부정사유가 주요긍정사유보다 2개 이상 많을 경우에는 실형을 권고한다.

③ 위 ① 또는 ②에 해당하나 일반부정(긍정)사유와 일반긍정(부정)사유의 개수 차이가 주요긍정(부정)사유와 주요부정(긍정)사유의 개수 차이보다 많은 경우이거나, 위 ① 또는 ②에 해당하지 않는 경우에는 집행유예 참작사유를 종합적으로 비교·평가하여 집행유예 여부를 결정한다.

④ 위 ③에 해당하는 경우에도, 아래의 사유에 해당하는 때에는 실형을 권고한다.

- 13세 미만 대상 강간, 유사강간 또는 장애인(13세 이상) 대상 강간
- 강도강간, 특수강도강제추행
- 3인 이상 피해자 대상 계속적·반복적 범행
- 3년 이내 집행유예 이상 동종 전과

이런 평가 원칙을 감안하면 양형 다툼을 어떻게 해야 하는지 감을 잡을 수 있을 것 같다.

: 국민참여재판, 과연 유리할까? :

지금까지 알려진 바로는, 피고인에게 유리한 건 사실인 것 같다. 어떤 점에서 유리할까? 아래 필자가 참여했던 사건 하나를 따라 가보자.

사건

당시 의뢰를 받은 사건은 말년 병장의 강간미수 사건이었다. 가해자로 지목된 병장은 처음부터 끝까지 무죄를 주장했다. 병장을 고소한 사람은 입대 전 아르바이트를 할 때 만나서 가까이 지낸 여성이었다. 병장은 말년 휴가를 나왔다가 대구에 사는 그 여성을 만나러 갔다. 여성은 스탠드바에서 근무하고 있었고, 밤늦게 일이 끝났다. 병장은 여성이 일을 마치기를 기다렸다가 함께 편의점에 가서 술을 마셨다. 그리고 여성이 근무하는 바로 함께 갔다. 이 자리에서 키스를 1회 나누고, 다시 2회째 시도하려는데 여성이 거부하여 그만두었다. 며칠 뒤 여성이 병장을 고소했다. 주방에서 칼을 들고 와서 위협하며 강간을 시도했다는 내용이었다. 병장은 제대 후 구속되었다.

국민참여재판을 하면 좋은 점

구속 상태의 병장을 만나 보니 범죄 혐의를 부인하고 있었고, 무죄를 다투겠다고 했다. 필자는 대책을 세우다가 국민참여재판을 신청하기로 결정했다. 아무래도 배심원이 유연한 생각을 갖고 있으므로 변호인 입장에서도 주장을 펼치기 좋아 보였다. 성과 관련된 범죄에서는 아무래도 배심원이 피고인의 억울함을 더 살펴주는 경향이 있는 것 같다. 물론 어떻게 변론할 것인가 하는 문제는 별론이지만 말이다.

참고로, 국민참여재판의 경우, 배심원이 '평결'을 하기는 하지만 재판장이 그 평결을 따를 필요는 없다. 즉 배심원이 무죄 평결을 내려도 재판장은 권한에 따라 유죄 판결을 내릴 수 있다는 말이다. 그럼에도 배심원 평결에서 유리한 판단을 받는 게 중요하다. 1) 2심을 가더라도 평결의 내용을 근거로 유리한 주장을 펼칠 수 있으며, 2) 형량을 결정하는 정상참작에서 유리한 판단을 받을 수 있기 때문이다.

국민참여재판 준비 과정

병장 이름으로 국민참여재판에 참여하겠다고 법원에 통지를 보내자 법원은 절차를 진행했다. 국민참여재판은 하루에 끝나기 때문에 준비 과정이 필요하다. 우선 공판절차준비기일을 정하고, 검찰의 주장과 피고인(혹은 변호인)의 주장을 일목요연하게 정리하고, 재판 시간 등을 협의하게 된다.

공판기일이 되자 먼저 배심원을 선정하고 그들에게 진행에 참고할 만한 자료를 제공했다. 그 자료 중에는 증거방법에 대한 설명이 있다. 무죄 추정의 원칙, 증거재판주의, 자유심증주의, 증명의 정도 등 판결을 내리는 데 필요한 기본적인 원칙을 설명한 내용이다. 무슨 말인가 하면 배심원은 법률로 밥을 먹고 사는 사람들이 아니기 때문에 기본적인 원칙부터 설명을 해주어야 한다는 얘기다.

쟁점 정리

국민참여재판이 열리면 법원은 배심원에게 이 사건의 쟁점을 정리하여 배포한다. 실제 이 사건에서 배포된 쟁점 내용은 다음과 같다.

Ⅲ. 이 사건의 쟁점

1. 유무죄에 대한 판단

○ 피고인은 이 사건 공소사실을 전부 부인하고 있습니다. 피고인은 공소사실의 기재와 같이 피해자가 근무하는 광주 동구 유덕동에 있는 O빠 주점에서 피해자와 함께 술을 마시던 중 피해자와 1회 키스를 하고, 한 번 더 키스를 하려다 거절당한 일은 있으나 이후 성관계 자체를 시도한 사실이 없으므로, 피해자의 의사에 반하여 강제로 간음을 시도하거나 흉기 등을 휴대하여 피해자를 폭행 또는 협박하면서 성관계를 요구한 사실이 없다고 주장하고 있습니다.

○ 성폭력범죄의처벌등에관한특례법위반(특수강간)죄는 **흉기나 그 밖의 위험한 물건을 지닌 채** 또는 2명 이상이 합동하여 폭행 또는 협박으로 사람을 강간한 경우에 성립하는 범죄로, 이 사건에서는 ① 피고인이 피해자를 강간하려고 시도하였는지 여부, ② 피고인이 피해자를 강간하기 위하여 흉기인 식칼을 들고 폭행 또는 협박하였는지 여부가 쟁점이 됩니다.

○ ① 만일 피고인이 피해자를 강간하려고 시도하지 않았다고 판단할 경우, 피고인에게는 어떠한 범죄도 성립하지 아니하므로 피고

인은 무죄입니다. ② 피고인이 강간하려고 시도하였고, 흉기인 식칼을 들고 피해자를 폭행 또는 협박하였다고 판단할 경우, 피고인에게는 성폭력범죄의처벌등에관한특례법위반(특수강간)죄(미수범)가 성립합니다. ③ 피고인이 강간하려고 시도하였으나, 흉기인 식칼을 들고 피해자를 폭행 또는 협박하지는 않았다고 판단할 경우, 성폭력범죄의처벌등에관한특례법위반(특수강간)죄(미수범)는 무죄가 되고, 피고인에게는 형법상의 강간미수죄가 성립하게 됩니다.

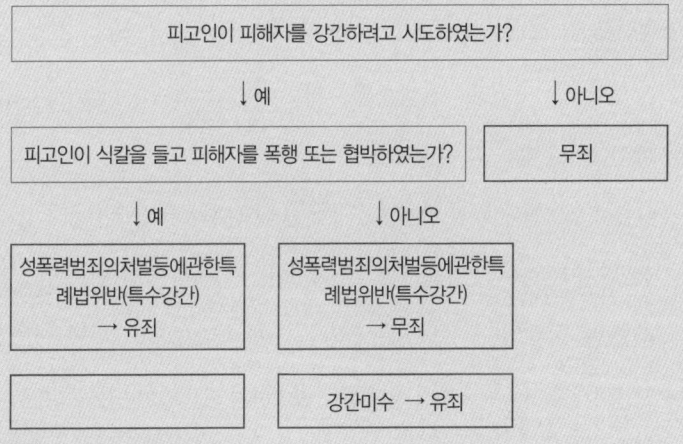

2. 양형에 대한 판단

만일 피고인에 대한 이 사건 공소사실이 유죄로 인정된다면, 피고인이 저지른 범죄에 대하여 적정하고 합리적인 형량을 결정하게 됩니다. 피고인에 대한 이 사건 공소사실이 무죄로 인정된다면, 양형에 대하여는 판단할 필요가 없습니다.

만일 유죄로 인정되어 피고인에 대한 형을 정하게 될 때는, ① 피고인의 연령, 성행 및 지능과 환경, ② 피해자와의 관계, ③ 범행의 동기, 수단과 결과, ④ 범행 후의 정황 등을 참작하여야 하는데, 보다 자세한 사항은 '양형참고자료'에서 설명할 예정입니다.

병장에게 적용된 혐의는 두 가지다. 칼을 들고 강간을 시도한 것이라면 특수강간미수가 되고, 칼을 든 적 없이 강간을 시도한 것이라면 그냥 강간미수가 된다. 그런데 여기에는 한 가지 빠진 게 있다. 강제추행이다. 왜 빠졌는가 하면, 피고인과 피해자 모두 성기에 손을 댄 적은 없었다고 공통적으로 진술했기 때문이다. 즉 최소한 1심에서는 강제추행은 문제가 되지 않았다. 또한 피고인이 무죄를 주장하는 입장이어서 변호인이 굳이 강제추행에 대한 내용까지 언급하면 마치 강제추행은 인정하는 모양새가 될 것 같았다. 1심에서는 한 번도 언급된 적 없던 강제추행은, 그러나 2심에서 수면 위로 오른다. 만일 1심 국민참여재판 단계에서부터 강제추행 혐의까지 고려하여 변론을 펼쳤다면 이와 관련하여 평결이든 판결이든 어떤 판단을 받았을 테고, 그렇다면 보다 대응하기 용이했을 텐데 그게 못내 아쉽다. 만일 강제추행까지 넣는다면 변호인이 펼칠 수 있는 변론은 다음처럼 4가지가 된다.

첫째 무죄 : 모든 혐의에 대해 무죄를 주장하는 것이다.

둘째 특수강간 유죄 : 결론적으로 모든 혐의에 대해 유죄를 인정하는 것인데 그렇다면 죄를 인정하고 양형을 다투는 전략이 된다(설명이 사건처럼 피고인이 '무죄' 주장을 펼치더라도 최악의 사태를 대비하여 변론을 할 때는 양형에서 유리한 판단을 받을 수 있도록 준비해야 한다.)

셋째 특수강간 무죄, 강간미수 유죄 : 칼을 들었다는 피해자의 주장을 탄핵하여 특수강간을 피하는 전략이다. 강간미수는 특수강간미수보다 형이 가볍다.

넷째 강제추행 : 강제추행은 있었을지언정 강간 시도 자체가 없었다고 주장하는 것이다.

결과는 어땠을까?

① 피해자는 이 사건 범행의 경위 중 일부 세부적인 부분에 관하여 진술이 일관되지 못하나, 이는 많은 시간이 흘렀기 때문인 것으로 보이고, 이 사건 범행의 경위 및 피해내용, 피고인이 흉기를 휴대한 사실 등 중요한 부분에 관하여는 비교적 일관되게 진술하고 있고, 진술의 내용이 구체적이며 자연스러워 진술의 신빙성이 높다고 보이는 점, ② 피해자에게는 피고인에게 불리한 허위의 사실을 진술할 만한 동기가 있다고 보이지 아니한 점, ③ 피고인과 피해자가 합의하에 자연스러운 신체접촉에 이르게 되었다고 보기는 어려운 점, ④ 피고인이 피해자에게 성관계를 하자는 취지의 말을 하면서 피해자의 몸을 만지고 반항하는 피해자를 잡아끄는 등으로 실랑이를 하였으며, 이에 피해자가 계속하여 거부하며 반항하자, 흉기인 식칼을 들고 피해자를 위협하였는데 이는 강간의 실행의 착수라 할 수

있는 점, ⑤ 피해자의 진술 중 흉기휴대 부분과 다른 부분의 신빙성의 차이가 있다고 볼 만한 합리적 근거가 없는 점, ⑥ 피해자가 경찰에 신고를 시도하고자 주점 사장에게 사건을 알린 계기에 흉기휴대의 점이 크게 작용하였다고 보이는 점 등에 비춰 공소사실을 그대로 모두 인용하여 피고인에게 유죄를 인정하였다.

한편 원심 배심원단은 피고인이 흉기를 휴대하여 피해자를 위협한 부분에 관하여 이를 믿을 만한 증거가 없고, 피고인의 흉기 휴대 부분에 대한 피해자 진술의 신빙성이 없다고 보아 위 ③이유를 제외한 ①, ②, ④, ⑤, ⑥ 이유에서 원심 재판부와 다른 판단을 내려 배심원 9명의 만장일치로 '성폭력범죄의처벌등에관한특례법위반(특수강간)'은 무죄로 평결하고, '강간미수' 부분만을 인정하였다.

평결 결과는 특수강간미수 무죄, 강간미수 유죄였다. 그러나 1심 재판부는 다른 판단을 내렸다. 흉기 소지를 인정하여 특수강간미수라고 보고, 징역 2년을 선고한다.

이렇게 보면 배심원 평결이 별 의미가 없는 것처럼 보인다. 그러나 아무 의미가 없는 건 아니었다. 아래 판례가 이를 잘 보여준다.

● 서울고등법원 2014. 5. 23. 선고 2013노2133 판결

국민참여재판으로 진행된 제1심에서 배심원이 만장일치의 의견으로 평결을 한 경우 제1심법원으로서는 배심원의 평결 결과를 존중하여야 하고, 특히 증인이 한 진술의 신빙성 등이 주된 쟁점이 되는

사건에 관하여 배심원이 만장일치로 무죄의 평결을 하였다면, 그와 같은 평결이 제1심법원이 적법하게 채택하여 조사한 증거들에 비추어 명백하게 잘못되었다고 볼 만한 특별한 사정이 있다거나, 평결 결과를 그대로 받아들이는 것이 현저하게 부당하다고 인정되는 등의 예외적인 경우에 해당하지 않는 이상, 이를 존중하여 수용하는 것이 바람직하다. 나아가 위와 같은 특별한 사정이나 예외적인 경우를 인정함에 있어서는 신빙성 있는 객관적 증거를 바탕으로 치밀한 논증을 거쳐 합리적이고 신중하게 판단하여야 할 것이다.

필자는 항소심에서 흉기 소지 부분에 대한 무죄를 주장하면서 평결 내용을 근거로 들었고, 다행히 흉기 소지 부분에서 무죄, 그리고 강간미수죄가 강제추행죄로 변경되어 병장은 집행유예로 석방될 수 있었다 (참고로, 2심부터는 국민참여재판이 없다.). 물론 피고인인 병장뿐 아니라 검사 역시 결과를 받아들이지 못하고 상소했으나 모두 기각되었다.

피고인이 원하는 결과를 모두 얻지는 못했지만 최소 국민참여재판에 대해서는 나름 성공적이었다고 자평하고 싶다. 배심원 앞에서 피고인의 정상을 충분히 알릴 수 있는 기회가 되었고, 배심원을 상대로 진행하기 때문에 더 많은 준비를 하려고 노력했다.

한편 국민참여재판에도 단점이 한 가지 있는데 시간이 부족하다는 점이다. 일반 형사재판은 상당한 시간이 걸리기 때문에 차분히 준비해도 되지만 국민참여재판은 하루에 끝나기 때문에 없는 시간 쪼개서 준비에 만전을 기해야 한다.

5장

피해자의 목소리, 진짜 증거일까?

-1-
이게 말이 돼?

"피해자의 목소리가 증거다."

이 말을 어떻게 이해해야 할까? 피해자가 '나 성폭행 당했다'고 말하면 판사는 그 말에 따라 무조건 유죄를 내려야 한다는 말인가? 안타깝게도 이건 대표적인 오해 가운데 하나다. 이 말의 진짜 의미는 다음 문장이 잘 보여준다.

"성폭행범죄에서 피해자의 증언 외에 보강증거를 필요로 하지 않는다."

이 말은 구유고슬라비아 국제형사재판소와 르완다 국제형사재판소에서 정한 각 규칙 96(i)의 내용이다. 국제형사재판소에서도 규칙 63.4.를 통해 똑같은 내용을 밝히고 있다. 이 규칙이 만들어지기 전에는 피해자의 주장만으로 유죄를 선고하지 않았고, 피해자의 진술을 뒷받침하는 증거가 필요했다. 이때 뒷받침하는 증거를 '보강증거'라고 한다(보강증거 : 예컨대 자백이 유일한 증거일 때, 이 자백만으로 유죄를 판결할 수 없으며 자백 외에 독립된 증거를 요구하게 되는데 이때 독립된 증거를 보강증거라고 한다.). 성범죄에 있어서 피해자의 진술(증언)은 보강증거가 필요한 시절이 있었으나 이미 국제형사재판소 등에서는 피해자 증언만으로 유죄 판결을 내릴 수 있도록 했다. 그러니까 피해자가 '저 사람이 나를 성폭행했다.'고 주장하면 무조건 그 사람에게 유죄를 내린다는 뜻이 아니고, 피해자의 진술이 믿을 만한지 아닌지 따져서 믿을 만하다면 유죄 판결을 내릴 수 있다는 뜻이다.

그런데 이상하다. 예전부터 '피해자의 목소리가 증거다'라는 게 일반적이었다면 왜 최근에 이 말이 입방아에 오르게 된 것일까? 그건 법이 성범죄를 바라보는 시선에 변화가 생겼기 때문이다. '성인지 감수성'이라는 말로 대변되는 것으로, 핵심은 두 가지다. 1) 피해자에게 피해자다움을 요구하지 말 것이며, 2) 피해자 진술이 특별한 증명력을 갖고 있음을 인정해야 한다는 것이다. 1)번과 관련, 과거에는 젖 먹던 힘까지 다해 저항한 게 아니면 성관계에 동의한 것으로 보고 성폭행을 인정하지 않았다. 그러던 것이 이제는 명확한 동의 표시가 없으면 성폭행을 인정하는 추세다. 2)번과 관련, 피해자가 '이 사실을 알렸을 때는 사회적으로 불이익이 돌아온다는 사실을 알면서도' 자신의 성폭행 사실을 밝혔을 때는 분명 이유가 있을 것이므로 함부로 피해자의 진술을 배척해서는 안 된다는 내용을 담고 있다. 그런 관점에서 '피해자의 목소리가 증거다'라는 말을 이해해야지, 엉뚱한 발상으로 이 말을 곡해해서는 안 된다.

구체적인 내용은 판례를 통해서 살펴보자.

-2-
피해자 진술을 함부로 배척하면 안 된다

'배척'이란 '니 말 못 믿겠어.'다. 과거에는 약간의 모순만 있어도 의심스런 눈길로 쳐다봤다. 그런데 이제는 그게 안 된다. 대법원 2020도2473판결은 항소심에서 무죄였던 사건을 파기하고 환송시킨 판례이다. 이 판례는, 법관이라면 모름지기 아래처럼 4가지 가이드라인을 갖고 성폭행 피해자의 진술을 바라보아야 한다고 말하고 있다.

첫째, 합리적인 의심이 드는 게 아니면 피해자 진술을 함부로 배척해서는 안 된다.

'합리적 의심'이란 뭘까? 다음 판례에서 설명하고 있다.

● 대법원 2004. 6. 25. 선고 2004도2221 판결
증거의 증명력은 법관의 자유판단에 맡겨져 있으나 그 판단은 논리와

경험칙에 합치하여야 하고, 형사재판에 있어서 유죄로 인정하기 위한 심증형성의 정도는 합리적인 의심을 할 여지가 없을 정도여야 하나, 이는 모든 가능한 의심을 배제할 정도에 이를 것까지 요구하는 것은 아니며, 증명력이 있는 것으로 인정되는 증거를 합리적인 근거가 없는 의심을 일으켜 이를 배척하는 것은 자유심증주의의 한계를 벗어나는 것으로 허용될 수 없다 할 것인바, 여기에서 말하는 합리적 의심이라 함은 모든 의문, 불신을 포함하는 것이 아니라 논리와 경험칙에 기하여 요증사실과 양립할 수 없는 사실의 개연성에 대한 합리성 있는 의문을 의미하는 것으로서, 피고인에게 유리한 정황을 사실인정과 관련하여 파악한 이성적 추론에 그 근거를 두어야 하는 것이므로 단순히 관념적인 의심이나 추상적인 가능성에 기초한 의심은 합리적 의심에 포함된다고 할 수 없다.

위 내용은 사실 새로울 게 없는 내용이다. 과거부터 형사재판에서 유죄 판결을 내리기 위해서는 '합리적인 의심을 할 여지가 없을 정도'가 되어야 한다고 판시했다. 그런데 이 내용을 '성범죄의 피해자 진술'에까지 적용하게 된 것이다. 합리적인 의심이란 뭘까? 과학에서 말하는 법칙은 단 1의 예외도 인정하지 않는다. 99번까지는 법칙대로 결과가 관측되어도 마지막 한 번에서 다른 결과가 나오면 그건 법칙이 아니기 때문이다. 그래서 과학에서는 가능한 모든 의심을 한다. 만의 하나 있을지도 모르는 극히 예외적인 것까지 다루기 때문이다. 이것이 위 판례에 나오는 '모든 의문'이다. 반면 법률에서 말하는 '합리적 의심'

이란 '모든 의문'이 아니다. 논리적으로 따지기는 하지만 경험칙에도 합치해야 한다. 사람들의 경험이 만들어낸 경험의 법칙에 어긋나지 않으면 된다. 법률은 이를 '합리적'이라고 말한다. 예를 들어 100명의 사람이 우연히 모였다는데 모두 혈액형이 B형인 경우, 과학이나, 과학의 언어인 수학에서는 드문 확률이지만 얼마든지 가능한 일이라고 보겠지만 법률적 관점에서 보면 '매우 이상한 일'이 된다. 주사위를 10번 굴려서 연속으로 6이 나오는 것도 과학이나 수학에서는 드물지만 불가능하지는 않은 일이지만 법률적으로 보면 사기꾼이 개입했을 가능성이 있다고 '합리적인 의심'을 하게 마련이다. 이처럼 합리적 의심이 있는 게 아니라면 성폭행 피해자의 진술을 함부로 배척할 수 없다는 얘기다.

둘째, 사소한 내용과 관련, 앞뒤 말이 조금 달라졌다고 해서 진술의 핵심 내용까지 배척해서는 안 된다. 성폭행을 당했다고 피해자가 진술을 하는데 일부 사소한 정보를 틀리게 말하거나 앞에서 했던 말이 뒤에서 달라질 수 있다. 그러나 지엽적인 오류 때문에 근간까지 틀렸다고 말해서는 안 된다는 얘기다.

- **대법원 2008. 3. 14. 선고 2007도10728 판결**

진술 내용이 그 주요 부분에 있어서 일관되고 구체적이며, 경험칙에 비추어 비합리적이거나 진술 자체로 모순되는 부분이 없고, 또한 거짓으로 피고인에게 불리한 진술을 할 만한 동기나 이유가 분명하게 드러나지 않는 이상, 그 밖의 사소한 사항에 관한 진술에 다소 일관성이 없는 것처럼 보이는 부분이 있거나 최초의 단정적인 진술이 다소 불명확한 진술로 바뀌었다고 하여 객관적으로 보아 도저히 신빙성이 없다고 볼 만한 별도의 신빙성 있는 자료가 없는 한 이를 함부로 배척하여서는 아니 된다 할 것이다.

셋째, 법관은 피해자가 처한 특별한 사정을 고려해야 한다. 성인지 감수성이 있어야 한다는 말이다. 무슨 말인가? 성폭행 피해자가 피해 직후 대처하는 방식에 대해서 색안경을 끼고 바라보면 곤란하다는 얘기다. 왜? 오랫동안 피해자들은 1) 피해 여성에 대한 부정적 여론(짧은 옷을 입고 다니니까 그런 일을 당한 거다, 더럽혀졌다 등등), 2) 불이익, 3) 신분 노출 피해 등을 입었기 때문에 대처 방안이 사정에 따라 달라질 수밖에 없다.

● **대법원 2018. 10. 25. 선고2018도7709 판결**

법원이 성폭행이나 성희롱 사건의 심리를 할 때에는 그 사건이 발생한 맥락에서 성차별 문제를 이해하고 양성평등을 실현할 수 있도록 '성인지 감수성'을 잃지 않도록 유의하여야 한다(양성평등기본법 제5조 제1항 참조*). 우리 사회의 가해자 중심의 문화와 인식, 구조 등으로 인하여 성폭행이나 성희롱 피해자가 피해사실을 알리고 문제를 삼는 과정에서 오히려 피해자가 부정적인 여론이나 불이익한 처우 및 신분 노출의 피해 등을 입기도 하여 온 점 등에 비추어 보면, 성폭행 피해자의 대처 양상은 피해자의 성정이나 가해자와의 관계 및 구체적인 상황에 따라 다르게 나타날 수밖에 없다. 따라서 개별적, 구체적인 사건에서 성폭행 등의 피해자가 처하여 있는 특별한 사정을 충분히 고려하지 않은 채 피해자 진술의 증명력을 가볍게 배척하는 것은 정의와 형평의 이념에 입각하여 논리와 경험의 법칙에 따른 증거판단이라고 볼 수 없다.

* 남녀고용평등과 일·가정 양립 지원에 관한 법률 제5조(근로자 및 사업주의 책무) ① 근로자는 상호 이해를 바탕으로 남녀가 동등하게 존중받는 직장문화를 조성하기 위하여 노력하여야 한다.

넷째, 피해자에게 이른바 '피해자다움'을 요구해서는 안 된다. 기존에 피해자에게 요구했던 피해자다움이란 이런 것이었다. 피할 수 있으면 사력을 다해 피했어야 했다. 소리를 지를 수 있으면 사력을 다해 소리를 질렀어야 했다. 그래야 피해자답다. 그런데 그러지 않았다면 당신은 피해자가 아닌 것 같다. 그런데 아래 판례는 '과거에 생각하던 그런 피해자다움'을 요구해서는 안 된다고 말한다.

● 대법원 2005. 7. 28. 선고 판결 [강간치상]

강간죄가 성립하기 위한 가해자의 폭행·협박이 있었는지 여부는 그 폭행·협박의 내용과 정도는 물론 유형력을 행사하게 된 경위, 피해자와의 관계, 성교 당시와 그 후의 정황 등 모든 사정을 종합하여 피해자가 성교 당시 처하였던 구체적인 상황을 기준으로 판단하여야 하며, 사후적으로 보아 피해자가 성교 이전에 범행 현장을 벗어날 수 있었다거나 피해자가 사력을 다하여 반항하지 않았다는 사정만으로 가해자의 폭행·협박이 피해자의 항거를 현저히 곤란하게 할 정도에 이르지 않았다고 섣불리 단정하여서는 안 된다.

: 친족 성범죄의 경우도 피해자 진술의 신빙성을
함부로 배척해서는 안 된다 :

● 대법원 2020. 5. 14. 선고 2020도2433 판결

미성년자인 피해자가 자신을 보호·감독하는 지위에 있는 친족으로부터 강간이나 강제추행 등 성범죄를 당하였다고 진술하는 경우에 그 진술의 신빙성을 판단함에 있어서, 피해자가 자신의 진술 이외에는 달리 물적 증거 또는 직접 목격자가 없음을 알면서도 보호자의 형사처벌을 무릅쓰고 스스로 수치스러운 피해 사실을 밝히고 있고, 허위로 그와 같은 진술을 할 만한 동기나 이유가 분명하게 드러나지 않을 뿐만 아니라, 진술 내용이 사실적·구체적이고, 주요 부분이 일관되며, 경험칙에 비추어 비합리적이거나 진술 자체로 모순되는 부분이 없다면, 그 진술의 신빙성을 함부로 배척해서는 안 된다.

특히 친족관계에 의한 성범죄를 당하였다는 미성년자 피해자의 진술은 피고인에 대한 이중적인 감정, 가족들의 계속되는 회유와 압박 등으로 인하여 번복되거나 불분명해질 수 있는 특수성을 갖고 있으므로, 피해자가 법정에서 수사기관에서의 진술을 번복하는 경우, 수사

기관에서 한 진술 내용 자체의 신빙성 인정 여부와 함께 법정에서 진술을 번복하게 된 동기나 이유, 경위 등을 충분히 심리하여 어느 진술에 신빙성이 있는지를 신중하게 판단하여야 한다.

- 3 -
함부로 배척해선 안 된다면, 그럼 다 믿어준다는 얘긴가?

 피해자 진술만으로 유죄 판결이 가능하다. 그런데 피해자 진술은 함부로 배척하면 안 된단다. 그 말은, 웬만하면 다 믿어준다는 얘긴가? …… 설마 그러겠는가? 법관은 피해자가 그렇게 말했다고 다 믿는 게 아니고, '그 말'이 진짜인지 아닌지 따진다. 그걸 따지라고 있는 게 법관이니까.

 어떻게 따질까? 다음은 1심에서 유죄 판결을 받은 피고인이 '말도 안 돼! 나는 무죄야!' 하며 항소한 사건이다. 그러나 2심 법원인 대전고등법원은 '이게 왜 말이 안 돼? 말만 잘 되네.' 하고 항소를 기각하며 피해자 진술의 증명력과 관련된 법리를 설명한다(2019노154판결). 이 판례를 보면 법관이 피해자 진술을 살필 때는 3가지 기준으로 봐야 한다고 나온다.

"피해자 진술에 합리성, 타당성이 있어야 할 뿐 아니라 합리적인 의심이 없을 정도의 신빙성이 있어야 한다."

세 가지 키워드는 1) 합리성, 2) 타당성, 3) '합리적 의심이 없을 정도'다. 이 중 1) 합리성과 2) 타당성은 진술 내용 자체를 살펴서 앞뒤로 모순이 없는지, 말이 달라지지 않는지, 일관되었는지 확인하는 절차다. 진술 내용 자체를 따졌다면 3번은 이제 진술 내용과 당시 정황을 비교하고, 경험칙 등 법관의 논리를 바탕으로 살피는 과정이다. 그래서 '말이 된다'고 판단되면 피해자 진술을 믿을 만하다고 말하는 것이다.

● 대법원 2017. 10. 31. 선고 2016도21231 판결

형사피고인은 유죄의 판결이 확정될 때까지는 무죄로 추정된다(헌법 제27조 제4항, 형사소송법 제275조의2). 무죄추정의 원칙은 수사를 하는 단계뿐만 아니라 판결이 확정될 때까지 형사절차와 형사재판 전반을 이끄는 대원칙으로서, '의심스러우면 피고인의 이익으로'라는 오래된 법언에 내포된 이러한 원칙은 우리 형사법의 기초를 이루고 있다.

형사소송법 제307조 제2항은 "범죄사실의 인정은 합리적인 의심이 없는 정도의 증명에 이르러야 한다."라고 정하고 있다. 따라서 형사재판에서 유죄의 인정은 법관으로 하여금 합리적인 의심을 할 여지가 없을 정도로 공소사실이 진실한 것이라는 확신을 가지게 하는 증명력을 가진 증거에 의하여야 한다. 검사가 제출한 증거만으로 이러한 확신을 가지게 하는 정도에 이르지 못한 경우에는 설령 유죄의 의심이 든다고 하

더라도 피고인의 이익으로 판단하여야 한다.

낮 시간대 다수의 사람들이 통행하는 공개된 장소와 같이 통상적으로 어린 피해자에 대한 추행 행위가 이루어질 것으로 예상하기 곤란한 상황에서 강제 추행이 있었는지를 판단하는 데 피해자의 진술 또는 피해자와 밀접한 관계에 있는 자의 진술이 유일한 증거인 경우, 이를 근거로 피고인을 유죄로 판단하기 위해서는 진술 내용 자체의 합리성과 타당성뿐만 아니라 객관적인 정황과 경험칙에 비추어 피해자의 진술 또는 피해자와 밀접한 관계에 있는 자의 진술이 합리적인 의심을 할 여지가 없을 정도로 공소사실이 진실한 것이라는 확신을 가지게 하고, 피고인의 무죄 주장을 배척하기에 충분할 정도로 신빙성이 있어야 한다.

- 4 -
그럼, 어떻게 해야 할까?

최근의 성범죄 판례를 보면 오랫동안 법조계에 몸담고 살아온 필자로서도 납득하기 어려운 경우가 종종 있다. 결국은 법관이 믿을 것인가 말 것인가 스스로 방향을 정해서 판결을 내리게 되는데 그 '사고의 과정' 때문에 고개가 갸웃할 때가 있다. 물론 성범죄가 아닌 다른 사건들 중에도 실체에 대한 직접증거 없이 간접증거만으로 종합적 증명력을 따져 유죄 판결을 내리는 경우도 흔하다. 그럼, 어떻게 하라는 얘기인가? 나에게 우호적인 판결을 내려줄 수 있는, 피해자 말보다는 내 말을 더 믿어줄 수 있는 법관을 기대해야 한다는 얘기인가? 물론 법관 운도 어느 정도는 따라야겠지만 그게 하고 싶은 얘기는 아니다. 진술 외에 딱히 증거가 없는 사건에서는 사실, 무슨 일이 있었는지는 당사자가 아니면 모른다. 수사기관도 법관도 변호사도 다 진술이나 정황 등을 토대로 추론해서 들어갈 뿐이다. 이 말은, 그래서 실체적 진실 자체보다는 '실체적 사실로 보이는 것'이 더 중요하다는 얘기가 될 수 있다.

이런 관점에서 우리는 법관이 스스로 철칙처럼 지키고 있는 기준을 어기지 않으면서, 아니 적극적으로 부합하는 가운데 어떻게 해야 반론을 펼칠 수 있는지 고민해야 한다. 달리 말해 법관으로 하여금 피해자 진술을 의심하게 하려면 어떻게 해야 될까?

첫째, 합리적인 의심을 일으켜야 한다.

합리적인 의심을 일으키려면 피해자 진술과 양립할 수 있는 어떤 사실을 얘기하면 좋다. 서울에 있으면서 동시에 부산에 있을 수 있는 사람은 없다. 만일 A라는 사람이 '나는 그때 서울에 있었다'고 주장하는데 그 시각에 그를 부산에서 목격했다는 사람 B가 나타났다. 이 경우, 우리는 A나 B 둘 중에 하나가 거짓말을 한다는 사실을 알 수 있다. 이처럼 피해자 진술과 양립할 수 없는 어떤 사실을 주장하면 법관은 피해자 진술을 의심스런 눈으로 보게 된다(그런 사실이 있었다는 걸 증명할 수 있다면 가장 확실하지만 그럴 가능성이 있었다고 추론할 만큼 개연성만 있어도 충분하다.). 다만, 이때 양립할 수 없는 사실은 지엽적인 진술에 대해서는 별 의미 없고, 범죄 증명에 필요한 요증사실에 대한 '양립할 수 없는 사실'일 때 의미가 있겠다(예컨대 피해자가 성폭행을 당했다고 주장하는 시각에 피고인은 A 가게에서 물건을 사고 결제한 자료가 있다면 누가 봐도 이건 피해자의 진술이 거짓이다.).

둘째, 진술 내용 자체에 문제가 없는지 살펴서 주장한다. 앞서, 지엽적인 내용의 모순이 있다고 핵심적인 주장(성폭행)까지 배척할 수 없다고 했다. 여기서도 진술 내용 자체를 따지되 핵심적인 내용 중심으로, 그게 일관되는지(전에 한 말과 나중에 한 말이 같은지), 진술 자체에 모순되는 부분이 없는지, 진술이 구체적인지(지어서 한 말인지 아닌지 판단할 때 구체성을 따진다.) 살펴서 주장한다.

: 채증법칙 위반 :

법관이 어떤 사실을 확정지을 때는 이를 뒷받침하는 증거가 있어야 한다. 이때 어떤 것을 증거로 삼을지 취사선택하는데 이를 채증이라고 하고, 이때 법관은 지켜야 할 법칙이 있으며, 이를 어겼을 때 채증법칙 위반이라고 한다. 보통 이런 표현은 상급심에서 자주 등장하는데 원심의 채증법칙 위반을 지적하기 위해서다. 대법원은 채증법칙 위반의 경우를 두 가지로 설명한다.

하나, 일관성이 없고 서로 모순되어 신빙성이 희박하거나 단순한 추측에 불과하여 믿기 어려운 증거들을 채용하여 유죄로 인정한 경우(대법원 1995. 10. 12. 선고 93도93 판결)

둘, 만연히 신빙할 수 없는 증거들과 사실인정의 자료로 하기에 불충분한 증거들을 채택하거나 서로 모순되고 엇갈리는 피해자의 진술을 유일한 직접증거로 채택하는 경우(대법원 1987.2.24. 80도3222

판결)

(* 박용철, "성폭력 피해자 진술 신빙성에 대한 비교법적 연구", 「성폭력 형사사건에서 피해자 진술의 신빙성과 경험칙에 관한 연구」, 사법정책 연구원, 2020. p.15.)

인용한 자료를 보면 '서로 모순되고 엇갈리는 피해자의 진술을 유일한 직접증거로 채택하는 경우'에 이를 근거로 유죄를 판결하는 건 채증법칙 위반으로, 유죄 판결을 해서는 안 된다는 말이다. 즉 '서로 모순되고 엇갈리는 피해자 진술'은 신빙성을 배척한다는 말이다.

셋째, 진술 내용을 당시 상황과 비교하여 문제점을 지적한다.

경험칙에 비추어 납득하기 힘든지(비합리적), 객관적으로 보아 도저히 신빙성이 없다고 볼 만한 별도의 믿을 만한 자료가 있는지 살핀다. 나아가 피고인을 골탕 먹일 만한 동기나 이유도 찾아본다.

한편, 피해자의 사건 당시나 사후 행동을 살필 때는 피해자의 특별한 사정을 고려하며 살펴야 하며, 당대의 성관념도 함께 고려해야 한다.

: 명백한 증거를 배척할 때는 :

재판이 한창 열리는 도중에 피고인(혹은 변호인)이 반론을 펼치며 검사가 제시한 증거를 탄핵하려고 할 때가 있다. 그런데 만일 검사가 제시한 원래 증거가 충분한 증명력을 가진 증거이거나 누가 봐도 당연한 사실을 탄핵해야 할 때는 단지 합리적 의심만으로는 안 되며 '합리적인 근거'가 있어야 한다.

● **대법원 2015. 8. 20. 선고 2013도11650 전원합의체 판결 [정치자금법위반]**

형사소송법 제307조 제1항, 제308조는 증거에 의하여 사실을 인정하되 증거의 증명력은 법관의 자유판단에 의하도록 규정하고 있는데, 이는 법관이 증거능력 있는 증거 중 필요한 증거를 채택·사용하고 증거의 실질적인 가치를 평가하여 사실을 인정하는 것은 법관의 자유심증에 속한다는 것을 의미한다. 따라서 충분한 증명력이 있는 증거를 합리적인 근거 없이 배척하거나 반대로 객관적인 사실에 명백히 반하는 증거를 아무런 합리적인 근거 없이 채택·사용하는 등으로 논리와 경험의 법칙에 어긋나는 것이 아닌 이상, 법관은 자유심증으로 증거를 채택하여 사실을 인정할 수 있다.

: 예전부터 피해자 진술을 배척하기 위해 썼던 방법들 :

아래 자료는 영국 왕립법원에서 배심원에게 설명하는 내용 가운데 일부인데 피고인 측이 피해자 진술의 신빙성을 탄핵하기 위해 어떤 주장을 할 것인지 미리 설명하는 내용으로, 참고할 게 있어서 소개한다 (박용철 위 논문, p.35).

성폭력범죄피해자의 신빙성을 탄핵하기 위하여 피고인 측은 ① 피해시점과 고소시점 사이에 지나친 간극이 있다는 것, ② 피해자가 증거를 제출하면서야 비로소 고소를 하였다는 사실, ③ 피해자 진술이 일관되지 않았다는 사실, ④ 피해자가 공판정에서 진술할 때 아무런 감정이나 고통을 호소하지 않았다는 사실을 제기할 수 있고 (중략) 또한 피고인 측은 피해자 측과의 성관계가 상호동의하에 이루어졌다는 것 등의 사정을 주장하기 위하여 ① 피해자가 입고 있는 옷은 노출이 심한 옷이었다는 것, ② 피해자가 다른 사람과 함께 있었을 뿐만 아니라 술이나 약물에 취해 있었다는 것, ③ 과거 피해자와 가해자는 이미 성관계를 했던 사이였다는 것, ④ 적어도 피해자가 주장하는 성폭력범죄에 이르기 전까지 피해자와 가해자 사이에 서로 동의한 성적 접촉이 존재하였다는 사실, ⑤ 피고인이 피해자에 대하여 강제로 성관계를 하고자 하는 협박도 없었을 뿐만 아니라 피해자 신체에 저항 등의 흔적이 남아 있지 않다는 점을 주장할 수도 있고 (중략) 그리고 피고인 측은 자신의 배경과 관련하여 ①

> 피고인은 이미 지속적인 성관계를 하고 있는 배우자 내지는 동거인이 있다는 사실, ② 문제가 될 경우 피고인의 성적 취향을 언급할 수도 있다.

• 관련 판례 자료 1 •

위협을 받고 있는 상태를 감안하여 피해자 진술의 일부 오류를 무시하고 유죄를 판결한 사건
― 대법원 2020도2473

* 아래 사건은 항소심에서 무죄였던 사건이 대법원에서 유죄가 된 사건으로, 피해자 진술을 판단하는 내용이 핵심이다. 피해자 진술에서 일부 일관되지 못한 내용, 상세하지 못한 진술이 있었는데 2심은 이를 바탕으로 피해자 진술을 믿을 수 없다고 판단했으나 3심은 피해자가 두려움에 떨고 있었고, 그래서 일부 내용에서 오류가 있었더라도 핵심이 되는 내용 자체를 배척할 만큼은 아니라고 판단하고 있다. 참고로 아래 판례에서 판단하고 있는 내용은 두 가지로, 하나는 감금 사건이고 하나는 강간 사건이다. 판례는 먼저 이 사건을 바라보는 법의 시각, 즉 법리를 설명하면서 시작한다. 이후 검찰이 기소한 내용을 보여주고, 1심과 2심(원심)이 이를 어떻게 판단했는지 살펴본 후, 마지막으로 3심(대법원)이 판단한 내용을 설명하는 순서로 이루어져 있다.

1. 피해자의 진술 등 증거의 증명력에 관한 법리

가. 증거의 증명력은 법관의 자유판단에 맡겨져 있으나 그 판단은 논리와 경험의 법칙에 합치하여야 하고, 형사재판에 있어서 유죄로 인정하기 위한 심증형성의 정도는 합리적인 의심을 할 여지가 없을 정도여야 하나 이는 모든 가능한 의심을 배제할 정도에 이를 것까지 요구하는 것은 아니며, 증명력이 있는 것으로 인정되는 증거를 합리적인 근거가 없는 의심을 일으켜 이를 배척하는 것은 자유심증주의의 한계를 벗어나는 것으로 허용될 수 없다(대법원 1994. 9. 13. 선고 94도1335 판결, 대법원 2004. 6. 25. 선고 2004도2221 판결 등 참조).

피해자 등의 진술은 그 진술 내용의 주요한 부분이 일관되며, 경험칙에 비추어 비합리적이거나 진술 자체로 모순되는 부분이 없고, 또한 허위로 피고인에게 불리한 진술을 할 만한 동기나 이유가 분명하게 드러나지 않는 이상, 그 밖의 사소한 사항에 관한 진술에 다소 일관성이 없다는 등의 사정만으로 그 진술의 신빙성을 특별한 이유 없이 함부로 배척해서는 아니 된다(대법원 2006. 11. 23. 선고 2006도5407 판결, 대법원 2008. 3. 14. 선고 2007도10728 판결 등 참조).

나. 한편 성폭행이나 성희롱 사건의 피해자가 피해사실을 알리고 문제를 삼는 과정에서 오히려 피해자가 부정적인 여론이나 불이익한 처우 및 신분 노출의 피해 등을 입기도 하여 온 점 등에 비추어 보면, 성폭행 피해자의 대처 양상은 피해자의 성정이나 가해자와의 관계 및

구체적인 상황에 따라 다르게 나타날 수밖에 없다. 따라서 개별적, 구체적인 사건에서 성폭행 등의 피해자가 처하여 있는 특별한 사정을 충분히 고려하지 않은 채 피해자 진술의 증명력을 가볍게 배척하는 것은 정의와 형평의 이념에 입각하여 논리와 경험의 법칙에 따른 증거판단이라고 볼 수 없다(대법원 2018. 4. 12. 선고 2017두74702 판결, 대법원 2018. 10. 25. 선고 2018도7709 판결 등 참조).

강간죄가 성립하기 위한 가해자의 폭행·협박이 있었는지 여부는 그 폭행·협박의 내용과 정도는 물론 유형력을 행사하게 된 경위, 피해자와의 관계, 성교 당시와 그 후의 정황 등 모든 사정을 종합하여 피해자가 성교 당시 처하였던 구체적인 상황을 기준으로 판단하여야 하며, 사후적으로 보아 피해자가 성교 이전에 범행 현장을 벗어날 수 있었다거나 피해자가 사력을 다하여 반항하지 않았다는 사정만으로 가해자의 폭행·협박이 피해자의 항거를 현저히 곤란하게 할 정도에 이르지 않았다고 섣불리 단정하여서는 아니 된다(대법원 2005. 7. 28. 선고 2005도3071 판결 등 참조).

2. 이 사건 공소사실 중 감금의 점에 관한 상고이유에 대하여

가. 이 부분 공소사실의 요지

피고인은 2017. 7. 초경 스마트폰 소개팅 어플리케이션인 '너랑나랑'을 통해 피해자 C(여, 37세)를 알게 되었고, 2017. 7. 9. 처음으로 전화

통화를 한 후 카카오톡으로 대화를 나누다가 2017. 7. 10. 및 같은 달 14. 카페에서 두 차례 피해자를 만났다.

피고인은 2017. 7. 16. 22:40경 창원시 마산합포구 D호텔 앞에서 피해자를 만나 피고인 소유의 E 스펙트라 승용차에 피해자를 태워 같은 날 23:20경 경남 고성군 동해면 바닷가에 도착한 후, 약 30분간 바닷가에서 피해자와 함께 앉아 있다가 다시 주차된 위 차량에 타 피해자와 이야기를 나누던 중 피해자가 연락을 받지 않았던 일, 피해자의 남자 선배가 피해자에게 카카오톡 메시지를 보냈던 일 등을 반복하여 따져 물어 피해자가 이에 대해 사정을 설명하고 사과를 하였다.

그러던 중 피고인은 2017. 7. 17. 02:00경 경남 고성군 동해면 바닷가에 주차된 위 차량 안에서 갑자기 오른손으로 피해자의 손에 있던 피해자의 휴대전화를 가로채어 가지고 간 후 피고인의 오른팔을 뻗어 피해자의 가슴 윗부분을 눌러 피해자를 움직이지 못하게 하고, 왼손으로 피해자의 휴대전화에서 연락처와 카카오톡 내용을 살펴보면서 피해자에게 "이 새끼랑 잤냐, 이 새끼는 누구냐, 이거 완전 걸레네, 씨발년아, 개 같은 년아, 이 씨발년 니 오늘 내한테 완전히 죽었다, 나 오늘 작정하고 나왔다, 니 오늘 내한테 죽는다."라고 하는 등 욕설을 하다가 같은 날 03:30경 위 차량을 출발하여 주행하면서 피해자가 "지금 어디 가냐, 내일 출근해야 되는데, 빨리 집에 데려다 달라."라고 말하였음에도 이를 묵살한 채 같은 날 04:18경 창원시 마산합포구 F모텔까지 약 20km를 그대로 질주하여 피해자가 약 50분간 차에서 내리지 못하도록 하였다. 이로써 피고인은 피해자를 감금하였다.

나. 하급심의 판단

제1심은 피해자의 진술이 수사기관에서부터 제1심 법정에 이르기까지 비교적 일관되고, 그 진술이 구체적이며 모순되는 부분을 찾기 어려우므로 피해자의 진술에 신빙성이 인정된다고 판단하여 이 부분 공소사실을 유죄로 인정하였다.

그런데 원심(*2심 = 항소심)은, 다음과 같은 사정을 종합하여 보면 검사가 제출한 증거들만으로는 피고인이 자신의 차량을 이용하여 피해자와 모텔까지 가는 동안 피해자를 차에서 내리지 못하게 하는 방법으로 감금하였다는 점이 합리적 의심의 여지없이 증명되었다고 보기 어렵다고 판단하여 제1심판결을 파기하고 이 부분 공소사실을 무죄로 인정하였다.

(1) 피해자의 진술만으로는 피고인이 피해자를 모텔로 데려가기 위해 차량에 감금하기 직전 바닷가에서 피고인과 피해자 사이에 무슨 일이 있었는지를 명확히 알 수 없다. 즉 피해자와 피고인이 바닷가에서 모텔로 출발하기 전까지 피고인의 차 안에 함께 있었던 시간은 2017. 7. 17. 00:00경부터 03:30까지 약 3시간 30분 정도로 추측되는데, 피해자가 피고인의 차 안에서 피고인으로부터 협박을 당하였다는 시간은 1시간에서 1시간 30분, 또는 2시간이라고 진술하여 일관되지 않을 뿐만 아니라, 피해자의 진술만으로 나머지 시간에 관한 행적도 설명되지 않는다.

(2) 피해자가 화장실에 가기 위해 피고인의 차에서 내렸는지 여부나, 피고인이 차에서 화를 내게 된 경위, 피고인이 감금 범행 직전 피해자를 제압하는 과정에서 피해자의 목을 조르거나 목 부위를 눌렀는지 여부에 관한 피해자의 진술이 일관되지 않고, 피해자의 목에 피고인의 외력으로 발생한 멍이나 상처, 붓기 등의 흔적이 생겼다고 볼 만한 증거도 없다.

(3) 모텔 입구 엘리베이터 방향에 설치된 CCTV 영상만으로 피고인이 엘리베이터를 타지 않으려는 피해자를 강제로 태운 것으로까지는 보이지 않고, 모텔 직원도 피고인과 피해자를 일반적인 손님으로 알았고 특별히 이상한 점을 느끼지 못하였다고 진술하고 있으며, 모텔 직원이 중년 여자라는 사실만으로 도움을 요청하지 않았다는 피해자의 진술은 쉽게 납득하기 어렵다.

다. 대법원의 판단

(1) 적법하게 채택된 증거들에 의하면, 다음과 같은 사실을 알 수 있다.

(가) 피해자는 2017. 7. 초경 스마트폰 소개팅 어플리케이션인 '너랑나랑'을 통해 피고인과 알게 되었고, 2017. 7. 9. 처음으로 피고인과 전화 통화를 한 후, 2017. 7. 10. 및 같은 달 14. 두 차례 피고인을 만났다.

(나) 피해자는 피고인과 2017. 7. 16. 창원시 마산합포구에 있는 D호텔 앞에서 만나기로 했고, 2017. 7. 16. 22:34경 피고인에게 전화를 걸어 피고인의 차량이 무엇인지 확인을 한 후 그 시경 피고인을 만나 그의 차를 타고 고성군 동해면 바닷가로 이동하였다.

(다) 피해자와 피고인은 고성군 동해면 바닷가에 도착하여 바다를 본 뒤, 다시 피고인의 차를 타고 창원시 마산합포구 F모텔로 이동하였고, 2017. 7. 17. 04:17경 F모텔 입구 엘리베이터에 도착하였다.

(라) 피고인은 2017. 7. 17. 04:27경 모텔 비용을 자신의 카드로 결제하고, 피해자와 함께 G호 객실로 이동하여 2017. 7. 17. 04:28경 객실로 들어갔다.

(2) 앞서 본 법리와 적법하게 채택된 증거들에 비추어 피해자 진술의 신빙성에 관하여 본다.

(가) 피해자의 진술내용은 다음과 같다. 즉 피고인이 피해자가 보고 싶다며 전화가 와서 2017. 7. 16. 22:30경 창원시 마산합포구에 있는 D호텔 앞에서 피고인과 만났고, 피고인이 보여주고 싶은 바다가 있다고 하여 피고인의 차를 타고 고성군 동해면 바닷가 쪽으로 이동하였다. 같은 날 23:00경 바닷가에 도착하여 30~40분쯤 바닷바람을 쐬다가 모기가 물고 해서 집으로 가기 위해 차를 탔는데, 피고인과 차

안에서 대화를 나누던 중에 피고인이 피해자가 이전에 연락을 받지 않았던 일과 피해자의 남자 선배가 피해자에게 카카오톡 메시지를 보냈던 일 등을 따지면서 갑자기 화를 내었고, 그러던 중 피고인이 오른팔을 뻗어 피해자의 가슴 윗부분을 눌러 제압하고 피해자의 휴대전화를 가로채 간 뒤 왼손으로 피해자의 휴대전화 연락처, 카카오톡 메시지를 보면서 "이 새끼랑 잤냐, 이 새끼는 누구냐, 이거 완전 걸레네, 씨발년아, 니 오늘 나한테 죽는다"라고 하는 등 욕설을 하였다. 피고인은 위와 같이 한동안 피해자에게 욕설을 하고 피해자가 차에서 내리지도 못하게 계속 제압하다가, 갑자기 안전벨트를 매라고 하더니 낯선 길로 차를 몰아갔고, 피해자가 "이 시간에 어디 가냐, 내일 출근해야 되는데 빨리 집에 데려다 달라."라고 말하였음에도 계속 욕설을 하며 마산 반대편으로 차를 몰아가 인적이 드문 산길의 한적한 모텔로 데리고 갔다.

기록을 대조하여 살펴보면, 피해자의 위와 같은 진술은 수사기관에서부터 제1심 법정에 이르기까지 그 진술 내용의 주요한 부분이 일관될 뿐만 아니라 매우 구체적임을 알 수 있다. 또한 위 진술이 경험칙에 비추어 비합리적이라거나 진술 자체로 모순되는 부분을 찾기 어렵다.

(나) 원심이 피해자 진술의 신빙성을 배척하는 이유로 들고 있는 사유들은, 다음과 같은 사정을 종합하여 보면 피해자가 처한 구체적인 상황이나 피고인과의 관계 등에 비추어 피해자의 진술과 반드시 배치된다거나 양립이 불가능한 것이라고 보기 어렵거나, 공소사실과 직접적인 관련이 없는 부수적 사항에 불과하다. 그럼에도 원심이 그러한

사유들을 근거로 피해자 진술의 신빙성을 배척한 것은, 합리적인 근거도 없이 그 진술의 신빙성을 함부로 배척한 것이어서 쉽사리 수긍하기 어렵다.

① 피고인과 피해자는 스마트폰 소개팅 어플리케이션을 통해 알게 되어 2017. 7. 9. 처음 전화 통화를 하고 그 다음날 처음 만난 후, 사건 당시인 2017. 7. 16.에는 세 번째 만난 사이에 불과하였다. 비록 피고인과 피해자가 처음부터 교제를 목적으로 만났고, 여러 차례 긴 시간 전화 통화를 하면서 지속적으로 카카오톡 대화를 주고받았다고 하더라도, 그 당시 피해자는 이제야 비로소 피고인과 서로 알아가는 과정에 있었다고 보인다.

이 사건 당시 피해자가 피고인의 차를 타고 따라 간 고성군 동해면 바닷가는 인적이 드물고 한밤중에 어두운 곳이었던 데다가, 이러한 피고인과 단 둘이 차 안에서 대화를 하던 중 피고인이 이전과 달리 갑자기 화를 내면서 심한 욕설을 하고, 외력으로 피해자를 제압하여 휴대전화를 빼앗아가 남자 연락처와 메시지를 보면서 다른 남자관계를 의심하는 등 이상한 행동을 하였다는 것이므로, 피해자로서는 적잖이 당황하고 무서웠을 것임을 충분히 짐작할 수 있다. 원심이 지적하는 바와 같이 피해자가 바닷가에서 피고인과 함께 차 안에 있었던 시간에 관하여 다소 일관되지 않고, 피고인과의 행적 전반에 대하여 상세히 진술하지 못한다고 하더라도, 피해자가 위와 같이 피고인에 의하여 상당한 시간 동안 계속 외포(*몹시 두려워함)된 상태에 있었던 점에 비추어 당시 시간의 경과나 흐름에 대하여 잘 인식하지 못하였을 가능성과 구체적 상황에 대하여 세밀하게 기억하지 못할 가능성을 감안하여야 한다.

그렇다면 원심이 들고 있는 위와 같은 사정이 피해자가 당시 피고인의 행동으로 인하여 물리적, 심리적으로 억압되어 차에서 내리지 못하고 모텔까지 가게 되었다는 취지의 진술 전체의 신빙성을 부정할 정도는 아니라고 보인다.

② 피해자가 당시 화장실에 가기 위하여 차에서 내린 사실이 있었는지 여부에 관하여 다소 일관되지 않은 진술을 한 것은 사실이나, 피해자 진술의 전체적인 취지는 피고인이 무서워서 차에서 내려 제대로 용변을 보지 못하였을 정도라는 것이고, 그밖에 일부 배치되는 진술은 부수적이거나 사소한 사항에 관한 것에 불과하다. 나아가 피해자는, 피고인이 차 안에서 피해자와 연락이 되지 않은 문제로 화를 냈다고 진술하였다가, 다시 남자 선배로부터 카카오톡 메시지가 온 것을 보고 화를 냈다는 취지로 진술하기도 하였으나, 이는 결국 피고인이 당시 그러한 두 가지 이유로 화를 내기 시작했다는 취지로서 서로 진술이 모순된다거나 양립할 수 없다고 보기 어렵다. 피고인이 차 안에서 피해자를 제압하는 과정에서 피해자의 목을 조르거나 가슴과 목 부위를 눌렀다는 취지의 피해자의 일부 진술은 표현상의 차이일 뿐, 피고인이 오른팔로 조수석에 앉아 있는 피해자의 몸을 눌러 움직이지 못하게 제압하였다는 진술에 크게 벗어나거나 배치되지 않는다. 또한 그

러한 과정에서 피해자의 목에 피고인의 외력으로 인한 상처 등의 흔적이 없다는 사정만으로 피해자의 이러한 진술의 신빙성을 의심할 수는 없다.

③ 피해자는 모텔에 도착한 직후 "차에서 안 내리면 죽여 버리겠다."라는 피고인의 말을 듣고 무서워서 차에서 내렸고, 도망가더라도 다시 잡힐 것 같아서 도망가지 못하였다고 진술하고 있다. 또한 모텔 직원이 중년 여성이어서 도와달라고 하면 피고인으로부터 맞아서 죽을 것 같아서 도움을 요청하지 못하였다고 진술하였다. 피고인이 당시 피해자를 데리고 간 모텔은 피해자가 처음 가본 곳이었고, 인적이 드문 조용한 곳이었으며, 시간도 이른 새벽이었다. 게다가 피해자가 피고인의 차를 타고 모텔까지 오는 동안 피고인으로부터 계속해서 욕설을 듣고 외력으로 몸을 제압당하기도 한 점 등을 감안하면, 피해자가 모텔에 도착하여 피고인으로부터 적극적으로 벗어나려고 하거나 모텔 직원에게 구조를 요청하지 아니하였다고 하여 그것이 모텔에 오기까지 피고인에 의해 감금당하였다는 취지의 피해자 진술과 반드시 배치되는 정황이라고 보기 어렵다.

(3) 그런데도 원심은 위에서 본 바와 같이 피해자 진술의 신빙성을 배척하기에 부족하거나 양립 가능한 사정, 혹은 공소사실과 직접적인 관련이 없는 부수적 사항만을 근거로 피해자 진술의 신빙성을 의심하여 그 증명력을 배척하고 이 부분 공소사실을 무죄로 판단하였다. 이

러한 원심의 판단에는 논리와 경험의 법칙을 위반하여 자유심증주의의 한계를 벗어나거나 증거의 증명력에 관한 법리를 오해하여 판결에 영향을 미친 잘못이 있다. 이 점을 지적하는 취지의 상고이유 주장은 이유 있다.

3. 이 사건 공소사실 중 강간의 점에 관한 상고이유에 대하여

가. 이 부분 공소사실의 요지

(1) 피고인은 2017. 7. 17. 04:28경 창원시 마산합포구 F모텔 G호에서 객실로 들어가지 않으려고 몸을 뒤로 빼는 피해자의 등을 떠밀어 피해자를 객실로 들어가게 한 다음, 피고인의 옷을 모두 벗고 위 2의 가.항과 같은 상황으로 인해 겁에 질린 피해자에게 옷을 벗으라고 하였으나 피해자가 옷을 벗지 아니하자, 피해자에게 욕설을 하면서 키 173cm에 몸무게 85kg인 피고인과 키 153cm에 몸무게 40kg인 피해자의 신체적인 차이를 이용하여 피해자를 강제로 침대로 데려가 눕히고 피해자의 배 위에 앉아 피해자를 반항하지 못하게 한 후 피해자의 원피스와 속옷을 벗기고 피해자의 음부에 피고인의 성기를 삽입하여 피해자를 강간하였다.

(2) 피고인은 위 (1)항과 같이 피해자를 강간한 후 소파에 앉아 있던 피해자에게 "침대로 오지 않으면 죽여 버리겠다."라고 말하여 피해

자가 침대로 오자 피해자를 강제로 침대에 눕힌 다음, 피고인이 가지고 있던 피해자의 휴대전화 카카오톡 대화 등을 살펴보면서 피해자에게 "쌍년아, 완전 걸레네, 집에서 잤겠네, 떡 쳤겠네, 완전히 속았네, 이 미친년아 죽여버리겠다."라고 하는 등 1~2시간가량 피해자에게 욕설과 협박을 하여 피해자를 반항하지 못하게 한 후 피해자의 음부에 피고인의 성기를 삽입하여 피해자를 강간하였다.

(3) 피고인은 위 (2)항과 같이 피해자를 강간한 후 피해자의 휴대전화에 자동녹음된 통화내용을 들으면서 "이 놈이랑도 잤냐, 몇 놈이랑 잤냐, 쌍년아."라고 하는 등 1~2시간가량 욕설을 하고 피해자에게 "커피 값을 왜 나에게 내게 했냐."라고 말하면서 피해자의 목을 조르고 피해자를 강제로 침대에 눕혀 피해자를 반항하지 못하게 한 후 피해자의 음부에 피고인의 성기를 삽입하여 피해자를 강간하였다.

(4) 피고인은 위 (3)항과 같이 피해자를 강간한 후 피해자의 휴대전화에서 자동녹음된 통화내용을 듣고 남자 연락처를 지우면서 "남자 직원들과 빠구리 하려고 만나냐."라고 하는 등 욕설을 하다가 피해자를 강제로 침대에 눕히고 피해자의 배 위에 앉아 한 손으로 피해자의 목을 조르면서 "어떻게 죽여줄까, 얼굴에 난도질을 해 줄까."라고 말하여 협박하고, 다른 한 손으로 피해자의 휴대전화와 리모컨을 번갈아 쥐고 피해자의 얼굴을 때릴 듯이 휘두르는 등 피해자를 반항하지 못하게 한 후 피해자의 입 안에 피고인의 성기를 강제로 넣어 빨게 하고,

피해자가 얼굴을 돌려 피고인의 성기를 빼내자 피해자의 음부에 피고인의 성기를 삽입하여 피해자를 강간하였다.

나. 하급심의 판단

제1심은 피해자의 진술이 수사기관에서부터 제1심 법정에 이르기까지 비교적 일관되고, 직접 경험하지 않고서는 알기 어려운 구체적인 내용까지 진술하고 있으며, 그 진술에서 모순되는 부분을 찾기 어려운 점, 비록 피해자의 일부 진술이 분명하지 않은 면이 있으나 이는 전체 진술에 비하여 비중이 매우 적고 부수적인 사실관계에 관한 진술인 점 등에 비추어 보면 피해자의 진술에 신빙성이 인정된다고 판단하여 이 부분 공소 사실을 유죄로 인정하였다.

그런데 원심은, 다음과 같은 사정을 종합하여 보면 검사가 제출한 증거들만으로는 피고인이 피해자의 반항을 억압할 정도의 폭행 또는 협박을 행사하여 피해자를 간음하였다는 사실이 합리적 의심의 여지 없이 증명되었다고 보기 어렵다고 판단하여 제1심 판결을 파기하고 이 부분 공소사실을 무죄로 인정하였다.

(1) 피고인의 폭행·협박이나 피해자의 반항에 관한 피해자의 진술이 구체적이지 않고 일관되지도 않는다. 즉 피해자의 진술은 피고인이 첫 번째 강간 당시 '욕설을 하였다'거나, 두 번째 강간 당시 '목을 졸랐다', '강제로 끌고 왔다', '욕을 하였다'는 것 외에 그 진술의 대부분이

남녀가 성관계를 가지면서 취하게 되는 전형적인 자세에 대한 설명에 불과하고, 피고인이 피해자의 반항을 어떻게 억압하였는지에 대한 구체적인 내용이 없으며, 이 부분 범행 당시 피고인이 피해자의 목을 졸랐는지 여부에 대해서 진술이 일관되지도 않는다. 피해자는 세 번째와 네 번째 강간 범행을 당할 당시 피고인이 목을 졸랐다고 진술하였으나, 피해자의 목에 피고인의 외력으로 발생한 멍이나 상처, 붓기 등의 흔적이 생겼다고 볼 만한 증거도 없다. 나아가 피해자가 '울부짖으며 그 사람을 밀어내려고 했다'는 진술 외에 구체적으로 피고인의 이러한 행위에 어떻게 반항했는지 진술하고 있지 않다.

(2) 첫 번째 강간 범행 이후 피해자가 다시 옷을 입었는지 여부에 관한 피해자의 진술에 일관성이 없고, 첫 번째 강간 범행 이후 화장실 사용 여부 및 화장실 문의 형태에 관한 피해자의 구체적 진술이 현장 사진 등과 비교한 실제 모텔 객실의 현황과 일치하지 않는다.

(3) 모텔 입구 엘리베이터 방향에 설치된 CCTV 영상이나 G호 객실 앞에 설치되어 있는 CCTV 영상만으로, 피고인이 피해자를 강제로 엘리베이터에 태우거나 피해자를 강제로 객실 안에 데리고 들어간 것이라고 보이지 않는다.

(4) 2017. 7. 16. 이전에 피고인과 피해자가 두 번밖에 만난 적이 없기는 하나, 피고인과 피해자는 2017. 7. 9.부터 2017. 7. 16.까지 8일 동

안 48회의 전화 통화를 하면서 30분 이상 긴 시간 통화한 횟수도 20회나 되고, 그 기간 동안 지속적으로 카카오톡 대화를 주고받았기 때문에 피고인과 피해자가 연애의 감정이 생겼을 가능성도 충분히 있으므로 피고인과 피해자 사이 만남의 횟수가 적다는 사정만으로 피해자가 폭행·협박이 없었다면 피고인과 성관계를 하였을 리가 없다고 추단할 수 없다.

(5) 모텔에서 나와 식당으로 이동하기로 한 후, 식당 앞에 도착하여 커피숍으로 도망 가려고 하였다가 피고인이 피해자의 손목을 잡고 식당으로 끌고 들어갔다는 피해자의 진술도 쉽게 납득하기 어렵거나, 피해자가 스스로 걸어 들어가는 식당 입구 CCTV 영상을 확인하고 그 진술을 번복하였다. 나아가 당시 여러 명의 식당 직원이 있었고, 손님들이 식당에 계속 들어오는 상황에서 주변에 즉각 도움을 요청할 수 있었을 것임에도 손님이 3명 정도에 모두 나이 드신 분들이라 도움을 요청하지 않았다는 피해자의 진술을 쉽게 납득하기 어렵다.

(6) 식당에 설치된 CCTV 영상에 의하면, 피고인이 다시 식당 밖으로 나가는 피해자를 데리고 들어오기를 반복하거나 식사 도중 자리에서 일어나는 피해자와 실랑이를 하는 모습이 확인되고, 피해자가 식당에서 H와 전화 통화를 할 당시 피고인이 피해자에게 화를 낸 사실도 인정되지만, 이는 일반적인 남녀관계에서도 서로의 의견이 갈리거나 다툼이 있을 경우 보일 수 있는 모습이므로, 위와 같은 모습만으로

피고인이 모텔에서 피해자를 강간하였다고 추단할 수는 없다.

(7) 피해자는 피고인이 2017. 7. 17. 00:00경 피고인의 차 안에서 피해자의 휴대전화를 빼앗아 간 뒤, 모텔에서 나오기 전까지 돌려주지 않았다고 진술하였으나, 피고인과 피해자가 모텔에 있었을 것으로 추정되는 시각인 2017. 7. 17. 10:39:46경 피해자의 휴대전화에서 H에게 전화를 걸어 19초간 통화한 사실과 2017. 7. 17. 10:40:34경 피해자의 휴대전화에서 I에게 전화를 걸어 32초간 통화한 사실이 확인된다.

다. 대법원의 판단

(1) 먼저 앞서 본 법리와 적법하게 채택된 증거들에 비추어 피해자 진술의 신빙성에 관하여 본다.

(가) 피해자의 진술내용은 다음과 같다. 즉 ① 모텔 객실에 들어가자 피고인이 갑자기 자기 옷을 벗었고, 피해자에게 옷을 벗으라고 했다. 피해자가 울며 빌었는데 욕설을 하며 피해자의 옷을 강제로 벗기고 침대로 데려갔다. 그리고 피고인이 자신의 성기를 피해자의 질 속에 삽입하였다. 피해자가 계속 울부짖으며 피고인을 밀어내려고 했는데 힘이 부족했고, 계속 울며 소리를 질렀다. 피고인이 질 내에 사정을 하고 끝난 줄 알았는데, 피고인이 침대에 누워 있으면서 소파에 앉아 있던 피해자에게 계속 침대 쪽으로 오라고 하면서 "오지 않으면 죽여 버리겠다."라고 말하며 피해자의 휴대전화를 계속 뒤졌다. ② 피고인이

휴대전화를 보며 피해자에게 계속 욕을 했다. 카카오톡 내용을 확인하고 피해자에게 "집에 가서 잤겠네, 떡쳤겠네, 내가 완전히 속았네, 이 미친년아, 죽여버리겠다."라며 온갖 모욕적인 말을 했다. 그리고 한 손으로 피해자의 목을 졸랐다. 그러다가 피해자를 강제로 다시 침대로 끌고 와 눕히고 자신의 성기를 피해자 질 속에 강제로 삽입하고, 질 내에 사정을 했다. 피해자가 화장실로 들어가서 씻으려고 하니 씻지 못하게 하고, 피해자가 용변을 보는 것도 지켜보고 있었다. 그러면서 "니 왜 데리고 온 지 아냐. 니 임신시켜버리려고 데려온 거다."라고 말했다. ③ 피고인은 피해자를 다시 강제로 침대로 데려가 눕히고 입을 맞추려고 하고, 가슴을 빨고 자신의 성기를 질 속에 삽입하고 질 내에 사정을 했다. ④ 또한 피고인은 휴대전화를 뒤져 남자들 연락처를 지우고, 자동으로 통화녹음이 되어 있던 남자 직원들과 통화한 내용을 듣고 "남자 직원들하고 빠구리하려고 만나냐."라고 말하며 피해자 배 위에 걸터앉아 한쪽 주먹을 쥐고 때릴 듯이 위협을 했다. "어떻게 죽일까."라는 말을 하면서 휴대전화를 휘둘러 때릴 듯이 위협하고, 계속 주먹으로 때릴 듯이 위협을 했다. 그리고 자신의 성기를 피해자 입 속에 강제로 집어넣어 빨라고 했다. 피해자가 계속 얼굴을 돌려 뱉어내니 다시 자신의 성기를 피해자 질 속에 삽입하고 질 내에 사정을 하였다. 피고인이 자기랑 살 건지 죽을 건지 협박을 하여 피해자는 너무 겁이 나 같이 살겠다고 했다. ⑤ 이후 모텔에서 청소하는 아주머니로부터 전화가 와서 피해자가 전화를 받은 뒤 옷을 챙겨 입고 모텔을 나와 피고인과 함께 차를 타고 밥을 먹기 위해 이동을 했다. 피해자는 식당 화장실에서 피해자의 직원인 H에게 전화를 하려고 하였으나 피고인이 피해자를 끌고 식당에 앉혀 밥을 먹게 하였다. 그때 H으로부터 연락이 와서 전화를 받았고, 피고인이 물을 가지러 간 사이 H에게 응급상황이니 119나 112로 전화를 해달라고 했는데 H가 알아듣지를 못했다. 식당에는 나이 드신 분이 3명 정도 있었는데 힘없는 노인들이라 도움을 요청하지는 못했다.

기록을 대조하여 살펴보면, 피해자의 위와 같은 진술은 수사기관에서부터 제1심 법정에 이르기까지 그 진술 내용의 주요한 부분이 일관될 뿐만 아니라 매우 구체적임을 알 수 있다. 또한 위 진술이 경험칙에 비추어 비합리적이라거나 진술 자체로 모순되는 부분을 찾기 어렵다.

(나) 원심이 피해자 진술의 신빙성을 배척하는 이유로 들고 있는 사유들은, 다음과 같은 사정을 종합하여 보면 피해자가 처한 구체적인 상황이나 피고인과의 관계 등에 비추어 피해자의 진술과 반드시 배치된다거나 양립이 불가능한 것이라고 보기 어렵거나, 공소사실과 직접적인 관련이 없는 부수적 사항에 불과하다. 그럼에도 원심이 그러한 사유들을 근거로 피해자 진술의 신빙성을 배척한 것은, 성폭행 피해자가 처하여 있는 특별한 사정을 충분히 고려하지 않은 채 피해자 진술의 증명력을 너무나 가볍게 배척한 것이어서 쉽사리 수긍하기 어렵다.

① 피해자는 이미 피고인의 앞서 본 감금 범행으로 인하여 겁에 질린 상태에서 모텔에 오게 되었고, 낯선 장소의 밀폐된 공간인 객실에 피고인과 단 둘이 있게 된 상황에 처하게 된 점을 감안하면, 원심이 단

지 피고인의 폭행·협박이나, 피해자의 반항에 관한 피해자의 일부 진술이 구체적이거나 일관되지 않다고 하여 피고인의 폭행·협박이 피해자의 항거를 현저히 곤란하게 할 정도에 이르렀다는 사실이 증명되지 않았다고 섣불리 단정한 것은 납득하기 어렵다. 오히려 피해자는 피고인이 모텔 객실로 들어오자마자 욕설을 하면서 강제로 옷을 벗기고 울면서 저항하는 피해자를 침대로 데려가서 간음하였고, 네 번의 성관계 모두 피고인이 완력을 사용하여 강제로 한 것이고 그때마다 피해자는 몸을 밀치며 거부하였으나 피고인이 움직이지 못하게 몸을 눌러 반항하지 못하게 하였으며, 피고인이 죽인다며 위협하고 욕설을 하여 피해자는 울면서 소리 지르는 것이 전부였다는 취지로 일관되게 진술하고 있다. 피해자와 피고인의 신체적 차이나 피고인과의 관계 및 그 당시 피고인과 모텔에 오기까지의 구체적인 상황에 비추어 보면, 피해자의 진술에 나타난 폭행·협박의 내용과 정도만으로도 피해자의 항거를 현저히 곤란하게 할 정도의 폭행·협박이 있었다고 충분히 인정할 만하고, 반드시 피해자가 당시 사력을 다하여 반항하였다는 점이 증명되어야 하는 것이 아니다.

물론 피고인과 피해자가 짧은 기간 동안 지속적으로 연락을 주고받으면서 서로 호감을 갖거나 연애의 감정이 생겼을 가능성도 배제하지 못한다. 그러나 피고인이 사건 당일 바닷가에서부터 돌변하여 화를 내고 욕설을 하면서 휴대전화를 빼앗고, 자신을 강제로 모텔로 데리고 가 위와 같이 네 차례 강간하였다고 피해자가 일관하여 진술하고 있다. 이러한 진술이 경험칙에 반하여 비합리적이거나 그 자체로 모순되지 않은 한 피해자가 허위로 피고인에게 불리한 진술을 할 만한 동기나 이유를 찾을 수 없는 상황에서 그 진술의 신빙성을 쉽게 배척할 수는 없다.

② 피해자는 경찰 조사에서 첫 번째 강간 범행 이후에 옷을 입었는지에 관하여 전혀 진술하지 않다가, 검찰에서 처음 조사를 받으면서 "당시 강간을 네 번 당했는데, 첫 번째 강간을 당한 후 옷을 입었고, 피고인이 다시 강제로 옷을 벗겼습니다. 한 번은 아래로 벗겼던 것 같고, 다른 한 번은 위로 벗겼던 것 같습니다."라고 매우 구체적으로 진술하였는데, 다시 이후의 검찰 조사 및 제1심 법정에서는 "피고인이 첫 번째 강간 이후 옷을 입지 못하게 하였고, 4회에 걸쳐 강간을 당하는 동안 옷을 입지 못했다."라는 취지로 진술하여 검찰에서의 최초 진술을 번복한 것은 사실이다. 그런데 피해자가 처음 검찰 조사에서 위와 같이 진술하게 된 경위는, 검사가 피해자의 옷을 피고인이 어떻게 벗겼는지 물어보자 피해자가 "위로 올려 벗겼는지 아래로 내려서 벗겼는지 잘 기억나지 않습니다."라고 대답한 다음, 다시 기억을 되살려 피고인이 피해자의 옷을 벗긴 과정을 검사에게 설명하면서 나오게 된 추측성 진술로서 피해자가 당시 상황을 혼동하였을 여지가 있다. 피해자도 제1심 법정에서 "수사기관에서 여러 차례 진술하는 과정에서 헷갈렸던 것이고 그 당시 옷을 다시 입은 기억이 없다."라고 다시 분명하게 진술하였다. 그렇지 않다고 하더라도, 피해자가 당시 같은 장소에서 긴 시간에 걸쳐 네 차례나 강간을 당한 사정을 감안하면, 첫 번째

강간과 두 번째 강간 사이 피해자가 옷을 다시 입었는지 여부가 피고인의 강간 범행에 관한 피해자의 진술 전체의 신빙성을 결정할 주요한 부분에 해당한다고 보기도 어렵다.

　피해자가 경찰에서 조사를 받으면서 "모텔 객실의 화장실을 두 번 정도 사용하였는데, 잠금장치가 없는 유리문이었다."라고 진술하였는데, 경찰이 탐문하여 촬영한 현장 사진이나 피고인 및 변호인이 원심 법정에 제출한 증거에 의하면, 모텔 객실의 화장실 문은 나무 재질이고 잠금장치 또한 있었던 것이 사실이다. 그러나 피해자가 말하는 '잠금장치가 없는 유리문'이 정확히 객실이나 화장실 내부의 어디를 의미하는지 분명하지 아니할 뿐만 아니라, 이는 당시 피고인이 강간 범행 전후로 피해자가 화장실에서 씻지도 못하게 지켜보았다는 사실을 설명하면서 덧붙인 부수적인 진술에 불과하여 이 사건 강간 범행과 직접 관련된 사항이라고 보기 어렵고, 이로써 피고인의 강간 범행에 관한 피해자의 진술 전체의 신빙성이 부정된다고 볼 수도 없다.

　③ 피해자가 이른 새벽에 낯선 장소의 모텔에 도착하여 객실에 들어갈 당시에는 이전부터 계속되어 온 피고인의 감금 범행과 협박으로 이미 외포된 상태에 있었던 사정은 앞서 본 바와 같다. 모텔 CCTV 영상에 의하더라도, 피해자가 모텔 엘리베이터나 객실에 들어가지 않기 위하여 사력을 다해 저항하지는 아니하였으나, 피고인이 피해자의 손을 잡아끌고 엘리베이터를 타거나, 머뭇거리는 피해자의 팔을 잡아끌고 피해자의 등을 밀면서 객실 안으로 데리고 들어가는 모습으로 보인다.

피해자가 당시 처한 구체적인 상황과 심리상태에 비추어, 원심이 이러한 CCTV 영상을 근거로 피고인이 피해자를 모텔 객실에 강제로 데려간 것이 아니라고 보고서 그러한 사정을 피해자 진술의 신빙성을 부정하는 사유로 삼은 것 또한 납득하기 어렵다.

④ 피해자는 피고인으로부터 강간을 당한 이후 모텔에서 나와 피고인과 함께 식당으로 이동하였는데, 식당 안에 나이 드신 손님들밖에 없다고 생각하여 바로 도움을 요청하지 못하였고, 피고인을 피하여 피해자의 직원인 H에게 전화로 도움을 요청하려고 했다고 진술하고 있다. 실제 식당 CCTV 영상을 통해 알 수 있는 당시 상황을 보더라도, 피고인은 2017. 7. 17. 13:19경 피해자의 손을 잡고 식당에 들어가게 되었는데, 피해자는 식당에 들어간 직후나 식사 도중 계속 식당 밖으로 나가거나 전화 통화를 위해 자리에서 일어나려고 하였고, 피고인은 그러한 피해자를 뒤쫓아 다시 식당 안으로 데리고 들어오거나, 전화 통화를 하고 있는 피해자에게 다가가 손을 잡아끄는 등 제지하는 모습이 확인된다. 피해자가 식사 도중 H와 전화 통화를 할 당시 피고인이 피해자에게 국수를 먹지 않고 전화 통화를 한다고 고함을 지르며 화를 내기도 하였다. 결국 피해자는 피고인과 식사를 마치고 식당에서 나온 후, 피고인이 자신을 차량 조수석에 태우고 운전석으로 이동하는 틈을 타 신발이 벗겨진 채로 다시 차량에서 내려 식당으로 들어간 다음, 경찰에 직접 '피고인으로부터 감금·강간당했다'는 내용으로 신고를 하였다.

강간을 당한 피해자의 대처 양상은 피해자의 성정이나 가해자와의 관계 및 구체적인 상황에 따라 각기 다르게 나타날 수밖에 없음은 앞서 본 바와 같다. 위와 같은 범행 이후의 정황과 피해자의 진술에 비추어 보면, 피해자가 식당에 도착하여 즉시 주변에 도움을 요청하지 아니한 사정을 근거로 원심이 피해자 진술의 신빙성을 부정한 것은 도저히 납득할 수 없다. 원심이 증거의 증명력을 판단함에 있어 구체적 사건에서 성폭행 피해자가 처해 있는 특수한 사정을 충분히 고려하지 않은 것이 아닌지 심히 의심이 든다.

오히려 이 사건에서 피해자가 피고인을 사건 당일 허위로 신고할 만한 동기나 이유가 분명하게 드러난 것이 아닌 이상, 피해자가 피고인과 함께 식당에 도착하여 식사를 마치고 경찰에 신고하기까지 보인 이러한 일련의 행동들은 앞서 모텔에서 피고인에게 당한 강간 범행에 관하여 피해자가 진술했던 내용과 양립할 수 없는 사정이 아니고, 그러한 피해자 진술의 신빙성을 뒷받침하는 유력한 정황이라고 보아야 한다.

⑤ 피해자는 피고인의 차에서 휴대전화를 빼앗긴 뒤로 모텔에서 나오기 전까지 돌려받지 못하였다고 진술하였음에도, 피고인과 함께 모텔에 있었을 것으로 추정되는 시각 피해자의 휴대전화에 직원들에게 두 차례 발신하여 각 19초, 32초간 통화한 내역이 있고, 피해자가 이에 관하여 제대로 해명하지 못하고 있는 것은 사실이다. 그러나 발신 상대방인 피해자의 직원들도 그 시경 피해자와 통화한 사실에 대해 기억하지 못하고 있고, 당시 피고인이 피해자의 휴대전화를 조작하면

서 자동녹음된 통화내용을 듣거나 남자 연락처를 지우는 등의 행동을 하였다는 피해자의 진술이나, 해당 통화시간이 불과 몇 십초 정도로 비교적 짧았던 점 등에 비추어 보면, 이러한 통화내역은 피해자가 스스로 발신한 것이 아니었을 가능성이 농후하거나, 자연스러운 상태에서의 제대로 된 통화가 아니었다고 볼 여지가 크다. 그렇지 않다고 하더라도, 위와 같이 피해자의 통화 내역 중 해명되지 않은 부분이 있다고 하여 피해자가 모텔 안에서 피고인에 의하여 물리적, 심리적으로 억압된 상태에 있었다는 취지의 피해자 진술과 모순된다고 볼 정도는 아니다.

(2) 다음으로 적법하게 채택된 증거들에 비추어 피고인 진술의 신빙성에 관하여 본다.

(가) 강간죄에서 공소사실을 인정할 증거로 사실상 피해자의 진술이 유일한 경우에 피고인의 진술이 경험칙상 합리성이 없고 그 자체로 모순되어 믿을 수 없다고 하여 그것이 공소사실을 인정하는 직접증거가 되는 것은 아니지만, 이러한 사정은 법관의 자유판단에 따라 피해자 진술의 신빙성을 뒷받침하거나 직접증거인 피해자 진술과 결합하여 공소사실을 뒷받침하는 간접정황이 될 수 있다(대법원 2018. 10. 25. 선고 2018도 7709 판결 참조).

(나) 피고인은 피해자와 결혼을 전제로 진지하게 만나다가 자연스럽게 성관계를 하게 된 것이고, 피해자를 강제로 모텔에 데려 가거나 강압적으로 성관계를 한 사실이 전혀 없다고 진술한다.

그런데 피고인은 피해자와 처음 연락을 한 이후 이 사건 성관계를 가지기 전까지 세 번째 만난 사이였을 뿐만 아니라, 그 동안 피해자와 카카오톡 대화를 하면서 결혼에 관하여 구체적으로 대화를 나눈 자료를 찾을 수 없다. 오히려 피고인과 피해자가 나눈 카카오톡 대화를 보면, 피고인이 주로 피해자에게 여러 차례에 걸쳐 장문의 메시지를 보내고, 피해자는 이에 가끔 답신하는 정도에 불과하였다. 피해자는 이 사건 강간 범행이 있기 이틀 전인 2017. 7. 15.경 새벽에 잠에서 깨어 보니 피고인으로부터 수십 통의 부재중 전화와 많은 양의 카카오톡 메시지가 와 있었는데, 새벽 시간이라 전화를 하지 않고 오전에 전화를 걸었더니 피고인이 연락이 안 된다고 화를 낸 일이 있었고, 피고인이 피해자에게 카카오톡으로 애정표현을 너무 많이 하고 전화도 자주 걸어와 피해자에게 집착을 하는 것 같아서 조금 경계하였으며, 이 사건 당일에도 피고인과 한 번 더 만나보고 계속 집착하는 것이 보이면 그만 만나려고 했다고 진술하기도 하였다. 또한 피고인은 사건 당일 모텔에서 나와 식당에서 식사를 마치고 피해자와 떠나려던 차에 피해자가 신발이 벗겨진 채로 차량에서 내려 식당으로 다시 들어갔음에도 별다른 조치 없이 차를 운전하여 갔고, 피해자에게 바로 연락을 취하는 등으로 피해자의 상태를 확인하지도 아니하였다. 이러한 피고인의 행동도 피해자와 결혼을 전제로 만났다는 피고인의 진술과 맞지 않는다. 피해자가 돈을 목적으로 피고인에게 접근하였고, 피고인을 함정에 빠뜨렸다는 취지의 피고인의 진술도 일방적인 주장에 불과하고 이를 확인할 만한 아무런 정황도 없다.

(다) 한편, 피고인은 피해자와 만나기 몇 달 전인 2017. 3. 9.경 당시 교제하던 또 다른 피해 여성에게 상해를 가한 사실로 벌금형의 약식명령을 받았고, 감금이나 협박 혐의에 관하여는 피해 여성과 합의하여 '증거불충분'이나 '공소권없음'으로 불기소처분을 받은 적이 있다. 그런데 당시 수사기록에 있는 피해 여성의 진술이나 녹취록 등에 의하면, 피고인이 피해 여성에게 집착하거나, 결혼을 해야 한다면서 피해 여성의 남자관계를 의심하며 휴대전화를 빼앗아 남자 연락처를 지우고, 피해 여성에게 심한 욕설을 하면서 '죽여 버리고 본인도 죽는다'고 수회 협박·감금하거나, 원하지 않은 성관계를 여러 차례 하였다는 것이다. 이러한 진술들은 이 사건 피해자가 피고인에게 당한 피해 진술과 상당 부분 유사하다.

나아가 피고인은 이 사건 이후 불과 며칠 되지 않은 2017. 7. 27.경 또 다른 여성과 카카오톡으로 처음 대화를 하기 시작하여 여러 차례 애정표현을 하고 자기가 항상 가는 바다를 보러 가자고 하는 등 연락을 주고받았으며, 위 여성과 만난 것으로 추정되는 2017. 7. 29.경 저녁 이 사건과 같은 모텔에서 피고인의 카드로 모텔비용을 결제한 정황이 있기도 하다.

피고인의 이러한 범행 전후의 행적들에 비추어 보면, 피해자를 알게 된 지 비교적 짧은 기간이었지만 피해자와 결혼하여 평생 함께할 생각이었고, 사건 당일 피해자와 자연스럽게 성관계를 하게 되었다는 피고인의 진술은 그리 믿을 만한 것이 못 된다. 오히려 피고인은 경찰 조사 당시 사건 당일 피해자와 만난 경위와 관련하여, "피해자를 만나다 보니 피해자가 유부남을 만나고 사생활도 좀 의심스러워 그런 부분에 대해 얘기하기 위해 만났다.", "사건 당일 피해자를 만나서 '예전에 알던 남자들을 좀 정리해달라. 새벽에 유부남을 만나고 연락하는 것에 대하여 이해가 안 간다고 얘기했다."라고 진술하고 있어 피고인이 피해자를 감금하고, 이어서 강간까지 하게 된 계기를 일부 엿볼 수 있다.

(3) 그런데도 원심은 위에서 본 바와 같이 피해자 진술의 신빙성을 배척하기에 부족하거나 양립 가능한 사정, 혹은 공소사실과 직접적인 관련이 없는 부수적 사항만을 근거로 피해자 진술의 신빙성을 의심하여 그 증명력을 배척하고 이 부분 공소사실을 무죄로 판단하였다. 이러한 원심의 판단에는 논리와 경험의 법칙을 위반하여 자유심증주의의 한계를 벗어나거나 증거의 증명력에 관한 법리를 오해하여 판결에 영향을 미친 잘못이 있다. 이 점을 지적하는 취지의 상고이유 주장은 이유 있다.

• 관련 판례 자료 2 •

의문점이 많은 피해자 진술
- 대전고등법원 2019노154

* 1심에서 무죄가 나왔고, 이에 불복한 검찰이 항소를 하여 벌어진 2심 재판이었다. 그러나 2심 재판부 역시 무죄를 선고하면서 종결된 사건이다. 이 사건에서 법관은 피해자 혹은 피해자 부모의 진술상에서 납득하기 힘든 점을 발견하면서 피해자 진술을 의심하게 된다. 만일 의심이 드는 상황에서 피해자 측이 추가적으로 자신들의 주장을 뒷받침할 수 있는 증거를 제시하지 못할 때 대개 법관은 피해자 진술을 배척하게 된다. 이 사건은 그 과정을 보여주고 있다.

1. 항소이유의 요지

피해자는 피고인으로부터 이 사건 초등학교 교무실, 운동장, 등굣길 등에서 강제추행을 당한 사실에 관하여 일관되고 구체적으로 진술하였으므로 그 진술은 신빙성이 인정된다. 그럼에도 불구하고 피해자 진술의 신빙성을 배척하고 이 사건 각 공소사실을 무죄로 판단한 원심판결에는 사실오인의 잘못이 있다.

2. 이 사건 각 공소사실의 요지

피고인은 2015. 9. 1.경부터 천안시 동남구 B에 있는 C초등학교 교감으로 재직했던 사람으로, 위 학교 5학년에 재학 중이던 피해자 D(가명, 여, 10세)가 교우관계로 인해 학교생활에 어려움을 겪자 2015. 10.경부터 피해자를 수시로 만나 상담을 하게 되었다.

가. 피고인은 2015. 10.경부터 2015. 12.경 사이에 위 학교 교무실 내 피고인의 자리에서 피해자와 상담을 하던 중 피해자의 손을 잡고, 피해자가 손을 빼려 하자 손을 꽉 쥔 다음 계속하여 손으로 피해자의 팔을 쓰다듬고 어깨를 토닥였다. 이로써 피고인은 13세 미만의 미성년자를 강제로 추행하였다.

나. 피고인은 2015. 10.경부터 2015. 12.경 사이 위 장소에서, 위와 같이 피해자와 상담을 하던 중 피고인의 휴대전화로 전화가 걸려오자 통화를 하면서 손으로 피해자의 손목을 잡고 교무실 내를 오가며 피해자의 팔뚝을 쓰다듬고, 창가 쪽으로 걸어가며 피해자의 손을 잡아

피고인의 등 뒤로 가져가 피해자의 손으로 피고인의 등을 문질렀다. 이로써 피고인은 13세 미만의 미성년자를 강제로 추행하였다.

다. 피고인은 2015. 10.경부터 2015. 12.경 사이 위 학교 본관 현관에서부터 정문까지 피해자의 손을 잡고 앞뒤로 흔들며 걷고, 운동장 백엽상(*온도와 습도 측정을 위한 야외 시설) 부근에서 피해자와 이야기를 나누던 중 피해자의 소매를 걷어 올려 손으로 팔을 쓰다듬으며 어깨동무를 하고, 피해자의 겨드랑이 사이로 손을 넣어 손으로 피해자의 가슴 부위를 쓸어내린 후 "앞으로 나만 믿어, 계속 이렇게 찾아와"라고 말하면서 양손으로 피해자를 끌어안고 손으로 피해자의 등을 문지른 다음 손바닥으로 피해자의 엉덩이를 한 번 움켜쥐었다. 이로써 피고인은 13세 미만의 미성년자를 강제로 추행하였다.

라. 피고인은 2015. 10.경부터 2015. 12.경 사이 위 학교 후문에서 교통지도를 하던 중 등교하는 피해자를 발견하고, "이제 학교 가?"라고 말하며 피해자의 손을 잡고 본관까지 걸어간 후 "춥다. 이렇게 입고 다녀"라고 말하며 피해자가 입고 있던 겉옷 지퍼를 올려주며 손으로 피해자의 목과 가슴을 스치고, "잘 가라"고 말하며 손바닥으로 피해자의 엉덩이를 한 번 쳤다. 이로써 피고인은 13세 미만의 미성년자를 강제로 추행하였다.

3. 원심의 판단

원심은 다음과 같은 사정을 자세하게 설시하여 피해자 및 피해자 모친의 진술에 신빙성이 있다고 인정하기 어렵고 검사가 제출한 나머지 증거들만으로는 이 사건 각 공소사실을 인정하기에 부족하다고 보아 공소사실 전부를 무죄로 판단하였다.

① 피해자는 이 사건 강제추행이 교무실, 운동장, 등굣길에서 수십 차례 이루어졌다는 취지로 진술하나, 위와 같이 개방된 공간에서 이루어진 이 사건 강제추행에 대하여 교사들이나 피해자의 친구들 등의 학생들이 이를 목격하였다는 증거는 전혀 제출되지 않았고, 오히려 피해자가 목격자로 지목한 교사들은 '이 사건 강제추행을 목격한 사실이 없다'고 진술하였다.

② 피해자는 수사가 진행되면서 명확한 이유 없이 피해횟수와 추행 부위를 추가하는 내용으로 진술을 변경하였고, 그 진술 과정에서 이 사건과 별개인 학교폭력 피해에 대하여 자신이 원하는 조치를 취하지 않은 교사들에 대하여 원망의 감정을 드러내기도 하였다. P상담소 소속 진술분석전문가 N은 피해자의 경찰 진술에 대하여 '피해자의 진술이 사실과 부합할 가능성이 있으나, 정확한 평가를 위하여 관련 증거를 종합적으로 고려하여 판단하여야 한다'는 유보적인 의견을 제시하였고, 대검찰청 진술분석관 Q는 '피해자의 피고인에 대한 부정적인

감정의 악화로 피해진술이 다소 과장되었을 가능성을 완전히 배제하기 어렵고, 피해자 모친이 피해자의 진술에 영향을 주었을 가능성이 있다'고 의견을 밝혔으며, 정신건강의학과 전문의인 전문심리위원 R도 '여러 사정들에 종합하여 보면, 피해자 진술의 신빙성이 매우 낮아 보인다'는 의견을 제시하기도 하였다.

③ 피해자 모친은 피해자에 대한 경찰 조사 당시 피해자의 신뢰관계인으로 동석하였는데, 피해자의 진술에 적극적으로 개입하여 이를 정정하기도 한 점, 또한 피해자 모친은 피해자에 대한 경찰 조사 당시 피해자에게 '경찰관이 추행을 당할 당시의 주변상황을 묻는 말을 한 것'에 관해 비난하는 발언을 하는 등 피해자의 조사 태도에 영향을 미친 것으로 보이는 점, 피해자는 수사기관에서 뚜렷한 경위 설명 없이 피고인이 수시로 손을 꽉 잡고 놔주지 않는 방법으로 추행하였다거나, 피고인이 등굣길에 다리로 자신의 다리를 스치는 행동을 하였다고 진술하였는데, 이는 피해자 모친이 피고인으로부터 당했다고 주장하는 추행의 내용과 유사한 점, 피해자 모친은 이 사건 수사과정에서 피해자에 대한 직접 조사를 차단하는 듯한 태도를 보인 점 등에 비추어 볼 때, 피해자는 조사 과정에 동석한 피해자 모친을 의식하거나 피해자 모친의 영향을 받아 사실과 다르게 진술을 한 부분도 있는 것으로 보인다.

④ 피해자는 학교폭력이 문제된 이후 여러 기관과 의원에서 상담을

받았는데, 그 과정에서 피고인으로부터 이 사건 강제추행을 당하였다는 사실을 이야기하지 않았고, 피해자는 그 이유를 '피고인이 자신을 납치하고 엄마를 죽일 것 같았기 때문'이라고 진술하고 있다. 그러나 피해자는 이 사건 당시 모친에게 학교에서 겪는 어려움을 상세히 이야기하고 있었고, 피해자 모친은 피해자의 이야기를 들은 후 학교 교사에게 연락하여 신속한 해결을 요구하고 있었던 것으로 보이는 점, 피해자와 피해자 모친은 관련자료를 적극적으로 수집·제출하며 학폭위와 재심 심리에 관여하여 왔던 점, 피해자의 진술에 의하더라도 피고인이 피해자에게 '추행 사실을 알리면 엄마를 죽이겠다'는 등의 위협을 하지는 않은 것으로 보이는 점, 피해자는 초등학교 5학년 재학 중 학교폭력 사건이 있기 전까지 학교에서 모범적으로 생활하고 우수한 학업성취를 보이던 학생으로서 상당한 지적능력이 있는 것으로 보이는 점 등을 고려하면, 자신이 납치를 당하고 모친이 피고인에게 살해당할 것이 두려워 성추행 피해사실을 모친에게 이야기하지 못 했다는 피해자의 진술은 이를 그대로 받아들이기 어렵다.

⑤ 피해자 모친은 경찰 제1회 조사에서 2016. 6. 말경 학폭위 처분에 대한 재심청구를 준비하면서 딸인 피해자가 이 사건 강제추행을 당한 것을 알게 되었다고 하면서도 그로부터 약 8개월 뒤에 피고인을 고소한 이유를 '일단 피해자의 학교폭력 문제를 밝힌 후에 문제 삼으려고 했기 때문'이라고 진술하고 있다. 그러나 피해자 모친은 학원업계에 종사하는 사람으로서 교사의 학생에 대한 성폭력범죄의 중대성을

잘 알고 있는 점, 피해자 모친은 2016. 5. 24.경 피고인으로부터 본인이 직접 추행을 당하였다고 주장하였는바, 그로부터 약 1달 후에 자신의 딸까지 피고인으로부터 이 사건 강제추행을 당한 사실을 알게 되었다면 사태의 심각함을 느꼈을 것으로 보이는 점, 피해자 모친은 위 재심청구 준비 당시 딸인 피해자가 학교에서 겪는 어려움을 해결해 줄 것을 학교 측에 적극적으로 요구하고 있었던 점, 교감인 피고인이 피해자가 학교폭력을 입은 사실을 은폐하려고 한다고 의심하였던 피해자 모친 입장에서는 피고인이 이전에 피해자를 추행한 사실은 위와 같은 은폐 시도의 동기로 볼 수도 있는 중요한 정황에 해당하므로, 재심을 진행하는 동안 수사기관에 신고하여 피고인의 피해자에 대한 이 사건 강제추행 여부를 철저히 조사해 달라고 요구할 수 있었음에도, 수사기관에 대해 신고를 하지 않은 것은 물론 재심 과정에서 제출한 서류에도 이에 관한 아무런 언급을 하지 않은 것으로 보이는 점 등에 비추어 볼 때, 학교폭력 문제를 밝힌 후에 피고인의 이 사건 강제추행 문제를 제기하려고 했기 때문에 피해사실을 안 날로부터 약 8개월 후에야 고소를 하게 되었다는 취지의 피해자 모친의 진술은 수긍하기 어렵다.

⑥ 피해자는 '이 사건 당시 피해사실을 일기장, 알림장, 메모 등(이하 피해자가 피해사실을 기재하였다는 문서들을 통칭하여 '이 사건 메모장 등'이라 한다)에 적어놨고, 2016. 1.경 녹음하여 놓았다'는 취지로 진술하였다. 그런데 피해자의 진술에 의하더라도 이 사건 메모장 등의 작성 시기가

명확하다고 할 수 없고, 이 사건 메모장 등은 피해자가 이 사건으로부터 상당한 시간이 지난 후에 불규칙적으로 자신의 주관적 생각을 기재한 것일 뿐이며, 피해자가 이 사건 이전부터 매일 작성하고 있던 일기장의 일부라거나, 이 사건이 발생한 직후 또는 당일에 작성되었고 그 내용이 다른 객관적인 증거에 의하여도 뒷받침되는 등의 사정이 인정되어 그 정확성을 담보할 수 있는 경우도 아니다. 피해자 모친은 '피해자가 녹음한 파일 원본은 삭제하였고, 사본을 컴퓨터에 백업해 놓았으나 컴퓨터를 여러 번 바꾸는 과정에서 없어졌다'고 진술하였는데, 피해자 모친이 재심 과정 등에서 상세한 자료를 수집하여 제출한 태도에 비추어 보면 이 사건의 중요 증거인 위 녹음파일을 제대로 관리하지 못한 것은 매우 이례적이고, 피해자의 진술대로 2016. 1.경 녹음된 것인지 확인할 방법이 없다. 피해자 모친은 수사과정에서 녹음파일 원본에 대하여 질문을 받자 피해자가 '피해사실을 녹음해두었다'는 취지로 기재한 메모를 뒤늦게 제출하기도 하였다.

4. 당심의 판단

가. 관련 법리

형사피고인은 유죄의 판결이 확정될 때까지는 무죄로 추정된다(헌법 제27조 제4항, 형사소송법 제275조의2). 무죄 추정의 원칙은 수사를 하는 단계뿐만 아니라 판결이 확정될 때까지 형사절차와 형사재판 전반을 이끄는 대원칙으로서, '의심스러우면 피고인의 이익으로'라는 오래된 법언에 내포된 이러한 원칙은 우리 형사법의 기초를 이루고 있다. 형사소송법 제307조 제2항은 "범죄사실의 인정은 합리적인 의심이 없는 정도의 증명에 이르러야 한다."라고 정하고 있다. 따라서 형사재판에서 유죄의 인정은 법관으로 하여금 합리적인 의심을 할 여지가 없을 정도로 공소사실이 진실한 것이라는 확신을 가지게 하는 증명력을 가진 증거에 의하여야 한다. 검사가 제출한 증거만으로 이러한 확신을 가지게 하는 정도에 이르지 못한 경우에는 설령 유죄의 의심이 든다고 하더라도 피고인의 이익으로 판단하여야 한다. 낮 시간대 다수의 사람들이 통행하는 공개된 장소와 같이 통상적으로 어린 피해자에 대한 추행 행위가 이루어질 것으로 예상하기 곤란한 상황에서 강제추행이 있었는지 여부를 판단하는 데 피해자의 진술 또는 피해자와 밀접한 관계에 있는 자의 진술이 유일한 증거인 경우, 이를 근거로 피고인을 유죄로 판단하기 위해서는 진술 내용 자체의 합리성과 타당성뿐만 아니라 객관적인 정황과 경험칙에 비추어 피해자의 진술 또는 피해자와 밀접한 관계에 있는 자의 진술이 합리적인 의심을 할 여지가 없을 정도로 공소사실이 진실한 것이라는 확신을 가지게 하고, 피고인의 무죄 주장을 배척하기에 충분할 정도로 신빙성이 있어야 한다(대법원 2015. 11. 26. 선고 2014도7945 판결 등 참조).

한편, 추행은 객관적으로 일반인에게 성적 수치심이나 혐오감을 일으키게 하고 선량한 성적 도덕관념에 반하는 행위로서 피해자의 성적 자유를 침해하는 것을 말한다.

이에 해당하는지 여부는 피해자의 의사, 성별, 연령, 행위자와 피해자의 관계, 그 행위에 이르게 된 경위, 구체적 행위태양, 주위의 객관적 상황과 그 시대의 성적 도덕관념 등을 종합적으로 고려하여 신중히 결정하여야 한다(대법원 2015. 11. 12. 선고 2012도8767 판결 등 참조).

나. 검사 제출 증거의 신빙성 판단

이 사건 공소사실에 부합하는 듯한 증거로는 피해자의 수사기관 및 당심에서의 각 진술, 피해자 모친의 수사기관 및 원심 법정에서의 각 진술, 피해자를 면담한 경찰관 K의 당심에서의 진술, K가 작성한 사실확인서들, 피해자가 자신의 진술을 녹음한 파일 사본, 피해자가 작성한 메모가 있으나 아래에서 살펴보는 것과 같이 위 각 증거들은 그 신빙성을 인정하기 어렵다.

1) 피해자 진술의 신빙성에 대하여

원심이 적절하게 설시한 사정들에 더하여, 원심 및 당심이 적법하게 채택하여 조사한 증거들에 의하여 알 수 있는 다음과 같은 사정들에 비추어 보면, 수사기관 및 당심에서의 피해자의 각 진술은 신빙성이 없다.

① 피해자는 2017. 3. 7. AK센터, 2017. 10. 27. 검찰, 2019. 10. 11. 당심에 각 출석하여 총 3번에 걸쳐 피해사실을 진술하였다. 피해자의 최초 진술은 '피고인이 교무실에서 손을 잡고 비비면서 팔도 문지르

고 어깨도 주물렀다. 한 달에 10~12번씩 추행했다. 운동장이랑 백엽상 쪽에서는 피고인이 옷을 위로 벗기려고 하였고 팔을 주무르면서 비비고 어깨를 주무르면서 손을 겨드랑이에 넣어 가슴을 만지고 끌어안으면서 손으로 엉덩이를 꽉 잡았다 놓기도 했다. 피고인은 제가 등교할 때에도 제 손을 잡거나 지퍼를 올려주면서 가슴을 스치듯이 만졌는데, 자킷을 입고 간 날마다 그랬다'는 것이다. 이 당시 피해자 모친은 동석하여 "손을 잡으면서 재연을 해봐. 다 합해서 열 번이에요, 얘가 지금 헷갈려요"라고 하며 피해자에게 진술 내용을 지시하거나 정정하는 태도를 보였다. 피해자는 그 이후 이루어진 검찰 조사에서 '교무실에서 한 달에 열 번, 아니 3달에 다 합해서 10번 정도 당했다. 피고인이 통화를 할 때 등 넘어 왼손으로 제 오른쪽 어깨를 잡으며 등을 스쳤고 팔뚝과 어깨를 주무르면서 만졌다. 백엽상에서는 1번, 등교할 때는 거의 매일 20번 넘게 당했다. 지퍼를 올려준 행동을 한 것은 한 번이다. 피고인이 치마 입은 제 다리를 보며 미소를 짓고 살짝 다리를 스치기도 했다'며 모친의 지시에 부합하는 내용으로 진술을 변경하였다. 피해자는 당심에서 '피고인이 교무실로 불러내어 제 몸을 마구 만졌다. 피고인이 교무실에서 손을 꽉 잡고 위로 올리면서 팔을 비비고 문질렀고, 어느 날은 전화를 하며 저를 일으켜서 팔을 뒤로 꺾어서 문지르기도 했다. 등굣길에서는 제가 학교에 늦었다고 빨리 가야 한다고 해도 보내주지 않고 시간을 끌면서 성추행하였다'는 취지로 진술하였다. 위와 같은 피해자는 피해일시, 횟수, 추행 부위, 피고인의 추행 방법에 대하여 계속하여 진술을 번복하거나 변경하고 있고, 그 변경 경위에 피해자 모친의 영향이 상당히 반영되었을 가능성이 있어 보인다.

② 피해자는 '피고인이 쉬는 시간에 교무실로 부른 적은 없고 항상 수업시간에 불렀다. 수업 도중 공용전화기로 담임선생님에게 저를 교무실로 오게 하라고 한 것이다. L 선생님과 M 선생님이 보고도 방관하듯 나갔다. 08:45-08:50경 등교할 때 피고인이 지퍼를 올려주며 가슴을 스치듯이 만졌다'고 진술하였다. 그러나 피해자의 진술과 같이 교사들이 왕래하는 교무실이나 교사들과 학생들이 다니거나 목격할 수 있는 운동장 부근에서 교감의 지위에 있는 피고인이 학생인 피해자를 추행한다는 것은 극히 이례적인 일이다. 더구나 피고인은 피해자 모친의 허락을 받고 피해자와 개별 상담하기 위하여 만났다. 피해자의 담임교사 F은 '피고인이 수업시간에 피해자를 불러낸 기억이 없다'고 진술하였으며, 교사 Z도 '수업 시작하기 전에 피고인이 피해자와 교무실에서 상담하는 것을 보았다'는 취지로 진술하였다. 교사 AJ는 '2015. 10.경 피고인이 피해자에게 "세상에는 좋은 것, 아름다운 것이 많으니 앞으로 좋은 생각하고 지내라"라고 말하고 피해자의 어깨를 두어 번 토닥이는 것을 보았다'는 내용의 사실확인서를 제출하였고, 교사 AP는 '2015. 11. 중후반경 야외수업을 마치고 쉬는 시간이 되어 학생들과 쉬던 중 피해자와 피고인이 운동장을 걷고 있는 것을 보았다. 당시 제가 담임을 맡고 있던 반의 학생과 피해자가 문제가 있어 피해자의 얼굴을 알고 있었고 피해자는 학교에서 항상 밝은 미소를 지은 적이 없었는데, 피고인과 있을 때는 즐겁게 이야기하는 것을 보고 궁금

하여 계속 지켜보게 되었다. 당시 피고인과 피해자는 서로 떨어져 신체적 접촉 없이 걷고 있었고, 오래 지나지 않아 학교 쪽으로 걸어갔다. 2015. 11. 말경에도 피고인과 피해자가 쉬는 시간에 교무실에서 대화를 나누는 것을 보았는데 어떠한 신체적인 접촉도 보지 못했다'는 취지의 사실확인서를 제출하였으며, 교사 AQ도 쉬는 시간에 피고인이 피해자와 상담하는 것을 보았다'고 진술하였다. 이처럼 동료 교사들은 모두 쉬는 시간에만 피해자와 상담을 하였다'는 취지의 피고인 진술에 더 부합하는 내용을 진술하고 있다. 또한 피고인이 피해자를 등굣길에 추행하였다는 장소는 학부모와 학생들이 통행하는 길이라서 등교시간에는 다수의 학생이나 학부모, 선생님이 통행하는 장소로 보이는데, 피고인이 그러한 공개된 장소에서 피해자를 추행하였다는 것은 매우 이례적인 상황이다(더구나 피해자는 피고인이 위 장소에서 20회나 추행하였다고 진술하였다). 또한 이 사건 초등학교에서는 보통 08:40에는 아침 조회를 하여 교감인 피고인은 그 이전까지만 학부모와 교통안전 지도를 한 것으로 보인다.

③ 피해자는 2015. 10.경 급우와 어울리지 못하는 어려움을 겪었고, 2016. 5. 16.경부터 다시 급우들로부터 따돌림을 당하였다. 그 과정에서 화장실에 따라와 안을 들여다보는 등의 성적 수치심을 느낄 수 있는 학교폭력도 당하였던 것으로 보인다. 피해자는 이러한 학교폭력과 관련하여 2016. 1.경부터 정신과 의원, AL센터, AR센터, 천안교육지원청Wee센터 등에서 수차례 상담 및 진료를 받았다. 이 과정에서 작

성된 소견들은 대체로 '학교상황에서 또래 관계의 어려움 등으로 인한 우울감, 악몽, 불안, 스트레스 상황에 대한 재현 등의 소견을 보인다'는 내용만 기재되어 있을 뿐 이 사건 강제추행으로 인한 피해에 대하여는 아무런 언급이 없다. 피해자 모친은 2016. 6. 말경 이 사건 강제추행 사실을 알게 되었다고 진술하였으므로, 정상적인 부모라면 그 무렵부터는 그로 인한 피해자의 정신적인 충격이나 성적 수치심, 치욕감 등에 대하여 고민하고, 피해자가 올바르게 성장하기 위하여 이를 치유하기 위한 노력을 당연히 하였을 것으로 보이는데(더욱이 피해자 모친은 피해자가 "죽고 싶다"라는 표현을 하는 등 자살까지 고민한 것을 알고 있었다), 위 상담 및 진료 과정에서는 이러한 내용이 전혀 반영된 것으로 보이지 아니한다(이 사건 고소가 이루어진 이후에도 이 사건 강제추행으로 인하여 심각한 정신적인 피해를 입었고, 그에 관하여 심각한 트라우마를 갖고 있다는 피해자에 대하여 이 사건 강제추행과 관련하여 정신과 치료가 이루어진 적은 전혀 없어 보인다). 이는 피해자 모친이 위 상담 및 진료 과정에서 이 사건 강제추행에 대하여 전혀 언급하지 않았기 때문으로 보이는데, 피해자 모친이 그 무렵 상담사나 의사에게 이 사건 강제추행에 대하여 언급하지 아니할 타당한 이유를 찾을 수 없다(오히려 피해자를 위하여는 가능한 한 빨리 피해자로 하여금 이 사건 강제추행으로 인한 정신적 충격 등에 대하여 상담과 진료를 받게 할 필요성이 있었다). 설령 피해자 모친이 상담사나 의사에게 이 사건 강제추행을 밝히지 않았다고 하더라도 이 사건 강제추행으로 인하여 피해자가 정신적인 문제를 겪고 있었다면 위와 같은 상담 및 진료 과정에서 그러한 내용이 어느 정도 드러났을 것으로 보이는데, 위 상담 및 진료 내역에는 그러한 내용이 드러났다고 보이지도 않는다. 특히 2016. 11. 28.경 피해자에 대한 상담을 진행한 AR센터의 센터장 W가 발행한 소견서에는 '피해자가 학기 초부터 학급 친구들의 집단따돌림과 더불어 성적 모욕감을 느낄 수 있는 경험으로 인해 성적 수치심은 물론 심한 공포감과 불안감을 갖고 있음. 친구들의 작은 행동에 대하여 피해의식적인 사고가 높게 나타나고 가해학생에 대하여 상당히 부정적인 반응을 보임. 매일 밤 반복되는 악몽으로 인하여 숙면을 취하지 못하고 있고, 최근에는 자기 자신이 가해학생과 같은 모습으로 나타나는 환시까지 경험하면서 자신의 머리를 잘라 달라 보이게 하였음'이라는 내용이 기재되어 있다. 이처럼 피해자는 급우들의 괴롭힘으로 인하여 성적 모욕감을 느꼈다고 진술하면서도, 그보다 훨씬 중한 피고인으로부터의 성추행 사실이나 피고인에 대한 부정적인 감정이나 수치심은 전혀 표시하지 않았고, 또한 상담 과정에서 이 사건 강제추행으로 인한 피해 역시 드러나지 않았다. 다만 위 상담기관이 2017. 2. 23. 피해자에 대한 상담을 다시 진행한 후 발행한 소견서에는 이 사건과 관련하여 피해자가 진술한 것과 유사한 취지로 '피해자가 매일 밤 반복되는 악몽과 환시(징그럽고 무서운 뱀들이 자신의 손, 팔, 어깨, 몸 위를 지나가는 꿈)를 경험하면서 상당히 고통스러워한다'는 소견이 기재되어 있으나, 위 센터장이 2017. 2. 27. 작성한 상담확인서(소송기록 제2권 제641쪽)에 따르면 학교폭력 가해자에 대하여 뱀의 환시를 본 듯한 취지로 '학교폭력으로 인한 트라우마로 인지왜곡은 물론 대인기피 증상까지 보이며 가해자와 비슷한 대상 환시까지 경험하고 있음. 이로 인해 그 공포와 불안감이 극대화되고 있음'이라고 기재되어 있을 뿐이다(위 센터장이 그 이후 2018. 7. 20.까지 여러 차례 상담확인서를 작성하였는데, 그 상담확인서의 '주호소 문제' 항목에는 '학교폭력으로 인한 트라우마로 인해 심신의 어려움이 있다'는 취지로 기재되어 있을 뿐 이 사건 강제추행에 대하여는 아무런 기재가 없다).

④ 피해자는 이 사건 강제추행을 적극적으로 알리지 않은 이유에 대하여 '피고인이 자신을 납치하고 엄마를 죽일까 봐 두려웠다'는 취지로 진술하였다. 그러나 피고인은 이 사건 당시 급우와의 문제로 힘들어하는 피해자를 따로 불러내어 상담하고 용기를 북돋아 주는 등 최선의 노력을 다하고 있었고, 피해자 스스로 '다른 교사들은 자신의 문제를 방관하였고, 학교생활 할 때 친하게 상담하던 선생님은 피고인이 유일했다'고 진술하였으며, 피해자가 작성한 이 사건 메모장 등에도 '피고인이 나를 괴롭히는 친구들을 혼내줄 거라 믿었는데 피고인이 자신만 믿으라고 알아서 해결해준다고 하면서 중요한 내 얘기도 잘 안 듣고 이상한 말만 한다'며 피고인에 대한 서운함과 분노의 감정이 표현되어 있는 점을 고려해보면, 피해자는 이 사건 당시 신뢰하고 있던 피고인이 자신이 원하는 대로 일을 해결해주지 않는 것에 불만이 있었을 뿐 피고인에 대하여 두려움을 느끼거나 불안함을 가지고 있지는 않았던 것으로 보인다. 오히려 앞서 본 바와 같이 피해자는 급우들이 화장실로 쫓아오는 등 학교폭력으로 인하여 성적 수치감과 모욕감, 성적 굴욕감을 느껴왔고, 이러한 사건들로 인하여 타인의 행동이나 상황에

대하여 피해의식적인 사고가 높게 나타나는 상황이었으므로(앞서 본 상담확인서에도 '피해자에게 인지왜곡이 보인다'는 취지로 기재되어 있다), 피해자가 피고인의 행동에 대하여 다소 과장하거나 허위의 내용을 진술하였을 가능성이 있다.

2) 피해자 모친 진술의 신빙성에 대하여

원심이 적절하게 설시한 사정들에 더하여, 원심 및 당심이 적법하게 채택하여 조사한 증거들에 의하여 알 수 있는 다음과 같은 사정들에 비추어 보면, 수사기관 및 원심에서의 피해자 모친의 각 진술은 신빙성이 없다.

① 피해자 모친은 경찰 제1회 조사에서 2016. 6. 말경 학폭위 처분에 대한 재심청구를 준비하면서 딸인 피해자가 성추행을 당한 것을 알게 되었다고 하면서도 그로부터 약 8개월 뒤에 피고인을 고소한 이유를 '일단 피해자의 학교폭력 문제를 밝힌 후에 문제 삼으려고 했기 때문'이라고 진술하였다. 그 이후 피해자의 녹음파일과 피해자가 작성한 메모 등을 다른 곳에 제출하였는지를 묻는 경찰관에게 '성추행은 경찰에게 신고할 사안으로 생각하여 학교폭력위원회, 재심 등에 제출한 적이 없고, 본 사건 관련하여 처음 제출하였다'는 취지로 답변하였다(증거기록 1권 217쪽). 그런데 위 수사기관의 진술과 달리 피해자 모친이나 피해자 변호인은 당심에 이르러 '2016. 6. 무렵부터 국회, 언론, 교육부 등에 관련 기관과 AS 대표 T, 이사인 U 등에게 피해사실을 알

려 피고인의 이 사건 강제추행을 문제 삼기 시작하였다'는 취지로 기재된 진정서, 의견서 등을 제출하였다(수사기관이나 원심에서는 왜 위와 같은 내용을 진술하지 않았는지, 그에 관한 자료를 제출하지 않았는지에 대하여는 별도의 설명이 없다). 하지만 위 각 서면에 기재된 대로 그 무렵부터 국회, 언론, 교육부, 지방의회 등에 피고인의 이 사건 강제추행에 대하여 문제를 제기하였다고 볼 객관적인 자료는 위 각 서면에 전혀 첨부되어 있지 않다(충청남도 도의원인 AT과의 녹취록이 있다는 취지로 기재되어 있으나 그러한 녹취록은 제출된 바 없고, AT은 2016. 11. 15. 도의회에서 피해자에 대한 학교폭력 문제 등에 관하여 질의하면서 이 사건 강제추행은 전혀 언급하지 않았는데, AT이 그 이전부터 이 사건 강제추행을 알고 있었다면 이를 언급하지 않은 것은 매우 이례적인 일로 보인다). 피해자 모친이 2017. 2. 28. 이 사건을 고소하면서 그 고소장에 T가 작성한 2017. 2. 24.자 진정서, AU이 작성한 2017. 2. 1.자 진정서를 첨부하였는데, 위 각 진정서에는 피해자에 대한 학교폭력 및 학교의 부적절한 대응 등만 기재되어 있을 뿐, 이 사건 강제추행에 대하여는 전혀 기재되어 있지 않다.

② 피해자 모친이 충청남도 학교폭력대책지역위원회에 제기한 재심은 2016. 7. 29. 피해자 모친의 재심청구를 일부 받아들이는 내용의 처분을 하여 종결되었고, H의 부친이 제기한 행정심판청구는 2016. 10. 21. 중앙행정심판위원회의 기각재결로 종결되었다. 따라서 그 무렵에는 피해자의 학교폭력 문제가 어느 정도 종결되었다고 보이는데, 피해자 모친은 그로부터 4개월이 지난 후에야 피고인을 피해자에 대

한 강제추행죄로 고소하였다.

③ 피해자 모친은 2017. 3. 8.경 피해자가 이 사건 강제추행과 관련하여 작성하였다는 이 사건 메모장 등에서 5장만을 피해자가 녹음한 파일과 함께 경찰에 제출하였다. 피해자의 모친은 2017. 5. 27. 다시 추가로 이 사건 메모장 등 중 나머지 9장을 제출하였다(그중 1장은 앞서 제출한 것과 중복된다). 피해자 모친은 자신이 보관하고 있던 이 사건 메모장 등 중 일부만 먼저 제출하고 나머지는 왜 나중에 제출하였는지 의문이다(피해자 모친은 처음 제출할 당시에 이 사건 메모장 등의 일부 이외에 이 사건 강제추행과 직접적인 관련이 없는 피해자가 받은 표창장, 임명장 등 수상경력, 피해자의 일기, 생활통지서, 진료확인서 등의 서류까지 챙겨서 제출하였다). 특히 위 9장에는 피해자가 '피해사실을 녹음해두었다'는 취지로 기재한 메모도 포함되어 있는데, 그 이전에 수사기관에서 녹음파일 원본에 대하여 질문을 받아 그 녹음파일이 이 사건 무렵에 작성되었다는 사실을 증빙하기 위하여 위 메모가 사후에 만들어진 것은 아닌지 하는 의심도 든다.

3) K 진술의 신빙성에 대하여

원심 및 당심이 적법하게 채택하여 조사한 증거들에 의하여 알 수 있는 다음과 같은 사정들에 비추어 보면, K의 당심에서의 진술과 K 작성의 사실확인서 등은 신빙성이 없다.

① 당심 증인 K는 '경찰청 지시에 의하여 성폭력 사안 조사와 담당 공무원들의 비리 이런 것들의 정확한 사안 조사를 위해 파견되었다. 피해자에 대한 학교폭력 등에 대하여 조사하고 보고서를 작성하였는데, 약 20페이지의 보고서 중 학교폭력 이야기보다 성폭력 이야기가 더 많은 것으로 기억한다. 학교폭력은 끝난 상황이므로 1페이지에 날짜별로 요약했고, 전반적인 내용은 성폭력에 관한 내용이다'는 취지로 진술하였다. 그러나 K는 파견 기간 학교폭력과 관련하여 피해자, 피해자 모친, 가해학생과 그 부모를 면담한 후 학교 측이 재심 및 행정심판 결정을 받아들이고 생활·건강기록부의 사실을 수정하는 것으로 사건을 해결하였다는 취지의 25쪽 분량의 조사보고서를 작성하였을 뿐이다(조사보고서의 제목은 "C초 학교폭력 사건 관련 자료"이다). K는 위 조사보고서를 작성함에 있어 이 사건 강제추행과 관련하여서는 1쪽만을 할애하여 "3. 피해학생에 대한 아동성폭력 관련자료" 제목 아래 피해자의 녹취내용과 일기장 사진을 제시하고 '피고인이 교육 차원에서 한 것이라 변명하였다'는 취지의 기재만 하였고, 이 사건 강제추행에 대하여는 그 진행 과정이나 해결 방안에 대하여는 아무런 언급을 하지 않았다(K는 이 사건 강제추행과 관련하여 피고인과 한차례 통화한 것 외에 직접 조사한 적이 없고, 그 통화도 피고인이 K의 파견종료일 무렵인 2017. 2. 9에 먼저 K에게 전화를 걸어서 이루어졌다. 피해자로부터 피해사실을 직접 확인한 것도 2017. 2. 7.경으로 보인다).

② 당심 증인 K는 '2016. 12.경 U에게서 들어 이 사건 강제추행에

대해 알게 되었고, 자신이 2017. 1. 31. 충남지방경찰청에 파견되기 전부터 경찰청, 충남지방경찰청 등에서도 이 사건 강제추행에 대하여 알고 있었다. 피해자 모친이 고소하기 전에 충남도청, AV정당, 교육부, 언론, 국회 등에 진정을 넣은 것으로 알고 있다'는 취지로 진술하였다. 그러나 피해자 모친이 이 사건 고소 이전에 위와 같은 곳에 알렸다고 볼 아무런 객관적인 자료가 없음은 앞에서 본 바와 같다.

③ 당심 증인 K는 '2017. 1.경 피해자 모친과 전화통화를 하면서 피해사실에 대해 전해 들었다. 2017. 2. 7.경 피해자를 카페에서 만나 "피고인이 손을 꽉 잡고, 부비고, 몸을 문지르고, 겨드랑이에 손을 넣어 가슴을 만지고 엉덩이를 만졌다'라는 이야기를 들었고 피해자의 집으로 가서 피해자가 작성한 일기장 등을 보고 성추행이라고 판단하였다'는 취지로 진술하였다. 하지만 K는 피고인에 대하여 아무런 사법적인 조치를 취하지 않았을 뿐만 아니라 앞서 본 조사보고서 이외에 별도로 수사에 착수하도록 한 바 없다. 그런데 ㉠ K는 수년간 학교폭력, 성폭력 담당 업무를 수행해온 경찰관이고, 친고죄가 아닌 이 사건 강제추행에 대하여 피해자의 의사와 상관없이 수사할 수 있다는 점을 잘 알고 있었던 점, ㉡ K는 공식적으로 이 사건을 담당하기 전부터 피해자 모친과 접촉하여 타지역인 충남지방경찰청까지 파견되었고, 위 조사보고서상에도 '피해자가 K 경사를 신뢰하고 있으나 다른 사람을 신뢰하지 못하는 상황'이라고 기재되어 있는 등 K와 피해자 측이 친밀한 관계를 맺고 있었던 점, ㉢ 아동에 대한 성범죄는 중대한 범죄이고, K

스스로 방송 출연과 언론 인터뷰, 관련 발표회 등에서 이러한 문제점을 지속적으로 지적해온 점, ㉣ 더구나 K 스스로는 이 사건 강제추행에 대한 조사를 위하여 파견되었다고 진술한 점 등에 비추어 보면, K의 위와 같은 행동은 매우 이례적인 행동으로 보인다(K가 위 조사보고서에 '피고인이 손을 잡고 자신을 안았다'는 내용의 녹취록과 그러한 내용이 담긴 일기장 사진만 첨부하였을 뿐, 그보다 더 중한 추행으로 보이는 가슴과 엉덩이를 만진 부분은 누락되어 있어 그 무렵 K 본인도 피해자로부터 '피고인이 피해자의 가슴과 엉덩이를 만졌다'는 취지의 말을 들었거나 그에 관한 자료를 가지고 있었는지도 의문이다).

④ K가 작성한 사실확인서들은 '피해자가 자신을 면담하는 과정에서 피고인으로부터 당한 추행 사실을 모두 이야기하였고, 피해자를 직접 면담한 결과 피해자의 진술이 사실이라고 판단했다'는 취지로 기재되어 있는데, 이는 피해자로부터 피해사실을 전해 들었다는 전문진술과 이에 기초한 K의 개인적인 평가에 불과하다. 앞에서 본 것처럼 피해자와 K의 진술을 믿지 못하는 이상 이를 내용으로 하는 사실확인서도 믿기 어렵다.

4) 일기장, 메모 등 증거들의 신빙성에 대하여

① 피해자는 2015. 10.부터 2015. 12.까지 3개월간 성추행을 당하였고, 그 내용을 사건 당시 또는 그 이후 생각날 때마다 적었다고 진술하고 있다. 피해자는 2015. 10. 23.까지 사용한 알림장 뒷면과 2015. 10.

26.부터 방학식 전날인 2015. 12. 29.까지 사용한 알림장 뒷면에 '피고인이 뱀처럼 내 몸을 만진다. 손을 만지고 꽉 잡아 아프다. 피고인이 팔을 문지르고 비빈다'는 취지의 메모를 작성하였는데, 피해자의 담임교사는 당시 매일 알림장의 내용을 확인하고 서명하면서도 위와 같은 내용이 기재된 사실을 전혀 눈치 채지 못하였고, 피해자 모친 또한 알림장을 확인하면서 이를 알지 못했다. 이에 대하여 피해자는 '엄마에게 알림장 뒷면은 보여주지 않았다'는 취지로 진술하나, 피해자 모친은 당시 학교폭력과 관련하여 담임교사와 피고인에게 수차례 항의와 민원을 제기하고 있었고, 담임교사 또한 피해자에 대한 남다른 관심을 두고 지켜보았을 것으로 보이는데, 이러한 상황에서 위와 같은 내용을 아무도 발견하지 못했다는 것은 상당히 이례적이다. 따라서 위 메모는 위 알림장의 작성 기간 이후에 이루어졌을 가능성이 매우 높고, 위 알림장 외 일기장 등에 있는 메모에 대하여도 작성 시기를 전혀 확인할 수 없어 피해자가 진술한 것처럼 2015년 하반기부터 2016. 1.경 사이에 작성된 것이라고 단정할 수 없다.

② 위와 같이 이 사건 메모장 등의 작성 시기는 명확하게 확인하기 어려우므로 피해자가 피해내용을 녹음한 녹음파일만이 그 작성 날짜를 확인할 수 있는 유일한 증거로 보인다. 그러나 피해자 모친은 '녹음기에 있던 파일 원본은 삭제하였고, 컴퓨터에 사본을 옮겨 저장해놨으나 컴퓨터를 여러 번 교체하는 과정에서 찾을 수 없다고 하면서 작성 날짜를 확인할 수 있는 파일원본을 제출하지 않았다. 하지만 피해자

는 당심에서 '컴퓨터를 교체한 적이 없다'고 진술하였다. 이러한 사정에 비추어 보면 이 사건 수사 이후 녹음파일 등 증거가 사후적으로 작성되었을 가능성을 배제할 수 없다.

③ K는 2017. 2. 9. 피고인과 통화를 할 당시 '(피고인의 행위가 성추행이라는) 감이 안 오기 때문에 피해자 측에 "고소장으로 고소를 하라"라고 말했다'고 하였는데, K와 연락하던 피해자 모친도 이 사건 고소 직전 이 사건 강제추행과 관련하여 증거가 부족하다는 인식을 하였을 가능성이 높다. 앞서 본 바와 같이 피해자 모친은 고소 하루 전 그 동안의 상담이나 진료 내용과 전혀 다른 내용의 '피해자가 뱀 형태의 환시와 악몽을 경험한다'는 취지의 소견서를 발급받아 고소장에 첨부하고, 수사 진행 상황에 따라 피해자가 작성하였다는 메모 등을 순차적으로 제출하였다. 피해자 모친은 2016. 6.경 이후의 진료확인서 등은 제출하면서도 '가해학생에 대한 환시를 본다'는 취지의 AR센터의 센터장 W이 2016. 11. 28. 작성한 소견서는 수사기관에 제출하지 않은 채, 피해자가 작성한 메모 내용과 유사한 '피해자가 매일 밤 반복되는 악몽과 환시(징그럽고 무서운 뱀들이 자신의 손, 팔, 어깨, 몸 위를 지나가는 꿈)를 경험하면서 상당히 고통스러워한다'는 취지의 위 센터장 작성 2017. 2. 17.자 소견서와 동일한 내용이 담긴 다른 날짜의 소견서들만 수사기관에 제출하였다. 이는 피해자의 악몽과 환시의 원인이 학교폭력이나 그 가해학생에 대한 것임을 알면서도 피고인의 이 사건 강제추행으로 인한 것이라는 점을 뒷받침하기 위해 일부 자료만 제출한 것은

아닌지 의심스럽다.

다. 추행 여부에 대한 판단

피고인은 피해자와 상담하는 과정에서 피해자의 손을 잡고 걷거나 어깨를 토닥인 사실은 인정하고 있다. 그러나 당시 피해자 모친은 수차례 피해자의 담임교사에게 학교폭력을 해결해달라고 요청하였음에도 원하는 조치가 취해지지 않자 교감인 피고인에게 피해자의 학교생활에 대한 어려움을 토로하였고, 이에 피고인으로서는 교우 관계 등 피해자로부터 직접 학교생활이 어려운 원인에 대한 이야기를 듣고, 피해자를 위로, 격려하기 위하여 상담을 진행한 것으로 보인다. 그 상담 과정에서 피해자를 위로하고 지지·격려하기 위하여 손을 잡거나 어깨를 토닥이는 등의 가벼운 신체적 접촉을 하게 된 것으로 보인다. 그리고 앞서 본 것처럼 그와 같은 상담은 여러 교사와 학생들이 왕래하는 쉬는 시간에 개방된 교무실과 운동장에서 진행된 것으로 보인다. 이와 같은 피고인과 피해자의 관계, 상담이 이루어지게 된 경위, 신체 접촉이 이루어진 장소, 신체접촉의 태양, 동기, 목적 등에 비추어 보면, 피고인의 위와 같은 행위가 객관적으로 일반인에게 성적 수치심이나 혐오감을 일으키게 하고 선량한 성적 도덕관념에 반하는 행위로서 피해자의 성적 자유를 침해하는 것이라고 볼 수 없다.

라. 소결론

결국 검사가 제출한 증거들만으로는 이 사건 공소사실이 합리적 의심의 여지가 없을 정도로 증명되었다고 인정하기 어렵고, 달리 이를 인정할 증거가 없다. 따라서 이와 결론을 같이하는 원심의 판단은 옳고, 거기에 검사가 주장하는 바와 같은 사실오인의 잘못이 없다. 검사의 주장은 이유 없다.

· 관련 판례 자료 3 ·

피해자가 중대한 진술을 번복했으나
유죄가 나온 사건
– 대법원 2020. 5. 14. 선고 2020도2433 판결

* 피해자 진술을 배척하는 경우 가운데 하나로 일관성을 말한 적이 있다. 일관성이란 일전에 '그렇게' 말했다면 나중에도 '그렇게' 말하는 것을 말한다. 전에는 '간 적 없다'고 했다가 나중에 '갔다'고 말하면 누구라도 그 사람 말을 믿기 힘들게 된다. 이 사건에서도 피해자는 진술을 번복한다. 수사기관에서 조사를 받을 때는 이랬다고 했다가 법정에서는 저랬다고 말을 바꾸었다. 일반적인 경우라면 진술 번복은 피해자 진술을 배척하는 중대한 근거가 된다. 그런데 법원은 친족으로부터 성범죄를 당한 경우에는 설령 진술이 번복되더라도 함부로 배척해서는 안 된다고 설명한다. 가족 간 회유가 있을 수 있기 때문이다. 그럼, 번복된 말 가운데 어떤 것을 진실이라고 봐야 할까? 판례가 설명하는 내용을 따라가 보자.

상고이유를 판단한다.

1. 성폭력범죄의 처벌 등에 관한 특례법 위반(친족관계에 의한 강제추행), 성폭력범죄의 처벌 등에 관한 특례법 위반(13세 미만 미성년자 강제추행), 아동·청소년의 성보호에 관한 법률 위반(유사성행위) 부분에 대하여

가. 형사소송법 제307조 제1항, 제308조는 증거에 의하여 사실을 인정하되 증거의 증명력은 법관의 자유판단에 의하도록 규정하고 있는데, 이는 법관이 증거능력 있는 증거 중 필요한 증거를 채택·사용하고 증거의 실질적인 가치를 평가하여 사실을 인정하는 것은 법관의 자유심증에 속한다는 것을 의미한다. 따라서 충분한 증명력이 있는 증거를 합리적인 근거 없이 배척하거나 반대로 객관적인 사실에 명백히 반하는 증거를 아무런 합리적인 근거 없이 채택·사용하는 등으로 논리와 경험의 법칙에 어긋나는 것이 아닌 이상, 법관은 자유심증으로 증거를 채택하여 사실을 인정할 수 있다(대법원 2015. 8. 20. 선고 2013도11650 전원합의체 판결 등 참조).

한편 미성년자인 피해자가 자신을 보호·감독하는 지위에 있는 친족으로부터 강간이나 강제추행 등 성범죄를 당하였다고 진술하는 경우에 그 진술의 신빙성을 판단함에 있어서, 피해자가 자신의 진술 이외에는 달리 물적 증거 또는 직접 목격자가 없음을 알면서도 보호자의 형사처벌을 무릅쓰고 스스로 수치스러운 피해 사실을 밝히고 있

고, 허위로 그와 같은 진술을 할 만한 동기나 이유가 분명하게 드러나지 않을 뿐만 아니라, 그 진술 내용이 사실적·구체적이고, 주요 부분이 일관되며, 경험칙에 비추어 비합리적이거나 진술 자체로 모순되는 부분이 없다면, 그 진술의 신빙성을 함부로 배척해서는 안 된다(대법원 2006. 10. 26. 선고 2006도3830 판결, 대법원 2010. 11. 25. 선고 2010도11943 판결 등 참조).

특히 친족관계에 의한 성범죄를 당하였다는 미성년자 피해자의 진술은 피고인에 대한 이중적인 감정, 가족들의 계속되는 회유와 압박 등으로 인하여 번복되거나 불분명해질 수 있는 특수성을 갖고 있으므로, 피해자가 법정에서 수사기관에서의 진술을 번복하는 경우, 수사기관에서 한 진술 내용 자체의 신빙성 인정 여부와 함께 법정에서 진술을 번복하게 된 동기나 이유, 경위 등을 충분히 심리하여 어느 진술에 신빙성이 있는지를 신중하게 판단하여야 한다.

나. 공소사실의 요지 및 제1심의 판단

1) 이 부분 공소사실의 요지는 다음과 같다.

가) 피고인은 2014년 여름 날짜불상 주말 낮 시간에 피고인의 주거지에서 딸인 피해자(당시 9~10세)가 안방에 누워 있는 것을 보고 피해자의 옷 안으로 손을 넣어 가슴을 만지고 음부를 만져 친족관계인 13

세 미만의 피해자를 강제로 추행하였다.

피고인은 2017년 가을 날짜불상 평일 밤 시간에 같은 장소에서 안방에 누워 있는 피해자(당시 13세)에게 다가가 피해자가 덮고 있는 이불을 함께 덮은 후 피해자의 옷 안으로 손을 넣어 가슴과 음부를 만지고 손가락을 피해자의 음부에 삽입하였다.

다) 피고인은 2018. 3. 초순 낮 시간에 거실에서 방에 있는 피해자(당시 13세)에게 발로 피고인의 발을 밟는 방법으로 안마를 해 달라고 요구한 후, 피해자가 안마를 하고 방으로 돌아가려고 하자 "이리 와. 어디 가냐."라고 말하여 피해자를 가지 못하게 한 후 피해자의 옷 안으로 손을 넣어 가슴과 음부를 만지고 손가락을 음부에 삽입하였다.

2) 제1심은, 아래와 같은 사정에 비추어 공소사실에 부합하는 유일한 직접증거인 피해자의 수사기관에서의 진술은 믿기 어렵고, 나머지 증거만으로는 공소사실을 인정하기에 부족하다는 이유로 이 부분 공소사실을 모두 무죄로 판단하였다.

가) 피해자는 법정에서 '피고인으로부터 피해를 입은 사실이 없다'는 취지로 진술을 번복하였고, 2회에 걸쳐 법원에 '수사기관에서의 진술이 거짓이고, 피고인이 너무 미워서 허위로 피해 사실을 꾸며냈다'는 내용의 진술서를 직접 작성하여 제출하였다.

나) 피해자의 어머니와 오빠도 수사기관 및 법정에서 '피고인이 피해자에게 자주 욕설을 하지만 피고인의 평소 성향이나 피해자와의 관계 등에 비추어 볼 때 공소사실과 같은 범행을 저지를 사람은 아니다'라는 취지로 일관되게 진술하고 있다.

다) 피고인은 수사기관 및 법정에 이르기까지 일관되게 공소사실을 강력하게 부인하고 있다.

다. 원심의 심리 및 판단

1) 원심은, 피해자가 제1심 법정에서 진술을 할 당시 입원해 있던 병원의 정신과 의사를 증인으로 신문하는 등의 방법으로 피해자의 진술 번복 경위에 관하여 추가 심리를 하고, 피해자의 수사기관에서의 진술을 녹화한 영상녹화 CD를 법정에서 재생하여 시청하는 방법으로 다시 한 번 증거조사를 하였다.

2) 원심은, 위 심리결과를 바탕으로 다음과 같은 이유로 피해자의 수사기관에서의 진술은 신빙성을 인정할 수 있다고 판단하였다.

가) 피해자는 2018. 4. 3. ○○○○에 출석하여 피해 내용 등에 관하여 진술을 하였는데, 피해자의 진술은 ① 범행 당시 있었던 피고인과

의 대화 내용을 구체적으로 특정하고 있고, ② 범행 당시 느꼈던 감정을 직접적으로 표현하고 있으며, ③ 주변 상황과 관련한 구체적인 정보를 밝히고 있고, ④ 여분의 사정들도 포함하여 진술하였으며, ⑤ 어떤 질문에 대해서는 자신의 기억의 한계를 시인하거나 조사자의 유도성 질문을 극복하는 모습도 보이고 있다.

나) 피해자의 진술은 이와 같이 실제로 경험한 사실에 관하여 사실대로 진술할 때 나타나는 특징들이 포함되어 있는 것과 아울러, 그 진술 내용 가운데 경험칙에 비추어 모순되거나 비합리적으로 보이는 부분을 찾기 어려우며, 피해자가 피고인을 무고하기 위하여 실제로 경험하지 않은 피해 사실을 거짓으로 꾸며 내어 허위로 진술할 동기나 이유가 분명하게 드러나지 않는다.

다) ○○○○의 의뢰를 받아 피해자의 수사기관 진술을 분석한 아동·장애인 성폭력 진술분석전문가는 '피해자의 대략적인 진술 안에서 허위 진술에서 나타나기 어려운 독특하고 특징적인 진술들이 나타나는 등 피해자의 진술 성향과 피해자 진술에서 나타난 특징적 내용들을 고려하면 상대적으로 허위 진술의 가능성보다는 사건 발생의 가능성이 높다고 판단된다'는 의견을 제시하였다.

라) 피해자에 대하여 5회에 걸쳐 심리 상담을 진행한 상담사는 제1심에서 '피해자는 성폭행의 경우에 나타나는 외상 후 스트레스증후군

증세가 나타나는 부분이 많이 보였다'는 취지로 진술하였다.

마) 피해자는 2018. 3. 중순경 친구에게 추행 피해 사실을 이야기한 후 2018. 3. 말경 상담 교사에게 이를 이야기하였고, 상담 교사는 아동보호전문기관 측에 전화로 피해 내용을 통보하였다. 아동보호전문기관 상담사가 여성경찰관과 함께 학교에서 피해자를 만나 구체적인 피해 내용을 들은 다음, 피해자의 말에 신빙성이 있다고 판단하여 피해자를 보호시설에 입소시키고, 피고인에 대한 수사를 시작하였다. 위와 같은 피고인에 대한 수사 개시의 경위와 과정이 이례적이라고 보이지 않는다.

3) 한편 원심은, 다음과 같은 사정들을 종합해 볼 때, 피해자의 제1심 및 원심 법정에서의 번복된 진술은 그대로 믿기 어려우므로, 그 진술만으로 수사기관 진술의 신빙성을 배척할 수 없다고 판단하였다.

가) 아동보호전문기관 상담사는 제1심에서 '피해자가 2018. 11. 15. 제1심 법정에 출석해서 진술한 것은 거짓말이었다는 이야기를 피해자가 입원해 있던 병원에서 했다는 말을 전해 듣고, 이를 확인하기 2018. 12. 5. 및 12. 8. 두 차례 피해자를 대면 상담하면서 물어보았더니 피해자가 그렇다고 확인해 주었다'는 취지로 진술하였다.

나) 피해자가 2018. 11. 6.경부터 입원하여 치료를 받던 병원의 정

신과 의사는 원심에서 '피해자에게 피고인으로부터 성폭행 당한 일을 물어 보았을 때 그런 일이 없었다고 말한 적은 없다', '피해자가 재판에 갔다 온 것에 대하여 어머니가 사실이 아니었다고 이야기를 하라고 해서 그렇게 했다는 취지로 말하였다', '2018. 11. 22. 면담 당시 피해자가 가족들이 눈치를 많이 주었고, 할머니는 아버지 빨리 꺼내야 한다고 욕하고, 어머니는 경제적 사정이 어려우니 정말 성폭행한 것이 맞느냐며 재차 묻고, 못 믿겠으니 그런 일 없다고 하라고 했다고 말하였다'라는 취지로 진술하였다. 이러한 진술은 증언 내용의 합리성과 증언 태도, 증인의 이해관계 내지 피고인과의 관계, 관련 증거와의 합치 여부 등을 고려할 때, 신빙성이 있다.

다) 피해자는 2018. 10. 16. 피해자의 학교 친구에게 '내가 아빠한테 성폭력 당했거든', '엄마가 아빠 교도소에서 꺼내려고 나한테 거짓말 치래'라는 내용의 카카오톡 메시지를 보냈다. 만일 피해자가 피고인으로부터 공소사실 기재와 같은 피해를 당한 사실이 없었다면 굳이 위와 같은 메시지를 친구에게 보낸 이유를 납득할 수 없다.

라) 피해자의 어머니이자 피고인의 처는 2018. 8. 2.부터 구속되어 있던 피고인을 접견하는 과정에서 여러 차례 '피해자에게 없던 일로 해 달라고 설득을 해 보겠다', '피해자에게 울면서 부탁을 했더니 피해자가 그렇게 해 주겠다고 하였다'는 취지로 말하였다. 피해자가 어머니로부터 위와 같은 이야기를 듣고 법정에서 진술을 번복하게 되었을 개

연성이 있어 보인다.

라. 대법원의 판단

  위와 같이 원심은, 친부로부터 성범죄를 당한 미성년자인 피해자가 제1심 및 원심 법정에서 수사기관에서의 진술을 번복하였더라도, 피해자의 수사기관 진술 자체의 구체적인 내용과 그에 대한 평가 등에다가, 피해자가 법정에서 진술을 번복하게 된 동기와 경위 등을 더하여 보면, 피해자의 번복된 법정 진술은 믿을 수 없고 수사기관에서의 진술을 신빙할 수 있다는 이유로, 이와 달리 판단한 제1심판결을 파기하고 공소사실을 모두 유죄로 인정하였다. 원심판결 이유를 관련 법리와 적법하게 채택된 증거에 비추어 살펴보면, 위와 같은 원심의 판단은 정당하고, 거기에 필요한 심리를 다하지 아니하거나 논리와 경험의 법칙을 위반하여 자유심증주의의 한계를 벗어난 잘못이 없다.

어디서부터 성희롱인가?

- 1 -
성희롱과 성추행은 별개의 것

 칼을 들고 돈을 빼앗으면 강도다. 몰래 돈을 훔치면 절도다. 이 둘은 엄연히 다르다. 그래서 강도죄면 강도죄지, 절도죄이면서 동시에 강도죄라고 하지 않는다. 그런데 성희롱과 성추행은 그런 관계가 아니다. 성희롱이면서 동시에 성추행이 될 수 있다(반대로 성희롱이지만 성추행이 아닐 수도 있다.). 왜냐하면 이 둘은 행위만으로 판단하는 게 아니라 처한 상황에 따라 달라지기 때문이다. 성추행인지 아닌지 여부는 잠시 접어두고 성희롱만을 보자. 성희롱이 되려면 반드시 다음 대법원 판례처럼 일정 조건 아래 가해자와 피해자가 놓여 있어야 한다.

대법원 2018. 4. 12. 선고 2017두74702 판결
 [1] 성희롱이란 업무, 고용, 그 밖의 관계에서 국가기관·지방자치단체,

각급 학교, 공직유관단체 등 공공단체의 종사자, 직장의 사업주·상급자 또는 근로자가 ① 지위를 이용하거나 업무 등과 관련하여 성적 언동 또는 성적 요구 등으로 상대방에게 성적 굴욕감이나 혐오감을 느끼게 하는 행위, ② 상대방이 성적 언동 또는 요구 등에 따르지 아니한다는 이유로 불이익을 주거나 그에 따르는 것을 조건으로 이익 공여의 의사표시를 하는 행위를 하는 것을 말한다[양성평등기본법 제3조 제2호, 남녀고용평등과 일·가정 양립 지원에 관한 법률 제2조 제2호, 국가인권위원회법 제2조 제3호 (라)목 등 참조]. 여기에서 '성적 언동'이란 남녀 간의 육체적 관계나 남성 또는 여성의 신체적 특징과 관련된 육체적, 언어적, 시각적 행위로서 사회공동체의 건전한 상식과 관행에 비추어 볼 때, 객관적으로 상대방과 같은 처지에 있는 일반적이고도 평균적인 사람으로 하여금 성적 굴욕감이나 혐오감을 느끼게 할 수 있는 행위를 의미한다.

[2] 성희롱이 성립하기 위해서는 행위자에게 반드시 성적 동기나 의도가 있어야 하는 것은 아니지만, 당사자의 관계, 행위가 행해진 장소 및 상황, 행위에 대한 상대방의 명시적 또는 추정적인 반응의 내용, 행위의 내용 및 정도, 행위가 일회적 또는 단기간의 것인지 아니면 계속적인 것인지 등의 구체적 사정을 참작하여 볼 때, 객관적으로 상대방과 같은 처지에 있는 일반적이고도 평균적인 사람으로 하여금 성적 굴욕감이나 혐오감을 느낄 수 있게 하는 행위가 있고, 그로 인하여 행위의 상대방이 성적 굴욕감이나 혐오감을 느꼈음이 인정되어야 한다.

다시 정리해 보자.

1) 우선, 같은 조직 내에 몸을 담고 있거나 업무와 관련이 있어야 한다(관계). 2) 가해자가 상급자이거나 사업주, 동료 혹은 업무와 밀접한 관련이 있는 고객 등이어야 한다(가해자). 3) 여기에 성적인 언동이 있거나 혹은 성적인 요구를 따르지 않았다는 이유로 불이익을 주는 행위가 있어야 한다(행위). 4) 마지막으로 피해자가 이런 걸 불편하게 느끼고 문제를 제기해야 한다. 그럴 때만 성희롱이다.

- 2 -
실제는 판단이 어렵다
: 대학 강사 성희롱 사건

개념적으로 보면 정리가 잘 되어 있는 것처럼 보이지만 실제로는 판단이 쉽지 않다. 지금부터 소개하는 판례가 이를 잘 보여준다. 이 사건은 한 대학교에 재직 중인 전임강사의 성희롱 사건이다. 피해자는 수강생인 여러 명의 여대생이다. 피해자가 피해 사실을 학교 측에 알리면서 사건이 시작되었다. 학교는 징계위원회를 열었고, 피해 학생들의 진술을 거의 대부분 받아들여 최고 수위의 징계인 해임을 의결했다. 가해자는, 해임 부당을 주장하며 사건을 법원으로 가져갔다. 참고로, 학교든 회사든 조직은 법원이나 수사기관이 아니기 때문에 사건 판단에 한계가 있기 마련이다. 이 때문에 가해자든 피해자든 억울한 사정이 생기는 게 비일비재하다. 만일 보다 명확한 판단을 받고 싶다면 법원으로 가져가는 방안도 생각해야 한다(단, 형사재판에서 무죄를 받았더라도 그게 곧 민사재판 승소를 보장하는 건 아니다. 유명한 오제이 심슨 사건에서도 형사재판에서는 무죄였으나 민사에서 패소했다. 특히 성희롱은 형사재판의 대상이 아니며, 민사소송만 가능하다.).

사건 개요

가해자는 대학교에서 컴퓨터를 가르치는 전임강사다. 피해자는 그 강사의 수업을 듣는 여학생들이다. 가해자는 수차례 성희롱과 성추행을 했다는 이유로 학교에서 잘렸다. 가해자는 받아들일 수 없었다. 그래서 소총심사를 요청했다. 그러나 소청심사위원회는 그의 청구를 기각했다. 이에 가해자는 법원을 찾아가서 소청심사위원회의 해임 결정을 취소해 달라고 행정소송을 제기했다. 제1심(서울행정법원 2015구합176889)은 해임에 아무런 문제가 없다는 취지였다. 왜? 징계사유 가운데 일부는 엉터리지만 전체적으로 보면 가해자가 성희롱을 저질렀으니까. 제2심(서울고등법원 2017누34836)은 일부 징계사유가 있으나 해임을 할 만한 수준은 아니라고 보았다. 달리 말해, 가해자의 행위를 성희롱으로 보지 않았다는 말이다. 그러자 이번에는 학교 측에서 상고했다. 제3심(대법원 2017두74702판결)은 1심처럼 다시 가해자의 행위를 성희롱으로 보았다. 그러나 1심에서 판단한 것과 같은 법리는 아니었다. 도대체 무엇을 어떻게 보았기에 상급심으로 올라갈 때마다 판단이 갈린 것일까?

피해자들의 주장

아래 내용은 징계위원회가 징계사유라며 정리한 내용들이다. 여기에는 총 3명의 피해자 진술이 나온다. 각 피해 사실의 앞에 '1-1, 1-2' 하고 번호를 붙였는데 앞의 숫자는 피해자 번호를 가리키고, 뒤의 숫자는 여러 건의 피해 사실에 붙인 시리얼 넘버다. 즉 '2-1'은 두 번째 피해자가 진술한 첫 번째 피해 사실이다. 이 번호는 징계위원회에서 붙인 것으로, 가해자인 전임강사에게 징계를 내리면서 그 사유로 들었던 내용들이다.

피해자 1

1-1 : 원고(가해자 = 전임강사)가 2014. 12. 17. ○○○계열 학과사무실에서 남자친구와 함께 있던 피해자에게 "여기서 뭐하냐?"라며 뺨을 때리고, 이어서 "왜 남자랑 붙어서 있냐?"라며 피해자의 뺨을 총 4대 때림(이하 '제1-1 징계사유'라 한다).

1-2 : 2014. 9.경 피해자가 봉사활동을 위한 추천서를 받기 위해 친구들과 함께 원고의 연구실을 방문했을 때 원고가 뽀뽀해 주면 추천서를 만들어 주겠다고 함(이하 '제1-2 징계사유'라 한다).

1-3 : 수업 중 질문을 하면 원고는 피해자를 뒤에서 안는 듯한 포즈로 지도함(이하 '제1-3 징계사유'라 한다).

1-4 : 원고는 피해자가 연구실을 찾아가면 "남자친구와 왜 사귀냐, 나랑 사귀자.", "나랑 손잡고 밥 먹으러 가고 데이트 가자.", "엄마를 소개시켜 달라."고 하는 등 불쾌한 말을 많이 함(이하 '제1-4 징계사유'라 한다).

1-5 : 원고는 피해자와 길에서 마주치면 팔을 벌리면서 포옹을 강요함(이하 '제1-5 징계사유'라 한다).

1-6 : 원고는 수업시간 중 피해자의 엉덩이를 토닥거림(이하 '제1-6 징계사유'라 한다).

피해자 2

2-1 : 원고는 2013년 피해자의 1학년 학기 초 수업시간에 피해자의 손을 겹쳐서 마우스를 잡고 피해자가 앉아 있는 의자에 같이 앉거나 자신의 무릎에 피해자를 앉히려 하였음. 평소 손을 잡거나 어깨에 손을 올리는 행위, 허리를 잡거나 자신의 무릎에 앉히는 행위 등의 스킨십을 자주 함(이하 '제2-1 징계사유'라 한다).

2-2 : 원고는 피해자를 연구실로 자주 불러 "연애하자, 어머니를 소개시켜 달라."고 하였으며, 또한 의자에 앉아 있을 때에는 원고의 다리 사이에 피해자의 다리를 끼워 움직이지 못하게 한 경우도 있었음(이하 '제2-2 징계사유'라 한다).

2-3 : 피해자가 입고 있던 가슴 부분의 남방 단추가 떨어지려 할 때 원고가 불필요하게 단추를 만짐(이하 '제2-3 징계사유'라 한다).

피해자 3

3-1 : 원고는 2013년 학기 초부터 수업시간에 피해자를 뒤에서 안는 식으로 지도하고 불필요하게 피해자와 한 의자에 앉아 가르쳐 주며 신체적 접촉을 많이 함(이하 '제3-1 징계사유'라 한다).

3-2 : 원고는 복도에서 피해자와 마주칠 때에도 얼굴에 손대기, 어깨동무, 허리에 손 두르기와 함께 엉덩이를 손으로 툭툭 치는 행위를 함(이하 '제3-2 징계사유'라 한다).

3-3 : 원고는 피해자와 단 둘이 있을 때에는 팔을 벌려 안았음(이하 '제3-3 징계사유'라 한다).

3-4 : 2014년 초 학과 MT에서 원고가 아침에 자고 있던 피해자의 볼에 뽀뽀를 2차례 하여 피해자에게 정신적 충격을 줌(이하 '제3-4 징계사유'라 한다).

3-5 : 원고는 2014년 6.경 장애인 교육 신청서를 제출하러 간 피해자에게 자신의 볼에 뽀뽀를 하면 신청서를 받아 주겠다고 하고, 다른 학생들도 자신의 볼에 뽀뽀를 하고 신청서를 제출하였다고 거짓말을 하여 피해자가 어쩔 수 없이 원고의 볼에 뽀뽀를 하였으며, 그 상황에서 원고가 피해자의 엉덩이에 손을 대려고 하자, 피해자가 자신의 가방을 이용하여 원고의 행위를 막음(이하 '제3-5 징계사유'라 한다).

---- 법원의 판단 ----

피해자 1의 피해사실 가운데 1심과 2심의 판단이 같은 내용

1-1 : 1심은 1-1의 피해사실에 대해서 징계사유로 삼을 수 없다고 판단한다. 2심도 같은 생각. 1심이 그런 판단을 내린 이유는, 피해라고 주장했던 내용 일부를 뒷받침하는 증거가 없었기 때문이다.

원고가 2014.12.17. 이 사건 대학교 컴퓨터계열학과 사무실에서 피해자 1에게 "여기서 뭐하냐?", "왜 남자랑 붙어서 있냐?"라고 말한 사실은 당사자 사이에 다툼이 없다. 그런데 증거에 의하면, 당시 피해자 1과 함께 위 학과 사무실에서 공부를 하고 있던 G는 형사사건에 증인으로 출석하여 뺨을 맞는 소리를 듣지 못하였다고 진술하였고, G는 2014.12.17. 이후 같은 학과학생 H에게 위 증언과 같은 취지의 이야기를 한 사실을 인정할 수 있다. 사정이 이러하다면 원고의 2014.12.17. 피해자 1의 뺨을 때렸다는 점에 부합하는 듯한 증거는 그대로 믿기 어렵고 증거가 없다. 제1-1 징계사유 중 원고가 2014.12.17. D에게 앞서 본 바와 같은 말을 한 행위만 남는데 이러한 행위를 징계사유로 삼을 수는 없다. (1심 판결문 가운데)

1-5 : 포옹을 강요했다는 내용이다. 그러나 1심 재판부는 포옹하려는 제스처는 인정하되 '강요'는 인정하지 않았다.

피해자 1의 증언에 의하면 원고가 이 사건 학교의 복도에서 학생들을 마주치면 팔을 벌리고 계속 서 있었던 사실은 인정할 수 있으나 이러한 사정만으로 원고가 피해자 1에게 포옹을 강요하였다고 보기 어렵고 달리 이를 인정할 증거가 없다. 그렇다면 제1-5 징계사유 중 원고가 이 사건 학교의 복도에서 학생들을 향해 팔을 벌리고 서 있던 행위만이 남는데 이러한 행위를 징계사유로 삼을 수는 없다. (1심 판결문 가운데)

1-6 : 엉덩이를 토닥였다는 진술이다. 그러나 피해자는 '토닥인 것이 아니고, 엉덩이를 발로 찼다'는 취지로 진술을 바꿨다. 이에 따라 법관은 1-6은 거짓으로 판단한다.

피해자 1은 관련 형사 사건의 수사단계와 이 법정에서 '원고가 연구실에서 자신의 엉덩이를 발로 찼다'고 진술하였을 뿐이고, 이 법정에서 원고가 수업시간에 자신의 엉덩이를 토닥거린 것은 아니라는 취지로 진술하였다. 따라서 제1-6 징계사유는 존재하지 않는다. (1심 판결문 가운데)

피해자 1의 피해사실 가운데 1심과 2심, 3심의 판단이 다른 내용

1-2와 1-4 : 뽀뽀해 주면 추천서 써주겠다, 엄마 소개시켜 달라는 등의 내용이다. 여기서부터 1심과 2심의 판단이 갈린다(판단이 달라지기 때문에 판례의 설명도 길다.).

1심 : 원고는 수업 중에 피해자 1을 뒤에서 안는 듯한 포즈로 지도하고 연구실에서 피해자 1에게 "뽀뽀해주면 추천서를 만들어주겠다"라거나 "남자친구와 왜 사귀냐, 나랑 사귀자", "나랑 손잡고 밥 먹으러 가고 데이트 가자.", "엄마를 소개시켜 달라"는 등의 말을 하는 행위를 하였다. 이러한 행위들은 객관적으로 피해자와 같은 처지에 있는 일반적이고 평균적인 사람이라면 성적 굴욕감이나 혐오감을 느낄 수 있는 행위라고 할 것이다. 따라서 원고의 행위들은 피해자 1에 대한 성희롱에 해당한다. (1심 판결문 가운데)

그런 말을 했던 것이 사실이라면 1심의 판례대로 분명 문제가 있어 보인다. 그런데 2심은 맥락에 대한 고려가 없었다는 점을 지적한다.

2심 : 이는 언어에 의하여 이루어진 성희롱 행위에 해당한다고 할 것인데, 위 인정사실 및 위 채택증거에 의하여 인정되는 다음과 같은 사정들을 앞서 본 법리에 비추어 살펴보면, 원고의 언동이 소외 1(피해자 1)에 대한 성희롱에 해당한다고 단정하기 어렵다.

(가) 언어에 의한 성희롱은 문제의 말이 사용된 앞뒤의 문맥, 당사자들의 관계, 그 표현이 행하여진 상황, 그 언어에 대한 상대방의 명시적 또는 추정적인 반응의 내용 등 전체적 정황 등의 구체적 고려 없이는 평가하기 곤란하다고 할 것인데, 이 부분 징계사유는 당시 대화의 문맥을 고려하지 아니하고 특정 언어만을 발췌하여 문제를 삼고 있는 것으로 보인다.

(나) 원고는 강의뿐만 아니라 동아리 지도를 통하여 소외 1이나 소외 3, 소외 2, 소외 6 등 학생들과 격의 없고 친한 관계를 유지하였는데, 학생들과 식사를 함께 하거나 원고의 연구실에서 찾아오는 학생들과 자주 농담을 나누었으며, 일상적인 이야기는 물론 가족에 관한 이야기나 연애상담도 나누었다(이는 이른바 '밀착교육'으로 교수 측에 상당히 부담되는 것으로서, 건전한 방식을 취하는 한 학생들에게 큰 도움이 될 수 있는 것으로 보인다).

(다) 제1-2 징계사유는 징계사유 자체에서 소외 1뿐만 아니라 다수의 친구들이 함께 원고의 연구실을 방문하였을 때 이루어진 대화 중 일부라

는 것인데, 소외 1의 진술의 취지에 의하면 원고가 단지 봉사활동 추천서를 여학생들에게 써주는 데 대한 대가로 뽀뽀를 요구하였다는 것인 반면, 원고는 「위 추천서는 '2014년 장애인방문교육 청년 강사' 아르바이트 지원에 필요한 추천서인데 교수로서 원고가 당시 찾아온 학생들에게 장애인 방문 강사의 경우 장애인 아동에 대한 봉사와 희생정신이 필요하다고 설명하면서 소외 1과 소외 3에게 장애인 아동들을 가끔 안아주고 뽀뽀도 해주어야 하는데 가능하겠느냐고 물었고, 소외 1, 소외 3은 할 수 있다고 대답하였다. 원고가 이어서 소외 1, 소외 3에게 '내가 추천서를 써주면 너희들은 나한테 뭐해줄래? 우리 조카들은 고마우면 나한테 뽀뽀를 하는데, 너희들도 할 수 있느냐?'고 묻자, 소외 1은 '저는 아빠한테도 뽀뽀하지 않아요.'라고 대답했고 원고는 부모님에게도 사랑한다는 표현을 자주 하라는 이야기를 하며 소외 1과 소외 3에게 추천서를 작성해주었다」고 그 대화의 경위를 설명하고 있다. 평소 학생들에 대한 원고의 태도에 비추어 위 대화의 문맥에 관한 원고의 설명은 신빙성이 있고 이를 의심할 만한 사정은 발견되지 아니한다.

㈒ 제1-4 징계사유는 전혀 문맥에 관한 자료가 없이 원고가 그와 같이 성적으로 불쾌한 말을 많이 하였다는 것인데, 제1심법정에 출석하여 진술한 소외 1의 진술에 의하더라도 이는 소외 1뿐만 아니라 다수의 학생들이 함께 있는 자리에서 이루어진 대화라는 것인바, 위 징계사유에 언급된 말들은 여학생들이 원고의 연구실에 방문하여 나누었던 전체 여러 가지의 대화들 중에서 극히 작은 한 토막에 해당하는 것으로 보인다. 한편, 종종 소외 1과 함께 원고의 연구실에 방문하였던 소외 3

의 진술에 의하면, 원고는 여학생들에게 '직장에 들어가기 전에 남자와 교제하는 것을 자제하는 것이 좋다'는 취지의 말이나 '혼자 사는 어머니에게 효도할 것'을 권고하는 대화를 하면서 징계사유에 기재된 취지의 말을 한 사실이 있기는 한데 단지 장난말로 들렸을 뿐 성적수치심을 느끼지는 않았다고 말하고 있다.

(매) 이상과 같은 모든 사정을 종합하여 보면, 이 부분 징계사유에서 들고 있는 원고의 말이 적절하지 아니한 면이 없지 않다고 하더라도, 그 대화가 이루어진 당시의 전후 문맥상 이를 듣고 대화를 하며 소통하던 여학생들이 이 부분 지적된 원고의 말 때문에 성적 굴욕감이나 혐오감을 느꼈을 것으로 보기는 어렵다. 다만 앞서 본 바와 같이 소외 1은 2014. 12. 17. 원고로부터 심한 질책을 받아 원고에 대한 감정이 급격히 악화된 것으로 보이는데, 그로 인하여 과거의 일들에 대하여 굴욕적이거나 혐오스러운 느낌을 갖게 되었다고 하더라도 이는 일반적이고도 평균적인 사람으로 하여금 동일한 느낌을 갖게 되는 경우로 보기 어렵다. (2심 판결문 가운데)

3심은 어떻게 보았을까? 3심은 2심이 지적하는 내용(맥락 고려 없는 판결)을 인정한다. 그러나 시각이 달랐다. 어떤 지점에서 판단이 갈린 것일까? 재판부는 성희롱 여부를 결정하기 위해 기준점을 잡게 되는데 그 기준은 아래 판례에 밑줄 친 부분과 같다.

"우리 사회 전체의 일반적이고 평균적인 사람이 아니라 피해자들과 같은 처지에 있는 평균적인 사람의 입장에서 성적 굴욕감이나 혐오감을 느낄 수 있는 정도였는지를 기준으로 심리·판단하였어야 옳았다."

이 문구가 기준이 되는 건 1심이나 2심, 3심이 모두 같다. 그런데 이 걸 적용하는 데 있어서 약간의 차이가 있는 것으로 보인다. 2심은, 일반적인 범죄를 심리하듯 원고의 의도를 읽어내려고 하고, 그런 가운데 가해자의 선의를 발견한다(가해자는 성희롱의 의도가 없었다는 결론으로 자연스럽게 이어진다.). 동시에 피해자의 사후 행동에 의문을 표시하기도 한다(일명 '피해자다움'을 요구하는 것이다. 한마디로, 성인지 감수성이 결여된 것이다.). 반면 3심은 성희롱의 기본적 정의로 돌아가려고 한다. 그래서 가해자와 피해자의 관계가 교수-학생이라는 점, 문제 되는 행위가 수업 도중(업무 현장)에 이루어졌다는 점, 학생의 취업과 관련된 내용이라는 점, 그리고 일회적이 아니라 지속적으로 이루어졌다는 점(성희롱의 특징 가운데 하나다.)을 지적하며 성희롱 요건을 갖추고 있음을 말한다. 그리고 2심에서도 인정하고 있는 사실들이 부적절한 언행임을 말한다. 요건 다 갖추어져 있고, 부적절한 언행이 있었고, 피해자들이 불쾌감을 느끼는데 그게 주관적인 입장으로 보이지 않는다면(즉 피해자 처지에 있는 평균적인 사람들이 느끼는 감정 같다면) 그건 성희롱이 맞다는 얘기다.

그럼, 범죄의 의도를 살피는 건 중요하지 않다는 말인가? 거의 대부분의 범죄는 범죄의 의도가 매우 중요하다. 그런데 관념이 판단의 기준이 되는 경우는 우리의 상식 속에 이미 범죄의 요소가 있어도 범죄로 인식하지 못하는 경우가 있을 수 있다. 바닥에 떨어진 돈을 주우면 죄가 된다는 건 최근에 알려진 상식이다. 과거로 회귀하면 그건 절대

죄가 아니다. 이 경우, 과거의 사람은 범죄를 저지른다는 의도 없이 돈을 줍게 된다. 성희롱에서도 그런 게 있을 수 있으므로 새로운 성관념을 적용해야 한다. 3심의 성희롱 판단 의미는 그런 데 있는 것으로 보인다.

3심 : 제1-2, 제1-4 징계사유와 관련하여 원고와 피해자의 대화 가운데 극히 일부분을 전체적인 맥락을 고려하지 않은 채 문제 삼는 것은 적절하지 않다고 판단한 것 자체는 옳다. 그러나 원심이 이에 관하여 원고가 평소 학생들과 격의 없고 친한 관계를 유지하면서 자주 농담을 하거나 가족 이야기, 연애상담을 나누기도 한 점 등을 이유로 들고, 제1-3 징계사유와 관련하여 원고가 피해자에 대하여 불필요한 신체 접촉을 한 사실이 인정되더라도 이는 원고의 적극적인 교수방법에서 비롯된 것이고 피해자가 성희롱 사실 이후에도 계속하여 원고의 수업을 수강한 점 등을 이유로 들어 원고의 행위가 일반적이고 평균적인 사람의 입장에서 성적 굴욕감이나 혐오감을 느낄 수 있는 정도에 이른 것이라고 보기 어렵다고 판단한 부분은 수긍할 수 없다. 이와 같은 이유 설시는 자칫 법원이 성희롱 피해자들이 처한 특별한 사정을 고려하지 않은 채 은연중에 가해자 중심적인 사고와 인식을 토대로 평가를 내렸다는 오해를 불러일으킬 수 있어 적절하지 않다.
원고의 행위가 성희롱에 해당하는지 여부는 가해자가 교수이고 피해자가 학생이라는 점, 성희롱 행위가 학교 수업이 이루어지는 실습실이나 교수의 연구실 등에서 발생하였고, 학생들의 취업 등에 중요한 교수의 추천서 작성 등을 빌미로 성적 언동이 이루어지기도 한 점, 이러한 행위가 일회적인 것이 아니라 계속적으로 이루어져 온 정황이 있는 점 등을 충분히 고려하여 <u>우리 사회 전체의 일반적이고 평균적인 사람이 아니라 피해자들과 같은 처지에 있는 평균적인 사람의 입장에서 성적 굴욕감이나 혐오감을 느낄 수 있는 정도였는지를 기준으로 심리·판단하였어야 옳았다.</u>

1-3 : 수업 중에 백허그를 하는 듯한 포즈를 취했다는 내용이다. 1심은 성희롱으로 판단했다. 2심 역시 부적절한 접촉으로 보고 있으나 몇 가지 사정을 들어 성희롱으로 보기 어렵다고 판단한다. 이 몇 가지 사정이란 1) 만일 '백허그'라면 누가 봐도 문제가 있을 법한 장면인데 이를 공공연한 장소에서 시도한다는 게 말이 안 된다, 2) 피해자가 익명의 강의 평가에서 좋은 점수를 주었고, 여러 차례 강사에게 도움을 요청했다, 3) 피해자가 다음 학기에도 강의를 신청했다, 4) 신체접촉이 있었더라도 백허그라고 보기는 힘들다 등이다. 물론 2심은 불필요한 신체접촉조차도 조심했어야 한다는 내용을 지속적으로 언급하며 문제의 여지가 있을 수 있다는 점을 지적한다. 그러나 위에 든 여러 사정을 종합하면 성희롱으로 보기 힘들다는 판단이다.

2심 : 원고가 여학생들을 상대로 불필요한 신체적 접촉을 하였던 것은 이들에 대한 교수의 지위에 있는 원고가 기울여야 할 주의의무를 다하지 못한 것으로서 매우 부적절한 처신이라고 할 것이다. 다만, 위 인정사실 및 위 채택증거에 의하여 인정되는 다음과 같은 사정들을 종합하여 보면, 소외 1(*피해자 1)이 문제로 삼은 이 부분 원고의 언동은 원고의 적극적인 교수방법에서 비롯된 것이 아닌가 의심되고, 이 부분 사건에서 드러난 정도의 접촉만으로는 이를 일반적이고도 평균적인 사람으로 하여금 성적 굴욕감이나 혐오감을 느낄 수 있는 행위에 이르렀다고 보기는 매우 곤란하다.

㈎ 비좁은 실습실에서 교수인 원고가 학생의 모니터 화면을 보기 위해서는 학생 뒤편에 설 수밖에 없는데, 코딩은 보통 키보드로 이루어지고 그 내용을 수정하기 위해서 두 손으로 타이핑을 하여야 하기 때문에 이 과정에서 불가피하게 학생의 옆이나 뒤쪽에서 손을 뻗어야 하는 자세가 될 수는 있다. 그러나 이는 교수와 학생들의 협조를 통하여 성적인 혐오감이나 불쾌감 없이도 이루어질 수 있는 것으로 보인다(학생들은 원고의 지도방식이 불편할 경우 필요 이상의 신체접촉을 피하기 위하여 의자에서 일어나 자리를 비켜줄 수 있다).

㈏ 교수인 원고가 40명가량의 많은 학생들이 수업을 받는 개방된 장소에서 여학생을 뒤에서 양쪽 팔로 껴안는 소위 '백허그' 자세를 취하여 그와 밀착된 자세에서 어색한 타이핑을 시도하였다는 것은 쉽게 상상하기 어렵다. 만일 이와 같은 자세에서 원고가 타이핑을 하여 코딩교육을 실시하였다면, 뒤쪽으로부터 여학생의 신체를 껴안듯이 밀착하여야 모니터 화면을 볼 수 있었을 것인데(이러한 자세가 적절하지 않음은 성인인

학생들 모두가 인식할 수 있다), 익명으로 이루어진 강의평가에서 원고의 부적절한 신체접촉에 대한 언급이 없고 오히려 원고의 1:1 맨투맨 교육방식이 긍정적으로 평가된 점 및 나아가 소외 1조차 원고의 강의에 '단점이 없다'거나 '재미있고 즐겁다'고 평가한 점에 비추어 선뜻 납득하기 어렵다.

(다) 원고는 원칙적으로 수업시간 내에 학생들의 코딩을 일일이 지도해 주고자 하였지만 시간이 촉박한 경우가 많았기 때문에 손을 들고 도움을 청하는 학생들을 우선적으로 지도하였다. 소외 1 또한 손을 들어 원고에게 도움을 청하는 방식으로 지도를 받은 것인데, 원고의 신체접촉이 불편하였음에도 수차례에 걸쳐 자발적으로 손을 들어 원고의 도움을 청했다는 것은 통상의 성희롱·성추행 피해자의 행동으로 보기 어렵다. 소외 1은 2013년 2학기에 원고의 수업을 수강하였고, 이어 2014년 1학기에도 수강하였는데 성희롱 내지 성추행을 당하고도 계속하여 원고의 수업을 수강하였다는 것도 쉽게 납득이 가지 않는다.

(라) 소외 2가 원고에 대한 형사재판에서 한 증언에 의하더라도 원고가 소외 1에 대하여 한 행동은 마우스를 잡고 있는 소외 1의 손 위로 마우스를 잡거나 어깨동무를 한 정도였다는 것인바(다만, 어깨동무를 하였다는 것은 강의실에서의 행동이 아니라 복도 등에서 이루어진 것을 말하는 것으로 보이고, 소외 3의 진술에 의하면 이는 특정 학생을 대상으로 한 것은 아닌 것으로 보인다), 그 신체접촉의 정도가 허리를 감싸거나 피해자의 뒤에

서 피해자를 안는 정도에 이르렀다고는 보이지 아니하는데, 원고가 직접 코딩을 보여줄 경우 마우스는 코딩할 위치를 정하는 데 잠깐 사용하는 데 그치고 전적으로 키보드를 사용하게 되는 점에 비추어 실질적으로 그 신체접촉이 과도할 것으로 보이지 아니한다(다만 남성 교수로서 여학생들에 대하여 이러한 정도의 접촉도 삼가기 위하여 세심한 배려를 할 필요가 있었다).

㈎ 소외 1과 친한 사이로서 두 학기 동안 함께 원고의 수업을 들은 소외 6은 '수업 도중에 장소적인 협소함 등으로 인하여 원고와의 신체 접촉이 있을 수 있었는데, 이는 남녀학생을 불문한 것이었고 자신은 그로 인하여 기분이 나빴던 적이 없었으며 소외 1로부터도 수업을 들을 당시에는 이를 불평하는 말을 들은 사실이 없다.'는 취지로 진술하였다.

3심은 위에서 살펴본 그 관점을 유지하면서 '평균적인 피해자'의 관점에서 보면 충분히 성희롱이라고 볼 수 있다고 판단한다. 특히 3심은 2심이 '불필요한 접촉'은 인정하면서도 은연중에 피해자에게 피해자다움을 요구하고 있음을 지적하고 있다(성희롱을 당한 사람이 익명의 강의평가에서 좋은 점수를 주는 건 말이 안 된다, 성희롱을 당한 사람이 다음 학기 수강신청을 하는 것도 말이 안 된다, 그런 모습은 피해자답지 않다……).

3심 : 원고가 수업 중에 실습실에서 소위 '백허그'를 하였다는 것은 상상하기 어렵다고 판단하였다. 원심은 위 행위 외의 다른 부분에 대해서는 원고가 피해자 소외 1에 대하여 불필요한 신체 접촉을 한 사실을 인정하면서도, 위 행위 부분에 대해서는 위 피해자가 익명으로 이루어진 강의평가에서 이에 대한 언급 없이 원고의 교육방식을 긍정적으로 평가하였다든가 또는 그 후에도 계속하여 원고의 수업을 수강한 점 등을 근거로 피해자 진술의 증명력을 가볍게 배척하였다. 그러나 이는 앞서 본 법리에 비추어 볼 때 법원이 충분히 심리를 한 끝에 상반되는 증거를 비교·대조하여 증명력을 평가하여 내린 결론이라고 보기 어렵다.

피해자 2의 피해사실 가운데 1심과 2심의 판단이 같은 내용

피해자 2는 1심 법정에 증언으로 참석하여 '장난으로 받아들였다, 성적 수치심을 느끼지 않았다'고 진술을 번복한다. 이에 따라 재판부는 성희롱으로 보기 어렵다고 판단한다. 단, 그런 일이 있었다는 사실 자체는 아무도 부인하지 않았다.

1심 : 증인 2(피해자 2)의 증언에 의하면 원고가 수업시간에 의자에 같이 앉거나 마우스를 잡은 2의 손을 잡고 수업을 진행한 사실, 2가 길을 가고 있으면 원고가 뒤에 가서 어깨동무를 한 사실, 원고가 2의 가슴에 있는 남방단추를 만진 사실, 원고가 2에게 "어머니를 소개해 달라."고 말한 사실은 인정된다. 그러나 2의 2015.3.5.자 확인서를 작성한 때로부터 관련 형사사건의 수사단계를 거쳐 이 법정에 이르기까지 원고의 이러한 행위를 장난으로 받아들였고 이로 인하여 성적 수치심을 느끼지는 않았다고 진술하고 있다. 따라서 앞서 본 바와 같은 원고의 행위들은 성희롱으로는 보기는 어렵다. (1심 판결문 가운데)

피해자 3의 피해사실 가운데 1심과 2심의 판단이 같은 내용

3-4 : MT 갔다가 뽀뽀했다는 내용인데 피해자 3의 진술을 살펴본 결과, 1심 재판부는 '뽀뽀' 사실을 인정하기 힘들다고 판단한다. 2심도 마찬가지. 참고로, 피해자 3은 아래 판결문에 '소외 2'로 등장한다.

1심 : 원고가 2014년 초 학과MT에서 자고 있는 소외 2(* 피해자 3)의 볼에 뽀뽀를 2회 하였다는 것인데, 소외 2의 진술은 '볼에 감촉이 있어서 깨어보니 근처에 원고가 있었다.'는 취지이고, 당시 주변에 다수의 학생들이 있었지만 아무도 이를 목격한 바 없는 점에 비추어 보면 위 소외 2의 진술은 소외 2가 자다가 일어나면서 느낀 막연한 추측에 불과한 것으로 보이는바 이를 근거로 원고가 자고 있는 소외 2에게 다가와 뽀뽀를 하였다고 인정하기 부족하다. (1심 판결문 가운데)

3-5 : 징계사유서에 적힌 진술에 따르면 원고(가해자)가 뽀뽀를 요구했고, 다른 학생들도 다 뽀뽀를 했다고 거짓말을 해서 자신도 뽀뽀를 하게 되었고, 그때 엉덩이를 만지려고 했다는 진술인데 1심 재판부는 사실은 달랐던 것으로 보인다며 성희롱을 인정하지 않았다. 가해자가 그렇게 시킨 게 아니라 친구들이 장난을 친 것으로 보인다는 얘기다.

1심 : 소외 1, 소외 2(* 피해자 3), 소외 6, 소외 3의 진술을 종합하여 보면 이는 소외 2가 2014년 9월 무렵 장애아동을 대상으로 한 봉사활동을 위한 추천서를 받기 위하여 원고의 연구실을 방문하였을 때 일어난 사건을 내용으로 하는 것으로 보인다(소외 2의 진술 및 징계사유에는 2014

년 6월로 잘못 기재되어 있다). 이들 여학생들의 진술을 종합하여 보면 이 때 소외 2가 원고의 뺨에 뽀뽀를 하였고 원고나 소외 2 모두 이로써 상당히 당황하였던 것은 사실인 것으로 보인다. 그러나 당시 현장에서 위 사건을 목격한 소외 6의 진술(갑17의4)에 의하면, 당시 원고 연구실에는 원고와 원고로부터 추천서를 받으려고 온 소외 6, 소외 2 및 다른 여학생 1명 등 모두 4명이 있었는데(직전에 소외 1, 소외 3이 원고로부터 추천서를 받고 연구실 밖에서 기다리고 있는 상태였다), 이들 중 누군가가 뒤늦게 온 소외 2에게 '원고에게 뽀뽀를 해야 추천서를 써준다. 우리도 뽀뽀를 했다.'고 말하자 소외 2가 원고에게 진짜로 뽀뽀를 하여 원고나 소외 2 등 연구실에 있던 모든 사람이 일순간 당황스러워 하였던 사실이 있었다고 하는바, 이는 앞서 제1-2 징계사유에서 살핀 소외 2가 오기 전의 원고와 소외 1, 소외 3 사이에 있었던 대화내용과 자연스럽게 연결되는 것으로서 사건이 발생한 상황에 대한 신빙성 있는 설명인 것으로 보인다. 그렇다면 이는 소외 2의 친구들이 벌인 장난 가운데 일어난 일로서 원고가 이를 강요하였다고 할 수는 없는바, 이를 원고만의 책임으로 돌리기는 어려운 사건이었던 것으로 보아야 할 것이다. (1심 판결문 가운데)

피해자 3의 피해사실 가운데 1심과 2심, 3심의 판단이 다른 내용

3-1 : 뒤에서 안는 포즈로 지도했다, 한 의자에 앉으려고 했다는 등의 불필요한 신체 접촉에 대한 내용이다. 앞서 피해자 1의 경우와 유사한 내용으로, 1~3심이 각각 앞의 내용을 판단하는 방식으로 똑같

이 판단한다.

1심 : 원고가 피해자에게 제3-1 내지 5 각 징계사유의 기초가 된 행위들로 이러한 사실을 충분히 인정할 수 있다. 원고의 이러한 행위는 객관적으로 피해자와 같은 처지에 있는 일반적이고도 평균적인 사람이라면 성적 굴욕감이나 혐오감을 느낄 수 행위라고 할 것이다. 따라서 피해자 3에 성희롱에 해당하는 원고의 행위들은 사립학교법 제61조 제1항 제3호에 규정된 '직무의 내외를 불문하고 교원의 품위를 손상하는 행위를 한 때'에 해당하는 것으로 평가할 수 있다. 징계사유는 인정된다. (1심 판결문 가운데)

2심 : 앞서 소외 1(* 피해자 1)에 대한 제1-3 징계사유와 같이 원고의 코딩수업시간에 있었던 신체적 접촉을 내용으로 한다. 소외 1에 대한 부분에서 자세히 살펴 바와 같이 이 또한 원고가 좁은 실습실에서 적극적으로 수업을 하는 가운데 학생들 자리로 가서 1:1로 맨투맨식 강의를 하던 중 신체접촉이 있었던 것을 막연히 지적하는 내용인데, 소외 2(* 피해자 3)도 소외 1과 같이 두 학기에 걸쳐서 원고의 동일한 강의를 수강하였고, 위 강의에 대한 학생들의 평가는 매우 좋았고 익명으로도 문제점에 대한 별다른 지적이 없었던 점에 비추어 이를 성희롱이나 성추행으로 보아 징계사유로 삼기 곤란하다. (2심 판결문 가운데)

3심 : 제3-1 내지 5 징계사유에 관한 피해자 소외 2(* 피해자 3)의 진술을 배척한 이유들 역시 선뜻 받아들이기 어렵다. 피해자가 자신의 성희롱 피해 진술에 소극적이었다거나 성희롱 사실 발생 후 일정 시간이 경과한 후에 문제를 제기했다는 등의 사정이 피해자 진술을 가볍게 배척할 사유가 아님은 이미 살펴본 바와 같다. 특히 원심이 소외 1의 권유 또는 부탁이 없었더라면 과연 피해자에게 한참 전의 원고 행위를 비난하거나 신고하려는 의사가 있었는지 의심스럽다고 한 부분은 성희롱 사실 발생 자체를 배척하는 근거로 삼기에 적절하지 않다. (3심 판결문 가운데)

피해자 3의 피해사실 가운데 1심과 2심의 판단이 다른 내용(3심은 2심의 판단에 문제없다는 입장)

3-2 : 복도에서 불필요한 신체접촉을 했다는 내용이다. 단, 피해자 3의 이 피해 진술은 피해자 1의 진술과 다른 점이 있다고 재판부는 지적한다. 피해자 1은 원고가 학생들이 많이 있을 때 그랬다는데 피해자 3은 단 둘이 있을 때 그랬다는 내용이다. 2심 재판부는 피해자 3의 진술의 신빙성을 의심하고 있고, 그래서 배척한다.

2심 : 앞서 소외 1과 관련한 제1-5의 징계사유와 같이 원고가 학교의 복도에서 학생들을 마주칠 때 하였던 행동을 과장하여 진술한 것을 내용으로 하는 것으로 보이는데, 원고가 공개된 장소에서 자신에게 포옹을 강요하고 함부로 허리에 손을 두르거나 엉덩이를 만졌다는 소외 2

의 진술을 그대로 믿기 어렵다. 또한 원고가 소외 2와 단 둘이 있을 때 팔을 벌려 안았다는 부분(제3-3 징계사유)은 소외 1의 진술에도 없는 내용(소외 1은 학생들 다수가 있을 때 원고가 그와 같은 행동을 하였다고 진술한다)으로 2014. 12. 17.자 소외 2의 진술서에 기재되어 있는 것인데, 앞서 본 바와 같이 소외 2 진술의 전체적인 신빙성이 인정되지 아니하는 이상 이는 평소 원고가 친밀감의 표현으로 다수의 제자들을 향하여 팔을 벌려 안으려는 듯한 자세를 취한 것을 과장한 것이 아닌가 의심될 뿐 소외 2의 진술만을 근거로 이를 사실로 인정하기 어렵다.

(3) 이에 관한 소외 2의 진술은 매우 막연한 것이어서 원고가 해당 행위를 하였다는 일시에 관하여 대충이라도 특정하는 것 자체가 불가능하다. (2심 판결문 가운데)

이 사건의 교훈

성폭력도 그렇지만 성희롱은 가해자 측이 불리한 판단을 받을 가능성이 크다. 다음 이유들 때문이다.

1) 피해자 진술의 신빙성을 판단하는 기준이 달라지고 있다. 과거에는 재판부가 일반인, 특히 남성을 기준으로 이른바 '피해자다움'을 요구했다. 왜 그 시간에 그 자리에 있었느냐, 왜 소리를 지르지 않았느냐, 왜 도움을 요청하지 않았느냐, 다른 수단으로 방어할 수 있지 않

았느냐, 왜 바로 신고하지 않았느냐 따위다. 이런 의심을 일으켜 만일 피해자 행동이 이와 다르다면 '신빙성이 없다'고 하여 피해자 진술의 증명력을 배척하는 경우가 많았다. 그러나 이제는 피해자의 입장에 서서 사태를 이해할 것을 요구하고 있다. 그 결과, 피해자의 진술이 큰 틀에서 모순되거나 거짓되지 않으면 피해자 진술의 신빙성을 깨뜨리기 어렵게 되었다. 이른바 성인지 감수성을 가지고 사실을 '해석'할 것을 주문하는 것이다.

2) 형사소송절차에서 피해자가 아동이나 청소년인 경우 법정에 증인으로 부르지 않는 경우도 많아졌다. 원래대로라면 피해자가 수사기관에서 진술한 내용에 대해 피해자는 법정에 서서 '자신이 진술한 내용이 맞다(혹은 틀리다)'고 확인을 해주어야 하는데 아동이나 청소년은 대신 진술하는 장면을 영상으로 녹화하여 피해자 변호인이나 진술조력인, 신뢰관계에 있는 사람이 법정에서 증언을 대신할 수 있게 되었다. 이 때문에 가해자 입장에서는 피해자 진술을 탄핵할 기회가 그만큼 줄어들었다. 다만 최근 헌법재판소 2021.12.23.선고 2018헌바524 결정은 성폭력범죄의 처벌등에 관한 특례법 제30조 제6항 중 '19세미만 성폭력범죄 피해자진술에 관한 증거능력특례조항부분이 헌법에 위반된다'고 하여, 아동·청소년 피해자진술에 대한 증거능력특례조항인 아동·청소년의 성보호에 관한 법률 제26조 제6항 규정도 위 결정의 영향을 받을 것으로 예상된다.

아동·청소년의 성보호에 관한 법률 제26조(영상물의 촬영·보존 등)

① 아동·청소년대상 성범죄 피해자의 진술내용과 조사과정은 비디오녹화기 등 영상물 녹화장치로 촬영·보존하여야 한다. (중략)

⑥ 제1항부터 제4항까지의 절차에 따라 촬영한 영상물에 수록된 피해자의 진술은 공판준비기일 또는 공판기일에 피해자 또는 조사과정에 동석하였던 신뢰관계에 있는 자의 진술에 의하여 그 성립의 진정함이 인정된 때에는 증거로 할 수 있다.

3) 이 사건은 형사소송이 아니라 행정소송이다. 형사소송은 '합리적인 의심이 없을 정도의 입증'을 검사에게 요구한다. 엄격한 증명이다. 반면 행정소송은 민사소송과 마찬가지로 '고도의 개연성' 정도의 증명력을 요구한다(다만, 형사소송과 달리 입증책임이 검사에게 있는 게 아니고, 처분이 적법하다고 주장하는 피고가 입증해야 한다. 위 사건에서 피고는 징계위원회가 되는데 이들은 수사전문기관이 아니므로 법적 다툼에서 검사보다는 상대가 쉬운 점은 있겠다.). 또 원칙적으로 증거에 대한 제한도 없다. 이 때문에 형사소송보다 불리한 판단을 받을 가능성이 크다. 이 말은 형사소송에서 무죄를 받거나 혹은 검찰 단계에서 불기소처분(혐의없음)을 받더라도 여전히 민사소송, 행정소송이 남아 있다는 얘기가 된다(성희롱 자체가 형사소송 대상이 아니라 민사소송 대상이다. 다만 이 사건은 해임이 부당하는 이유로 행정소송을 제기한 것이다.).

성희롱을 사유로 한 징계처분의 당부를 다투는 행정소송에서 징계사유에 대한 증명책임은 그 처분의 적법성을 주장하는 피고에게 증명책임이 있다. 다만 민사소송이나 행정소송에서 사실의 증명은 추호의 의혹도 없어야 한다는 자연과학적 증명이 아니고, 특별한 사정이 없는 한 경험칙에 비추어 모든 증거를 종합적으로 검토하여 볼 때 어떤 사실이 있었다는 점을 시인할 수 있는 고도의 개연성을 증명하는 것이면 충분하다(대법원 2010. 10. 28. 선고 2008다6755 판결 등 참조). 민사책임과 형사책임은 그 지도이념과 증명책임, 증명의 정도 등에서 서로 다른 원리가 적용되므로, 징계사유인 성희롱 관련 형사재판에서 성희롱 행위가 있었다는 점을 합리적 의심을 배제할 정도로 확신하기 어렵다는 이유로 공소사실에 관하여 무죄가 선고되었다고 하여 그러한 사정만으로 행정소송에서 징계사유의 존재를 부정할 것은 아니다(대법원 2015. 3. 12. 선고 2012다117492 판결 등 참조).

참고 도서 : 「여기부터 성희롱」

(무타 가즈에 저, 조고은 역, 나름북스, 2020)

일본 번역서이지만 도움이 될 만한 서적 한 권을 소개한다. 성희롱이나 성추행은 당대의 성관념이 중요한 판단 기준이 되는데 그런 점에서 우리와 정서적으로 유사한 일본 사정을 엿보는 것도 좋을 것 같다.

일본에서 '성희롱'이라는 단어가 처음 쓰인 것은 1989년 '후쿠오카 성희롱 사건'이다. 이후 1997년 '남녀고용기회균등법'에 '성희롱방지조치의무'가 포함되면서 성희롱 문제가 단지 '성적 함의를 담은 괴롭힘이 아니라' '노동권 및 인권차원의 중요한 문제'로 인식되기 시작했다. 이 책의 저자는, 성희롱의 근본적인 문제를 제대로 알지 못하고 직장에서 성희롱을 저지르거나 전전긍긍하고 때로는 도리어 화를 내기까지 하는 남성들과, 어디서부터가 성희롱인지 몰라 쉽게 입을 열지 못하는 여성들을 위해 책을 쓴다고 밝히고 있다. 이를 위해 그는 다양한 사례를 들면서 남성들이 이해하지 못하거나 착각하는 부분, 해결방안 등을 제시하고 있다. 무타 가즈에는 성희롱의 '상식'으로 알려진 내용 가운데 '함정'이 있다는 점, 여러 문제의 차이를 구분하지 않고 하나로 싸잡아 이야기할 수 없다는 점, 여성과 남성은 성이나 성희롱에 대한 사고방식에 상당한 차이가 있다는 점, 그리고 성에 대한 상식이 지금까지 변해 왔듯 앞으로도 계속 바뀔 것이라는 점을 지적하고 있다. 성희롱과 관련된 논의와, 앞으로의 방향성이 궁금하다면 일독을 권한다.

- 3 -
직장 내 성희롱, 회사와 피해자 사이의 민사 법정 다툼

2013년에 소송을 제기하여 2017년 최종심인 대법원 판결까지 약 4년이 소요된 사건을 하나 소개한다. 직장에서 발생한 성희롱 사건으로, 1심 재판부는 성희롱을 인정하여 가해자에게 1천만 원의 손해배상을 명한다. 성희롱 가해자(피고 중 1명)와 피해자(원고) 모두 '성희롱'에 대해서는 항소를 제기하지 않아 1심에서 판결은 확정된다. 그런데 이 사건에는 또 다른 피고가 있었다. 피해자였던 원고는 성희롱 가해자 외에도 회사와 이사, 인사팀장을 상대로 소를 제기했다. 회사와 이들이 성희롱 피해자인 자신을 보호하지 않고 도리어 부당한 처분을 했다는 내용이었다. 그러나 1심 재판부는 이 가운데 일부만 받아들였고, 이에 원고는 회사만을 상대로 항소심을 제기했다. 항소심에서도 일부 엇갈리는 판결이 나왔고, 최종적으로 3심까지 가게 되었다.

1심 : 서울중앙지방법원 2014. 12. 18. 선고 2013가합536064
2심 : 서울고등법원 2015. 12. 18. 선고 2015나2003264 판결
3심 : 대법원 2017. 12. 22. 선고 2016다202947 판결

이 사건을 소개하는 이유는 성희롱과 관련된 회사의 책임에 대해서 살펴보기 위해서다. 따라서 성희롱 사건 자체는 이해를 위해 간단하게 다루고 넘어가자.

성희롱 사건 개요

피해자는 미혼 여성으로, 4,500명이 근무하는 자동차 회사의 연구소 소속 과장이다. 가해자는 기혼 남성으로, 피해자의 직속상관인 연구소 팀장(부장)이다(가해자는 피해자에 대하여 지휘감독권과 1차적인 근무평정권을 갖고 있다.). 항소심 내용을 바탕으로 성희롱으로 인정된 내용만 짧게 요약하면 다음과 같다.

- 팀장인 가해자는 팀원 중 피해자에게만 등산을 제의했다. 등산길에서 가해자는 피해자의 손을 잡고 놓지 못하게 한다. 이후에도 같이 등산을 가자고 제안했으나 피해자가 거절했다.

- 피해자가 차를 타고 출근했는데 퇴근할 무렵에 가해자가 약 10분 거

리에 있는 ○○대학교 국제캠퍼스 앞까지 태워달라고 요청하여 차에 태워주었다. 목적지에 도착했으나 가해자가 "저녁을 먹고 가자"고 하면서 차에서 내리지 않았다. 이에 피해자가 화를 내며 차에서 내리라고 하였고, 결국 차에서 내렸다.

- 가해자는 근무 중 사무실에서 원고에게 "보고 있어도 그립다"는 내용의 문자메시지를 보냈다.

- 팀 워크숍 행사로 족구경기를 할 때 족구장 옆에서 술과 음식을 함께 먹게 되었다. 당시 피해자는 가해자가 불러서 옆자리에 앉게 되었는데, 가해자 얼굴을 마주보기 싫어서 다른 쪽으로 몸을 틀어서 앉아 있었고, 이에 가해자는 피해자의 허벅지를 잡아 몸을 돌려 앉히면서 "나 좀 봐"라고 말했다.

- 팀 내의 진급자들을 축하하는 회식 자리에서 가해자는 피해자를 불러 대화를 하다가 갑자기 "○○아 사랑한다"고 말한 다음 이어서 "사랑한다"고 계속 말했다. 이에 원고는 다른 테이블로 자리를 옮겼고, 옆에 있던 동료에게 "성희롱만 없어도 회사 다니겠다, 더 이상 못 다니겠다"고 말하고 회식 자리에서 나왔다.
(이밖에도 성희롱으로 판단하지는 않았지만 집요하게 피해자에게 치근덕거리는 모습이 등장한다. 또한 피해자가 가해자에게 장문의 문자메시지를 보내 개인적으로 만나는 게 싫다고 표현한 내용도 있다. 피해자는 또한 친구에게 성희

롱 피해 사실을 알리기도 했다. 성희롱 스트레스로 심리상담을 받은 내용도 담겨 있다.)

손해배상 청구 소송으로 벌어진 1심에서는 성희롱에 대해서 원고는 일부 승소 판결을 받는다. 일부 승소란 청구한 게 전부 받아들여지지 않았다는 말이다. 피해자는 가해자에 대해 3천만 원의 배상액을 청구했으나 1심은 1천만 원만 인정했다. 이런 이유로 '일부 승소'라고 표현한 것이다. 또한 성희롱 가해자 말고도 몇 명의 피고가 더 있었는데 이사에게는 1천만 원, 인사팀장에게는 2천만 원, 그리고 회사에는 1억 2천만 원의 배상액을 청구했다. 그러나 1심 법원은 가해자(1심 판결문에서는 피고 B, 항소심 판결문에서는 소외 2로 등장하는 팀장)에게만 책임을 인정하고 나머지는 전부 기각했다. 1심 재판부가 기각한 내용 가운데 이사와 인사팀장에게 배상을 청구한 이유를 잠깐 보자.

이사 : 가해자와 피해자가 소속된 부서의 책임자다. 피해자는 성희롱 피해 사실을 이사에게 알렸다. 그런데 이사는 '둘이 모두 회사를 그만두는 것이 좋겠다', '인사팀에 공식화하거나 회사 밖에서 문제를 삼을 경우 내가 다친다'고 하면서 피해자가 공식적으로 문제제기를 하는 것을 만류했다. 또한 피해자가 성희롱 문제를 인사팀에 신고하자 부하직원 중 피해자에게만 화이트데이 선물을 주지 않아 소위 '왕따' 분위기를 만들었다. 이에 피해자는 남녀고용평등법 제14조 제2항 위반을 이유로 손해배상을 청구했다.

인사팀장 : 성희롱 사건의 내부 조사를 담당한 책임자. 인사팀의 직원 몇이 성희롱 사건에 대해 '쌍방이다', '원고가 동의했다', '성희롱은 주관적이고 남자에게 불리할 수밖에 없다'는 등의 말을 하여 피해자의 명예를 훼손했다. 또한 이들은 피해자를 비난하는 소문을 퍼뜨렸다. 이에 민법 제756조의 사용자책임 위반으로 보고 인사팀장에게 책임을 물은 것이다. 또한 인사팀장은 잘못을 저지른 가해자에게 가벼운 징계를 내리는 등의 방법으로 원고에게 후속 피해를 발생시켰다. 나아가 피해자에게 부당한 대기발령을 내리는 등 피해자에게 불리한 조치를 하였다. 이에 민법 제750조 위반으로 본인 잘못에 대한 손해배상책임을 물은 것이다.

아마도 원고는 소송대리인과 협의 후 이사와 인사팀장에게 배상 책임을 묻는 건 힘든 것 같다, 그러나 회사에 대해서는 아직 다퉈볼 게 있다는 결론을 내린 것으로 보인다. 원고는 이사와 인사팀장은 빼고, 회사에 대해서만 항소하게 된다. 이제부터가 중요한 대목이다. 회사는 무엇을 잘못한 것이며, 왜 항소심에서 배상책임을 짊어지게 되었을까?

성희롱 피해자와 회사의 대결

원고는 회사가 잘못했다고 보고 있다. 성희롱 피해자인 자신을 보호하지 않았고, 도리어 부당한 처사를 했다는 이유다. 원고 측이 항소장에서 밝힌 회사의 책임은 다음과 같다.

첫째, 성희롱 가해자인 팀장의 불법행위에 대한 사용자책임
(* 회사에 속한 사람이 잘못을 저질렀으므로 회사가 책임 져야 한다는 주장이다.)

둘째, 회사 자체의 불법행위책임(남녀고용평등과 일·가정 양립 지원에 관한 법률 제14조 제2항 위반)
① 부당한 업무배치 통보, ② 부당한 징계처분, ③ 원고를 도와주는 소외 1에 대하여 보복적 징계처분, ④ 소외 1의 불법적 문서반출 행위에 가담한 혐의로 부당한 직무정지 및 대기발령, 근거 없는 절도방조죄로 부당 고소
(* 회사가 피해자를 보호하기는커녕 도리어 부당한 처분을 했다는 게 골자다.)

셋째, 당시 성희롱 사건을 조사한 인사팀 소속 직원의 비밀유지의무 위반과 관련 사용자책임
(* 첫째와 유사하게, 뽑힌 사람이 잘못했으니 뽑은 사람이 책임 져야 한다는 주장이다.)

이와 같은 세 가지 이유로 항소를 제기했고, 항소심은 이 가운데 첫째 청구와, 둘째 청구의 1번, 즉 부당한 업무배치 통보, 그리고 셋째 청구를 받아들인다(둘째 청구의 2~4번에 대해서는 기각). 즉 첫째 청구에

대해서는 사용자책임 위반을 인정하고, 그 배상액으로 700만 원을 결정했다. 그러나 이미 가해자가 배상액(1천만 원)을 변제했으므로 배상책임은 이유 없다고 판단한다. 이 사정은 뒤에서 다시 살펴보자. 둘째 청구의 1번과 관련해서는 700만 원의 배상액이, 셋째 청구에 대해서는 300만 원의 배상액이 결정되었다. 그래서 결과적으로 2심을 마친 뒤 회사는 원고에게 1천만 원을 배상하게 되었다.

왜 회사는 패소했을까? – 첫째, 사용자책임 문제

2심 재판부의 판결 내용을 보면 회사가 어떤 주장을 하며 책임 없음을 피력했는지 유추할 수 있다.

먼저 회사는 가해자의 행위가 '직장 내 성희롱'이 맞는지 의심스럽다고 주장했다(용어상으로 '직장 내 성희롱'이든, 그냥 '성희롱'이든 차이는 없다.). 왜 이런 주장을 한 것일까? 직장 내 성희롱을 정의한 다음 법조항에 힌트가 있다.

남녀고용평등법 제2조 제2호
사업주·상급자 또는 근로자가 <u>직장 내의 지위를 이용하거나 업무와 관련하여</u> 다른 근로자에게 성적 언동 등으로 성적 굴욕감 또는 혐오감을 느끼게 하거나 성적 언동 또는 그 밖의 요구 등에 따르지 아니하였다는 이유로 고용에서 불이익을 주는 것을 말한다.

주목할 대목은 밑줄 친 부분 "직장 내의 지위를 이용하거나 업무와 관련하여"라는 내용이다. 개인적으로 산행을 가서 손을 잡은 건 업무와 어떤 연관성이 있을까? 차를 태워 달라고 해서 밥 먹자며 하차를 거부한 행위는 업무와 어떤 연관성이 있을까? 이런 의문이 들 수 있다. 업무 연관성 없이 사적으로 하는 성희롱도 과연 남녀고용평등법에서 말하는 성희롱이 될 수 있을까? 그런데 법률은 이렇게 말하고 있다.

위 규정에서 말하는 '직장 내의 지위를 이용하거나 업무와 관련하여'라는 요건은 포괄적인 업무관련성을 나타낸 것으로서 업무수행의 기회나 업무수행에 편승하여 성적 언동이 이루어진 경우뿐 아니라 권한을 남용하거나 업무수행을 빙자하여 성적 언동을 한 경우도 이에 포함되고, 어떠한 성적 언동이 업무관련성이 인정되는지 여부는 쌍방 당사자의 관계, 행위가 행해진 장소 및 상황, 행위의 내용 및 정도 등의 구체적 사정을 참작하여 판단하여야 한다(대법원 2006. 12. 21. 선고 2005두13414 판결 참조).

판례를 보면 업무를 수행하는 중에 이루어진 성적 언동뿐 아니라 권한 남용, 업무 수행을 빙자한 성적 언동도 업무관련성이 있다고 말한다. 특히 업무관련성을 따지기 위해서는 둘 사이의 관계, 행위가 벌어진 장소, 상황, 내용, 정도 등 구체적인 사정을 따지라고 되어 있다. 단순히 '업무 중에 이루어진 게 아니다'라고 부정할 수 없다. 업무관련성은 폭넓게 적용된다. 2심 재판부는 구체적으로 어떤 게 업무관련성이 있는 것인지 짚어서 보여준다.

나아가 이 사건 언동이 소외 2(* 가해자 팀장)가 근무 중 사무실에서 사내메신저 등을 이용하여 원고(* 피해자)에게 제의하여 이루어진 개인적인 주말 산행, 퇴근 후 술자리, 차량 동승 상태에서 있었거나, 사무실·사내 카페·회식 자리에서 있었던 점에 비추어, 이 사건 언동과 소외 2의 업무수행 사이에 포괄적인 업무관련성이 있다고 봄이 타당하다.

다음, 이 사건에서 성희롱으로 판단된 내용이 과연 진짜 성희롱으로 볼 수 있을까 하는 문제가 있다. 기혼 남성이 미혼 여성에게 '사랑한다'고 말하는 따위의 행동은, 물론 도의적인 잘못은 있으나 법적인 책임까지 질 문제일까? 이런 건 그냥 개인적인 애정 문제 아닐까? 엉덩이를 만진 것도 아니고, 노골적으로 성적인 말을 한 것도 아닌데 과연 성적 언동이라고 할 수 있을까? 즉 성희롱을 정의한 법조항에서 '성적 언동'이라고 표현한 내용에 대한 의문이다. 이에 대해 2심 재판부는 '성적 언동'에 대해서 다음과 같이 설명한다.

- 위 규정에서 말하는 '성적인 언동 등'의 경우, 남녀고용평등법 시행규칙 제2조 별표 1은 그 가, 나, 다목에서 주로 성적 접촉 등의 직접적인 신체접촉을 하거나 직접적으로 성적인 발언을 하거나 또는 음란한 매체 등을 보여주는 행위를 예시하고 있으나, 위 규정에서 말하는 '성적인 언동 등'이라 함은 반드시 위와 같은 수준의 행위에 국한되는 것이 아니고

- 당사자의 관계, 행위가 행해진 장소 및 상황, 행위에 대한 상대방의 명시적 또는 추정적인 반응의 내용, 행위의 내용 및 정도, 행위가 일회적 또는 단기간의 것인지 아니면 계속적인 것인지 여부 등의 구체적 사정을 참작하여 볼 때, 객관적으로 보아 상대방과 같은 처지에 있는 일반적이고도 평균적인 사람에게 성적 굴욕감 내지 혐오감을 느낄 정도로, 상대방이 원하지 않음에도 불구하고 상대방에게 성적인 접근 내지 구애를 하는 것, 성적인 호의를 요청하는 것, 성차별적인 발언을 하는 것 그 밖에 상대방을 성적인 대상으로 삼거나 성적인 차별의 대상으로 삼아 말과 행동을 하는 것 일체를 가리킨다고 해석함이 타당하다.

- 왜냐하면 이와 달리 해석하여 '성적 언동 등'을 이성 또는 동성 간의 육체적 관계나 사람의 신체적 특징과 관련된 육체적, 언어적, 시각적 행위로 한정할 경우, 상대방에게 원하지 않는 개인적인 교제 차원의 대화나 만남을 강압적 내지 지속적으로 요구하는 행위, 눈으로 상대방의 신체를 훑어보는 행위, 특히 여성 근로자에게 "집에서 살림이나 하지" 등의 성차별적 발언을 하는 행위 등이 성적 언동 등에서 자칫 제외될 가능성이 있는데, 이는 특히 여성 근로자들이 직장 내에서 위와 같은 언동 등으로 인하여 성적 굴욕감 또는 혐오감을 느끼고 그로 인하여 업무수행에 방해를 받는 경우가 적지 않은 현실을 감안할 때 타당하다고 볼 수 없기 때문이다(우리 사회의 직장 내 성희롱 문제를 뿌리째 들어내기 위하여는 특히 여성 근로자에 대하여 그 여성 근로자가 내 어머니나 누나, 여동생, 딸이라고 가정할 경우 차마 쉽게 하지 못할 행위를 하였다면 설령 행

위자가 직장생활의 활력소가 될 만한 가벼운 농담 내지 장난 차원에서 행하였다는 명분을 내세우더라도 다른 특별한 사정이 없는 한 이는 '성적 언동 등'에 해당한다고 보아도 틀림이 없다 할 것이다).

위 사건은 회사가 주장하듯 직접적인 신체 접촉이나 성적인 발언은 없었다. 그러나 '원하지 않는 개인적인 교제 차원의 대화나 만남을 강압적 내지 지속적으로 요구하는 행위'가 문제가 되었다. 다음은 2심 재판부가, 가해자의 행위가 '성희롱'이라고 판단하면서 설명한 내용이다.

마) 소외 2(* 가해자)가 원고(* 피해자)에 대하여, 원고가 원하지 아니하는 이성간의 교제로서의 성격을 띤 개인적인 대화나 만남을 지속적으로 시도 내지 요구하는 것을 핵심으로 하는 이 사건 언동은 가사 그동안 우리 사회에 만연해 있는 여성에 대한 왜곡된 사회적 인습이나 비뚤어진 직장문화 등에 의하여 형성된 소외 2의 평소의 생활태도에서 비롯된 것으로서 아무런 문제의식 없이 이루어진 것이라 하더라도, 나아가 일부 언동의 경우 직접적으로는 성적인 발언과 행동이 없었다 하더라도[이와 관련하여 피고는 위 인정사실 기재 5), 6), 8) 기재 언동의 경우 그 언동 사실 자체를 부인하면서 가사 그 언동이 있었다 하더라도 이는 성희롱에 해당하지 않는다고 주장하고 있다], 원고와 소외 2의 관계, 이 사건 언동이 행하여진 장소 및 상황, 이 사건 언동에 대한 원고의 명시적 또는 추정적인 반응의 내용, 이 사건 언동의 내용 및 정도, 이 사건 언동이 이루어진 기간 및 횟수 등에 비추어 볼 때, 객관적으로 보아 원고와 같은 처

지(즉 상대방이 배우자가 있는 남성 직장상사이고 본인은 미혼 여성인 경우)에 있는 일반적이고도 평균적인 사람에게 성적 굴욕감이나 혐오감을 느낄 수 있게 하는 행위에 해당한다고 봄이 타당하다.

아직 한 가지가 더 남았다. 다시 피해자가 회사를 상대로 청구한 첫째 내용을 보자.

첫째, 성희롱 가해자인 팀장의 불법행위에 대한 사용자책임

앞에서 살핀 건 '성희롱 가해자인 팀장의 불법행위'까지다. 남은 게 있다. '사용자책임'이다. 회사 측 변호인은 이렇게 주장한다. '설령 성희롱이 있었다고 하더라도 사용자책임은 아니다!' 사용자책임과 관련된 내용은 다음 법령에 등장한다.

민법 제756조(사용자의 배상책임)
① 타인을 사용하여 어느 사무에 종사하게 한 자는 피용자가 그 사무집행에 관하여 제삼자에게 가한 손해를 배상할 책임이 있다. 그러나 사용자가 피용자의 선임 및 그 사무감독에 상당한 주의를 한 때 또는 상당한 주의를 하여도 손해가 있을 경우에는 그러하지 아니하다.

직원 뽑았는데 사고 쳤다면 뽑은 사람이 손해배상 책임이 있다는 내용이다. 단서가 붙어 있다. 감독을 잘했는데도 손해를 끼친 것이라면

책임 면제다. 그럼, 회사는 어떤 식으로 사용자책임이 없다고 주장했을까? 직원이 친 아무 사고나 다 손해배상 책임이 있는 건 아니고, '사무집행'과 관련해서만 책임을 진다는 대목이다. 이 사건의 성희롱은 일하다 벌어진 일은 아니다. 그런 생각이다(앞서 업무관련성과 유사한 내용이다.). 이에 2심 재판부는 '사무집행'의 의미를 따져본다.

1) 민법 제756조에 규정된 사용자책임의 요건인 '사무집행에 관하여'라는 뜻은 피용자의 불법행위가 외형상 객관적으로 사용자의 사업활동 내지 사무집행행위 또는 그와 관련된 것이라고 보여질 때에는 행위자의 주관적 사정을 고려함이 없이 이를 사무집행에 관하여 한 행위로 본다는 것이고, 외형상 객관적으로 사용자의 사무집행에 관련된 것인지 여부는 피용자의 본래 직무와 불법행위와의 관련 정도 및 사용자에게 손해발생에 대한 위험창출과 방지조치 결여의 책임이 어느 정도 있는지를 고려하여 판단하는 것이 원칙이다(대법원 1999. 1. 26. 선고 98다 39930 판결 등 참조).

말이 어려운데 두 가지를 따져서 '사무집행'인지 아닌지 따진다는 말이다. 1) 직원이 맡아서 하던 일과 불법행위 사이의 연관성, 2) 회사가 예방 조치를 얼마나 책임감 있게 했는지다. 그런데 2심 재판부는 단순히 '사무'를 이윤 창출을 위해 회사가 시킨 일로 국한하지 않는다. 즉 성희롱 예방 등의 일도 사업주의 '사무'가 된다.

그런데 남녀고용평등법 제5조 제2, 3항, 제12조, 제13조 제1항, 제14조의 규정에 의하면, 사업주는 직장 내 성희롱을 예방하고, 직장 내 성희롱 발생이 확인된 경우 해당 피해 근로자를 직장 내 성희롱으로부터 보호하여야 할 의무가 있으므로, 남녀고용평등법에 따라 사업주의 사무에는 위와 같은 직장 내 성희롱 예방 등의 사무가 규범적으로 포함되게 되었다 할 것이고, 나아가 주로 피해 근로자의 업무환경에 영향을 미칠 수 있는 상급자가 그 지위를 이용하여 직장 내 성희롱을 자행하고 있는 현실을 감안할 때, 남녀고용평등법의 위와 같은 입법취지를 실질적으로 구현하기 위하여는, 동료 근로자나 단순 상급자는 별론으로 하고, 적어도 부하직원의 업무환경에 영향을 미칠 수 있는 상급자의 경우에는 설령 사업주로부터 명시적으로 직장 내 성희롱 예방 등의 직무를 부여받지 않았다 하더라도 그 부하직원에 대한 직장 내 성희롱 예방 등은 규범적으로 그가 수행하여야 할 직무의 하나에 해당한다고 봄이 타당하다. 따라서 부하직원의 업무환경에 영향을 미칠 수 있는 상급자가 그 부하직원에 대하여 직장 내 성희롱을 한 경우에는 그 자체로 직무위반행위로서 민법 제756조에서 말하는 '사무집행에 관한 불법행위'에 해당한다고 봄이 타당하다.

쉽게 말해, 성희롱 예방 업무도 가해자가 해야 할 일 가운데 하나라는 얘기다. 그런 자가 부하직원을 성희롱했다면 그 자체로 직무위반이 된다는 게 2심 재판부의 판단이다. 이로서 1번 직원이 맡아서 하던 일과 불법행위 사이의 연관성을 밝혔다.

> **: 최종심에서 다시 설명하는 '사무집행에 관하여'의 의미 :**
>
> 한편 민법 제756조에 규정된 사용자책임의 요건인 '사무집행에 관하여'라 함은 피용자의 불법행위가 외형상 객관적으로 사용자의 사업활동, 사무집행행위 또는 그와 관련된 것이라고 보일 때에는 행위자의 주관적 사정을 고려하지 않고 사무집행에 관하여 한 행위로 본다는 것이다. 피용자가 고의로 다른 사람에게 성희롱 등 가해행위를 한 경우 그 행위가 피용자의 사무집행 그 자체는 아니더라도 사용자의 사업과 시간적·장소적으로 근접하고 피용자의 사무의 전부 또는 일부를 수행하는 과정에서 이루어지거나 가해행위의 동기가 업무처리와 관련된 것이라면 외형적·객관적으로 사용자의 사무집행행위와 관련된 것이라고 보아 사용자책임이 성립한다. 이때 사용자가 위험발생을 방지하기 위한 조치를 취하였는지 여부도 손해의 공평한 부담을 위하여 부가적으로 고려할 수 있다.

남은 건 2번 회사가 예방 조치를 얼마나 잘 했느냐 여부다. 이때 예방 조치란 성희롱 관련 교육이 되겠다.

피고(* 회사)는 또한, 직장 내 성희롱 예방교육을 충실히 하는 등 사용자의 손해발생에 대한 손해위험창출과 방지조치 결여의 책임 정도 면에서 이 사건 직장 내 성희롱의 사무집행 관련성은 부정되어야 한다고 주장하나, 위 인정사실과 갑 제54, 59호증, 을나 제1호증의 각 기재와 변론 전체의 취지를 종합하여 인정되는 아래 가) 내지 다)의 사정에 비추어 볼 때, 피고가 제출한 모든 증거들을 종합하여 보더라도, 피고가 이 사건 언동이 이루어진 기간 동안 직장 내 성희롱 예방교육을 충실히 한 점을 인정하기에 부족하고, 달리 이를 인정할 만한 증거가 없으므로, 이와는 다른 전제에 서 있는 피고의 위 주장 역시 받아들일 수 없다.

가) 피고의 직장 내 성희롱 예방교육 일지에 따르면, 이 사건 직장 내 성희롱이 이루어진 기간 동안 원고가 소속된 ○○팀 직원들에 대한 직장 내 성희롱 예방교육이 2012. 11. 12. 09:30부터 10:00까지 사이에 30분 동안 팀장인 소외 2(* 가해자)의 주관하에 1회 실시하고, 그 강사 또한 팀장인 소외 2인 것으로 기재되어 있는데, 1년에 30분 강의만으로 직장 내 성희롱 예방교육이 충실하게 이루어졌다고 보기 힘들 뿐만 아니라, ○○팀에 대한 직장 내 성희롱 예방교육을 주관하고 강사를 맡은 사람이 다름이 아닌 이 사건 직장 내 성희롱의 가해자인 소외 2이다.

나) 직장 내 성희롱의 특성상 그 신고가 있는 경우 우선적으로 가해자를 피해자로부터 분리하는 조치를 취하는 것이 적절하다 할 것임에도 불구하고, 피고가 2012년 직장 내 성희롱 예방교육과 관련하여 전사

내부전산망 게시판의 '성희롱예방'란에 게시한 '성희롱 피해자 권리구제절차 및 대처방안'에는 직장 내 성희롱 사건의 신고가 있는 경우 최대한 당사자들 스스로 해결할 수 있도록 조치하는 것으로 기재되어 있다 (남녀고용평등법 제25조는 근로자의 직장 내 성희롱 신고가 있을 경우 자율적인 해결을 위하여 노력하여야 한다고 규정하고 있으나, 이는 피고가 직접 해결하려 하기보다는 근로자참여 및 협력증진에 관한 법률에 따라 해당 사업장에 설치된 노사협의회를 통한 자율적인 해결을 위하여 노력하여야 한다는 취지이지, 가해자와 피해자 사이의 자율적인 해결을 말하는 것이 아니다).

다) 남녀고용평등법 시행령 제3조 제3항에 의하면, 단순히 교육자료 등을 배포·게시하거나 전자우편을 보내거나 게시판에 공지하는 데 그치는 등 근로자에게 교육 내용이 제대로 전달되었는지 확인하기 곤란한 경우에는 직장 내 성희롱 예방교육을 한 것으로 보지 않는다고 규정하고 있는바, 위 2012. 11. 12. 09:30부터 10:00까지 사이에 30분 동안 강의 방식으로 이루어진 것으로 되어 있는 ○○팀에 대한 직장 내 성희롱 교육이 실제로는 단순히 교육자료 등을 배포·게시하거나 전자우편을 보내거나 게시판에 공지하는 데 그쳤을 개연성을 배제할 수 없다.

'회사는 예방 조치를 잘 했는가'라는 질문에 대해 재판부는 1) 1년에 30분밖에 예방교육을 실시하지 않았다, 2) 남녀고용평등법 제25조를 멋대로 해석하여 성희롱 사건을 당사자들이 스스로 해결해야 할 것으로 규정했다. 3) 성희롱 예방 교육 자료의 단순 배포나 게시는 예방 교육이 된 것으로 보지 않는데, 이 회사도 그런 것 같다고 보고, 예방 조치를 제대로 하지 않았다고 판단한다.

자, 이쯤 되면 사용자책임을 인정할 수도 있겠는데 회사는 다시 반격 카드를 꺼낸다. 설령 사용자책임이 있더라도 면책사유가 있다는 주장이다. 어떤 주장일까? 회사는 성희롱 사건을 몰랐고, 알 수도 없었다는 주장이다.

1) 피고는, 대법원 1998. 2. 10. 선고 95다39533 판결의 판시에 비추어 볼 때, 피용자의 직장 내 성희롱을 사용자가 알았거나 알 수 있었던 경우가 아니면 사용자는 면책되어야 하는바, 소외 2의 이 사건 직장 내 성희롱은 은밀하게 사적으로 이루어졌고 원고도 상당 기간 이를 공개하지 아니하여 피고로서는 이를 알지도 못하였고 알 수도 없었으므로, 피고는 면책되어야 한다고 주장한다.

회사가 '몰랐으니 면책'이라고 해석한 대법원 판례에 대해서, 그러나 2심 재판부는 판례를 잘못 본 것이라고 말한다. 나아가 설령 '몰랐으니 면책'이라고 해석하더라도 회사는 몰랐을 수 없다고 판단한다.

2) 살피건대, 피용자의 직장 내 성희롱에 대하여 사용자가 알 수 없었다는 것은 사용자책임의 면책사유에 해당한다고 보기 어렵고(대법원 1998. 2. 10. 선고 95다39533 판결이 피용자의 직장 내 성희롱에 대하여 사용

자가 알 수 없었다는 것이 사용자책임의 면책사유에 해당한다는 취지라고는 볼 수 없다), 가사 피용자의 직장 내 성희롱에 대하여 사용자가 알 수 없었다는 것이 면책사유에 해당한다고 가정하여 판단하더라도, 비록 원고가 이 사건 직장 내 성희롱이 있었던 동안에 피고 관계자에게 이 사건 직장 내 성희롱을 신고한 적이 없기는 하나(원고가 정작 피고 연구소의 직장 내 성희롱 상담실 담당자였던 사정도 피고 관계자에게 이 사건 직장 내 성희롱 신고를 하지 못하게 된 한 원인으로 작용하였을 것으로 보인다), ① 소외 2가 원고가 소속된 ○○팀이라는 단위 부서의 장으로서 ○○팀의 업무를 총괄하는 지위에 있는 점, ② 피고가 2012년 직장 내 성희롱 예방교육과 관련하여 전사 내부전산망 게시판의 '성희롱예방'란에 게시한 '성희롱 피해자 권리구제절차 및 대처방안에 직장 내 성희롱 사건이 발생한 경우 부서장 또는 사내 상담실에 신고하여 권리구제절차를 밟도록 되어 있어서 소외 2가 ○○팀의 부서장으로서 ○○팀 팀원들의 직장 내 성희롱 신고를 접수받아야 할 지위에 있었던 점 등에 비추어 볼 때, 소외 2의 원고에 대한 이 사건 직장 내 성희롱이 있었던 동안 피고로서는 이 사건 직장 내 성희롱을 알았거나 최소한 알 수 있었다고 봄이 타당하다. 따라서 피고의 위 주장은 어느 모로 보나 받아들일 수 없다.

사실, '몰랐을 수 없다'고 말하는 대목은 명확하게 설명된 느낌은 아니다. 가해자 본인은 당연히 알고 있었거나 알고 있어야겠지만(성희롱 예방 교육의 책임자가 성희롱 개념을 몰라서는 안 되므로), 회사가 알기는 힘들 수 있지 않은가? 그런데 2심 재판부는 그럼에도 회사는 '알고 있었어야 한다'는 투로 말하고 있다. 보다 적극적으로 회사 내부 사정에 관심을 가져야 한다는 취지로 읽힌다. 아무튼 이렇게 해서 재판부는 사용자책임을 인정하여 손해배상 책임이 있다고 결론을 짓는다. 배상액은 700만 원이고, 가해자와 공동으로 변제할 것을 명한다. 그런데 회사는 배상을 하지 않았다. '변제 항변', 즉 '이미 가해자가 배상했다'고 주장했는데 이걸 재판부가 받아들인 것이다. 내용은 아래와 같다.

피고는, 가사 피고가 소외 2의 이 사건 직장 내 성희롱에 대하여 사용자책임을 진다고 하더라도 소외 2가 제1심 판결에 의하여 이 사건 직장 내 성희롱에 대하여 원고에게 배상하여야 할 위자료 액수로 확정된 위자료 10,000,000원 및 이에 대하여 2014. 12. 18.까지는 연 5%의, 그 다음 날부터 다 갚는 날까지는 연 20%의 각 비율로 계산한 지연손해금 전액을 제1심 판결 선고일인 2014. 12. 18. 이후에 전액 변제하였으므로 피고가 이 사건 직장 내 성희롱에 대하여 사용자책임에 기하여 원고에게 배상하여야 할 위자료 및 그 지연손해금 채무 전부가 소멸하였다는 취지로 예비적 항변을 하고 있는바, 원고가 이를 명백히 다투지 아니하므로, 민사소송법 제150조 제1항에 의하여 이를 자백한 것으로 본다.

〰️ 왜 회사는 패소했을까? – 둘째, 회사 자체의 불법행위책임 〰️

사용자책임 문제는 회사가 패소했다. 그러나 회사는 700만 원을 변제하지 않았다. 이미 부진정연대채무자인 가해자가 변제하였기 때문이다. 이번에는 둘째 문제, 회사 자체의 불법행위책임을 살펴보자.

원고는 남녀고용평등법 제14조 제2항 위반을 이유로 이 문제를 제기했는데 여기에는 총 4가지 위법행위(아래 판례 ①~④)가 있다고 주장했다(참고로, 제14조 제2항의 내용은 현재 제6항으로 이동했다. 핵심은 성희롱 피해를 호소한 직원에게 불리한 처우를 해서는 안 된다는 내용으로 부당한 인사조치나 임금 차별 지급 등 총 7가지 불리한 처우가 적혀 있다.).

1) 원고는 이 부분 청구의 청구원인으로, 피고는 남녀고용평등법 제14조 제2항을 위반하여 이 사건 직장 내 성희롱 피해자인 원고에게, ① 2013. 10. 17. 원고가 기존에 수행하여 오던 전문업무에서 원고를 배제하고 원고로 하여금 공통업무만 수행하도록 하는 내용의 부당한 업무배치 통보를 하고, ② 2013. 9. 4. 원고가 소외 5로부터 진술서를 작성받은 것을 빌미로 삼아 원고에게 부당한 징계처분을 하며, ③ 2013. 7. 19. 원고를 도와주는 소외 1에 대하여 보복적 징계처분을 하고, ④ 2013. 12. 11. 소외 1이 불법적으로 피고의 문서를 반출한 행위에 원고가 가담한 혐의가 있다는, 근거 없는 이유를 내세워 원고에게 부당한 직무정지 및 대기발령을 함과 아울러 그 무렵 위 혐의로 원고를 절도방조죄로 부당하게 고소하는 등의 불리한 조치를 하는 위법행위를 저

질렀고, 원고는 이로 말미암아 정신적 손해를 입었는바, 피고는 자신의 위 불법행위에 대하여 손해배상책임을 부담한다고 주장한다.

①은 부당한 업무배치다. ②는 견책처분이다. ③은 제3자에 대한 불리한 조치다. ④는 대기발령이다. 1, 2, 4는 피해자 본인이 당한 처분이고, 3은 제3자에 대한 처분이다. 이 가운데 2심은 1번만 원고의 주장을 받아들이고, 나머지는 모두 기각한다. 그러나 최종심에서 기각된 3가지 모두 다시 주장을 인정받게 된다. 아무튼 나머지 3가지는 3심 판결문을 통해 살펴보고, 여기서는 2심에서 받아들인 1번 업무배제가 사용자의 불법행위라는 점을 살펴보자.

2심 재판부는 판단에 앞서 남녀고용평등법 제14조 제2항(현재는 6항)의 의미를 명확히 설명한다.

'사업주'의 의미

사업주의 의미는 뭘까? '개인사업체의 경우 그 개인사업체를 경위하는 개인, 법인사업체의 경우 그 법인 자체를 뜻한다.' 개인사업체는 어렵지 않다. 사장이 곧 사업주다. 그런데 법인은 조금 이상하다. 그래서 이 규정을 보다 명확히 하기 위해 재판부는 근로기준법을 인용하여 사업주 대신 사용자라는 표현을 써서 '사업주 또는 사업 경영 담당자, 그 밖에 근로자에 관한 사항에 대하여 사업주를 위하여 행위하는 자'로 정의하고 있다.

'불리한 조치'의 의미

법령이 말하는 '불리한 조치'가 되려면 1) 성희롱과 관련되거나 성희롱 피해자의 문제제기 등과 관련된 내용이어야 한다. 만일 이와 다른 실질적인 이유로 처해진 조치라면 그때는 이 법에서 말하는 '불리한 조치'가 아니다. 회사가 '실질적인 이유'를 들어 '불리한 조치가 아니다'라고 주장하더라도 당시 사정 등을 종합적으로 보고 판단한다. 특히 1) 성희롱 이전부터 있었던 문제인지, 2) 피해자의 다른 적극적인 어떤 행위가 원인이 된 것인지를 주로 따진다.

'불리한 조치'에 대한 입증책임

형사재판이라면 유죄에 대한 입증책임은 검사에게 있다. 검사가 증거를 제시해야 한다. 그런 게 입증책임이다. 이 법과 관련해서 법령은 제30조를 통해 이렇게 말한다. "이 법과 관련한 분쟁해결에서 입증책임은 사업주가 부담한다." 그런데 2심은 최소한 '불리한 조치가 있었다'는 점은 피해 근로자가 입증하고, 사업주는 '불리한 조치가 아니고 실질적인 이유가 있었다'는 점을 입증하는 것으로 정리한다. 이때 실질적인 이유와 관련, 대법원은 '성희롱과 관련성이 없거나 정당한 사유가 있다는 점에 대하여 사업주가 증명을 하여야 한다.'고 정리한다.

: 최종심에서 다시 설명하는 '불리한 조치'의 의미 :

이 사건의 경우, 2013년에 시작되어 2017년 대법원 판결로 막을 내린다. 이 사이 법이 개정되는 등 성희롱과 관련된 내용에도 적잖은 변화가 있었다. 그래서 대법원 판결에서 설명하는 내용을 살펴보는 게 필요하다. 아래 내용은 이 사건의 2017년 대법원 판결문 일부로, '불리한 조치'의 대상으로 성희롱 피해자뿐 아니라 '성희롱 발생을 주장하는 근로자'도 포함된다는 점이 앞 내용과 다른 점이다. 그 뒤에는 '불리한 조치'의 의미를 보다 구체적으로 풀어놓고 있다.

(1) 피해근로자 또는 성희롱 발생을 주장하는 근로자에 대한 불리한 조치의 의미

[1] 남녀고용평등과 일·가정 양립 지원에 관한 법률(2017. 11. 28. 법률 제15109호로 개정되기 전의 것, 이하 '남녀고용평등법'이라 한다)은 직장 내 성희롱이 법적으로 금지되는 행위임을 명확히 하고 사업주에게 직장 내 성희롱에 관한 사전 예방의무와 사후 조치의무를 부과하고 있다. 특히 사업주는 직장 내 성희롱과 관련하여 피해를 입은 근로자뿐만 아니라 성희롱 발생을 주장하는 근로자에게도 불리한 조치를 해서는 안 되고, 그 위반자는 형사처벌을 받는다는 명문의 규정을 두고 있다.

(중략)

사업주의 조치가 피해근로자 등에 대한 불리한 조치로서 위법한 것

> 인지 여부는 불리한 조치가 직장 내 성희롱에 대한 문제 제기 등과 근접한 시기에 있었는지, 불리한 조치를 한 경위와 과정, 불리한 조치를 하면서 사업주가 내세운 사유가 피해근로자 등의 문제 제기 이전부터 존재하였던 것인지, 피해근로자 등의 행위로 인한 타인의 권리나 이익 침해 정도와 불리한 조치로 피해근로자 등이 입은 불이익 정도, 불리한 조치가 종전 관행이나 동종 사안과 비교하여 이례적이거나 차별적인 취급인지 여부, 불리한 조치에 대하여 피해근로자 등이 구제신청 등을 한 경우에는 그 경과 등을 종합적으로 고려하여 판단해야 한다.

전문업무 배제는 불리한 조치인가?

피해자는 2012년 1월부터 공통업무는 수행하지 않고, 전문업무만 수행했다. 그러다 2013년 8월경 부서 통폐합에 따라 팀이 변경되었는데 이후에도 전문업무만 수행했다. 그런데 업무분장권을 갖고 있던 이 회사 이사가 2013년 10월 17일 피해자에게 "원고가 현재 담당하고 있는 업무가 2014년 4월 이후 대폭 축소되고, 또한 원고가 현재 진행 중인 다른 업무도 1개월 정도면 마무리되는데 원고는 엔지니어링 경험도 없으니, 전문업무는 더 할 필요 없고, 공통업무를 부여한다."는 취지로 업무분장을 통보했다.

회사 측에서는 당연히 '불리한 조치'가 아니라고 주장하며 근거를 댔다.

불리한 조치가 아니라고 주장하는 이유 1. 공학 전공자가 아니다

피해자가 하던 업무는 'HMI(Human Machine Interface)'로 자동차와 운전자의 상호작용을 연구하는 분야다. 차량 운전을 쉽고 편리하도록 만들어주는 기술이다. 피고인 회사는 당시 연구소에 HMI 업무를 담당하던 사람들은 모두 공학 전공자인데 반해 피해자는 유일하게 공학 전공자가 아니고 따라서 엔지니어링 경험 부족으로 업무 조정을 한 것이라고 주장했다. 그런데 재판부는 이 주장이 설득력이 떨어진다고 보았다. 이유는 다음과 같다.

① HMI 업무는 인간의 기본적 속성에 기초하여 인간이 좀 더 기계를 쉽게 사용할 수 있는 방법을 연구하는 업무로서 반드시 엔지니어링을 전공한 사람들만이 할 수 있는 것은 아닌 점

② 실제로 원고가 2012년 근무평정에서 최고 등급인 'SP' 등급을 받는 등 2012년 1월부터 HMI 업무를 적어도 무리 없이 수행하여 온 것으로 볼 수 있는 점

③ 피고 ○○○ 본부가 2012년 1월부터 원고가 이 사건 직장 내 성희롱을 피고 관계자에게 신고한 2013년 3월까지 총 9회에 걸쳐 원고에게 HMI 업무 관련 교육을 시켜온 점 등

불리한 조치가 아니라고 주장하는 이유 2. 업무가 축소될 예정이라서

피고인 회사는 HMI 업무가 2014년 4월 이후 대폭 축소될 계획이었고, 이때가 되면 피해자에게 추가로 부여할 HMI 업무가 없었다며 이

건 '부득이한 조치지 부당한 조치가 아니다'라고 주장했다. 그러나 재판부는 다음과 같은 이유로 이 역시 부당한 조치라고 판단했다.

① 원고가 2014. 3. 31.부터 다시 HMI 업무를 부여받고 그때부터 현재까지 계속하여 원고가 HMI 업무만을 수행하여 오고 있는 점에 비추어, 위 이유의 전제가 되는 피고의 인력운용 계획 자체의 필요성 및 합리성 또한 부족해 보인다.

② 또한 소외 8(* 업무분장권을 갖고 있는 이 회사 이사)이 사건 업무배치를 통하여 부여하겠다고 한 공통업무의 경우 교육 관련 오퍼레이션 파일럿 업무를 제외하면 특별히 당장 진행하여야 할 일이 없었고, 소외 8이 이 사건 업무배치를 할 당시 정한 시스템 엔지니어링 오퍼레이션의 업무분장표에 따르면 시스템 엔지니어링 오퍼레이션 소속 다른 직원들은 공통업무를 아예 맡지 않거나 맡아도 1~3개 정도를 맡는 것으로 되어 있는 반면 유독 원고의 경우에는 공통업무를 5개나 맡는 것으로 되어 있는 점에 비추어 볼 때, 소외 8이 전문업무인 HMI 업무만을 수행하여 오던 원고에게 추가로 HMI 업무는 부여하지 않는 대신 비전문적이고 한직인 공통업무를 부여함으로써 원고에게 소외감을 주고자 하였던 의도 또한 엿보인다.

그리고 재판부는 중요한 지적을 하는데 업무분장권을 가진 사람은 상당한 재량을 갖고 인사배치를 할 수 있으나 이는 '근로기준법이나 남녀고용평등법 등의 강행법규에 위배되지 않는 범위에서 인정되는 재량으로서(대법원 2009. 4. 23. 선고 2007두20157 판결 등 참조), 남녀고용평등법 제14조 제2항의 불리한 조치는 오히려 위와 같은 인사상의 재량권 행사라는 명목 아래 행하여질 위험이 높은 것이 현실인 점이 감안되어야 한다.'고 지적한다. 이 두 개의 법이 업무분장권보다 우선이라는 얘기다.

불리한 조치가 아니라고 주장하는 이유 3. 실제로는 업무를 조정하지 않았기 때문

마지막으로 회사는 설령 불리한 조치라고 하더라도 실현된 적이 없다는 이유를 들어 '불리한 조치가 아니다'라고 주장했다. 주장에 따르면 피해자는 업무 배치 이후에도 일반업무를 한 적이 없었고, 다시 기존의 전문업무를 수행했다. 그런데 재판부는 다음과 같은 이유로 이 역시 받아들이지 않았다.

① 원고가 소외 8로부터 이 사건 업무배치를 통보받은 이후 2013. 11. 13.경부터 2013. 12. 11.까지 기존 업무와 함께 새로이 부여받은 교육 관련 오퍼레이션 파일럿 업무를 수행한 점

② 원고가 위 기간 동안 이 사건 업무배치를 받은 다른 공통업무를 수행하지 않은 것은 다른 공통업무의 경우 특별히 당장 진행하여야 할 일이 없었기 때문인 점

③ 원고가 2013. 12. 11. 피고 연구소 인사팀장인 소외 6으로부터

2013. 12. 12.부터 직무정지 및 대기발령 사유 해소 시까지 직무정지 및 대기발령을 통보받았다가 2014. 3. 27. 대기발령 종료 및 2014. 3. 28.자 원직복귀를 통보받는 바람에 2013. 12. 12.부터 2014. 3. 27.까지는 그 업무를 수행할 수 없었던 점

④ 소외 8이 원고 본인의 희망을 존중하여 2014. 3. 31. 이후 원고에게 HMI 업무만을 부여하고 공통업무는 부여하지 아니한 점 등을 종합할 때, 이 사건 업무배치는 이미 2013. 11. 13.경부터 2013. 12. 11.까지 현실화되었다가 단지 2014. 3. 31.자로 철회된 것으로 봄이 타당하므로, 피고의 위 주장은 받아들일 수 없다.

∼ 왜 회사는 패소했을까? – 셋째, 또 다른 사용자책임 문제 ∼

성희롱 사건을 조사한 회사 인사 담당자가 회사 동료들과 사건에 대해서 이러쿵저러쿵 말을 했다. 피해자는 이게 비밀유지의무를 위한 것으로 명예를 훼손했다고 보고 사용자책임 문제를 제기한 것이다. 예를 들어 같은 소속 직원들과 술자리에서 성희롱 사건 어떻게 되고 있느냐는 질문을 받은 담당자가 "성희롱은 남자들 본인도 알지 못하는 사이에 벌어지는 경우가 많고 주관적으로 해석될 수 있는 소지도 있기 때문에 남자에게 불리하게 진행되는 게 대부분이다"라는 취지의 이야기를 했고, 또 다른 직원과 차를 함께 타고 이동하는 중에 "피해자도 성격이 보통이 아니더라, 아마 일방적으로 당하고만 있지는 않았을 것이

다"라는 취지의 말을 했다. 담당자가 피해자 이름을 구체적으로 거론한 적은 없지만 이미 사내에 성희롱 사건이 알려져 있어서 가해자와 피해자가 누군지 모르는 사람은 없었던 것으로 보인다. 한편 담당자에게 말을 들었다고 하는 다른 직원은 이런 대화도 주고받았다. "나도 최초로 들은 게 소외 3(담당자), 소외 21이었고, 성희롱은 항상 남자에게 불리하다고 그렇게 얘기했는데. 그래서 나도 솔직히 여자가 오버했겠지 예민했을 수도. 이야기를 오늘 들으니 술자리에서 소외 21과 소외 22가 패씸하네.", "나도 여자가 먼저 꼬신 거라는 얘기 들었어요. 남자들은 다 쌍방인 것처럼 말하더라구. 소외 3이 그러던데."

이에 대해 2심 재판부는 남녀고용평등법에 따로 규정은 없지만 누설하면 안 되고, 설령 언급하더라도 '성희롱 사건의 가해자와 피해자의 사회적 가치 내지 평가를 침해할 가능성이 있는 일체의 언동'을 공연히 하여서는 안 된다고 보았다. 즉 1) 비밀유지와 2) 공정성 엄수가 회사의 의무라고 본 것이다. 이를 지키지 않으면 2차 피해를 막을 수 없고, 차후 피해 근로자가 성희롱 신고를 하지 못하도록 할 수 있다고 본 것이다. 2심 재판부는 다음처럼 이런 의무를 위반한 것으로 보았다.

- 공정성 위반 : "성희롱은 남자들 본인도 알지 못하는 사이에 벌어지는 경우가 많고 주관적으로 해석될 수 있는 소지도 있기 때문에 남자에게 불리하게 진행되는 게 대부분이다", "피해자도 성격이 보통이 아니더라 아마 일방적으로 당하고만 있지는 않았을 것이다"

- 비밀유지 위반 : 이런 발언들을 주고받은 상대들이 모두 회사 사람들, 특히

같은 소속 직원들이었다. 실제로 카카오톡 등으로 전파되었다.

마지막으로 회사는 사무감독에 상당한 주의를 기울였고, 그래서 면책되어야 한다고 주장했으나 회사가 제출한 증거만으로 그 노력이 충분하다고 보기 힘들다며 회사의 면책 주장을 받아들이지 않았고, 배상액수로 300만 원을 책정했다.

: 최종심에서 다시 설명하는 셋째 문제 :

역시나 그 사이 법이 개정되어 '조사참여자의 비밀누설금지의무'가 생겼다. 3심 판결문을 보자.

(3) 조사참여자의 비밀누설금지의무에 대한 사용자 책임
현행 남녀고용평등과 일·가정 양립 지원에 관한 법률(2017. 11. 28. 법률 제15109호로 개정되기 전의 것, 이하 '남녀고용평등법'이라 한다)에는 명문의 규정이 없지만, 개정 남녀고용평등법 제14조 제7항 본문은 직장 내 성희롱 발생 사실을 조사한 사람, 조사 내용을 보고 받은 사람 또는 그 밖에 조사 과정에 참여한 사람(이하 '조사참여자'라 한다)은 해당 조사 과정에서 알게 된 비밀을 직장 내 성희롱과 관련하여 피해를 입은 근로자 또는 성희롱 피해 발생을 주장하는 근로자(이하 '피해근로자 등'이라

한다)의 의사에 반하여 다른 사람에게 누설해서는 안 된다고 정하여 조사참여자의 비밀누설 금지의무를 명시하고 있다.

위 개정 법률이 시행되기 전에도 개인의 인격권, 사생활의 비밀과 자유를 보장하는 헌법 제10조, 제17조, 직장 내 성희롱의 예방과 피해근로자 등을 보호하고자 하는 남녀고용평등법의 입법 취지와 직장 내 성희롱의 특성 등에 비추어, 직장 내 성희롱 사건에 대한 조사가 진행되는 경우 조사참여자는 특별한 사정이 없는 한 비밀을 엄격하게 지키고 공정성을 잃지 않아야 한다. 조사참여자가 직장 내 성희롱 사건을 조사하면서 알게 된 비밀을 누설하거나 가해자와 피해자의 사회적 가치나 평가를 침해할 수 있는 언동을 공공연하게 하는 것은 위법하다고 보아야 한다. 위와 같은 언동으로 말미암아 피해근로자 등에게 추가적인 2차 피해가 발생할 수 있고, 이는 결국 피해근로자 등으로 하여금 직장 내 성희롱을 신고하는 것조차 단념하도록 할 수 있기 때문에, 사용자는 조사참여자에게 위와 같은 의무를 준수하도록 하여야 한다.

최종심의 판단

지금까지의 상황을 다시 짚어보자. 1심에서는 가해자에 대한 피해자의 청구만 받아들이고, 나머지는 다 기각했다. 그러자 피해자는 회사만을 상대로 다시 손해배상을 청구했는데 2심은 총 6가지 청구 내용 가운데 3가지만 받아들이고, 다른 3가지는 기각했다(피고의 청구는 '변제'와 관련된 내용만 받아들이고 나머지는 모두 기각되었다.). 피해자는 기각된 3가지를 들고 최종심까지 간다. 최종심은 피고인 회사의 청구는 모두 기각하고, 원고인 피해자의 청구는 모두 받아들인다. 이로서 피해자는 청구했던 모든 내용에 대해서 승소하게 된다. 3심에서 주로 다루어졌던 내용은 이렇다.

둘째, 회사 자체의 불법행위책임(남녀고용평등과 일·가정 양립 지원에 관한 법률 제14조 제2항 위반)
① 부당한 업무배치 통보(2심 승소)
② 부당한 징계처분
③ 원고를 도와주는 소외 1에 대하여 보복적 징계처분
④ 소외 1의 불법적 문서반출 행위에 가담한 혐의로 부당한 직무정지 및 대기발령, 근거 없는 절도방조죄로 부당 고소

이 내용 가운데 ①은 2심에서 승소했고, ②~④까지는 기각되어 다시 3심에서 판단을 받았다. 먼저 ② 부당한 징계처분부터 보자(최종심에서는 '원고의 상고이유 제1점'에서 다루어지며, '이 사건 견책처분'으로 부르고 있다.).

3심은 먼저, 성희롱과 관련성이 없다는 이유로 기각한 원심의 설명을 살펴본다.

가. 원심은, 피고 ○○○본부의 본부장 소외 4가 2013. 9. 4. 원고에게 징계의 일종인 견책처분(이하 '이 사건 견책처분'이라 한다)을 한 것이 남녀고용평등법 제14조 제2항의 불리한 조치에 해당하지 않는다고 판단하였다. 그 이유로 이 사건 견책처분이 이 사건 직장 내 성희롱에 대한 원고의 문제 제기와 관련된 것이 아니고, "원고가 소외 5로부터 진술서를 받는 과정에서 소외 5에게 '호적에 빨간 줄 긋기 싫으면 지금 당장 와. 다른 사람들에게 허위 소문을 퍼뜨리고 다니면서 원고의 명예를 훼손한 것이 맞다면 고소하겠다'고 말한 행위"(이하 '이 사건 행위'라 한다)가 실질적 이유라는 점을 들었다.

그러나 3심은 다음과 같은 이유로 관련성이 있다고 판단한다.

(1) 원고는 2013. 6. 11. 성희롱 가해자인 소외 2와 그 사용자인 피고를 상대로 이 사건 소를 제기한 다음, 이 사건 직장 내 성희롱에 관하여 회사 내에 퍼져 있는 소문에 관한 증거를 확보하는 과정에서 소외 5에게 이 사건 행위를 하였다.

(2) 소외 5는 스스로 위 진술서를 작성하여 원고에게 건네주었고 그 내용에 별다른 이의가 없었다.

(3) 경기지방노동위원회는 2013. 12. 4. 이 사건 견책처분에 대한 원고의 구제신청을 받아들였다. 중앙노동위원회는 피고의 재심신청을

기각하였다. 그 이유로 '이 사건 견책처분의 사유로 삼은 행위가 형사소추의 원인이 되는 불법행위에 해당하지 않고, 사회통념에 비추어 징계의 필요성이 있는 행위로 볼 수도 없으므로, 피고가 이 사건 견책처분을 한 것은 정당하지 않다.'는 점을 들었다. 피고도 위 재심판정을 수용하고 2014. 3. 27. 원고에게 이 사건 견책처분을 취소하고 인사기록 등에서 처분 내역도 모두 말소할 것이라고 밝혔다.

(4) 피고가 이 사건 견책처분과 비슷한 징계사유를 들어 유사한 징계처분을 한 사례를 찾을 수 없다. 오히려 유독 원고에 대해서만 엄격하고 까다로운 기준을 적용하여 이 사건 견책처분을 한 것으로 보인다.

(5) 피고는 이 사건 견책처분과 그 공고 후인 2013. 10. 17. 기존에 수행하던 전문업무에서 원고를 배제하고 공통업무만 수행하는 비전문업무를 맡도록 업무배치 통보를 하였고, 2013. 12. 11. 절도 방조 등의 혐의를 내세워 원고에게 직무정지와 대기발령을 하고 원고를 고소하였다가, 위 재심판정 후에 위 대기발령 등을 종료하고 원고에게 원직복귀명령을 하였다.

다음, ④ 소외 1의 불법적 문서반출 행위에 가담한 혐의로 부당한 직무정지 및 대기발령, 근거 없는 절도방조죄로 부당 고소한 문제다(3심에서는 '원고의 상고이유 제2점'에서 다루고 있는 사건으로 '이 사건 대기발령 등으로 부른다.). 먼저 원심이 '불리한 조치'라고 보지 않은 이유다.

가. 원심은, 피고 연구소 인사팀장인 소외 6이 2013. 12. 11. 원고에 대하여 직무정지와 대기발령(이하 통틀어 '이 사건 대기발령 등'이라 한다)을 하고, 그 무렵 원고를 절도 방조 혐의로 고소한 것이 남녀고용평등법 제14조 제2항의 불리한 조치에 해당하지 않는다고 판단하였다. "소외 1이 2013. 12. 6. 피고의 ○○사무실에서 불법적으로 피고의 문서를 반출한 행위에 원고가 가담한 혐의(이하 '이 사건 쟁점 혐의'라 한다)가 형사소추의 원인이 되는 행위 등 징계사유에 해당된다고 평가될 가능성이 있다."는 점 등을 이유로 들었다.

설명을 보면 피해자가 회사의 문서 반출에 가담했는데 이는 형사재판이 될 만한 여지가 있다. 그래서 대기발령을 했으므로 문제없다는 내용이다. 그러나 그 사이 피해자는 헌법재판소의 판단을 통해 이 사건에 대한 다른 결론을 받아놓고 있었다. 최종심은 헌법재판소의 판단 등을 근거로 '이 사건 대기발령 등'을 불리한 조치라고 판단한다.

(1) 경기지방노동위원회는 2013. 12. 4. 피고의 소외 1에 대한 2013. 7. 19.자 정직처분에 관한 구제신청을 받아들였는데, 피고는 2013. 12. 6. 퇴근시간 20분 전쯤 소외 1에게 '소외 1이 구제신청절차에서 자료를 제출한 행위가 징계사유에 해당할 여지가 있다.'는 이유로 직무정지와 대기발령을 통보하였다. 소외 1은 같은 날 퇴근하면서 급하게 위 구제신청 관련 서류들을 챙겨 나왔고, 원고는 소외 1과 동행하였다. 피고 인사팀 직원들이 퇴근하는 소외 1과 원고에게 보안점검을 실시하자, 원

고와 소외 1의 신고로 경찰관이 출동하였다. 경찰관이 입회한 가운데 소외 1의 서류임이 명백한 서류는 소외 1이, 피고의 서류로 서로 인정한 55매의 서류(이하 '이 사건 서류'라 한다)는 인사팀 소외 6 팀장이 가져갔다. 이 사건 서류는 소외 1은 물론 피고에게도 별다른 경제적 가치나 기밀로서의 가치가 없다.

(2) 피고는 이 사건 서류를 돌려받은 후인 2013. 12. 11. 소외 1과 원고를 이 사건 서류에 대한 절도와 절도 방조 혐의로 고소하였다. 소외 1은 2014. 6. 30. 검사로부터 이 사건 서류 반출행위가 절도죄에 해당하지만 외부 유출의 목적이 없고 서류가 반환되었다는 이유로 '기소유예' 처분을 받았다. 그러나 헌법재판소는 2015. 2. 26. 2014헌마574호 헌법소원 사건에서 피고가 소외 1에게 보복성 징계절차를 개시하자 자신의 구제신청 관련 서류 등을 급하게 챙겨 나오다가 이 사건 서류도 가지고 나오게 된 것으로 보이고, 소외 1에게 절도의 고의나 불법영득의 의사가 있다고 보기 어렵다고 하여 검사의 기소유예 처분을 취소하였다.
그리고 원고는 소외 1의 피고 서류 반출행위를 알고 있었다고 보기 어렵다는 이유로 절도 방조에 대하여 '혐의 없음' 처분을 받았다.

(3) 피고가 이 사건 쟁점 혐의를 이유로 원고에게 이 사건 대기발령 등을 할 수밖에 없었다면, 피고가 자신이 보관하던 소외 1과 원고의 위 퇴근 무렵 관련 CCTV 영상 파일(이하 '이 사건 영상파일'이라 한다)을 증거

자료로 적극 제출했을 것이다. 그런데 피고는 이 사건 영상파일의 제출을 거부하였고, 원고가 이 사건 제1심법원에 이 사건 영상파일 검증물의 제출명령을 신청하여 그 신청이 받아들여졌다.

(4) 중앙노동위원회가 2014. 3. 17. 이 사건 견책처분 관련 피고의 재심신청을 기각하자, 피고는 2014. 3. 27. 원고의 절도 방조 혐의에 관한 고소 사건이 종결되기 전인데도, 위 재심신청 기각결정을 존중하여 이 사건 견책처분을 취소하였다. 또한 피고는, 성희롱 피해근로자 등의 보호와 권리구제가 필요하다는 점 등을 스스로 밝히면서, 원고에 대한 이 사건 대기발령 등의 종료와 원직복귀를 명하였다.

(5) 종전에도 이 사건 쟁점 혐의와 같은 정도의 사안에서 그러한 의심이 있다는 사정만으로 피고가 근로자에게 직무정지와 대기발령을 한 사례를 찾을 수 없다.

마지막으로 ③ 원고를 도와주는 소외 1에 대한 보복적 징계처분 문제다(3심에서는 '원고의 상고이유 제3점' 부분에서 다룬다.). 2심이 청구를 기각한 이유는 관련 법률이 없었기 때문이다. 당시 남녀고용평등법에 보면 사업주가 '피해근로자 등'에게 불리한 조치를 한 경우에만 문제가 된다고 적혀 있다. 따라서 피해자를 도와준 제3자에 대한 보복적 징계처분은 이 소송에서 다툴 수 없다는 게 2심의 판단. 만일 다투더라도 그 제3자가 원고가 되어 다퉈야 하지 않겠는가? 그러나 3심은 직접 상대방 등의 용어를 쓰면서 책임을 묻는다.

그러나 사업주가 피해근로자 등을 가까이에서 도와준 동료 근로자에게 불리한 조치를 한 경우에 그 조치의 내용이 부당하고 그로 말미암아 피해근로자 등에게 정신적 고통을 입혔다면, 피해근로자 등은 불리한 조치의 직접 상대방이 아니더라도 사업주에게 민법 제750조에 따라 불법행위책임을 물을 수 있다. 그 구체적인 이유는 다음과 같다.

(1) 민법 제750조는 "고의 또는 과실로 인한 위법행위로 타인에게 손해를 가한 자는 그 손해를 배상할 책임이 있다."라고 정함으로써 불법행위에 관한 일반조항주의를 채택하고 있다. 이 규정은 손해배상 청구권자를 가해행위의 직접 상대방으로 한정하고 있지 않다. 따라서 가해행위의 직접 상대방이 아닌 제3자도 그 가해행위로 말미암아 자신의 법익이 침해되는 등의 손해를 입었다면 가해자를 상대로 불법행위를 이유로 손해배상을 청구할 수 있다고 보아야 한다.

민법 제752조는 생명침해의 경우 위자료 청구권자를 정하고 있는데, 이는 예시적 열거 규정이다(대법원 1999. 4. 23. 선고 98다41377 판결 등 참조). 따라서 생명침해가 아닌 다른 유형의 위법행위에 대해서도 그 직접 상대방이 아닌 제3자가 위법행위로 생긴 자신의 법익 침해나 정신적 고통을 증명하여 가해자를 상대로 손해배상을 청구할 수 있다고 보는 것이 민법 제750조, 제752조의 문언과 체계에 맞는다.

예를 들어 A가 B를 때려서 다치게 한 경우, B는 A에 대해서 손해배상을 청구할 수 있는데 이때 B의 가족 역시 A에 대해서 손해배상을 청구할 수 있다는 말이다. 그런 관점에서 3심은 이 문제를 들여다보는 것이다. 단, 제한이 있다. 제3자에게 손해가 발생하리라는 점을 알았거나 알 수 있는 경우에만 인정된다.

이때 제3자는 불법행위를 이유로 한 손해배상이 무한정 확대되지 않도록 일정한 범위로 제한되어야 한다. 이를 위하여 손해배상의 범위에 관하여 제한배상주의를 정한 민법 제763조, 제393조가 적용될 것이다. 일반적으로는 제3자가 가해행위의 직접 상대방과 밀접한 관계에 있어 가해자도 자신의 행위로 말미암아 그 제3자에게 손해가 발생하리라는 사정을 알았거나 알 수 있었을 것이라고 인정되는 경우에 배상책임이 있다고 보아야 한다(대법원 1996. 1. 26. 선고 94다5472 판결, 대법원 2008. 9. 11. 선고 2007다78777 판결 등 참조). 구체적인 개별 사안에서 이러한 책임의 인정 여부를 판단할 때 가해행위의 직접 상대방과 제3자 사이의 사회적 또는 법률적 관계의 내용과 친밀성, 가해행위가 이루어지게 된 경위와 모습, 가해행위로 침해된 제3자의 법익의 내용과 그 침해의 정도, 가해행위와 제3자의 법익 침해 발생 사이의 시간적·장소적 근접성, 가해자의 고의나 해의 유무 등을 종합적으로 고려하여야 한다.

여기까지 살펴보았다면, 다음은 당연히 이 사건의 피해자가 여기서 말하는 '제3자', 즉 손해배상을 요청할 수 있는 사람이 되는지 판단하는 과정이 되겠다. 먼저, 3심은 아래와 같이 피해자를 도와준 자에 대해 부당한 징계처분을 내리는 것은 피해자에 대한 보호의무를 위반한 것으로 본다.

(2) 피해근로자 등이 구제절차나 권리행사와 관련하여 동료 근로자의 조언 등 도움을 받는 경우에 사업주가 도움을 주는 근로자에게 적극적으로 차별적인 대우를 하거나 부당한 징계처분 등을 한다면, 피해근로자 등도 인격적 이익을 침해받거나 정신적 고통을 받았을 가능성이 크다. 우리 사회에서 직장 내 성희롱의 특수성에 비추어 피해근로자 등과 그에게 도움을 준 동료 근로자는 깊은 정서적 유대감을 갖는 밀접한 관계에 있을 수 있다. 피해근로자 등은 동료 근로자가 자기 때문에 불리한 조치를 당하였다고 생각할 수 있고, 그 밖의 다른 근로자들도 그와 비슷한 생각을 하게 되어 피해근로자 등에게 도움을 주거나 그와 우호적인 관계를 맺는 것을 피할 수 있다. 이러한 상태가 심화되면 피해근로자 등은 직장 동료와의 관계가 단절되어 직장 내에서 사실상 고립되는 상황에 처할 수 있다. <u>피해근로자 등은 동료 근로자에 대한 사업주의 불리한 조치를 보고 구제절차 이용을 포기하거나 단념하라는 압박으로 느껴 성희롱 피해에 대해 이의하거나 구제절차를 밟는 것을 주저할 수 있다.</u> 사업주가 동료 근로자에 대한 불리한 조치를 함으로써 피해근로자 등에게 손해배상책임을 지는지를 판단할 때에는 이러한 사정도 아울러 고려하여야 한다.

이와 같이 피해근로자 등을 도와준 동료 근로자에 대한 부당한 징계처분이나 불이익 조치가 사업주가 피해근로자 등에 대한 보호의무를 위반한 것인지 문제 될 수 있다. 사업주는 직장 내 성희롱 발생 시 남녀고용평등법령에 따라 신속하고 적절한 근로환경 개선책을 실시하고, 피해근로자 등이 후속 피해를 입지 않도록 적정한 근로여건을 조성하여 근로자의 인격을 존중하고 보호할 의무가 있다. 그런데도 사업주가 피해근로자 등을 도와준 동료 근로자에게 부당한 징계처분 등을 하였다면, 특별한 사정이 없는 한 사업주가 피해근로자 등에 대한 보호의무를 위반한 것으로 볼 수 있다.

다음, 3심은 그렇다면 사업주에게 피해자에 대한 손해배상책임 문제를 어떻게 판단해야 하는지 가이드라인을 제시한다.

(3) 한편 피해근로자 등을 도와준 동료 근로자에 대한 징계처분 등으로 말미암아 피해근로자 등에게 손해가 발생한 경우 이러한 손해는 특별한 사정으로 인한 손해에 해당한다. 따라서 사업주는 민법 제763조, 제393조에 따라 이러한 손해를 알았거나 알 수 있었을 경우에 한하여 손해배상책임이 있다고 보아야 한다. 이때 예견가능성이 있는지 여부는 사업주가 도움을 준 동료 근로자에 대한 징계처분 등을 한 경위와 동기, 피해근로자 등이 성희롱 피해에 대한 이의제기나 권리를 구제받기 위한 행위를 한 시점과 사업주가 징계처분 등을 한 시점 사이의 근접성, 사업주의 행위로 피해근로자 등에게 발생할 것으로 예견되는 불이익 등 여러 사정을 고려하여 판단하여야 한다. 특히 사업주가 피해근

로자 등의 권리 행사에 도움을 준 근로자가 누구인지 알게 된 직후 도움을 준 근로자에게 정당한 사유 없이 차별적으로 부당한 징계처분 등을 하는 경우에는, 그로 말미암아 피해근로자 등에게도 정신적 고통이 발생하리라는 사정을 예견할 수 있다고 볼 여지가 크다.

이어서 원심의 판단과 함께 구체적인 사정을 들여다본다.

나. 원심은 피해근로자 등 본인이 아닌 제3자가 피해근로자 등 본인에게 도움을 준 사람이라 할지라도 남녀고용평등법 제14조 제2항이 정한 불리한 조치의 대상이 될 수 없다고 판단하였다. 그리고 피고의 △△디자인아시아센터장인 소외 7이 2013. 7. 19. 소외 1에 대하여 한 정직 1주일의 징계처분(이하 '소외 1에 대한 정직처분'이라 한다)이 남녀고용평등법 제14조 제2항의 불리한 조치에 해당한다는 원고의 주장은 원심의 위와 같은 판단과 다른 전제에 서 있는 주장이라는 이유로 이 부분 원고의 청구를 기각하였다.

다. 피해근로자 등이 아닌 소외 1이 남녀고용평등법 제14조 제2항의 불리한 조치의 상대방이 될 수는 없다는 원심의 판단은 위에서 본 법리에 따른 것으로서 수긍할 수 있다. 그러나 원심이 소외 1에 대한 정직처분을 이유로 한 원고의 손해배상청구를 부정한 조치는 그대로 받아들이기 어렵다.

(1) 기록에 따르면, 원고는 2015. 7. 8. 원심법원에 제출한 준비서면에서 다음과 같이 주장하고 변론기일에 위 준비서면을 진술한 사실을 알 수 있다.

"피고가 소외 1에게 한 일련의 불리한 조치는 전체적으로 다른 근로자들에게 '원고를 도와 준 사람은 이렇게 된다'는 것을 본보기식으로 보여줌으로써 원고를 회사 내에서 고립시킬 뿐만 아니라, 원고가 자신의 직장 내 성희롱 피해 구제과정에서 필요하고도 적절한 조력을 전혀 받지 못하게 하고, 그로써 원고 스스로 정당한 권리행사를 단념하게 만드는 행위로서, 결국 원고에 대한 불리한 조치로 평가할 수 있다. 이는 남녀고용평등법 제14조 제2항이 금지한 '불리한 조치'의 악의적인 형태일 뿐만 아니라 사용자인 피고가 근로자인 원고에 대하여 행하여야 할 보호의무를 위반한 위법행위라고 할 수 있다."

이러한 주장은 피고가 소외 1에 대한 정직처분을 한 것이 위법한 행위로서 원고에 대한 불법행위책임을 진다는 것으로 이해할 수 있는데도 원심은 이에 관한 판단을 하지 않았다.

(2) 원심판결 이유와 적법하게 채택된 증거에 비추어 살펴보면, 피고는 이 사건 소장을 송달받고 원고의 동료 근로자인 소외 1이 그 증거 제출 등과 관련하여 원고에게 도움을 주었다는 사실을 알게 된 직후 곧바로 소외 1에 대해서만 차별적이고 부당한 징계처분을 하였음을 알 수 있

다. 나아가 이러한 조치는 원고의 인격적 이익을 침해하거나 원고에 대한 보호의무를 위반한 것으로서 원고에 대한 불법행위가 성립하고 피고로서는 원고가 입은 손해를 알았거나 알 수 있었다고 볼 여지가 있다. 그 이유는 다음과 같다.

(가) 원고는 2013. 6. 11. 이 사건 소 제기 당시 갑 제5호증〔메신저 캡쳐 화면(사내에 퍼진 소문에 대한 제보)〕을 소장에 첨부하였다. 당시 원고는 "갑 제5호증은 사내에 유포된 허위 소문에 대한 동료 직원(갑)과 원고와의 메신저 대화 내용이나 피고 회사 재직 중인 '갑'의 보호를 위하여 부득이 '갑'의 이름만을 가려 익명 처리하였다."라고 밝히며, 대화 상대방 이름(소외 1) 부분은 지우고 '갑'으로 표시하였으나, 메신저 상단 화면에 "(소외 1의 영문이름 생략)" 부분은 삭제하지 않았다.

(나) 피고는 2013. 6. 17. 이 사건 소장과 함께 위 갑 제5호증을 송달받았다.

(다) 피고는 2013. 7. 3.경부터 유독 소외 1만을 대상으로 장기간에 걸친 출입기록을 조사하고, 2013. 7. 10. 소외 1에게 징계위원회에 출석할 것을 통보한 다음, 2013. 7. 12. 징계위원회를 개최하여 2013. 1. 14.부터 같은 해 6. 26.까지의 근무기간(근무일 총 105일) 중 8시간의 근무시간을 준수하지 않은 일수가 총 48일이라는 이유로 소외 1에 대한 정직 1주일의 징계처분을 의결하고 2013. 7. 19. 소외 1에게 통보하였다.

(라) 경기지방노동위원회는 2013. 12. 4. 소외 1에 대한 정직처분이 부당한 징계처분이라고 인정하였다. 중앙노동위원회는 2014. 3. 7. 피고의 재심신청을 기각하였다. 대전지방법원은 2014구합101254 사건에서 2015. 2. 11. 소외 1에 대한 정직처분이 사회통념상 현저하게 타당성을 잃어 징계재량권의 범위를 일탈·남용한 것으로 위법하다고 보아 피고의 재심판정 취소청구를 기각하였다. 피고는 위 판결에 대하여 항소하였다가 2015. 8. 17. 위 사건의 소를 취하하였다.

(마) 재심판정 취소사건에서 소외 1에 대한 정직처분이 위법하다고 본 근거는 다음과 같다. ① 피고는 사전에 근태관리시스템을 따로 운영하거나, 보안카드 리더기 등을 이용하여 출입기록과 근태상황이 확인될 수 있다는 점을 소외 1을 비롯한 근로자들에게 고지한 적이 없다. ② 보안카드 리더기로는 자신의 출입시각을 확인할 수 없어 근로자가 자신의 출퇴근 시간을 즉시 정확하게 알기는 어렵고, 이에 따라 근로시간에 대한 경각심을 가지기도 어려웠을 것이다. ③ 보안카드 리더기가 설치된 사무실은 ○○디자인아시아센터 사무실이 유일하므로 모든 근로자에게 같은 수준의 출퇴근 관리가 이루어지고 있다고 보기도 어렵다. ④ 피고 회사는 '유연근무시간(Flexible Working Time) 제도'를 운영하여 근로자들이 출·퇴근시간을 비교적 유동적으로 설정할 수 있도록 관리하였다. ⑤ 피고는 근태관리의 책임을 1차적으로 부서장에게 부여하고 있는데, 소외 1의 소속 부서장은 소외 1의 근무시간에 대해 특별히 문제 삼지 않았다. ⑥ 피고가 소외 1에 대한 정직처분 이전에 소외 1

에게 근로시간 미준수에 관하여 경고나 주의를 준 적이 없다. ⑦ 소외 1의 근무시간 미준수로 인하여 피고의 업무에 지장을 주거나 손해를 끼쳤다는 점에 관한 증명이 부족하다. ⑧ 소외 1이 피고 회사에서 장기간 근무하면서 징계를 받은 전력이 없고 우수한 수준의 업무 평가를 받았다. ⑨ 피고가 중앙연구소의 1,000명이 넘는 근로자 중 다른 근로자의 출입기록은 조사하지 않으면서 유독 소외 1만을 대상으로 장기간에 걸친 출입기록을 조사하고 이를 토대로 징계한 것은 형평의 원칙에 어긋난다고 볼 여지가 있다. ⑩ 소외 1에 대한 정직처분은 그 기간은 비록 1주일에 그치지만, 견책, 감급, 감봉 등의 징계에 비하여 중징계이고 그로 말미암아 소외 1이 장차 인사나 처우에서 불이익을 받을 우려가 있다. 실제 소외 1은 정직처분 이후 직무정지와 대기발령 상태에 있다가 기존에 있던 사무실이 아닌 구매본부로 발령을 받는 등 적지 않은 불이익을 받았다.

라. 원심으로서는 피고가 이 사건 소장을 송달받은 직후 이 사건 소 제기와 관련하여 원고에게 도움을 준 소외 1에 대해서만 차별적으로 정직처분을 한 경위와 그 후의 경과, 피고의 고의나 의도, 피고의 위와 같은 조치로 원고가 입은 불이익과 이에 대한 피고의 예견가능성 등을 구체적으로 심리하고, 소외 1에 대한 정직처분이 원고에 대해서도 불법행위를 구성하는지와 원고에게 배상해야 할 손해가 발생했는지를 따져 원고의 이 부분 청구의 당부를 가렸어야 할 것이다.

그런데도 원심은 이러한 사정에 관한 심리를 하지 않은 채 단지 소외 1이 남녀고용평등법 제14조 제2항의 불리한 조치의 대상이 될 수 없다는 이유만으로 이 부분에 관한 원고의 청구를 받아들이지 않았다. 이러한 원심의 조치에는 사용자의 피해근로자 등에 대한 보호의무와 민법 제750조의 불법행위에 관한 법리를 오해하여 필요한 심리를 다하지 않고 판단을 누락하여 판결에 영향을 미친 잘못이 있다. 이 점을 지적하는 원고의 상고이유 주장이 옳다.

결론적으로 보면, 원고가 청구한 내용은 대부분 받아들여졌다. 그리고 보다시피 재판이 진행되는 동안 법률 개정도 있었고, 성희롱을 바라보는 시선에도 변화가 느껴진다. 피고 회사의 마지막 상고까지 합하면 이 재판이 진행된 기간은 6년에 달한다. 그리고 사건이 처음 벌어졌던 때와 비교하면 최근의 회사들은 성희롱에 대해 전보다 더욱 신경을 쓰는 것 같다. 성희롱과 관련된 법원의 판단은 앞으로 더욱 엄격해지면 엄격해졌지 느슨해질 것 같지는 않다. 사내 성희롱과 관련된 문제는 이제 복잡한 법률문제와 혼란을 가져 오기 때문에 문제가 확인되는 즉시, 법률전문가의 자문에 따라 차분하게 대응하는 것이 상책으로 보인다.

: 성희롱 사건에서 사업주 책임 관련 법령 :

[남녀고용평등과 일·가정 양립 지원에 관한 법률(이하 '남녀고용평등법'이라 한다)]

제2조(정의)

이 법에서 사용하는 용어의 뜻은 다음과 같다.

2. "직장 내 성희롱"이란 사업주·상급자 또는 근로자가 직장 내의 지위를 이용하거나 업무와 관련하여 다른 근로자에게 성적 언동 등으로 성적 굴욕감 또는 혐오감을 느끼게 하거나 성적 언동 또는 그 밖의 요구 등에 따르지 아니하였다는 이유로 고용에서 불이익을 주는 것을 말한다.

4. "근로자"란 사업주에게 고용된 자와 취업할 의사를 가진 자를 말한다.

제10조(교육·배치 및 승진)

사업주는 근로자의 교육·배치 및 승진에 있어서 남녀를 차별하여서는 아니 된다.

제12조(직장 내 성희롱의 금지)

사업주, 상급자 또는 근로자는 직장 내 성희롱을 하여서는 아니 된다.

제13조(직장 내 성희롱 예방 교육)

① 사업주는 직장 내 성희롱을 예방하고 근로자가 안전한 근로환경에서 일할 수 있는 여건을 조성하기 위하여 직장 내 성희롱의 예방을 위한 교육(이하 "성희롱 예방 교육"이라 한다)을 실시하여야 한다.

제14조(직장 내 성희롱 발생 시 조치)

① 누구든지 직장 내 성희롱 발생 사실을 알게 된 경우 그 사실을 해당 사업주에게 신고할 수 있다.

② 사업주는 제1항에 따른 신고를 받거나 직장 내 성희롱 발생 사실을 알게 된 경우에는 지체 없이 그 사실 확인을 위한 조사를 하여야 한다. 이 경우 사업주는 직장 내 성희롱과 관련하여 피해를 입은 근로자 또는 피해를 입었다고 주장하는 근로자(이하 "피해근로자등"이라 한다)가 조사 과정에서 성적 수치심 등을 느끼지 아니하도록 하여야 한다.

③ 사업주는 제2항에 따른 조사 기간 동안 피해근로자등을 보호하기 위하여 필요한 경우 해당 피해근로자등에 대하여 근무장소의 변경, 유급휴가 명령 등 적절한 조치를 하여야 한다. 이 경우 사업주는 피해근로자등의 의사에 반하는 조치를 하여서는 아니 된다.

④ 사업주는 제2항에 따른 조사 결과 직장 내 성희롱 발생 사실이 확인된 때에는 피해근로자가 요청하면 근무장소의 변경, 배치전환, 유급휴가 명령 등 적절한 조치를 하여야 한다.

⑤ 사업주는 제2항에 따른 조사 결과 직장 내 성희롱 발생 사실이 확인된 때에는 지체 없이 직장 내 성희롱 행위를 한 사람에 대하여 징

계, 근무장소의 변경 등 필요한 조치를 하여야 한다. 이 경우 사업주는 징계 등의 조치를 하기 전에 그 조치에 대하여 직장 내 성희롱 피해를 입은 근로자의 의견을 들어야 한다.

⑥ 사업주는 성희롱 발생 사실을 신고한 근로자 및 피해근로자등에게 다음 각 호의 어느 하나에 해당하는 불리한 처우를 하여서는 아니 된다.

1. 파면, 해임, 해고, 그 밖에 신분상실에 해당하는 불이익 조치
2. 징계, 정직, 감봉, 강등, 승진 제한 등 부당한 인사조치
3. 직무 미부여, 직무 재배치, 그 밖에 본인의 의사에 반하는 인사조치
4. 성과평가 또는 동료평가 등에서 차별이나 그에 따른 임금 또는 상여금 등의 차별 지급
5. 직업능력 개발 및 향상을 위한 교육훈련 기회의 제한
6. 집단 따돌림, 폭행 또는 폭언 등 정신적·신체적 손상을 가져오는 행위를 하거나 그 행위의 발생을 방치하는 행위
7. 그 밖에 신고를 한 근로자 및 피해근로자등의 의사에 반하는 불리한 처우

⑦ 제2항에 따라 직장 내 성희롱 발생 사실을 조사한 사람, 조사 내용을 보고 받은 사람 또는 그 밖에 조사 과정에 참여한 사람은 해당 조사 과정에서 알게 된 비밀을 피해근로자등의 의사에 반하여 다른 사

람에게 누설하여서는 아니 된다. 다만, 조사와 관련된 내용을 사업주에게 보고하거나 관계 기관의 요청에 따라 필요한 정보를 제공하는 경우는 제외한다.

[전문개정 2017.11.28](* 참고로 앞에 소개한 사건은 2017년 11월 28일 이전에 벌어진 사건으로 개정되기 전 법령을 따른다.)

제25조(분쟁의 자율적 해결)

사업주는 제7조부터 제13조까지, 제13조의2, 제14조, 제14조의2, 제18조 제4항, 제18조의2, 제19조, 제19조의2부터 제19조의6까지, 제21조 및 제22조의2에 따른 사항에 관하여 근로자가 고충을 신고하였을 때에는 「근로자참여 및 협력증진에 관한 법률」에 따라 해당 사업장에 설치된 노사협의회에 고충의 처리를 위임하는 등 자율적인 해결을 위하여 노력하여야 한다.

제30조(입증책임)

이 법과 관련한 분쟁해결에서 입증책임은 사업주가 부담한다.

제37조(벌칙)

② 사업주가 다음 각 호의 어느 하나에 해당하는 위반행위를 한 경우에는 3년 이하의 징역 또는 2천만원 이하의 벌금에 처한다.

2. 제14조제6항을 위반하여 직장 내 성희롱 발생 사실을 신고한 근로자 및 피해근로자등에게 불리한 처우를 한 경우

(남녀고용평등과 일·가정 양립 지원에 관한 법률 타법개정 2020. 5. 26. [법률 제17326호, 시행 2020. 5. 26.])

제38조(양벌규정)

법인의 대표자나 법인 또는 개인의 대리인, 사용인, 그 밖의 종업원이 그 법인 또는 개인의 업무에 관하여 제37조의 위반행위를 하면 그 행위자를 벌하는 외에 그 법인 또는 개인에게도 해당 조문의 벌금형을 과한다. 다만, 법인 또는 개인이 그 위반행위를 방지하기 위하여 해당 업무에 관하여 상당한 주의와 감독을 게을리하지 아니한 경우에는 그러하지 아니하다.

제39조(과태료)
① 사업주가 제12조를 위반하여 직장 내 성희롱을 한 경우에는 1천만 원 이하의 과태료를 부과한다.

[남녀고용평등과 일·가정 양립 지원에 관한 법률 시행령(이하 '남녀고용평등법 시행령'이라 한다)]

제3조(직장 내 성희롱 예방 교육)
① 사업주는 법 제13조에 따라 직장 내 성희롱 예방을 위한 교육을 연 1회 이상 하여야 한다.
② 제1항에 따른 예방 교육에는 다음 각 호의 내용이 포함되어야 한다.

1. 직장 내 성희롱에 관한 법령

2. 해당 사업장의 직장 내 성희롱 발생 시의 처리 절차와 조치 기준

3. 해당 사업장의 직장 내 성희롱 피해 근로자의 고충상담 및 구제 절차

4. 그 밖에 직장 내 성희롱 예방에 필요한 사항

③ 제1항에 따른 예방 교육은 사업의 규모나 특성 등을 고려하여 직원연수·조회·회의, 인터넷 등 정보통신망을 이용한 사이버 교육 등을 통하여 실시할 수 있다. 다만, 단순히 교육자료 등을 배포·게시하거나 전자우편을 보내거나 게시판에 공지하는 데 그치는 등 근로자에게 교육 내용이 제대로 전달되었는지 확인하기 곤란한 경우에는 예방 교육을 한 것으로 보지 아니한다.

[남녀고용평등과 일·가정 양립 지원에 관한 법률 시행규칙(이하 '남녀고용평등법 시행규칙'이라 한다)**]**

제2조(직장 내 성희롱 판단기준의 예시)

「남녀고용평등과 일·가정 양립 지원에 관한 법률」(이하 "법"이라 한다) 제2조 제2호에 따른 직장 내 성희롱을 판단하기 위한 기준의 예시는 별표 1과 같다.

[별표 1] 직장 내 성희롱을 판단하기 위한 기준의 예시(제2조 관련)

1. 성적인 언동의 예시

가. 육체적 행위

(1) 입맞춤, 포옹 또는 뒤에서 껴안는 등의 신체적 접촉행위

(2) 가슴·엉덩이 등 특정 신체부위를 만지는 행위

(3) 안마나 애무를 강요하는 행위

나. 언어적 행위

(1) 음란한 농담을 하거나 음탕하고 상스러운 이야기를 하는 행위(전화통화를 포함한다)

(2) 외모에 대한 성적인 비유나 평가를 하는 행위

(3) 성적인 사실 관계를 묻거나 성적인 내용의 정보를 의도적으로 퍼뜨리는 행위

(4) 성적인 관계를 강요하거나 회유하는 행위

(5) 회식자리 등에서 무리하게 옆에 앉혀 술을 따르도록 강요하는 행위

다. 시각적 행위

(1) 음란한 사진·그림·낙서·출판물 등을 게시하거나 보여주는 행위(컴퓨터통신이나 팩시밀리 등을 이용하는 경우를 포함한다)

(2) 성과 관련된 자신의 특정 신체부위를 고의적으로 노출하거나 만지는 행위

라. 그 밖에 사회통념상 성적 굴욕감 또는 혐오감을 느끼게 하는 것으

로 인정되는 언어나 행동

[근로기준법]

제2조(정의)

① 이 법에서 사용하는 용어의 뜻은 다음과 같다.

2. "사용자"란 사업주 또는 사업 경영 담당자, 그 밖에 근로자에 관한 사항에 대하여 사업주를 위하여 행위하는 자를 말한다.

제23조(해고 등의 제한)

① 사용자는 근로자에게 정당한 이유 없이 해고, 휴직, 정직, 전직, 감봉, 그 밖의 징벌(징벌)(이하 "부당해고등"이라 한다)을 하지 못한다.

[노동조합 및 노동관계조정법]

제2조(정의)

이 법에서 사용하는 용어의 뜻은 다음과 같다.

2. "사용자"란 사업주 또는 사업 경영 담당자 또는 그 사업의 근로자에 관한 사항에 대하여 사업주를 위하여 행동하는 자를 말한다.

[장애인차별금지 및 권리구제 등에 관한 법률]

제6조(차별금지)

누구든지 장애 또는 과거의 장애경력 또는 장애가 있다고 추측됨을 이유로 차별을 하여서는 아니 된다.

제47조(입증책임의 배분)

① 이 법률과 관련한 분쟁해결에 있어서 차별행위가 있었다는 사실은 차별행위를 당하였다고 주장하는 자가 입증하여야 한다.

② 제1항에 따른 차별행위가 장애를 이유로 한 차별이 아니라거나 정당한 사유가 있었다는 점은 차별행위를 당하였다고 주장하는 자의 상대방이 입증하여야 한다.

[민법]

제750조(불법행위의 내용)

고의 또는 과실로 인한 위법행위로 타인에게 손해를 가한 자는 그 손해를 배상할 책임이 있다.

제756조(사용자의 배상책임)

① 타인을 사용하여 어느 사무에 종사하게 한 자는 피용자가 그 사무집행에 관하여 제삼자에게 가한 손해를 배상할 책임이 있다. 그러나 사용자가 피용자의 선임 및 그 사무감독에 상당한 주의를 한 때 또는 상당한 주의를 하여도 손해가 있을 경우에는 그러하지 아니하다.

[상법]

제389조(대표이사)

③ 제208조 제2항, 제209조, 제210조와 제386조의 규정은 대표이사에 준용한다.

7장

어떤 경우에
추행이 되나

-1-
대법원에서 말하는 강제추행의 의미

 뉴질랜드발 외교관 성추행 사건을 기억할 것 같다. 우리나라 남자 외교관이 대사관에 근무하는 뉴질랜드 남성을 성추행했다고 알려진 사건이다. 당시 뉴질랜드에서는 총리까지 나서서 우리나라 대통령에게 항의를 표시하는 등 결코 가볍지 않은 사안으로 사태를 바라보았다. 뉴질랜드 법원은 외교관의 면책특권을 인정할 수 없다는 판단 아래, 체포영장을 발부했으나 협조가 이루어지지 않아 조사 자체를 진행할 수 없었다.

 벌어진 어떤 '사실'에 대해서는 어느 누구도 부정하지 않는다. 그러나 이 사실을 바라보는 '시각'이 달랐다. 당시 여당 중진의원은 이렇게 말했다.

 "그냥 같은 남자끼리 배도 한 번 툭툭 치고 엉덩이도 한 번 치고 그랬다는데 문화적 차이도 있다. 그 나라 정부의 외교관 인도 요구는 오버로 보인다."

반면 야당의 젊은 여성의원은 다른 시각을 보여준다.

"상대가 이성이든 동성이든 성추행은 성추행이다."

이 두 개의 주장 가운데 어떤 게 맞는 말일까? 시간을 한 10년 전쯤으로 돌린다면 '오버다'라는 말이 맞는 듯하다. 그러나 지금은 여성의원의 말이 맞다. 상대가 이성이든 동성이든 성추행은 성추행이다. 물론 단서가 붙는다. 그 상대가 성적 불쾌감을 느끼고, 이를 문제 삼을 때 말이다. 추행이 되는가, 안 되는가는 행위하는 사람의 입장에서 살피는 게 아니고, 행위를 당하는 사람 입장에서 살피는 문제로 전환되었다. 그것도 피해를 당한 구체적인 피해자가 아니라 일반인을 기준으로 판단하는 것이다. 최근에는 놀이터 의자에서 통화하는 여성 뒤에서 몰래 소변을 보는 것을 피해자가 인식 못 했더라도 강제추행으로 봐야 한다는 대법원의 파기환송판결(대법원 2021.10.28.선고2021도7538)도 있었다.

무엇이 강제추행인지 아닌지 알기 위해 가장 기본적인 개념부터 이해하고 넘어가자. 아래는 대법원에서 정리하는 '강제추행죄의 개념'이다.

● 대법원 2020. 3. 26. 선고 2019도15994 판결 [강제추행]

강제추행죄는 상대방에 대하여 폭행 또는 협박을 가하여 항거를 곤란하게 한 뒤에 추행행위를 하는 경우뿐만 아니라 폭행행위 자체가 추행

행위라고 인정되는 이른바 기습추행의 경우도 포함된다. 특히 기습추행의 경우 추행행위와 동시에 저질러지는 폭행행위는 반드시 상대방의 의사를 억압할 정도의 것임을 요하지 않고 상대방의 의사에 반하는 유형력의 행사가 있기만 하면 그 힘의 대소강약을 불문한다는 것이 일관된 판례의 입장이다. 이에 따라 대법원은, 피해자의 옷 위로 엉덩이나 가슴을 쓰다듬는 행위, 피해자의 의사에 반하여 그 어깨를 주무르는 행위, 교사가 여중생의 얼굴에 자신의 얼굴을 들이밀면서 비비는 행위나 여중생의 귀를 쓸어 만지는 행위 등에 대하여 피해자의 의사에 반하는 유형력의 행사가 이루어져 기습추행에 해당한다고 판단한 바 있다.

나아가 추행은 객관적으로 일반인에게 성적 수치심이나 혐오감을 일으키게 하고 선량한 성적 도덕관념에 반하는 행위로서 피해자의 성적 자유를 침해하는 것으로, 이에 해당하는지 여부는 피해자의 의사, 성별, 연령, 행위자와 피해자의 이전부터의 관계, 그 행위에 이르게 된 경위, 구체적 행위태양, 주위의 객관적 상황과 <u>그 시대의 성적 도덕관념</u> 등을 종합적으로 고려하여 신중히 결정되어야 한다.

어떤 경우에 강제추행이라고 하는가? 예를 들어 움직이지 못하게 힘을 쓰거나 때리거나 한 뒤에 추행했다면 이는 '폭행'에 의한 추행으로 강제추행이 된다. 때릴 듯이 협박하거나 가족에게 해코지를 하겠다는 식으로 말하며 추행을 해도 강제추행이 된다. 한편 폭행이나 협박이 없어도 '갑자기' 만지면 이는 '기습추행'으로 강제추행이 된다. 일반적으로 폭행이나 협박에 의한 강제추행은 힘의 상대적 크기가 중요하다. 덩치 큰 사람이 한 눈에도 약해 보이는 사람에게 협박을 했다면 쉽게 강제추행이 됨을 이해할 수 있다. 반면 기습추행에서는 힘의 크기가 중요하지 않다. 덩치가 작은 사람도 얼마든지 '기습추행'을 할 수 있기 때문이다. 따라서 기습추행에서는 힘의 대소강약을 따지지 않는다고 설명한다.

그리고 마지막 문단에서 추행의 개념을 소개하는데 밑줄 친 부분에 '그 시대의 성적 도덕관념'이라는 표현이 등장한다. 이 말은 시대에 따라 판단 기준이 달라진다는 얘기겠다. 이 기준을 알고 있는 것이 이제 우리가 마주하게 될지도 모르는 강제추행으로부터 자신을 지키는 길이 되겠다.

- 2 -
만지는 데도 가만히 있었다면
강제추행이 아닌 것 같은데

직장 술자리에서 가벼운 신체 접촉이 있을 수 있다. 더욱이 상대가 거부의 몸짓이 없었다. 만일 상대가 사후에도 문제를 삼지 않는다면 별 일 없이 넘어갈 일이겠다. 그런데 문제를 삼는다면 강제추행이 될까? 사건 하나를 살펴보자.

사건 개요

가해자는 회사 사장이었고, 피해자는 직원이었다. 가해자는 피해자 볼에 입을 맞추고, 오른쪽 허벅지를 쓰다듬었다는 이유로 강제추행죄(형법 제289조)로 기소되어 제1심에서 벌금 500만 원과 성폭력치료프로그램 이수명령 40시간, 취업제한 명령 5년을 선고받았다. 피고인은

1심 판결에 불복했다(강제추행을 한 적이 없고, 양형이 부당하다). 검사 역시 벌이 너무 적다고 생각, 양측이 동시에 항소하여 사건은 2심 재판부로 넘어간다. 2심은 피해자의 신체 일부를 만진 행위는 있지만 '폭행행위'라고 할 만한 유형력의 행사가 없었다며 무죄를 선고했다. 이에 검사가 상고했는데 3심은 강제추행죄의 법리, 피해자 진술의 신빙성에 대한 판단 착오 등을 이유로 원심판결을 파기하여 환송했다.

1심 : 창원지방법원 밀양지원 2018고단204

2심 : 창원지방법원 2019노309

3심 : 대법원 2019도15994

어떤 사건인가?

1심 판결문에 사건 내막이 소개되어 있다.

피고인(* 가해자)은 미용업체인 공소외 1 주식회사를 운영하는 사람이고, 피해자 공소외 2(여, 27세)는 위 회사의 가맹점인 A 및 B에서 근무하는 사람이다. 피고인은 2016. 2. 내지 3. 사이 일자불상(* 정확한 날짜 모름)경 밀양시에 있는 노래방에서 피해자를 비롯한 직원들과 회식을 하던 중 피해자를 강제추행 할 마음을 먹고, 피해자를 자신의 옆자리에 앉힌 후 피해자에게 귓속말로 "일하는 것이 어렵지 않나. 힘든 것 있으면 말하라."고 하면서 갑자기 피해자의 볼에 입을 맞추고, 이에 놀란 피해자가 "하지 마세요"라고 하였음에도, 계속하여 "괜찮다. 힘든 것 있으면 말해라. 무슨 일이든 해결해 줄 수 있다."라고 하면서 오른손으로 피해자의 오른쪽 허벅지를 쓰다듬었다.
이로써 피고인은 피해자를 강제로 추행하였다.

위 사건 내막에서 추행으로 볼 만한 내용은 1) 볼에 입을 맞춘 것, 2) 허벅지를 만진 것이다. 그러나 1심은 볼에 입을 맞춘 사실이 있었는지 불확실하다며 '사실'로 인정하지 않았다. 그렇다면 '허벅지 접촉'만 남는데 이를 강제추행으로 본 것이다.

항소심에서 뒤바뀐 판단

1심에서는 재고의 여지없는 강제추행으로 보았다. 그런데 항소심은 생각이 달랐다. 벌어진 사실 자체에 대해서는 2심도 이견은 없었다. 즉 사장이 직원의 허벅지를 쓰다듬었다는 사실은 인정했다. 그러나 이 '사실'을 해석하는 눈이 달랐다. 요컨대 강제추행이 되기 위해 필요한 '유형력의 행사'는 없었다고 본 것이다. 먼저 2심은 강제추행이 성립하려면 무엇이 필요한지부터 살핀다.

2) 그런데 우리 형사법은 ① 폭행·협박에 의한 강제추행(형법 제298조), ② 위력 등에 의한 추행(형법 제302조, 아동·청소년의 성보호에 관한 법률 제7조 제5항, 성폭력범죄의 처벌 등에 관한 특례법 제10조 등), ③ 단순추행

(형법 제305조, 성폭력범죄의 처벌 등에 관한 특례법 제11조)을 각각 구분함으로써 어떠한 행위가 추행에 해당하는 경우에도 그러한 추행이 폭행·협박에 의하여 이루어진 것인지, 위력에 의하여 이루어진 것인지 등에 따라 그 구성요건과 법정형을 달리 규정하고 있다. 이와 같은 법체계에 비추어 볼 때, 폭행행위 자체가 추행행위라고 인정되는 경우인 이른바 '기습추행'의 경우에도 강제추행죄가 성립할 수 있다 하더라도, 폭행행위라고 평가할 수 있을 정도의 유형력의 행사가 있는 경우에만 강제추행죄가 성립한다고 보아야 할 것이다.

폭행, 협박이 있거나 혹은 기습추행일 때 강제추행이 된다는 게 핵심이다. 그런데 이 사건이 벌어진 당시에 같이 있었던 사람들의 증언에 따르면 이 세 가지를 찾아볼 수 없다는 게 2심의 판단이다.

3) 이 사건 범행은 피고인이 노래방에서 피해자를 비롯한 직원들과 회식을 하던 중 오른손으로 피해자의 오른쪽 허벅지를 쓰다듬어 피해자를 추행하였다는 것이다. 그런데 피해자는 추행 경위와 관련하여 '피고인이 자신의 오른손으로 제 오른쪽 허벅지를 쓰다듬으면서 "괜찮다, 힘든 것 있으면 말해라, 무슨 일이든 해결해줄 수 있다"라고 말했다'라고 진술하고 있고, 증인 공소외 3은 원심 법정에서 '피고인은 피해자의 다리를 옷 위로 쓰다듬고 피해자 옆에 기대거나 피해자를 뒤에서 안는 등의 행위를 했으나 피해자는 가만히 있었다,' '가만히 있다는 것은 성추행이 아니지 않느냐,' '단순히 친하다고만 생각했던 두 사람인데 피고인

이 그런 모습을 보여서 놀랐다. 거기에 대해서 피해자는 아무렇지 않게 가만히 있었다'라고 진술하였으며(공판기록 제118 내지 120쪽), 증인 공소외 4도 원심 법정에서 '피고인이 피해자의 허벅지를 쓰다듬는 것을 보았는데 직후 피해자는 그냥 가만히 있었다'라는 취지로 진술하였다(공판기록 제64쪽). 이와 같은 증인들의 진술 내용이나 이 사건 회식의 지속 시간, 진행 과정 및 분위기, 피고인의 부적절한 행동의 유형 및 반복성, 피해자의 반응, 다른 회식 참석자들의 상황 인식 등에 비추어 보더라도, 피고인이 위와 같이 피해자의 신체 일부를 만진 행위를 들어 폭행행위라고 평가할 수 있을 정도의 유형력의 행사가 있었던 것이라고 볼 수는 없다.

상고심에서 다시 바뀐 판단

일반적으로 기습추행이라고 하면 '갑자기 만지는 것'을 의미한다. 엉덩이나 가슴 등을 만지고 도망치는 게(속칭 만튀) 대표적인 기습추행이겠다. 이때 갑자기 만졌으므로 대개 만져진 사람은 놀라기 마련이고, 그게 겉으로 드러나는 게 일반적이라고 보인다. 그런 관점에서 가만히 있었던 피해자의 모습은 '기습추행'으로 보기 어려운 점이 있는 게 사실이다. 그런데 상고심에서는 '가만히 있을 수밖에 없었던 이유'를 찾는다.

다. 원심은 무죄의 근거로서 피고인이 피해자의 허벅지를 쓰다듬던 당시 피해자가 즉시 피고인에게 항의하거나 반발하는 등의 거부의사를 밝히는 대신 그 자리에 가만히 있었다는 점을 중시하였던 것으로 보인다.

그러나 성범죄 피해자의 대처 양상은 피해자의 성정이나 가해자와의 관계 및 구체적인 상황에 따라 다르게 나타날 수밖에 없다는 점(대법원 2018. 10. 25. 선고 2018도7709 판결, 대법원 2019. 7. 11. 선고 2018도2614 판결 등 참조)에서 원심이 들고 있는 위 사정만으로는 강제추행죄의 성립이 부정된다고 보기 어렵다. 피해자가 피고인에게 즉시 거부의사를 밝히지 않았다고 하지만, 반대로 피해자가 피고인의 행위에 대하여 명시적으로 동의한 바도 없었음이 분명하고, 피고인의 신체접촉에 대해 피해자가 묵시적으로 동의하였다거나 그 의사에 반하지 않았다고 볼 만한 근거 역시 찾아볼 수 없기 때문이다. 나아가 이 사건 당시 피고인의 행위에 대하여 적극적으로 항의하지 아니한 이유에 관하여, 피해자는 경찰 조사 시 '수치스러웠다. 이런 적이 한 번도 없어서 어떻게 해야 할지 몰랐다'고, 검찰 조사 시 '짜증이 나고 성적으로 수치심이 들었다. 피고인은 회사 대표이고 피해자는 그 밑에서 일하는 직원이라서 적극적으로 항의하지 못했다'고 각 진술하였다. 이처럼 당시는 다른 직원들도 함께 회식을 하고 나서 노래방에서 여흥을 즐기던 분위기였기에 피해자가 즉시 거부의사를 밝히지 않았다고 하여, 피고인의 행위에 동의하였다거나 피해자의 의사에 반하지 아니하였다고 쉽게 단정하여서는 아니 된다. 원심도 이에 관하여 다른 판단을 하고 있지는 않다.

이밖에도 상고심은 피해자의 진술이 일관되었다는 점에 주목한다.

나. 피해자는 이 사건 당시 피해자 본인의 의사에 반하여 피고인이 피해자의 허벅지를 쓰다듬었다는 취지로 수사기관에서부터 제1심 법정에 이르기까지 일관되게 진술하고 있다. 당시 사건 현장에 있었던 제1심 증인 공소외 3, 공소외 4의 각 진술 역시 피고인이 피해자의 허벅지를 쓰다듬는 장면을 목격하였다는 취지로서 피해자의 위와 같은 진술에 부합한다. 특히 제1심 증인 공소외 3은 피고인과 피해자가 평소 친하기는 하였어도 그와 같이 신체접촉을 하는 것을 본 적이 없었기에 그 장면을 보고서 놀랐다는 취지로 진술하기도 하였다.
이와 같이 피고인이 여성인 피해자가 성적 수치심이나 혐오감을 느낄 수 있는 부위인 허벅지를 쓰다듬은 행위는, 피해자의 의사에 반하여 이루어진 것인 한 앞서 본 법리에 비추어 피해자의 성적 자유를 침해하는 유형력의 행사에 해당할 뿐 아니라 일반인에게도 성적 수치심이나 혐오감을 일으키게 하는 추행행위라고 보아야 한다.

그래서 결론적으로 3심은 이 사건을 '기습추행으로 인한 강제추행'으로 보고 있다. 즉 '상황에 따라 당장 거부하지 못했다고 하더라도 기습추행이 아니라고 볼 수는 없다'는 것이다.

라. 이상에서 살펴본 것처럼 원심이 들고 있는 사정은 기습추행으로 인한 강제추행죄의 성립을 부정적으로 볼 만한 것이 아닐 뿐 아니라, 피

고인이 저지른 행위가 자신의 의사에 반하였다는 피해자 진술의 신빙성에 대하여 합리적인 의심을 가질 만한 사정도 없다고 판단된다. 그럼에도 원심은 이 부분 공소사실에 대하여 앞서 본 바와 같은 이유로 범죄의 증명이 없다고 보았으니, 원심의 이러한 판단에는 기습추행 내지 강제추행죄의 성립에 관한 법리를 오해하여 판결에 영향을 미친 잘못이 있다. 이 점을 지적하는 검사의 상고이유 주장은 이유 있다.

이전부터 그런 관계였던 것도 아니고, 증인들이 진술하듯이 갑자기 그래서 옆에 있던 자기들이 놀랐던 일이고, 사장과 직원이라는 특수한 관계도 있었던 것이고, 피해자 진술이 일관되지 못했다는 걸 딱히 증명할 수 없다면 그렇게 보아야 한다는 얘기다.

피해자 입장을 고려해서 판단해야 한다

최근의 판례들이 이렇게 나오는 것은 앞에서도 얘기한 대로 성인지 감수성 때문이다. 성인지 감수성은 피해자 입장에서 생각해야 한다는 게 골자다. 이 때문에 3심은 2심과 달리 피고인의 변론보다 피해자의 주장에 중점을 두고 살핀다. 아래 판례는 판결을 내릴 때 성인지 감수성에 토대를 둘 것을 말하고 있는데 가장 중요한 내용은 '성폭행 피해자의 대처 양상은 다르게 나타날 수밖에 없다'는 내용이다. 가만히 있었다는 그 사실 자체가 아니라, 왜 가만히 있을 수밖에 없었는가를 더 살펴야 한다는 말이다.

대법원 2018. 10. 25. 선고 2018도7709 판결 [강간·특수상해·상해·특수협박·협박·폭행]

법원이 성폭행이나 성희롱 사건의 심리를 할 때에는 그 사건이 발생한 맥락에서 성차별 문제를 이해하고 양성평등을 실현할 수 있도록 '성인지 감수성'을 잃지 않도록 유의하여야 한다(양성평등기본법 제5조 제1항 참조). 우리 사회의 가해자 중심의 문화와 인식, 구조 등으로 인하여 성폭행이나 성희롱 피해자가 피해사실을 알리고 문제를 삼는 과정에서 오히려 피해자가 부정적인 여론이나 불이익한 처우 및 신분 노출의 피해 등을 입기도 하여 온 점 등에 비추어 보면, 성폭행 피해자의 대처 양상은 피해자의 성정이나 가해자와의 관계 및 구체적인 상황에 따라 다르게 나타날 수밖에 없다. 따라서 개별적, 구체적인 사건에서 성폭행 등의 피해자가 처하여 있는 특별한 사정을 충분히 고려하지 않은 채 피해자 진술의 증명력을 가볍게 배척하는 것은 정의와 형평의 이념에 입각하여 논리와 경험의 법칙에 따른 증거판단이라고 볼 수 없다.

-3-
직접 만진 적이 없어도 강제추행이 될까?
: n-번방 사건

강제추행이라고 하면 직접적으로 만지는 행위가 필요한 것으로 생각될 수 있다. 그런데 넷플릭스 드라마 〈D.P〉에서처럼 평소 억압적이던 선임이 후임에게 자위행위를 시키는 것은 어떻게 될까? 너무도 잘 알려진 실제 사건 N-번방 사건은 또 어떻게 될까? 가해자가 피해자를 직접 만지는 행위가 없었으므로 강제추행이 되지 않는 걸까? 예컨대 다음 판례를 보자.

● 춘천지방법원 영월지원 2016.5.12.선고 2016고합 2 판결
가. 아동·청소년의성보호에 관한 법률위반(강제추행)

피고인은 2015.5.3.12:00경 인천 남구에 있는 피고인의 주거지에서 피해자에게 스마트폰 채팅 애플리케이션 'T'로 '가슴 사진, 성기 사진, 가

슴을 만지는 동영상을 보내지 않으면 가슴 사진과 개인정보를 인터넷에게 유포하겠다라는 내용의 문자 메시지를 전송하는 방법으로 피해자를 협박하고, 피해자로부터 같은 일시경 그와 같이 촬영된 사진과 동영상 파일을 전송받았다.

이에 대해 대법원은 '간접정범'이라는 표현을 써서 이 역시 강제추행이 된다고 보았다. 사람(A)을 시켜서 죄를 짓게 하는 경우, 보통 A는 공범이 되어 교사한 자와 함께 처벌된다. 그런데 N-번방 사건처럼 A가 피해자인 경우가 있다. 이 경우, A에게는 죄를 물을 수 없고, 이때 교사한 사람을 간접정범이라고 한다. N-번방 사건의 가해자가 강제추행죄가 된 것은 바로 이 간접정범 때문이다.

● 대법원 2018.2.8.선고 2016다17733판결

가. 강제추행죄는 사람의 성적 자유 내지 성적 자기결정의 자유를 보호하기 위한 죄로서 정범 자신이 직접 범죄를 실행하여야 성립하는 자수범이라고 볼 수 없으므로, 처벌되지 아니하는 타인을 도구로 삼아 피해자를 강제로 추행하는 간접정범의 형태로도 범할 수 있다. 여기서 강제추행에 관한 간접정범의 의사를 실현하는 도구로서의 타인에는 피해자도 포함될 수 있다고 봄이 타당하므로, 피해자를 도구로 삼아 피해자의 신체를 이용하여 추행행위를 한 경우에도 강제추행죄의 간접정범에 해당할 수 있다.

나. 피고인이 피해자들을 협박하여 겁을 먹은 피해자들로 하여금 어쩔 수 없이 나체나 속옷만 입은 상태가 되게 하여 스스로를 촬영하게 하거나, 성기에 이물질을 삽입하거나 자위를 하는 등의 행위를 하게 하였다면, 이러한 행위는 피해자들을 도구로 삼아 피해자들의 신체를 이용하여 그 성적 자유를 침해한 행위로서, 그 행위의 내용과 경위에 비추어 일반적이고도 평균적인 사람으로 하여금 성적 수치심이나 혐오감을 일으키게 하고 선량한 성적 도덕관념에 반하는 행위라고 볼 여지가 충분하다.

다. 따라서 원심이 확정한 사실관계에 의하더라도, 피고인의 행위 중 위와 같은 행위들은 피해자들을 이용하여 강제추행의 범죄를 실현한 것으로 평가할 수 있고, 피고인이 직접 위와 같은 행위들을 하지 않았다거나 피해자들의 신체에 대한 직접적인 접촉이 없었다고 하더라도 달리 볼 것은 아니다.

: 아동·청소년 대상 디지털 성범죄 수사 및 처벌 강화 :

2021년 추석을 지나면서 아동·청소년 대상 디지털 성범죄에 대한 위장수사가 가능해졌다. SNS, 랜덤채팅방, 메신저 등에 신분을 위장한 수사관이 디지털 성착취 범죄를 추적하게 되었다. 이전에는 수사관이라도 신분 위장을 하면 위법이었다. 그러나 이제는 가능하다(수사특례 규정). N-번방 사건 등이 계기가 된 것이다.

신분비공개수사·청소년성보호법 제25조의2

사법경찰관리는 디지털 성범죄에 대하여 신분을 비공개하고 범죄 현장 또는 범인으로 추정되는 자들에게 접근해 범죄행위의 증거 및 자료 등을 수집할 수 있다.

신분위장수사·청소년성보호법 제25조의2

사법경찰관리는 디지털 성범죄를 계획 또는 실행하고 있거나 실행하였다고 의심할 만한 충분한 이유가 있고, 다른 방법으로 그 범죄를 저지하거나 범인의 체포 또는 증거의 수집이 어려운 경우에 한정하여 수사목적을 달성하기 위해 신분위장수사를 할 수 있다.

신분 위장 방법에는 두 가지가 있는데 경찰관 신분을 숨기고 증거를 수집하는 '신분비공개 수사'가 하나고, 가상의 인물로 신분증을 만든 뒤 범죄 현장에 접근하는 '신분위장 수사'가 다른 하나다. 박사방 사건의 경우 신원이 확인된 사람만 성착취물에 접근 권한이 주어졌기 때문이다. 단, 신분비공개 수사는 사전에 상급 경찰관의 장에게 승인을 받아야 하고, 수사 기간은 3개월을 넘기면 안 된다. 신분위장 수사는, 다른 방법으로는 범인을 잡기가 어렵다고 판단될 때 검사의 청구를 거쳐 법원의 허가를 받아야만 가능하다(단, 긴급한 경우, 법원의 허가 없이 신분위장 수사를 진행한 뒤, 사후에 48시간 내 법원의 허가를 받도록 했다.).
한편 일명 '온라인 그루밍'에 대해서도 처벌이 가능해졌다. 이전에는 아동·청소년의 성 구매 목적인 경우에만 처벌이 가능했는데 성적 목적으로 접근해서 대화를 하기만 해도 형사처벌이 가능해졌다.

아동·청소년이 성보호에 관한 법률 제15조의2

19세 이상의 사람이 성적 착취를 목적으로 정보통신망을 통하여 성적 욕망이나 수치심 또는 혐오감을 유발할 수 있는 대화를 지속적으로 또는 반복적으로 하거나 그러한 대화에 참여시키는 행위를 한 경우에 3년 이하의 징역 또는 3000만원 이하의 벌금에 처한다.

- 4 -
피해자가 성적 수치심을 느끼지 않았는데도 강제추행이 될까?

지하철처럼 대중이 붐비는 곳에서 몸을 밀착하는 것도 추행의 하나다. 일명 '공중밀집장소에서의 추행'이 된다. 이 범죄가 신설된 것은, '유형력 행사' 없이도 추행이 벌어지는 경우가 생겼기 때문으로 아래 판례가 이를 잘 설명한다.

● 대법원 2020. 6. 25. 선고 2015도7102 판결 [성폭력범죄의처벌등에관한특례법위반(공중밀집장소에서의추행)(예비적죄명:강제추행미수)]

구 성폭력범죄의 처벌 등에 관한 특례법(2020. 5. 19. 법률 제17264호로 개정되기 전의 것, 이하 '성폭력처벌법'이라 한다) 제11조는 '대중교통수단, 공연·집회 장소, 그 밖에 공중이 밀집하는 장소에서 사람을 추행한 사람'을 1년 이하의 징역 또는 300만 원 이하의 벌금에 처하도록 하고 있다.

입법 취지는 도시화된 현대사회에서 다중이 출입하는 공공연한 장소에서 추행 발생의 개연성과 함께 그에 대한 처벌의 필요성이 높아진 반면, 피해자와 접근이 용이하고 추행장소가 공개되어 있는 등의 사정으로 피해자의 명시적·적극적인 저항이나 회피가 어려운 상황을 이용하여 유형력을 행사하는 것 이외의 방법으로 이루어지는 추행행위로 말미암아 형법 등 다른 법률에 따른 처벌이 여의치 않은 상황에 대처하기 위한 것이다.

그런데 이런 사건에서는 피해자가 피해 사실을 모르고 지나가는 경우가 종종 생긴다. 이때도 과연 추행이 인정될까? 이게 추행인지 아닌지 판단하기 위해 위 판례에서는 '추행'의 정의를 든다.

여기에서 '추행'이란 일반인을 기준으로 객관적으로 성적 수치심이나 혐오감을 일으키게 하고 선량한 성적 도덕관념에 반하는 행위로서 피해자의 성적 자기결정권을 침해하는 것을 말한다. 이에 해당하는지는 피해자의 성별, 연령, 행위자와 피해자의 관계, 그 행위에 이르게 된 경위, 구체적 행위 양태, 주위의 객관적 상황과 그 시대의 성적 도덕관념 등을 종합적으로 고려하여 신중히 결정해야 한다(대법원 2012. 2. 23. 선고 2011도17441 판결 참조).

원심은 성폭력처벌법 위반(공중밀집장소에서의 추행)죄가 기수에 이르기 위해서는 객관적으로 일반인에게 성적 수치심이나 혐오감을 일으키게 할 만한 행위로서 선량한 성적 도덕관념에 반하는 행위를 행위자가 대상자를 상대로 실행하는 것으로 충분하고, 행위자의 행위로 말미암아 대상자가 성적 수치심이나 혐오감을 반드시 실제로 느껴야 하는 것은 아니라는 이유로 변경된 공소사실 중 주위적 공소사실인 성폭력처벌법 위반(공중밀집장소에서의 추행) 부분을 유죄로 인정하였다.

원심판결 이유를 위에서 본 법리와 적법하게 채택된 증거에 비추어 살펴보면, 원심판단에 상고이유 주장과 같이 성폭력처벌법 위반(공중밀집장소에서의 추행)죄에서 추행에 관한 법리를 오해하거나 논리와 경험의 법칙에 반하여 자유심증주의의 한계를 벗어난 잘못이 없다.

어떻게 되어 있는가 하면 '일반인을 기준으로 객관적으로 성적 수치심이나 혐오감을 일으키게 하고 선량한 성적 도덕관념에 반하는 행위'라고 되어 있다. 피해자 기준이 아니라 '일반인' 기준이다. 무슨 말인가 하면 피해자는 자신이 추행을 당하는지 모르고 있더라도 누군가 옆에 있던 사람이 가해자의 추행 장면을 목격하고 성적 수치심, 혐오감을 느껴서 신고했다면 추행죄가 인정된다는 얘기다.

: 성적 수치심이나 혐오감에 대한 해석 :

정반대의 주장을 하는 남(A)과 여(B)가 있다. 둘은 내연 관계에 있었고, 식당을 동업하는 사이였다. 하루는 남이 여에게 둘의 성관계 장면을 찍은 나체 사진을 보냈다(보다 정확히는 인터넷상 개인 저장소의 링크). 남(A)은, 'B가 보내라고 해서 보낸 것일 뿐이다'라고 주장한다. 반면 여는 '이 사진을 보낸 건 나를 협박하려는 의도'이며 '남(A)이 나를 수차례에 걸쳐 성폭행했다'고 주장했다. 그러나 여의 주장 중 협박이나 성폭행과 관련된 내용은 1심에서부터 받아들여지지 않았고, 유일하게 문제가 된 게 '통신매체이용음란죄'였다.

1심에서는 이 죄와 관련, 유죄를 인정했다. A는 벌금 200만 원, 24시간의 성폭력프로그램 이수명령을 받았다. 2심의 판단은 달랐다. 성적 수치심이나 혐오감, 성적 욕망 유발 또는 만족 목적이 없었다는 이유로 무죄를 선고했다. 3심은 성적 수치심 또는 혐오감 유발 여부는 일반적이고 평균적인 사람을 기준으로 하여야 한다는 법리로 원심판결을 파기 환송시켰다.

이 사건에서 주목해야 할 게 두 가지 있다. 하나는 카톡으로 보낸 것이 사진이 아니라 링크인데도 통신매체이용음란죄가 되는가의 문제다. 둘은 '성적 수치심이나 혐오감'에 대한 해석 부분이다. 상식 차원에서 알기 쉬운 건 링크 전송 문제다. 링크를 보냈을 때도 정황을 따져 사진을 보낸 것과 다름이 없다고 보이면 죄가 된다는 내용이다. 두 번째 내용은 조금 어려운 내용이지만 중요한 법리를 보여준다. 일단 1심 판결문 내용이다.

1심의 판단 : 서울동부지방법원 2014고단161 /

피고인은 피해자 C(여, 53세)와 식당을 동업하면서 알게 되었다. 피고인은 2013. 10. 16. 18:20경 서울 송파구 풍납동에 있는 이름을 알 수 없는 공원에서, 피고인이 피해자와 성관계를 하면서 찍은 피해자의 나체 사진 2장을 다른 사람과 함께 있는 피해자에게 휴대전화 D 메신저를 이용하여 전송하였다.

이로써 피고인은 자기의 성적 욕망을 유발하거나 만족시킬 목적으로 통신 매체를 통하여 성적 수치심이나 혐오감을 일으키는 그림을 상대방에게 도달하게 하였다.

(중략)

피고인은 당시 내연관계에 있었던 피해자의 의사에 따라 이 사건 사진을 보낸 것이지 성적 욕망을 유발하거나 만족시킬 목적으로 보낸 것이 아니라고 주장하나, 설령 피고인이 당시 피해자와 내연관계에 있었다고 가정하더라도 이 사건 사진 전송 당시 사진과 함께 주고받은 D 대화 내역 등에 비추어 보면 피해자가 위와 같은 사진을 전송할 것을 요청하였다거나 이에 동의하였다고 볼 수 없고, 앞서 거시한 각 증거에 의하면 피고인이 성적 욕망을 유발하거나 만족시킬 목적으로 성적 수치심과 혐오감을 일으키는 그림을 도달하게 하였음을 인정하기에 충분하다.

반면 2심은 판단이 달랐다. 판단이 달라진 주요한 이유는 판례로 보건대 하나는, 피해자 진술의 신빙성을 크게 문제 삼고 있기 때문인 것으로 보이고, 다른 하나는 이 법률 "성폭력범죄의 처벌등에 관한 특례법 제13조(통신매체를 이용한 음란행위)"에 대한 다른 해석을 갖고 있기 때문이다. 특히 '성적 수치심이나 혐오감'이라는 문구에 대한 해석 부분이다. 먼저 이 문구를 어떻게 해석할지 법리를 설명한다.

2심의 판단 : 서울동부지방법원 2016노147

성폭력범죄의 처벌 등에 관한 특례법 제13조에서 규정하고 있는 통신매체를 이용한 음란행위는 상대방에게 도달한 그림 등이 성적 수치심 등을 일으키는 것이어야 할 뿐 아니라 그 그림 등을 보낸 사람에게 자기 또는 다른 사람의 성적 욕망을 유발하거나 만족시킬 목적이 있어야 처벌할 수 있다. 그러므로 그 그림 등이 객관적으로는 성적 수치심 등을 일으킬 만하다고 보이더라도, 그것만으로 바로 범죄가 성립한다거나 위와 같은 목적이 인정된다고 바로 판단할 수는 없고, 초과 주관적 구성요건을 둔 법의 취지에 따라 피고인이 그림을 보낸 동기 및 경위, 그림이 도달하기 전후의 사정, 피고인과 피해자의 관계, 행위의 내용과 태양 등 여러 사정을 종합적으로 고려하여 피고인에게 자기 또는 다른 사람의 성적 욕망을 유발하거나 만족시킬 목적이 있었는지 판단하여야 할 것이다. 마찬가지로 상대방에게 도달한 그림 등이 성적 수치심이나 혐오감을 일으키는 것인지 여부도 객관적 영상에 따라 판단할 것이 아니라 위와 같은 요소들을 모두 고려하여 피고인과 피해자의 주관적 관점에서 판단하여야 할 것이다.

특례법 제13조(통신매체를 이용한 음란행위)는 크게 세 가지 요건이 충족

될 때 죄가 된다.

1) 범죄 의도 : 가해자가 자기나 다른 사람의 성적 욕망을 유발하거나 만족시킬 목적이 있어야 한다.

2) 수단 : 전화, 우편, 컴퓨터, 그밖의 통신매체를 통하여 말, 음향, 글, 그림, 영상 또는 물건을 보내야 한다.

3) 피해 : 가해자가 보내온 것들이 피해자에게 성적 수치심이나 혐오감을 일으켜야 한다.

'링크 전송'도 '사진 전송'으로 봐야 하는가는 2번 수단 문제가 되겠다. 그런데 2심 판례에서는 더욱 중요한 문제를 거론한다. 1번 범죄 의도를 살필 때 가해자의 주관적 의도를 살펴서 판단하듯이 3번 피해 여부를 판단할 때도 피해자의 주관적 관점을 봐야 한다는 내용이다. 예를 들어 보자. 수영복 콘테스트가 열렸고, 10명의 여성이 수영복을 입고 무대에 오른다고 가정해 보자. 이 10명의 여성을 심사하기 위해 10명의 심사위원이 자리에 앉았다. 그런데 심사위원 가운데 1명이 성적 의도를 갖고 무대 위에 오른 여성들을 쳐다보았다. 특히 그 중 한 명이 마음에 들었다. 나머지 9명은 그런 의도가 없었다. 이 경우 성적 의도를 갖고 있는 그 한 명의 심사위원은 1번의 범죄 의도를 충족한 게 된다. 설령 다른 9명의 심사위원에게는 그런 마음이 없었더라도 말이다. 이게 위에서 말하는 주관적 관점에서 가해자의 의도를 판단해야 한다는 것이다. 물론 2번 수단을 통해서 이를 표현하기 전에는 범죄가 되지는 않는다. 속마음뿐인 걸 어떻게 뭐라고 하겠는가? 아무튼 그 한 명의 심사위원이 그런 마음을 먹고, 상대 여성을 지그시 바라보며 입술을 핥는 행위를 했다고 해보자. 이제는 사태가 달라진다. 뭔가 표현되었기 때문이다. 마침 무대 위에 올랐던 10명의 여성이 모두 그가 입술을 핥는 모습을 보았다. 그런데 이 가운데 9명은 그 행위에 특별한 의미를 부여하지 않았지만 한 명이 유독 기분이 나빴다. 사실 이 여성에게는 그 심사위원과의 안 좋은 추억이 있었기 때문이다. 만일 아무도 문제 삼지 않았다면 그냥 넘어갔을 일인데 이 여성이 문제를 삼았기 때문에, 3번 피해가 발생한 것이다. 성적 수치심과 혐오감을 판단할 때는 피해를 주장하는 여성의 주관적 관점을 헤아려야 한다는 게 2심의 법리다. 이런 관점에서 2심 재판부는 '벌어진 사실'을 다시 들여다본다.

나. 위 법리에 따라 이 사건에 관하여 살피건대, 이 사건 기록에 의하여 인정되는 다음과 같은 사정들을 종합하여 보면, 피고인은 피해자에 대한 호감을 유지한 채 피해자와의 관계를 유지하기 위하여 피해자의 동의하에 촬영한 이 사건 사진을 전송한 것으로 판단되고, 피고인에게 자신 또는 피해자의 성적 욕망을 유발하거나 만족시킬 목적이 있었다고 보기 어려우며, 피고인과 피해자의 당시 관계에 비추어 이 사건 사진으로 인하여 피해자가 성적 수치심이나 혐오감을 느꼈다고 인정하기도 어렵고, 현재 피해자의 피고인에 대한 감정이 적대적으로 바뀌었다고 하여 그 판단을 달리 할 수

는 없다.

① 피해자는 2012. 4.말경부터 2013. 10.경까지 11회에 걸쳐 피고인으로부터 성폭행을 당하였다는 취지의 2013. 12. 6.자 진술서를 작성하여 제출하면서 피고인이 이 사건 사진을 전송하여 자신을 협박하였다고 주장하였다. 그러나 피고인이 피해자를 성폭행하였다고 인정할 증거가 부족하고, 오히려 피고인과 피해자가 합의하에 성관계를 맺은 것으로 보인다. 결국 피고인이 자신을 협박하기 위하여 이 사건 사진을 전송하였다거나 이 사건 사진으로 성적 수치심을 느꼈다는 피해자의 진술을 그대로 믿기 어렵다(한편, 검사는 당심에서 이 사건 사진을 수사기록 제4, 5쪽의 사진이라고 특정하였다. 그런데 피고인은 이 사건 공소사실 기재 일시에 카카오톡 메신저를 이용하여 피해자에게 이 사건 사진의 영상을 전송한 것이 아니라 자신의 사진이 저장되어 있는 드롭박스 애플리케이션에 접속할 수 있는 인터넷 주소를 링크한 것인바, 이 사건 사진의 구도 및 피해자의 원심에서의 진술 등에 비추어 피해자가 위 일시에 피고인으로부터 전송받은 사진은 수사기록 제4, 5쪽의 사진이 아니라 피고인의 드롭박스에 저장되어 있던 수사기록 제156, 157쪽의 사진 3장 중 2장이 아닌지 하는 의심이 들기도 한다).

② 앞서 언급한 바와 같이 피고인은 이 사건 공소사실 기재 일시에 카카오톡 메신저를 이용하여 피해자에게 사진의 영상을 직접 전송한 것이 아니라 자신의 사진이 저장되어 있는 드롭박스 애플리케이션에 접속할 수 있는 인터넷 주소를 링크하였을 뿐이므로 피고인이 피해자의 의사에 반하여 이 사건 사진을 전송함으로써 피해자로 하

여금 성적 수치심을 느끼게 할 의도가 있었다고 인정하기 부족하다.

③ 피고인은 상당한 기간 동안 피해자와 성관계를 유지하여 왔는바, 이 사건 사진을 포함한 피해자에 대한 촬영물이 피해자의 의사에 반하여 촬영된 것이 아닌 것으로 보인다.

④ 피고인이 이 사건 사진을 전송하면서 함께 전송한 메시지의 내용을 살펴보면, 피고인과 피해자의 당시 관계가 그 이전보다 다소 악화되기는 한 것으로 보이지만, 피고인과 피해자의 관계가 파탄에 이르렀다고 볼 수는 없고, 피해자의 주장과 같이 피고인이 이 사건 사진을 이용하여 피해자를 협박하려는 의도가 있었다고 인정하기 어렵다.

⑤ 피고인은 이 사건 사진 전송일로부터 3일 뒤인 2013. 10. 19. 카카오톡 메신저를 이용하여 피해자에게 메시지를 전송하면서 공소외 2의 주거지로 추정되는 건물의 사진을 직접 찍어 영상을 함께 전송하였는바(수사기록 제80쪽), 이러한 피고인의 행태에 비추어 피고인이 이 사건 사진을 전송한 것은 피해자의 동의하에 촬영된 이 사건 사진을 보여주려는 목적이 있었을 뿐 이를 넘어 이 사건 사진 내용이 제3자에게 공개되거나 피해자로 하여금 성적 수치심을 느끼게 하려는 목적은 없었다고 보는 것이 타당하다.

⑥ 피고인은 이 사건 공소사실 기재 일시로부터 며칠 전 피해자가 자신에게 영상통화를 통하여 나체를 보여줘 카카오톡 메신저를 통하여 이 사건 사진을 전송하였다고 진술하고 있는바, 그 당시 피고인과 피해자의 관계에 비추어 위 진술을 쉽사리 배척하기 어렵고,

실제로 피해자는 이 사건 공소사실 이전에 상반신을 벗고 있는 피해자의 남편의 사진을 피고인에게 전송하기도 하였다.

다. 그렇다면 검사가 제출한 증거들만으로는 피고인이 전송한 이 사건 사진이 피해자로 하여금 성적 수치심이나 혐오감을 일으키거나 피고인에게 자신 또는 피해자의 성적 욕망을 유발하거나 만족시킬 목적이 있었다고 인정하기 부족하고, 달리 인정할 증거가 없으므로 피고인의 사실오인 및 법리오해 주장을 받아들인다.

그런데 3심은 2심의 법리를 부정한다. '성적 수치심이나 혐오감'을 판단할 때 피해자의 주관적 입장을 따라가는 건 안 된다는 입장이다. 대신 성적 수치심이나 혐오감은 일반적이고 평균적인 사람들을 기준으로 판단해야 한다는 입장이다. 수영복 콘테스트로 돌아가서 얘기하면 나머지 9명에게는 아무 문제가 없었다는 건데 그렇다면 '일반적이고 평균적인 사람' 기준으로 별 문제가 아닌 것이다. 피해자의 주관적 입장을 고려할 게 아니라는 얘기다. 피해자가 가해자의 행위를 몰라서 성적 수치심을 느끼지 않았는데도 강제추행이 된다. 바로 직전에 다룬 사건처럼 지하철에서 몸을 부비거나 만지는 등의 행위다. 피해자가 모르고 하차한다. 아무도 본 사람이 없다면 완전 범죄겠다. 그런데 누군가 그 장면을 보고 신고하거나 고발했다. 이때도 피해자가 몰랐으므로 범죄가 없는 게 될까? 이걸 생각한다면 피해자의 주관적 입장을 고려해서 판단할 문제가 아닌 것이 된다.

3심의 판단 : 대법원 2016도21389

'자기 또는 다른 사람의 성적 욕망을 유발하거나 만족시킬 목적'이 있는지 여부는 피고인과 피해자의 관계, 행위의 동기와 경위, 행위의 수단과 방법, 행위의 내용과 태양, 상대방의 성격과 범위 등 여러 사정을 종합하여 사회통념에 비추어 합리적으로 판단하여야 한다. 또한 '성적 수치심이나 혐오감을 일으키는 것'은 피해자에게 단순한 부끄러움이나 불쾌감을 넘어 인격적 존재로서의 수치심이나 모욕감을 느끼게 하거나 싫어하고 미워하는 감정을 느끼게 하는 것으로서 사회 평균인의 성적 도의관념에 반하는 것을 의미한다. 이와 같은 성적 수치심 또는 혐오감의 유발 여부는 일반적이고 평균적인 사람들을 기준으로 하여 판단함이 타당하고, 특히 성적 수치심의 경우 피해자와 같은 성별과 연령대의 일반적이고 평균적인 사람들을 기준으로 하여 그 유발 여부를 판단하여야 한다(대법원 2008. 9. 25. 선고 2008도7007 판결, 헌법재판소 2016. 12. 29. 선고 2016헌바153 전원재판부 결정 등 참조).

성폭력처벌법 제13조에서 '성적 수치심을 일으키는 그림 등을 상대방에게 도달하게 한다'라는 것은 '상대방이 성적 수치심을 일으키는 그림 등을 직접 접하는 경우뿐만 아니라 상대방이 실제로 이를 인식할 수 있는 상태에 두는 것'을 의미한다. 따라서 행위자의 의사와 그 내용, 웹페이지의 성격과 사용된 링크기술의 구체적인 방식 등 모든 사정을 종합하여 볼 때 상대방에게 성적 수치심을 일으키는 그림 등이 담겨 있는 웹페이지 등에 대한 인터넷 링크(internet link)를 보내는 행위를 통해 그와 같은 그림 등이 상대방에 의하여 인식될 수 있는 상태에 놓이고 실질에 있어서 이를 직접 전달하는 것과 다를 바 없다고 평가되고, 이에 따라 상대방이 이러한 링크를 이용하여 별다른 제한 없이 성적 수치심을 일으키는 그림 등에 바로 접할 수 있는 상태가 실제로 조성되었다면, 그러한 행위는 전체로 보아 성적 수치심을 일으키는 그림 등을 상대방에게 도달하게 한다는 구성요건을 충족한다고 보아야 한다.

(중략)

결국 이 사건 공소사실에 대한 범죄의 증명이 없다고 한 원심의 판단은 증거의 증명력 판단과 평가에 관한 법리를 오해하였거나, 논리와 경험의 법칙에 반하여 자유심증주의의 한계를 벗어나 사실을 잘못 인정한 위법이 있다. 이 점을 지적하는 검사의 상고이유 주장은 정당하다.

시각이 달라졌으므로, 아래 첨부한 내용처럼 주목하는 '사실'도 달라진다. 아무튼, 여기서 중요한 내용은 성적 수치심이나 혐오감은 일반인의 관점에서 바라보아야 한다는 점이다.

다. 원심판결 이유와 기록에 의하면 다음과 같은 사실을 인정할 수 있다.

(1) 피고인은 피해자와 식당을 동업하면서 알게 되어 2012. 4.경부터 내연의 관계를 유지해 왔으나, 2013. 8.경부터 채무 문제 등으로 사이가 좋지 않게 되었다.

(2) 피고인은 2013. 10. 16. 17:44경부터 18:00경 사이에 피해자에

게 '너 인생은 이미????.', '죽어 죽으면 @@@@@', '놀년이 없어서 김씨하고 이씨하고 노냐?????' 등의 휴대폰 문자메시지를 보냈다.

(3) 피고인은 같은 날 18:17경 피해자에게 휴대폰 카카오톡 메신저를 이용하여 이 사건 사진 중 1장이 저장되어 있는 드롭박스 애플리케이션에 접속할 수 있는 인터넷 주소 링크(인터넷 주소 링크 1 생략)를, 이어 18:18경 'ㅋㅋㅋ'라는 메시지를, 18:20경 다시 이 사건 사진 중 다른 1장이 저장되어 있는 드롭박스 인터넷 주소 링크(인터넷 주소 링크 2 생략)(이하 위 두 개의 드롭박스 인터넷 주소 링크를 합하여 '이 사건 인터넷 링크'라 한다)를, 18:24경 '뭐해 잘 보란 말이야'라는 메시지를, 18:30경 '♥♥♥♥♥' 메시지를 보냈다.

(4) 피해자는 같은 날 21:47경 피고인에게 휴대폰 카카오톡 메신저를 이용하여 '좋은 것 잘 받았어~ 내가 잘 간직할게. 쓸 때가 생겼네'라는 메시지를 보냈고, 이어 21:55경까지 '집', '남편하고 있어', '술 마시고 얘기 다하고 있어', '난 후련해 다 털어놓고 나니'라는 메시지를 보냈다.

(5) 피고인은 수사기관에서 조사받을 당시 '이 사건 사진은 피해자를 협박하려고 보낸 것이 아니라 피고인의 성적 만족을 위해서 보낸 것이 맞고, 그 전에 성관계를 했던 추억들을 사진으로 다시 되새기게 하려고 보낸 것'이라고 진술하였다.

(6) 피해자는 수사기관에서 '이 사건 당시 피해자가 피고인에게 남편과 저녁을 먹으면서 가계 빚에 대하여 다 이야기한다고 말을 하

> 였는데도 피고인은 피해자가 남편과 저녁을 먹는 동안에도 계속 카카오톡 메시지를 보내왔고, 피해자의 나체 사진을 보낸 것을 확인하는 순간 놀라고 수치스러워 휴대폰을 닫았다'고 진술하였다. 피해자는 제1심법정에서도 같은 내용의 진술을 하였다.

- 5 -
성희롱인 동시에 추행인 경우

성희롱과 성추행은 별개라고 했다. 특히 성희롱은 형사소송의 대상이 안 된다는 점에서 성추행과 구분된다고 설명했다. 그런데 성희롱인 동시에 성추행이 되는 경우도 무수히 많다. 행위의 정도가 문제가 되겠다. 이 경우 '업무상 위력 등에 의한 추행'이 된다. 당연히 형사로도 처벌이 가능하다. 어떤 경우일까?

● **대법원 2020.5.14.선고 2019도9872 성폭력범죄의 처벌등에 관한 특례법 위반**(업무상위력등에 의한 추행)

1. 이 사건 공소 사실요지는 다음과 같다.

피고인은 서울 마포구 E빌딩 2층에 있는 F회사에서 과장으로 근무하면서, 신입사원으로서 직장상사인 피고인의 지시를 쉽게 거부하기 어려운 지위에 있는 피해자 G(여, 26세)에게 평소 컴퓨터로 음란물을 보여주거나 성적인 농담을 일삼아 왔다.

피고인은 2016년 10월 무렵부터 같은 해 11월 무렵까지 위 F회사 사무실에서 피해자에게 "볼이 발그레 발그레, 부끄한 게 이 화장 마음에 들어요. 오늘 왜 이렇게 촉촉해요."라고 말하거나 검지와 중지 사이에 엄지를 넣은 상태로 피해자를 향해 팔을 뻗어 성행위를 암시하는 등의 행동을 하여 피해자가 거부감을 표시해 왔음에도 피해자에게 다가가 갑자기 "여기를 만져도 느낌이 오냐"라고 말하며 손으로 피해자의 머리카락을 비빈 것을 비롯하여 2회가량 피해자의 머리카락을 만지고, 2회가량 피해자의 뒤쪽에서 손가락으로 피해자의 어깨를 톡톡 두드리고 이에 놀란 피해자가 피고인을 쳐다보면 혀로 입술을 핥거나 "앙, 앙"이라고 소리내는 등의 방법으로 피해자를 추행하였다.

이로써 피고인은 업무 관계로 인하여 피고인의 보호, 감독을 받는 사람에 대하여 위력으로 추행하였다.

(중략)

다. 위와 같은 사실 관계를 앞서 본 법리에 따라 살펴보면, 피고인의 계속된 성희롱적 언동을 평소 수치스럽게 생각하여 오던 피해자에 대하여 피고인이 그 의사에 명백히 반하여 공소사실기재와 같은 행위를 한 것은 20대 중반의 미혼 여성인 피해자의 성적 자유를 침해할 뿐만 아니라 일반인의 입장에서도 도덕적 비난을 넘어 추행행위라고 평가할 만하다. 나아가 피고인과 피해자의 관계, 추행행위의 행태나 당시의 경위 등에 비추어보면 피고인의 업무, 고용이나 그밖의 관계로 인하여 자기의 보호, 감독을 받는 사람에 대하여 위력으로 추행하였다고 충분히 인정할 수 있다고 할 것이다.

그러나 변호사 입장에서 보더라도 이 판례가 속 시원히 다 이해되는 건 아니다. 성희롱이라는 점은 알겠는데 추행이 되는지는 좀 애매한 지점이 있기 때문이다. 판례에서는 '피해자의 성적 자유를 침해할 뿐만 아니라 일반인의 입장에서도 도덕적 비난을 넘어 추행행위라고 평가할 만하다'라고 적고 있는데 이 역시 개별 사안에서 어디까지가 성희롱이고 어디서부터가 성추행인지 구분하는 데 큰 도움이 되지는 않는 것 같다. 일반적으로 보면, 신체 접촉이 있으면 성추행으로 보고, 없으면 성희롱으로 구분하는 경향이 있다. 그러나 실제 사건이 되면 조금씩 달라지기 때문에 법률전문가들과 심각하게 검토해 볼 일이다. 특히나 성희롱에서 그치느냐, 성추행으로 유죄판결을 받는가 하는 것은 대단히 큰 차이가 있기 때문에 끝까지 포기하지 말고 다퉈 봐야 한다.

후기

1. 이 책을 준비하기 시작한 지 2년이 되어간다. 당시 박원순 서울특별시장이 성희롱 문제로 스스로 목숨을 끊었고, 오거돈 부산광역시장도 성폭력으로 구속 논란에 휩싸였으며, 유력한 차기 대선 후보였던 안희정은 징역을 살고 있을 때였다. 성(性)이란 것이 드러내어 말하기 어려운 주제다. 나라도 책을 써야지 않을까? 다른 인격을 사실상 살인하고, 자신의 인생을 파탄에 이르게 하는 성범죄 문제를 어떻게 예방할지 알려주어야겠다는 작은 소명감이 생겨났다. 그때부터 과거 경험했던 것을 정리하거나 새로운 내용을 쓰기 시작했다.

아래 내용은 필자가 이 책을 준비하면서 잡아본 '서설'의 초안이다. 2020년 7월 당시의 생각을 엿볼 수 있겠다.

성폭력·성희롱 119 그리고 Pence Rule

'모두 안녕' 모두 안녕하지 못한데 안녕하라니. 가는 본인도 그렇고 남아 있는 우리도 그렇다. 오늘(2020년 7월 13일) 그에 대해 영결식을 하는 동안 우리 고향 함평은 이날 자정부터 8시까지 121.5mm가 내려 전국 최고의 장맛비가 쏟아졌다. 2달 전에는 부산의 모시장이 시장직에서 물러나 지금은 구속이 논의되어 재판을 기다리고 있고, 수년 전에는 대권후보로 유력한 모 전 지사가 비서 때문에 구설에 오르더니 징역을 살다가 최근 모친 별세로 귀휴하였다가 다시 입감하는 모습을 보아 왔다. 우리 눈에 보고 크게 들리는 내용에 대한 대략이다.

이를 어떻게 극복할 것인가. 미국의 현직 부통령으로부터 비롯된 펜스룰(Pence Rule)이 생각난다. "나는 아내가 아닌 여성과 단둘이 밥을 먹지 않습니다. 그리고 부인이 동석하지 않으면 술자리에 가지 않습니다. 술을 마시고 취기가 올라오면, 그곳에서 가장 매력 있는 갈색머리를 한 미녀에게 다가가고 싶거든요."

한때는 그랬다.

성(性)에 관한 이야기를 말로 하거나 책을 쓴다는 것이 무언가 어색하고 범접하고 싶지 않았다. 그런데 최근 성에 관한 사건이 계속 의뢰가 들어오고 한편 그들의 이야기를 듣다보면 무언가 안타깝고 미래의 암흑에 깊은 절망감을 느끼면서, 어떻게 하면 그 '죄인'들을 도와 줄 수 있을까 하는 생각이 들고 했다. 그래서 그 해법을 찾아 나서기로 하였다.

지나온 사건들을 반추하면서 그러지 않았으면 좋았을 터인데, 혹은 이쯤에서 끝났으면 좋았을 텐데 하는 마음들을 모아 책을 써 보기로 하였다.

이제 성관련 범죄나 이에 대한 가해자에 대한 처벌, 피해자에 대한 보호 등에 대한 법의 그물망은 너무나 촘촘히 되어 가고 있다. 그래서 웬만해서는 모두 알기가 쉽지 않게 되었나. 법률가로서 보통의 상식이나 노력을 가지고는 쉽사리 극복하기에는 어려운 부분이 너무 많아지게 되었다.

다만 이 책은 보통 사람 특히 남자들 그리고 그러한 그물에 걸리거나 걸릴 수 있는 사람들을 주로 염두에 두었다. 특히나 실수를 한 순간 혹은 한 직후 어떻게 행동하고 처신하여야 할 것인가에 대해 큰 물음표를 두었다. 물론 내가 말한 것이 모두 정답은 아니다. 더 배우고 경험하면서 완벽에 가까워지는 질 것이다.

2. 그동안 이 책을 완성하는 데 많은 분들의 노고가 있었다.

평소처럼 필자의 원고를 철저히 검토하고, 독자들이 이해하기 쉽도록 내용을 지혜롭게 편집을 해 온 권병두 편집장님, 깔끔하고 돋보이는 디자인으로 지금까지 함께해온 엔드디자인의 홍석문 디자이너님, 늘 고마운 가격으로 멋진 제품을 만들어 주셔온 교보문고 관계자분들께 깊이 감사하지 않을 수 없다. 특히 이 책에서 사례로 든 것은 포털사이트 네이버(www.naver.com)의 '지식 iN'에서 나온 질문자들의 질문 등을 주로 각색하여 사용하였다는 점을 밝혀 둔다. 네이버와 그 질문자들에게 거듭 감사한다.

다만 법률전문가들의 감수를 요청하였으나 사정상 이루어지지 못하고 다음을 기약하게 되었다. 물론 평소 우리 가족의 모든 것을 챙기고 일상으로 바쁜 아내 김현옥 박사의 노고를 잊을 수 없다. 다행히 회계업무에 바빠 여념이 없는 막내 순눈이 네가 원고를 살피고 피해자 측면에서 예민한 부분을 지적해 주어 감사하다.

이 모든 게 내가 믿는 삼위일체 하나님의 가호와 축복의 결과라고 믿는다.

3. 이 책의 모든 성과와 과오는 필자의 책임이다. 혹여 잘못된 부분이 있거나 다른 분의 노고에 대해 성의가 부족한 부분에 대한 지적이 있으면 즉시 시정할 것이다. 그리고 성범죄에 대한 사회적 각성이 늘어가 법령이 계속 개정되는 추세여서 현안에 적용할 때는 그 당시의 법을 다시 살펴보기 바란다. 특히 이 분야 법률전문가 등의 자문을 필히 받고 신속히 실행하기 바란다.

저자 약력

● 학력 ●

1980 서울대 법대 법학과 졸업(법학 학사)   1983 서울대 대학원 법학과 수료
1997 전남대 행정대학원 정책학과 수료   2010 건국대 부동산 대학원 졸업(부동산학 석사)
2020 경기대 서비스경영전문대학원 졸업(경영학 박사)

● 경력 ●

1980 제24회 행정고등고시 합격   1981 제23회 사법시험 합격
1993 조선대학교 법과대학 형사법 겸임교수
1994 서울지검 검사   1995 서울고검 부장검사
1996 ㈜무등건설 법정관리인   2000 무등일보 파산관재인
2002 김대중 대통령 비서실(청와대) 사정비서관
2014 건국대학교 행정대학원 민사집행법 겸임교수
현재 변호사노인수&법률사무소 대표 변호사

● 저서 및 논문 ●

1995 「소년조직폭력의 실태와 대처방안」논문 1997 「달건 장 밟혔다」
1999 「큰 고기 잡는 그물을 펼쳐라」 2003 「겨울 다음에 봄이」
2006 「탈북자의 남한 적응 실태와 우리」 2009 「유치권경매와 손자병법」
2010 「주택재개발정비사업조합설립추진위원회의개선방안연구」(건국대 부동산대학원 석사학위논문)
2011 「유치권 진짜 가짜 판별법」 2013 「형사재판의 비밀」
2016 「이기는 민사재판의 비밀」 2017 「무죄의 기술」
2017 「유죄받은 자의 변명」(공저) 2019 「검경수사 잘 받는 법」
2020 「유치권 부동산 경매의 개선방안 연구-사례와 판례를 중심으로」(경기대 서비스경영전문대학원 박사학위논문)
2021 「술술 읽히는 상속 증여 세(稅)테크 법(法)테크」

참고문헌

- 강동욱·황문규·이성기·최병호, 「제4판 형사소송법 강의」, 도서출판 오래, 2018.
- 강민구, 「성범죄 성매매 성희롱」, 박영사, 2016.
- 강영일, 「신형법총론」, 도서출판 학림, 2018.
- 고범준, "성희롱·성폭력 예방교육", 「제7차 변호사 의무연수(민사조정, 민사집행)」, 서울지방변호사회, 2021.
- 고용노동부, 「직장 내 성희롱 예방 대응 매뉴얼」, 2020.
- 공자(김형찬 역), 「논어」, 홍익출판사, 2013.
- 권오걸, "사실인정과 언어적 한계", 「형사정책연구」 제24권 제1호, 한국형사정책연구원, 2013.
- 권영법, 「합리적 의심 - O.J. 심슨은 어떻게 무죄가 되었나?」, 현암사, 2017.
- 권오봉·권혁재·김동호·윤태석, 「법문서 작성」, 법문사, 2016.
- 김민주, "'그루밍 성폭력'사건 관련 미디어 담론 연구", 성공회대학교 NGO대학원 석사학위논문, 2020.
- 김선복, 「신형법총론」, 세종출판사, 2018.
- 김선화, "형사소송에서 자유심증주의에 관한 이론적 연구", 고려대학교 대학원 박사학위논문, 2005.
- 김성률, "현행법에서 과학적 증거의 증거능력과 증명력", 「형사법연구」 제24권 제4호, 한국형사법학회, 2012.
- 김상준, "무죄판결과 법관의 사실인정에 관한 연구 - 항소심의 파기자판

사례를 중심으로", 서울대학교 법학전문대학원 법학전문박사학위논문, 2013.
- 김신규, 「형법총론강의」, 박영사, 2018.
- 김영기, "실무에 도움 되는 검찰 바로 알기", 「2018년 제12차 변호사의무연수 형사」, 서울지방변호사회, 2018.
- 김영서, 「눈물도 빛을 만나면 반짝인다 어느 성폭력 생존자의 빛나는 치유일기」, 이매진, 2020.
- 김영자, "성폭력 가해자 치료프로그램이 성폭력 가해 청소년의 성의식과 강간통념에 미치는 효과", 영남대학교 행정대학원 석사학위논문, 2012.
- 김장순, 「무죄판결과 법관의 사실인정」, 경인문화사, 2013.
- 김재덕, 「법문서 작성 방법과 법리」, 법문북스, 2017.
- 김종률, "진술·증거분석을 통한 사실인정 방법론 연구", 한양대학교 대학원 박사학위논문, 2014.
- 김청만, 「판례 형사 소송법」, 프라임에듀북, 2012.
- 김형규, 「성폭력 범죄 법률 가이드」, 박영사, 2020.
- 김형석, 「백년을 살다보니」, Denstory, 2016.
- 노순환 편, 「제2판 핵심 형사기록」, 필통북스, 2016.
- 노인수, 「검경 수사 잘 받는 법」, 김영사, 2019.
- 노인수, 「달건 장밟혔다 - 노인수 검사의 깡패 사냥」, 도서출판 민현, 1997.
- 노인수, 「무죄의 기술」, 도서출판 순눈, 2017.
- 누인수·이선우, 「경매유치권과 손자병법」, 법률정보센타, 2009.
- 대한변호사협회, 「2020 인권보고서」, 2021.
- 대한변호사협회 변호사연수원, 「제318기 형사법·군형법 특별연수」,

2020.
- 도재형, 「법문서 작성 입문 개정판」, 이화여자대학교 출판문화원, 2018.
- 류혁상·권창국, 「증거의 신빙성 제고를 위한 효과적인 증거 수집 및 현출 방안」, 한국형사정책연구원, 2005.
- 무무·노인수, 「유죄 받은 자의 변명」, 도서출판 순눈, 2017.
- 무타 가즈에(조고은 역), 「여기부터 성희롱」, 나름북스, 2020.
- 민영성, "범인 식별 진술의 위험성과 그 대처방안", 「법학연구」, 제42권 제1호, 부산대학교 출판부, 2001.
- 민주사회를 위한 변호사 모임, 「쫄지 마 형사절차 수사편」, 생각의 길, 2015.
- 사마천(신동준 역), 「완역 사기본기 오제부터 한문제까지 제왕의 역사」, 위즈덤하우스, 2015.
- 박경리, 「박경리 대하소설 토지 1」, 마로니에북스, 2015.
- 박미숙·도정진, 「피의자·피고인·참고인·증인의 인권보호와 향상을 위한 정책연구」, 형사정책연구원, 2004.
- 박광배·김상준·안정호, 「무죄론」, 학지사, 2017.
- 박원경, 「성범죄사건 경찰조사에서 합의, 재판까지 사건별 시간별 대응전략」, 지식공간, 2018.
- 박지현, "진술거부권에 관한 연구", 서울대학교 박사학위논문, 2007.
- 법무실무연구회, 「사례중심 형사분쟁 해결 도우미」, 도서출판 예스폼, 2010.
- 변종필, "간접증거에 의한 유죄 인정", 「비교형사법 연구」, 제5권 제2호, 한국비교형사법학회, 2003.
- 사법연수원, 「2011 증인신문기술」, 사법연수원, 2011.

- 사법연수원, 「2011 형사 변호 실무 - 법률실무과목」, 사법연수원, 2011.
- 사법연수원, 「2012 형사증거법 및 사실인정론 법률실무과목」, 사법연수원, 2012.
- 사법연수원, 「2016 형사증거법 및 사실인정론 법률실무과목」, 사법연수원, 2016.
- 사법연수원, 「2017 증인신문기술」, 사법연수원, 2017.
- 사법연수원, 「2018 검찰실무Ⅰ」, 사법연수원, 2018.
- 사법연수원, 「2018 수사절차론」, 사법연수원, 2018.
- 사법연수원, 「2018 형사변호실무 - 법률실무과목」, 사법연수원, 2018.
- 사법연수원, 「2018 형사증거법 및 사실인정론」, 사법연수원, 2018.
- 사법연수원 교육발전연구센터, 「재판이론과 실무 - 법적 판단」, 2011.
- 사법연수원 교육발전연구센터, 「재판이론과 실무 - 증거조사」, 2011.
- 서동호·김선근, 「조상땅 찾는 법」, 다산초당, 2008.
- 서울지방변호사회, 「디지털 성범죄 피해자 법률지원 매뉴얼」, 2021.
- 서울특별시(여성가족정책실), 「서울시 직장 내 성희롱·성폭력 사건처리매뉴얼 2020」, 2020.
- 신광은, 「신광은 형사소송법」, 웅비, 2018.
- 신동운, 「간추린 신형사소송법」, 법문사, 2018.
- 신동운, 「판례분석 신형사소송법Ⅱ」, 법문사, 2012.
- 신이철, 「수사절차법」, fides, 2018.
- 신호진, 「형법요론 - 총론」, 문형사, 2012.
- 신호진, 「형법요론 - 각론」, 문형사, 2012.
- 심재천, "검찰수사실태와 변호인의 역할", 「2018년 제12차 변호사의무연수 형사」, 서울지방변호사회, 2018.

- 양동철, 「형사법 기록형 형사소송실무」, 박영사, 2012.
- 양천수, "형사소송에서 사실인정의 구조와 쟁점 - 법적 논증의 관점에서", 「형사정책연구」 제26권 제4호, 한국형사정책연구원, 2015.
- 양형위원회, 「2012 양형기준」, 2012.
- 오지용, 「로스쿨 법문서 작성」, 도서출판 동방문화사, 2016.
- 위재민, 「제3판 형사절차법」, 한국표준협회미디어, 2012.
- 유영규, 「과학수사로 보는 범죄의 흔적」, alma, 2016.
- 유영근, 「우리는 왜 억울한가」, 타커스, 2016.
- 이관희·김지은·문성준, 「2018 범죄수사입문」, 경찰대학, 2018.
- 이동진, "진단서의 증명력 : 상해진단서를 중심으로", 「의료법학」 제18권 제2호, 대한의료법학회, 2018.
- 이병일, 「나 홀로 하는 형사절차」, WILLBES, 2017.
- 이성기, "변화하는 형사재판 환경에서의 형사증거법의 역할과 과제 : 사실인정자의 편견을 배제하기 위한 형사증거법상 제언", 「법과 정책연구」 제14집 제4호, 한국법정책학회, 2014.
- 이정환, "민사소송법상 법관의 자유심증주의", 원광대학교 대학원 석사학위논문, 2009.
- 이준호, "형사재판에 있어서 증명력 판단의 기준 - 사실인정에 대한 대법원 판례의 고찰", 「사법연수원 논문집」 제2집, 2005.
- 이창복 편, 「성희롱·성추행·성폭력 대처방법과 법률적 해결」, 법문북스, 2018.
- 이창현, "형사소송법 분야", 「제318기 형사법·군형법 특별연수」, 대한변호사협회 변호사 연수원, 2020.
- 이창현·강동필·김영천·정해영·성기강, 「형사변호와 무죄」, 미래와 경영,

2004.

- 이흔재, "국민참여재판에서의 증거법과 사실인정 - 조서규정을 중심으로", 「법학연구」 제26권 제1호, 법학연구소, 2018.
- 임웅, 「형법총론 제10정판」, 법문사, 2018.
- 정영일, 「신형법총론」, 도서출판 학림, 2018.
- 정진수, 「구속영장심사와 피의자심문」, 한국형사정책연구원, 1998.
- 정해상, 「과학 수사와 범죄」, 일진사, 2018.
- 제갈현열·김도윤, 「기획에서 기획을 덜어내라」, 천구루 숲, 2018.
- 차시환·추봉조·김봉수, 「경찰수사론(총론)」, 박영사, 2018.
- 채다은, 「복잡한 법 말고, 진짜 성범죄 사건」, 주식회사 필통북스, 2020.
- 천주현, 「수사와 변호」, 박영사, 2016.
- 최호진, 「형법각론강의 2018년판」, 준커뮤니케이션즈, 2018.
- 한겨레21, 「올해의 판결」, 북콤마, 2018.
- 한국 형사소송법학회 편, 「형사소송법 핵심판례 100선」, 박영사, 2017.
- 정진수, 「구속영장심사와 피의자신문」, 형사정책연구원, 1998.
- 사단법인 한국여성변호사회, 「디지털성범죄 피해자 법률지원 간담회」, 2021.
- 한상훈·안성조, 「형법입문」, 피엔시미디어, 2018.
- 한정우, 「세 번만 읽어도 좋은 변호사를 골라 승소하는 법」, 다산초당, 2006.
- 한종술, 「소송문서작성의 전략」, 육법사, 2010.
- 허민숙, "성폭력 피해자를 처벌하다 : 피해자전형성위반범죄로서의 성폭력 무고", 「한국여성학」, 제34권 제4호, 한국여성학회, 2018.

- 홍용표, 「형사 소송 기술」, 주서출판사, 2000.
- www.daum.net
- www.naver.com

성폭력 성희롱 예방과 대응을 위한
어쩌다 성범죄자

펴낸날 초판 1쇄 2022년 1월 14일

지은이 노인수
펴낸곳 주식회사 순눈
펴낸이 노인수
편집자 권병두
디자인 엔드디자인

출판신고 2015년 12월 28일 제2015-00278호
주소 서울특별시 서초구 서초중앙로 8길 17, 3층 302호(서초동, 하오르빌딩) (우편번호 : 06640)
사업자등록번호 214-88-54893
계좌 국민은행 079801-04-114638
전화 02-597-2003 **팩스** 02-584-5055
블로그 blog.naver.com/sunnun2 **메일** sunnun2301@hanmail.net

ISBN 979-11-957084-6-8 13360

- 잘못 만든 책은 구입하신 서점에서 바꾸어 드립니다.
- 책값은 표지 뒷면에 있습니다.
- 독자의 의견을 기다립니다.(blog.naver.com/sunnun2, sunnun2301@hanmail.net)